ESTUDO APROFUNDADO DA
DOUTRINA ESPÍRITA

ESTUDO APROFUNDADO DA
DOUTRINA ESPÍRITA

Livro V
Filosofia e Ciência espíritas

Organização
Marta Antunes de Oliveira de Moura

Copyright © 2013 *by*
FEDERAÇÃO ESPÍRITA BRASILEIRA – FEB

1ª edição – 10ª impressão – 1 mil exemplares – 8/2024

ISBN 978-85-7328-774-5

Todos os direitos reservados. Nenhuma parte desta publicação pode ser reproduzida, armazenada ou transmitida, total ou parcialmente, por quaisquer métodos ou processos, sem autorização do detentor do *copyright*.

FEDERAÇÃO ESPÍRITA BRASILEIRA – FEB
SGAN 603 – Conjunto F – Avenida L2 Norte
70830-106 – Brasília (DF) – Brasil
www.febeditora.com.br
editorial@febnet.org.br
+55 (61) 2101 6161

Pedidos de livros à FEB
Comercial
Tel.: (61) 2101 6161 – comercial@febnet.org.br

Adquirindo esta obra, você está colaborando com as ações de assistência e promoção social da FEB e com o Movimento Espírita na divulgação do Evangelho de Jesus à luz do Espiritismo.

Todo o papel empregado nesta obra possui certificação FSC® sob responsabilidade do fabricante obtido através de fontes responsáveis.
* marca registrada de Forest Stewardship Council

Dados Internacionais de Catalogação na Publicação (CIP)
(Federação Espírita Brasileira – Biblioteca de Obras Raras)

M929e   Moura, Marta Antunes de Oliveira de (Org.), 1946–

         Estudo aprofundado da doutrina espírita: Filosofia e ciência espíritas. Marta Antunes de Oliveira Moura (organizadora). – 1. ed. – 10. imp. - Brasília: FEB, 2024.

         V. 5; 432 p.; 25 cm.

         Inclui referências

         ISBN 978-85-7328-774-5

         1. Espiritismo. 2. Estudo e ensino. 3. Educação. I. Federação Espírita Brasileira. II. Título.

                                     CDD 133.9
                                     CDU 133.7
                                     CDE 60.04.00

SUMÁRIO

Apresentação 7
Agradecimentos 9
Esclarecimentos 11
   Roteiro 1 – Métodos filosóficos e científicos 15
   Roteiro 2 – Filosofia e ciência espíritas 27
   Roteiro 3 – Revelação religiosa 35
   Roteiro 4 – A revelação espírita 45
   Roteiro 5 – Educação espírita 53
   Roteiro 6 – Consequências do conhecimento espírita 73
   Roteiro 7 – Deus 81
   Roteiro 8 – Jesus 93
   Roteiro 9 – Espírito 103
   Roteiro 10 – Instinto 113
   Roteiro 11 – Inteligência humana 129
   Roteiro 12 – Classificação da inteligência humana 145
   Roteiro 13 – Matéria 167
   Roteiro 14 – Perispírito 181
   Roteiro 15 – O corpo físico 193
   Roteiro 16 – Livre-arbítrio 205
   Roteiro 17 – Causa e efeito 215
   Roteiro 18 – Evolução 229

Roteiro 19 – Plano físico 253

Roteiro 20 – A desencarnação 261

Roteiro 21 – Sobrevivência e imortalidade da alma 275

Roteiro 22 – O mundo espiritual 287

Roteiro 23 – Influência dos espíritos no plano físico 297

Roteiro 24 – Comunicabilidade dos espíritos 307

Roteiro 25 – Metodologia de análise dos fatos espíritas 319

Roteiro 26 – Estudo científico dos fatos espíritas 327

Roteiro 27 – Ação dos espíritos na natureza 343

Roteiro 28 – Pluralidade dos mundos habitados: origem do universo ... 359

Roteiro 29 – Pluralidade dos mundos habitados: civilizações cósmicas ... 373

Roteiro 30 – Formação da humanidade terrestre 385

Roteiro 31 – Moral e ética 397

Roteiro 32 – Cultura 411

Roteiro 33 – Civilização 417

APRESENTAÇÃO

"Entendestes o que lês? Como poderia, disse ele, se alguém não me explicar?"
Atos dos Apóstolos, 8:31– Bíblia de Jerusalém.

Este programa — *Filosofia e Ciência Espíritas* — faz o fechamento dos conteúdos doutrinários do Estudo Aprofundado da Doutrina Espírita – EADE.

Organizado em 33 Roteiros, Filosofia e Ciência Espíritas prioriza os aspectos filosóficos e científicos do Espiritismo, tendo como base os referenciais do conhecimento universal que integra os saberes da humanidade terrestre, deles retirando subsídios que demonstram a relevância e atualização do pensamento espírita.

Na construção de cada Roteiro de Estudo foi aplicada a metodologia de análise comparativa de textos, demonstrando que cada aprendizado tem um valor específico, necessário à melhoria do Espírito. Contudo, em razão do conteúdo científico ou tecnológico presentes em alguns roteiros de estudo, sugere-se que os assuntos sejam desdobrados e analisados em quantas reuniões se fizerem necessárias, a fim de facilitar o aprendizado.

Importa destacar que Filosofia e Ciência Espíritas é um programa de *estudo espírita*, destinado ao *público espírita*, que prioriza a *interpretação espírita*, que jamais perde de vista a noção da urgente necessidade de aperfeiçoamento moral do ser humano. Neste contexto, considerando o significado e a importância do aspecto científico, filosófico e religioso do Espiritismo, adotamos como norma orientadora do trabalho este ensinamento de Emmanuel:

> Podemos tomar o Espiritismo, simbolizado desse modo, como um triângulo de forças espirituais. A Ciência e a Filosofia vinculam à Terra essa figura simbólica, porém, a Religião é o ângulo divino que a liga ao céu. No seu aspecto científico e filosófico, a Doutrina será sempre um campo nobre de investigações humanas, como outros movimentos coletivos, de natureza intelectual, que visam o aperfeiçoamento da humanidade. No aspecto religioso, todavia, repousa a sua grandeza divina, por constituir a restauração do Evangelho de Jesus Cristo,

estabelecendo a renovação definitiva do homem, para a grandeza do seu imenso futuro espiritual.*

Isso nos faz perceber, como indica a citação do Novo Testamento inserida no início, que "[...] o movimento de educação renovadora para o bem é um dos mais impressionantes no seio da humanidade",** sendo "[...] necessário, porém, que a alma aceite a sua condição de necessidade e não despreze o ato de aprender com humildade [...]."***

FEB, Brasília, agosto de 2011.

---

* XAVIER, Francisco Cândido. *O consolador*. Pelo Espírito Emmanuel. 28. ed. Rio de Janeiro: FEB, 2008, item: Definição.
** XAVIER, Francisco Cândido. *Caminho, verdade e vida*. Pelo Espírito Emmanuel. 28. ed. Rio de Janeiro: FEB, 2009. Cap. 175, p. 365.
*** _____. p. 366

AGRADECIMENTOS

Gostaríamos de expressar nossa sincera gratidão a Honório Onofre Abreu (1930–2007), valoroso trabalhador espírita e amigo querido que, no Estudo Aprofundado da Doutrina Espírita, elaborou o programa e os textos dos livros II e III – Ensinos e Parábolas de Jesus, partes 1 e 2, analisados à luz da Doutrina Espírita.

Somos tomados por profundas e felizes emoções quando, voltando ao passado, recordarmos os primeiros contatos com Honório e a sua imediata aceitação em realizar o trabalho. Por dois anos consecutivos, de 2003 a 2005, estabeleceu-se entre nós fraterna convivência, período em que tivemos a oportunidade de aprender a estudar o Evangelho de Jesus, ampliando o entendimento do assunto que extrapola interpretações literais ainda comuns, inclusive no meio espírita.

Conviver com Honório foi, efetivamente, uma jornada de luz. Ele não foi apenas um simples interpretador do Evangelho, causa a que se dedicou ao longo da última existência. Realizava a tarefa com simplicidade, conhecimento e sabedoria que encantavam os ouvintes, independentemente do nível sociocultural que apresentassem. Contudo, importa destacar, efetivamente Honório soube vivenciar os ensinamentos de Jesus junto a todos os que foram convocados a compartilhar, direta ou indiretamente, a sua última reencarnação.

Dirigimos também o nosso agradecimento a outro amigo, Haroldo Dutra Dias, dedicado estudioso espírita do Evangelho, que transcreveu os textos gravados por Honório, adequando-os à linguagem escrita.

Brasília, 29 de janeiro de 2013.

Marta Antunes Moura

ESCLARECIMENTOS

Organização e Objetivos do Curso

O Estudo Aprofundado da Doutrina Espírita (EADE) é um curso que tem como proposta enfatizar o tríplice aspecto da Doutrina Espírita, estudado de forma geral nos cursos de formação básica, usuais na Casa Espírita.

O estudo teórico da Doutrina Espírita desenvolvido no EADE está fundamentado nas obras da Codificação e nas complementares a estas, cujas ideias guardam fidelidade com as diretrizes morais e doutrinárias definidas, respectivamente, por Jesus e por Allan Kardec.

Os conteúdos do EADE priorizam o conhecimento espírita e destacam a relevância da formação moral do ser humano. Contudo, sempre que necessário, tais orientações são comparadas a conhecimentos universais, filosóficos, científicos e tecnológicos, presentes na cultura e na civilização da humanidade, com o intuito de demonstrar a relevância e a atualidade da Doutrina Espírita.

Os objetivos do Curso podem ser resumidos em dois, assim especificados:

» Propiciar o conhecimento aprofundado da Doutrina Espírita no seu tríplice aspecto: religioso, filosófico e científico;

» Favorecer o desenvolvimento da consciência espírita, necessário ao aprimoramento moral do ser humano.

O Estudo Aprofundado da Doutrina Espírita tem como público-alvo todos os espíritas que gostem de estudar, que desejam prosseguir nos seus estudos doutrinários básicos, realizando aprofundamentos de temas que conduzam à reflexão, moral e intelectual.

Neste sentido, o Curso é constituído de uma série de cinco tipos de conteúdos, assim especificados:

» Livro I: Cristianismo e Espiritismo

» Livro II: Ensinos e Parábolas de Jesus – Parte 1

- » Livro III: Ensinos e Parábolas de Jesus – Parte 2
- » Livro IV: O consolador prometido por Jesus
- » Livro V: Filosofia e Ciência Espíritas

FUNDAMENTOS ESPÍRITAS DO CURSO

O Estudo Aprofundado da Doutrina Espírita apresenta fundamentos, em seguida relacionados, os quais devem merecer a atenção da pela equipe integrante do Curso: coordenadores, monitores, equipe de apoio, assessores e participantes.

- » A ciência espírita compreende duas partes: experimental uma, relativa às manifestações em geral; filosófica, outra, relativa às manifestações inteligentes. Allan Kardec: *O livro dos espíritos*. Introdução, item 17.
- » Falsíssima ideia formaria do Espiritismo quem julgasse que a sua força lhe vem da prática das manifestações materiais [...]. Sua força está na sua filosofia, no apelo que dirige à razão, ao bom senso. [...] Fala uma linguagem clara, sem ambiguidades. Nada há nele de místico, nada de alegorias suscetíveis de falsas interpretações. Quer ser por todos compreendido, porque chegados são os tempos de fazer-se que os homens conheçam a verdade [...]. Não reclama crença cega; quer que o homem saiba por que crê. Apoiando-se na razão, será sempre mais forte do que os que se apóiam no nada. Allan Kardec: *O livro dos espíritos*. Conclusão, item 6.
- » O Espiritismo é, ao mesmo tempo, uma ciência de observação e uma doutrina filosófica. Como ciência prática ele consiste nas relações que se estabelecem entre nós e os Espíritos; como filosofia, compreende todas as consequências morais que dimanam dessas mesmas relações. Allan Kardec: *O que é o espiritismo*. Preâmbulo.
- » O Espiritismo não traz moral diferente da de Jesus [...]. Os Espíritos vêm não só confirmá-la, mas também mostrar-nos a sua utilidade prática. Tornam inteligíveis e patentes verdades que haviam sido ensinadas sob a forma alegórica. E, juntamente com a moral, trazem-nos a definição dos mais abstratos problemas da psicologia [...]. Allan Kardec: *O livro dos espíritos*. Conclusão, item 8.
- » O Espiritismo se apresenta sob três aspectos diferentes: o das manifestações, dos princípios e da filosofia que delas decorrem e o aplicação desses princípios. Allan Kardec: *O livro dos espíritos*. Conclusão, item 7.

Sugestão de Funcionamento do Curso

a) Requisitos de admissão: os participantes inscritos devem ter concluído cursos básicos e regulares da Doutrina Espírita, como o Estudo Sistematizado da Doutrina Espírita, ou tenham conhecimento das obras codificadas por Allan Kardec.

b) Duração das reuniões de estudo: sugere-se o desenvolvimento de uma reunião semanal, de 1 hora e 30 minutos.

c) Atividade extraclasse: é de fundamental importância que os participantes façam leitura prévia dos assuntos que serão estudados em cada reunião, e, também realizem pesquisas bibliográficas a fim de que o estudo, as análises, as correlações e reflexões, desenvolvidas no Curso, propiciem melhor entendimento dos conteúdos.

EADE - LIVRO V

FILOSOFIA E CIÊNCIA ESPÍRITAS

Roteiro 1

MÉTODOS FILOSÓFICOS E CIENTÍFICOS

Objetivos

» Estabelecer a diferença entre método e metodologia.
» Identificar os fundamentos e as ferramentas dos métodos filosóficos e científicos.
» Esclarecer, à luz do Espiritismo, porque o conhecimento filosófico e o científico são insuficientes à felicidade.

Ideias principais

» A palavra Método está relacionada à forma de obter o conhecimento.
» Metodologia indica o conjunto de métodos utilizados em uma pesquisa ou trabalho.
» *A metodologia filosófica* é de natureza *dialética* e se fundamenta na experiência. *A metodologia científica* é o estudo sistemático e lógico dos métodos empregados pela Ciência no intuito de conhecer os fenômenos que ocorrem na natureza.
» As ferramentas dos métodos filosóficos e científicos ensinam a distinguir o conhecimento verdadeiro do falso, através de análises específicas

e metodológicas. A Filosofia tem como ferramenta principal a argumentação, a Ciência, a sistematização, a partir da observação do fato.

» *O espetáculo da Criação Universal é a mais forte de todas as manifestações contra o materialismo negativista, filho da ignorância ou da insensatez. [...] O homem conhece apenas as causas de suas realizações transitórias, ignorando, contudo, os motivos complexos de cada ângulo do caminho.* Emmanuel: *Pão nosso*, cap. 55.

Subsídios

Os estudos filosóficos e científicos são realizados por métodos adequadamente selecionados para o desenvolvimento de uma pesquisa, estudo ou trabalho, inclusive dos estudos espíritas. É importante, pois, saber utilizá-los, conceituando-os adequadamente para que se tenha noção de sua abrangência e das ferramentas que lhes servem de instrumento. Sendo assim, é preciso estabelecer a diferença entre *método* e *metodologia*.

» Método é palavra de origem grega que, etimologicamente, significa "caminho para chegar a um fim". Indica o *modo* de obter o conhecimento (epistemologia), de acordo com a Filosofia.

» Metodologia é o conjunto de métodos, de regras, ou de etapas a seguir em um processo, pesquisa, estudo, investigação etc. Como disciplina acadêmica, a metodologia fornece explicação detalhada, rigorosa e exata das ações desenvolvidas pelo método, ou métodos. Fornece explicação sobre o tipo de pesquisa, o instrumental utilizado (questionário, entrevista etc.), o tempo previsto para a sua execução, a equipe de pesquisadores, a divisão do trabalho, as formas de tabulação e tratamento dos dados, enfim, de tudo aquilo que é utilizado na pesquisa.

A assimilação desses conceitos facilita o entendimento e a aplicação dos métodos filosóficos e científicos. Por exemplo, na frase que se segue, o autor se refere ao conceito de método, não ao de metodologia: "o monitor de um curso espírita teve dificuldade para reunir os alunos para organizar um seminário programado porque não havia possibilidade de reuni-los fora dos dias regulares das aulas. Resolveu, então, mudar a "metodologia", reservando alguns minutos ao final de cada aula semanal para tratar do assunto". Na verdade, a metodologia (realizar o seminário) permaneceu a mesma, o que mudou foi o método, substituído pela reunião ao final da aula.

A *metodologia filosófica* é essencialmente *dialética* e se fundamenta na experiência. Em sentido amplo, dialética é a arte de discutir, de argumentar. Para tanto, é importante saber indagar: o que, o como e o porquê de algo, de uma atitude, de um significado, de um acontecimento, conteúdo ou comportamento.

Em geral, a dialética apresenta três fases: *tese, antítese e síntese.* É metodologia socrática, por excelência, amplamente utilizada por Kardec.

A *metodologia científica* é o estudo sistemático e lógico dos métodos empregados nas pesquisas, análises e conclusões, assim como na elaboração de hipóteses, fundamentos, e validação de resultados. Em geral, abrange um conjunto de dados e de operações ordenadas para formular conclusões relacionadas a objetivos pré-estabelecidos. O objetivo primordial da metodologia científica é aproximar o homem dos fenômenos naturais (da natureza) e dos próprios seres humanos, procurando compreender os mecanismos que os governam.

1. Métodos filosóficos

Dominique Folscheid e Jean-Jacques Wunemburguer afirmam em relação ao método filosófico:

> A Filosofia é método — pensar é também saber pensar —, mas um método acompanhado de sua razão de ser e de uma verdadeira cultura. É por isso que o aprendizado da Filosofia não pode dispensar a leitura, a interpretação de textos e a redação sobre questões constantemente retomadas. [...] Desse modo, cada um poderá, segundo o seu nível, se familiarizar com as regras do jogo para ter sucesso nos estudos filosóficos e, também, aprender a dominar e aperfeiçoar a capacidade do espírito para julgar e raciocinar.[1]

Para aprender a pensar, como ensina a arte filosófica, é necessário conhecer, primeiramente, enunciados considerados falsos ou verdadeiros. As ferramentas do método filosófico auxiliam reconhecer se uma proposição é mero palpite, interpretação pessoal ou se são verdades aceitas universalmente. Outro ponto que se aprende com o uso das ferramentas do método filosófico é que nem sempre é possível chegar a uma conclusão única a respeito de um assunto. Nem sempre é possível fechar a questão a respeito de algo, aceitando-se, então, conclusões provisórias, até que o assunto seja suficientemente analisado e conhecido.

Se para a Filosofia e a Ciência a elucidação de uma dúvida é o elemento-chave na busca da verdade, procura-se, sempre, fugir da ambiguidade que produz confusão de ideias, ou interpretações equivocadas.

Neste sentido, já afirmava Blaise Pascal (1623–1662), filósofo religioso, físico e matemático francês, um dos Espíritos da Codificação:[2]

> Podemos ter três objetivos principais no estudo da verdade: um, descobri-la quando a buscamos; outro, demonstrá-la quando a possuímos; o último, discerni-la do falso quando a examinamos. Não falo do primeiro: trato particularmente do segundo, e ele inclui o terceiro. Pois, se conhecermos o método de provar a verdade, teremos ao mesmo tempo o de discerni-la, pois que ao examinar se a prova que damos dela é conforme as regras que conhecemos, saberemos se ela está exatamente demonstrada.

1.1. Ferramentas do método filosófico

Em Filosofia, a busca pela verdade se faz, principalmente, por meio da *argumentação*, que deve ser antecipada pela indagação e seguida pela reflexão.

Como a base da Filosofia é a experiência e a realidade, os seus métodos partem, naturalmente, do senso comum (o "bom senso"), que é o conhecimento originado da vivência partilhada pelos indivíduos de uma comunidade. Dentro desta ordem de ideias Kardec analisa:

> [...] A união do Espiritismo com as ciências filosóficas nos parece, realmente, de magna necessidade para a felicidade humana e para o progresso moral, intelectual e religioso da sociedade moderna [...]. Cabe à Ciência estudar-lhe o alcance e coordenar os princípios gerais, consoante essa nova ordem de fenômenos [mediúnicos]. [...] A Filosofia, ao contrário, tem tudo a ganhar ao considerar seriamente os fatos do Espiritismo. Primeiro, porque estes são a sanção solene de seu ensinamento moral; e depois porque tais fatos provarão, aos mais endurecidos, o alcance fatal de seu mau comportamento. Mas,

por mais importante que seja esta justificação positiva de suas máximas, o estudo aprofundado das consequências, que se deduzem da constatação da existência sensível da alma no estado não encarnado, servir-lhe-á em seguida para determinar os elementos constitutivos da alma, sua origem, seus destinos, e para estabelecer a lei moral e a do progresso anímico sob bases certas e inabaláveis.[3]

As principais ferramentas do método filosófico são: **observação** (relaciona evidências); **leitura** (para aquisição de informações); **indagações** (definidoras de caminhos ou de possibilidades); **interpretação** (reflexão de ideias); **conclusão** e **publicação** de resultados. São elementos que fornecem a base para a construção do **argumento**, o cerne da dialética ou do debate filosófico.

1.2. O argumento

Quanto à natureza, o argumento reflete "[...] qualquer grupo de declarações ou proposições, uma das quais, conforme se alega, é derivada das demais."[4]

As declarações ou proposições fornecem evidência para chegar-se a conclusão. Os argumentos formam uma estrutura em que temos as premissas e a conclusão. As premissas são as evidências e a conclusão é a proposição que decorre da evidência. Exemplo:

Todos os homens são mortais.   (premissa)
Sócrates é um homem.   (premissa)
Logo, Sócrates é mortal.   (conclusão)[4]

O argumento apresenta dois tipos de conceitos: a) "qualquer razão, prova, demonstração, indício, motivo capaz de captar o assentimento e de induzir à persuasão ou à convicção"[5] b) "[...] o tema ou objeto, o assunto de um discurso qualquer, aquilo em torno de que o discurso versa ou pode versar."[5]

O primeiro conceito foi amplamente utilizado pelo filósofo grego Aristóteles (384 a.C.–322 a.C.) e pelo famoso romano, tribuno e político, Marco Túlio

Cícero (106 a.C.–43 a.C.) que afirmava: "O argumento é qualquer coisa que *dá fé*", credibilidade.[5] Tomás de Aquino considerava o argumento como "[...] o que convence a mente [...] a assentir em alguma coisa".[5]

O segundo conceito de argumento é mais abrangente, e está vinculado ao raciocínio lógico-matemático, sempre que indica "[...] os valores das variáveis independentes de uma função."[5]

Os argumentos podem ser classificados em: indutivos, dedutivos e análogos.

No argumento indutivo os dados particulares (fatos, experiências) são considerados para se chegar a leis ou a conceitos gerais. Utiliza-se no processo uma sequência de operações cognitivas,[6] também conhecido como o método da generalização.

O argumento dedutivo, campo usual da matemática e da lógica, determina *a priori* que uma ou mais premissas são verdadeiras. Nesta situação, faz-se uma conclusão geral a partir de um caso particular.[7]

O argumento análogo é o raciocínio fundamentado na semelhança: faz-se um estudo indutivo das partes ou de fatos singulares, visando alcançar uma probabilidade, não uma certeza. A teoria das probabilidades do argumento análogo é muito utilizada nas invenções[8] e, também, nas sentenças judiciárias (direito penal, tributário) que utilizam a Doutrina Jurídica como fonte de argumentação (emissão de sentença jurídica com base na analogia).

Por outro lado, deve-se considerar que todo processo argumentativo fundamenta-se na validade das premissas, na clareza da apresentação das ideias, na confiabilidade dos dados e na solidez da conclusão. Somente assim, é possível dizer que o argumento é fidedigno. Em outras palavras: falsas premissas conduzem a falsas argumentações que apresentam conclusões falsas.

Ou seja, para determinar se uma proposição é falsa ou verdadeira é preciso entender o seu significado, fugindo sempre das ambiguidades. Neste sentido, informam as autoras do excelente livro *A arte de escrever bem*:

> Faça declarações claras. Dificultar a compreensão é pôr pedra no caminho do leitor. Para que obrigá-lo a gastar tempo e energia na transposição do obstáculo? Facilite-lhe a passagem. Nas declarações longas, não o deixe ansioso. [...][9]

A metodologia filosófica e científica está atenta à questão das falácias, que devem ser consideradas quando da elaboração e uso da argumentação: "A falácia é um tipo de raciocínio incorreto, apesar de ter aparência de correção. É conhecido também como *sofisma* ou *paralogismo*, embora alguns estudiosos façam uma distinção, pela qual o sofisma teria a intenção de enganar o interlocutor, diferentemente do paralogismo."[10]

As falácias são ditas formais quando contrariam as regras do raciocínio correto. As falácias não-formais acontecem pela desatenção, pela ambiguidade de linguagem, ou quando alguém simplesmente quer enganar o outro, aproveitando-se de sua ingenuidade, boa fé, ignorância, ou de suas emoções. É condição muito comum em pessoas manipuladoras.

O mestre da argumentação, e, portanto, da dialética, foi Sócrates, insuperável até hoje. Sua capacidade argumentativa foi denominada maiêutica (parto). Sócrates usava o método de perguntas e respostas, induzindo uma pessoa com pouco conhecimento a raciocinar a respeito de um fato ou ideia para, em seguida, fazê-lo deduzir (interpretar) corretamente.

2. Métodos científicos

Para a Ciência, é fundamental evitar interpretações equivocadas. Estabelece, então, um conjunto de regras racionais ou métodos que ajudem a classificar, registrar e interpretar fatos. Trata-se de princípio que garante economia de tempo e transmissão racional do saber. Independentemente de sua natureza, ou tipo, todo método científico apresenta etapas racionais bem definidas.

> O método científico é um conjunto de regras básicas para desenvolver uma experiência, a fim de produzir novo conhecimento, bem como corrigir e integrar conhecimentos pré-existentes. Na maioria das disciplinas científicas consiste em juntar evidências observáveis, empíricas (ou seja, baseadas apenas na experiência) e mensuráveis e as analisar com o uso da lógica. Para muitos autores o método científico nada mais é do que a lógica aplicada à Ciência. Para a Ciência o método caracteriza as regras utilizadas para desenvolver uma pesquisa ou experimento.[11]

Os pesquisadores primeiro definem proposições lógicas ou suposições (hipóteses), procurando explicar a ocorrência de certos fenômenos e observações subsequentes. A partir deste ponto, desenvolvem experimentos que testam as proposições e as hipóteses. Se confirmadas, anunciam leis, teorias ou princípios que, integrados em uma estrutura coerente do conhecimento, são aceitas pelos comitês científicos como novo paradigma, modelo ou padrão.

2.1. Elementos do método científico

» Caracterização: quantificações e medidas.

» Hipóteses: indagações ou possibilidades surgidas a partir das observações.

» Previsões: deduções lógicas das hipóteses.

» Experimentos: indicam os testes utilizados com base nos três elementos anteriormente citados.

» O experimento ou investigação científica segue os seguintes critérios:

» Observação – uma observação pode ser simples e direta, ou pode exigir a utilização de instrumentos apropriados, de natureza mais complexa.

» Descrição – o experimento precisa ser detalhado, informado como foi ou deve ser realizado, a fim de facilitar a reprodução/validação.

» Previsão – as hipóteses são atemporais: servem no passado, no presente e no futuro.

» Controle – toda experiência deve ser controlada para fornecer segurança às conclusões. Entende-se por controle a utilização de técnicas que descartam variáveis que possam desmascarar resultados.

» Falseabilidade – significa que toda hipótese está sujeita à refutação. Isto não quer dizer que o experimento é falso ou inválido, mas que pode ser verificado, ou contestado por outros pesquisadores. Por este critério, diz-se que a Ciência não é dogmática.

» Causalidade – a Ciência procura identificar as causas do fenômeno ou fato, relacionando-as às observações.

3. Conclusão

O conhecimento científico e tecnológico do mundo atual é imenso. As bibliotecas do Planeta estão repletas de publicações que dissertam sobre as últimas conquistas dos diferentes campos do conhecimento humano: estruturas subatômicas; possibilidades da física, sobretudo quântica; as incríveis e intrincadas dimensões da mente humana; o valor dos chips de silício; a impressionante noção sobre universos paralelos; as mil possibilidades que resultam na decifração dos códigos genéticos, não só do homem, mas de todos os seres da Criação etc.

Vemos, assim, que a existência atual é definida pelos acordes emitidos pela Ciência, que promete melhoria na qualidade de vida, a cura de doenças, busca por uma sociedade mais civilizada e feliz, enfim. Entretanto, ainda que pesem os significativos progressos intelectuais, nos defrontamos com a realidade de dor e sofrimento no seio da humanidade.

Tal fato indica que o conhecimento humano, por si só, não é suficiente para produzir felicidade nem garantir a paz. Fica óbvio que não basta o homem conhecer, pura e simplesmente. Ele precisa enriquecer-se de valores morais que o tornam mais espiritualizado e o transformem em pessoa de bem.

Dessa forma, é possível imaginar que a felicidade do futuro habitante do planeta Terra dependerá não só do conhecimento, mas também do aperfeiçoamento moral, condição que facilita a aliança entre a Ciência e a Religião, como enfatiza Kardec: "São chegados os tempos em que os ensinamentos do Cristo hão de receber o seu complemento; [...] em que a Ciência, deixando de ser exclusivamente materialista, tem de levar em conta o elemento espiritual; em que a Religião, deixando de ignorar as leis orgânicas e imutáveis da matéria, essas duas forças — Ciência e Religião — apoiando-se uma na outra, marcharão combinadas e se prestarão mútuo concurso. [...]".[12]

A propósito, lembra o apóstolo Paulo que o homem feliz é o que conhece a Deus, honrando-O e Lhe rendendo graças: consciente de [...] *Sua realidade invisível — seu eterno poder e sua divindade — [que] tornou-se inteligível, desde a criação do mundo, através das criaturas* [...]. (Romanos,1:19-20. Bíblia de Jerusalém).

Emmanuel, por sua vez, complementa com sabedoria:[13]

O espetáculo da Criação Universal é a mais forte de todas as manifestações contra o materialismo negativista, filho da ignorância ou da insensatez. São as coisas criadas que falam mais justamente da natureza invisível. Onde a atividade que se desdobre sem base? Toda forma inteligente nasceu de uma disposição inteligente. O homem conhece apenas as causas de suas realizações transitórias, ignorando, contudo, os motivos complexos de cada ângulo do caminho. A paisagem exterior que lhe afeta o sensório é uma parte minúscula do acervo de criações divinas, que lhe sustentam o habitat, condicionado às suas possibilidades de aproveitamento. O olho humano não verá, além do limite da sua capacidade de suportação. A criatura conviverá com os seres de que necessita no trabalho de elevação e receberá ambiente adequado aos seus imperativos de aperfeiçoamento e progresso, mas que ninguém resuma a expressão vital da esfera em que respira no que os dedos mortais são suscetíveis de apalpar. Os objetos visíveis no campo de formas efêmeras constituem breve e transitória resultante das forças invisíveis no plano eterno. Cumpre os deveres que te cabem e receberás os direitos que te esperam. Faze corretamente o que te pede o dia de hoje e não precisarás repetir a experiência amanhã.

Referências

1. FOLSCHEID, Dominique e WUNEMBURGUER, Jean-Jacques. Metodologia filosófica. 2. Ed. São Paulo: Martins Fontes, 2002, orelha do livro.
2. PASCAL, Blaise. *A arte de persuadir*. Tradução de Mario Laranjeira. São Paulo, Martins Fontes, 2004. Item: Do espírito geométrico e da arte de persuadir, p. 65.
3. KARDEC, Allan. *Revista espírita* de 1863. Tradução de Evandro Noleto Bezerra. Rio de janeiro: FEB, 2004. Ano VI, setembro de 1863, n.º 9, p. 358-360.
4. http://www.bibliapage.com/filosof2.html
5. ABBAGNANO, Nicola. *Dicionário de filosofia*. Tradução de Alfredo Bosi. São Paulo: Martins Fontes, 2003, p. 79.
6. _____. p. 233.
7. _____. p. 556.
8. ARANHA, Maria Lúcia e MARTINS, Maria Helena Pires. *Filosofando: introdução à filosofia*. 3. ed. São Paulo: Moderna, 2003. Cap. 4, p.104.
9. SQUARISI, Dad e SALVADOR, Arlete. *A arte de escrever bem*. São Paulo: Contexto, 2004, p. 48-49.
10. ARANHA, Maria Lúcia e MARTINS, Maria Helena Pires. *Filosofando: introdução à filosofia*. Op. Cit., p. 105.
11. http://pt.wikipedia.org
12. KARDEC, Allan. *O evangelho segundo o espiritismo*. Tradução de Evandro Noleto Bezerra. 1. ed. Rio de Janeiro: FEB, 2008. Cap. 1, item 8, p. 60-61.
13. XAVIER, Francisco Cândido. *Pão nosso*. Pelo Espírito Emmanuel. 29. ed. Rio de Janeiro: FEB, 2009. Cap. 55, p.125-126.

Orientações ao monitor

1. O monitor inicia a reunião com breve exposição do assunto.

2. Em seguida, pede aos participantes que se organizem em dois grupos. Um grupo deve fazer leitura atenta do item 1 (Métodos Filosóficos), que faz parte deste Roteiro de estudo. Ao outro grupo cabe a leitura reflexiva do item: Métodos científicos.

3. As duas equipes devem, durante a leitura, anotar pontos considerados mais importantes, os que sugerem dúvidas e os que não foram compreendidos.

4. Em sequência, o monitor realiza amplo debate com base nos comentários apresentados pelos participantes, esclarecendo adequadamente os pontos que revelam dúvidas ou incompreensão.

5. Utilizar o texto final do Roteiro (item 3 – conclusão) para fazer o fechamento do estudo, destacando a interpretação que Emmanuel faz das palavras de Paulo de Tarso.

FILOSOFIA E CIÊNCIA ESPÍRITAS

Roteiro 2

FILOSOFIA E CIÊNCIA ESPÍRITAS

Objetivos

» Esclarecer o significado, a abrangência e o objeto da Filosofia e da ciência espíritas.

Ideias principais

» *O Espiritismo é, ao mesmo tempo, uma ciência de observação e uma doutrina filosófica. [...] O Espiritismo é uma Ciência que trata da origem e do destino dos Espíritos, bem como de suas relações com o mundo corpóreo.* Allan Kardec. *O que é o espiritismo.* Preâmbulo.

Subsídios

1. Conceitos básicos

1.1. Filosofia

Filosofia (do grego, *philos* = amigo ou amante e *sophia* = conhecimento ou saber) indica amor pela sabedoria, condição experimentada apenas pelo ser humano. Acredita-se que a palavra foi cunhada pelo filósofo grego Pitágoras (580? 572? a. C. – 500 ou 490 a.C.). Para Platão (428 ou 427 a.C. – 347 a.C.), outro filósofo grego, a Filosofia se resume na capacidade que tem o homem de utilizar o saber em benefício próprio. Argumentava, então:

> De nada serviria possuir a capacidade de transformar pedras em ouro a quem não soubesse utilizar o ouro, de nada serviria uma ciência que tornasse imortal a quem não soubesse utilizar a imortalidade, e assim por diante. É necessária, portanto, uma ciência em que coincidam fazer e saber utilizar o que é feito, e essa ciência é a Filosofia.[1]

Em consequência, a Filosofia propicia: 1) a aquisição de conhecimento válido e aplicável a determinada situação ou contexto; 2) o uso do conhecimento em benefício do progresso humano. Para tanto, os estudos filosóficos devem conduzir à reflexão que amplie a visão do mundo, a sabedoria de vida, a concepção racional do universo. Daí a Filosofia ser entendida como "[...] o processo único que ilumina a ignorância e a transforma em relativa sabedoria [...]."[2]

Filósofo

É alguém que ama o conhecimento; que gosta de estudar, de saber, movido pela consciência da ignorância inerente à condição humana. Pode-se dizer também que é alguém que investiga princípios, fundamentos ou a essência da realidade circundante.

Metafísica

Também conhecida como a ciência *primeira*, é o alicerce da Filosofia, pois estuda os princípios de todas as ciências. Tendo como base a teoria geral do conhecimento (gnosiologia), a metafísica classifica o conhecimento em:

a) Deus (teologia); b) ser (ontologia); c) universo (cosmologia); d) homem (antropologia) e) valores (axiologia).

A *Gnosiologia* procura entender a origem, a natureza, o valor e os limites do conhecimento, em função do sujeito cognoscente, ou seja, daquele que conhece o objeto. Por outro lado, a validação do conhecimento é fornecida pela *Epistemologia*, que se refere ao estudo do conhecimento relativo ao campo de uma pesquisa, em cada ramo da Ciência.

No estudo sobre Deus surge a *Teologia* que, por definição, significa o "estudo, discurso ou pregação que trate de Deus ou das coisas divinas". Cada religião tem a sua teologia, de acordo com a interpretação dos seus mestres. Os dogmas, os cultos externos e rituais, presentes nas teologias, costumam restringir o conhecimento religioso. A *Ontologia* trata de questões relacionadas ao Espírito e à sua evolução. A *Cosmologia* estuda o mundo e o universo. A *Antropologia* é o estudo sistemático dos conhecimentos que se tem a respeito do homem, do ponto de vista de raça, herança biológica, características culturais e étnicas. A *Axiologia* abrange as concepções sobre os valores, estética, ética e moral.

2. Divisão da Filosofia

Quanto à natureza, o conhecimento filosófico pode ser espiritualista ou materialista. No primeiro caso, admite-se a existência de Deus, das potências universais, e da alma. No segundo, a Filosofia materialista admite que o pensamento, a emoção e os sentimentos são reações físico-químicas do sistema nervoso. Sustenta que a existência da matéria é o único fato real porque, fundamentalmente, todas as coisas são compostas de matéria e todos os fenômenos são o resultado de interações materiais.

3. O conhecimento científico

Ciência, do latim *scientia*, é o conhecimento que inclui, necessariamente, "[...] em qualquer forma ou medida, uma garantia da própria validade ou de grau máximo de certeza."[3] Em sentido amplo, a Ciência contempla o conhecimento sistemático, teórico ou prático. É o conhecimento que:

> aspira a objetividade, investiga metodicamente os fatos e os fenômenos procurando suas estruturas universais e necessárias, colocando uns em relação com os outros, de modo que é possível buscar as leis gerais que regem o funcionamento desses fenômenos. Ciência é um sistema ordenado e coerente de conhecimentos que estabelecem relações causais, abertos a mudanças, sobre a natureza, a sociedade e o pensamento, a verdade dos quais é construída racionalmente e corrigida por novas elaborações precisadas no decorrer da prática social. Seu objetivo consiste em estudar detidamente os objetos reais experimentados e prever novos fatos.[4]

Em sentido restrito, Ciência é a forma de adquirir conhecimento pelo estudo racional e pela utilização do método científico. O método científico apoia-se na validade, e tem como princípios gerais:

a. Demonstração – provas ou evidências universais que nada têm a ver com opinião ou palpite. Segundo Platão, "as opiniões não terão grande valor enquanto alguém não conseguir atá-las com um raciocínio causal."[3]

b. Descrição – diz-se da interpretação de um fato, acontecimento ou fenômeno. Para o filósofo inglês Francis Bacon (1561-1626) a interpretação descritiva "consiste em conduzir os homens diante de fatos particulares e das suas ordens."[5] Em geral, a descrição contém uma análise e uma síntese.

c. Corrigibilidade – também conhecida como Sistema de Autocorreção, indica que não existem verdades absolutas, mas relativas, capazes de ampliar os horizontes da Ciência, à medida que o homem adquire mais esclarecimentos. Por este princípio,

> admite-se a falibilidade do conhecimento humano, pois nenhum conhecimento é 'infalível', absoluto ou eterno. A ciência se autocorrige na medida em que enfrenta "obstáculos epistemológicos" (o paradigma científico existente num dado momento histórico já não é mais suficiente para explicar a realidade) e realiza a "ruptura epistemológica" (substituição de uma teoria científica pela outra); na medida em que descobre novos fatos e inventa novas formas ou instrumentos de investigação.[4]

4. A Ciência Espírita

A *Ciência Espírita*, palavra cunhada por Allan Kardec, fundamenta-se nos aspectos filosóficos e científicos desenvolvidos pelo *Espiritismo* ou de *Doutrina Espírita*, transmitidos por uma plêiade de Espíritos Superiores, como esclarece o Codificador:[6]

> Para coisas novas precisamos de palavras novas; assim o exige a clareza da linguagem, para evitarmos a confusão inerente ao sentido múltiplo dos mesmos termos. As palavras *espiritual, espiritualista, espiritualismo* têm acepção bem definida [...]. Com efeito, o espiritualismo é o oposto do materialismo; quem quer que acredite ter em si alguma coisa além da matéria é espiritualista; mas não se segue daí que creia na existência dos Espíritos ou em suas comunicações com o mundo visível. Em lugar das palavras *espiritual, espiritualismo*, empregaremos, para designar esta última crença, as palavras *espírita* e *espiritismo*, cuja forma lembra a origem e o sentido radical e que, por isso mesmo, têm a vantagem de ser perfeitamente inteligíveis, reservando ao vocábulo *espiritualismo* a sua acepção própria. Diremos, pois, que a Doutrina *Espírita* ou o *Espiritismo* tem por princípio as relações do mundo material com os Espíritos ou seres do mundo invisível.
>
> Os adeptos do Espiritismo serão os *espíritas* ou, se quiserem, os *espiritistas*.

Seguindo essa ordem de ideias, analisa Herculano Pires no livro *Ciência espírita e suas implicações terapêuticas*, de sua autoria:[7]

> A Revelação Espiritual veio pelo Espírito da Verdade, mas a Ciência Espírita (revelação humana) foi obra de Kardec. Ele mesmo proclamou essa distinção e se entregou de corpo e alma ao trabalho científico, sacrificial e único de elaboração da Ciência Admirável, que Descartes percebeu por antecipação em seus famosos sonhos premonitórios. [...] Graças à sua visão genial, o solitário da Rua dos Mártires conseguiu despertar os maiores cientistas do tempo para a realidade dos fenômenos espíritas, hoje estrategicamente chamados paranormais. Fundou a Sociedade Parisiense de Estudos Espíritas como entidade científica e não religiosa. Dedicou-se a pesquisas exaustivas e fundou a *Revista Espírita* para divulgação ampla e sistemática dos resultados dessas pesquisas. Sua coragem serviu de amparo e estímulo aos

cientistas que, surpreendidos pela realidade dos fenômenos, fizeram os primeiros rasgos na cortina de trevas que cercava as mais imponentes instituições científicas. [...] Kardec rompera definitivamente as barreiras dos pressupostos para firmar em bases lógicas e experimentais os princípios da Ciência Admirável dos sonhos de Descartes e das previsões de Frances Bacon. A metodologia científica, minuciosa e mesquinha, desdobrou-se no campo do paranormal e aprofundou-se na pesquisa do inteligível com audácia platônica.

As seguintes citações do Codificador indicam por que o Espiritismo pode ser considerado, ao mesmo tempo, filosofia e ciência:

1. O Espiritismo é, ao mesmo tempo, uma ciência de observação e uma doutrina filosófica. Como ciência prática, consiste nas relações que se podem estabelecer entre nós e os Espíritos; como filosofia, compreende todas as consequências morais que decorrem de tais relações. [...] O Espiritismo é uma ciência que trata da origem e do destino dos Espíritos, bem como de suas relações com o mundo corpóreo.[8]

2. O *Espiritismo* é a ciência nova que vem revelar aos homens, por meio de provas irrecusáveis, a existência e a natureza do mundo espiritual e as suas relações com o mundo corpóreo. Ele no-lo mostra não mais como coisa sobrenatural, mas, ao contrário, como uma das forças vivas e sem cessar atuantes da natureza, como a fonte de uma multidão de fenômenos até hoje incompreendidos e, por isso mesmo, relegados para o domínio do fantástico e do maravilhoso. [...].[9]

3. [...] A ciência espírita compreende duas partes: uma experimental, sobre as manifestações em geral, outra filosófica, sobre as manifestações inteligentes. Aquele que observou apenas a primeira está na posição de quem só conhece a Física pelas experiências recreativas, sem haver penetrado o âmago da ciência. A verdadeira Doutrina Espírita está no ensino que os Espíritos deram, e os conhecimentos que esse ensino comporta são muito graves para serem adquiridos de outro modo que não seja por um estudo perseverante, feito no silêncio e no recolhimento; somente nessa condição se pode observar um número infinito de fatos e particularidades que escapam ao observador superficial e permitem firmar uma opinião. [...].[10]

4. Seria formar ideia muito falsa do Espiritismo quem julgasse que ele haure suas forças na prática das manifestações materiais e que, impedindo-se tais manifestações, é possível minar-lhe a base. Sua força está na sua filosofia, no apelo que dirige à razão, ao bom senso.[...].[11]

A partir dessas colocações foi possível analisar os fatos espíritas sob o rigor da metodologia científica e dos princípios filosóficos. Foi como agiram inúmeros cientistas do passado — como William Crookes, apenas para citar o nome de um deles. Entretanto, o objeto da Ciência e do Espiritismo são distintos.

> O Espiritismo entra nesse processo histórico dentro de uma característica *sui generis*, ou seja, enquanto a Ciência propicia a revolução material, o Espiritismo deve propiciar a revolução moral. É que Espiritismo e Ciência se completam reciprocamente; a Ciência, sem o Espiritismo, se acha na impossibilidade de explicar certos fenômenos só pelas leis da matéria; ao Espiritismo, sem a Ciência, faltariam apoio e comprovação. O estudo das leis da matéria tinha que preceder o da espiritualidade, porque a matéria é que primeiro fere os sentidos. Se o Espiritismo tivesse vindo antes das descobertas científicas, teria abortado, como tudo quanto surge antes do tempo (Kardec, 1975, p. 21).[12]

Um ponto que jamais deve ser esquecido pelos espíritas é o seguinte: *Assim, o Espiritismo realiza o que Jesus disse do Consolador prometido: conhecimento das coisas, fazendo que o homem saiba de onde vem, para onde vai e por que está na Terra: um chamamento aos verdadeiros princípios da lei de Deus e consolação pela fé e pela esperança.*[13]

Referências

1. ABBAGNANO, Nicola. *Dicionário de filosofia*. Tradução de Alfredo Bosi. São Paulo: Martins Fontes, 2003, p. 442.

2. MARCOS, Manoel Pelicas, S. *A filosofia espírita e seus temas*. 2. ed. São Paulo: FEESP, 1993, p. 17.

3. ABBAGNANO, Nicola. *Dicionário de filosofia*.Op. Cit., p. 136.

4. Análise da problemática geral do conhecimento. Disponível em: http:// arquivos.unama.br/nead/graduacao/ccbs/psicologia/1semestre/funda_ epist_da_psicologia/unidade1/unidade1.html

5. ABBAGNANO, Nicola. *Dicionário de filosofia*.Op. Cit., p. 138.

6. KARDEC, Allan. *O livro dos espíritos*. Tradução de Evandro Noleto Bezerra. 2. ed. Rio de Janeiro: FEB, 2010. Introdução I, p. 23-24.

7. PIRES, Herculano. *Ciência espírita e suas implicações terapêuticas*. Item: O desenvolvimento científico. Disponível em: www.autoresespiritas-classicos.com ou http://www.autoresespiritasclassicos.com/Autores%20 Espiritas%20Classicos%20%20Diversos/Herculano%20Pires/Nova%20 pasta%20(8)/Herculano%20Pires%20%20-%20A%20Ci%C3%AAncia%20 Esp%C3%ADrita.htm

8. KARDEC, Allan. *O que é o espiritismo*. 1. ed. Rio de Janeiro: FEB, 2009. Preâmbulo, p. 11.

9. _____. *O evangelho segundo o espiritismo*. Tradução de Evandro Noleto Bezerra. 1. ed. Rio de Janeiro: FEB, 2008. Cap. 1, item 5, p. 59.

10. _____. *O livro dos espíritos*. Op. Cit. Introdução XVII, p. 66.

11. _____. Conclusão. Item VI, p. 631.

12. Ciência e Espiritismo. Disponível em: http://www.ceismael.com.br/artigo/ciencia-e--espiritismo.htm

13. _____. *O evangelho segundo o espiritismo*. Op. Cit. Cap. 6, item 4, p. 151-152.

Orientações ao monitor

1. Fazer uma apresentação dos conceitos de Filosofia, filósofo, metafísica, ciência, indicando a divisão da Filosofia e as principais características do conhecimento filosófico e científico.

2. Orientar a turma para, em seguida, realizar estas atividades:

» Leitura silenciosa e individual do item 4 (A Ciência Espírita), deste Roteiro de estudo.

» Formação de quatro minigrupos para analisar as ideias de Allan Kardec (referências 08 a 11), que tratam do caráter filosófico e científico do espiritismo.

» Elaboração de resumo para ser apresentado em plenário.

3. Comentar a respeito dos relatos dos grupos, prestando esclarecimentos complementares, se necessário.

4. Apresentar uma síntese que esclareça o significado, a abrangência e o objeto da Filosofia e ciência espíritas.

OBSERVAÇÃO: ao final da aula, pedir aos participantes que respondam, em casa, o questionário que consta do anexo do próximo Roteiro, o de número três, cujo tema é Revelação Religiosa.

EADE - LIVRO V

FILOSOFIA E CIÊNCIA ESPÍRITAS

Roteiro 3

REVELAÇÃO RELIGIOSA

Objetivos

» Explicar o que é revelação religiosa, seus métodos e fundamentos.

Ideias principais

» A palavra *Revelação* significa divulgar alguma coisa que se encontra oculta.

» *A característica essencial de qualquer revelação tem que ser a verdade.* Allan Kardec. *A gênese,* cap. 1, item 3.

» Subentende-se como revelação religiosa a manifestação da vontade de Deus, desvendando aos homens conhecimentos essenciais à sua melhoria espiritual.

» A natureza do conteúdo das revelações religiosas é [...] *ao mesmo tempo indicativa e imperativa, e sempre normativa. As manifestações de Deus sempre são feitas no contexto de uma exigência que pede confiança e obediência àquilo que é revelado.* J. D. Douglas. *O Novo Dicionário da Bíblia.*

» Para o Espiritismo, e no [...] *sentido especial da fé religiosa, a revelação se diz mais particularmente das coisas espirituais que o homem não pode descobrir por si mesmo, sem o auxílio dos sentidos e cujo conhecimento lhe é dado por Deus ou por seus mensageiros, quer por meio da palavra direta, quer pela inspiração* [...]. *A gênese,* cap. 1, item 7.

Subsídios

A palavra *Revelação* significa "[...], intrinsecamente a exposição daquilo que anteriormente era desconhecido. Na teologia judaico-cristã, o termo é usado primariamente para comunicação da verdade divina de Deus para o homem, ou seja: a manifestação de Si mesmo e da Sua vontade."[1]

A *Revelação Religiosa* objetiva divulgar publicamente algo que se desconhece ou que se encontra oculto; entretanto, especificamente, diz respeito à manifestação da vontade de Deus aos homens, a fim de ser por eles conhecida. A revelação religiosa apresenta, tradicionalmente, dois pontos focais: os propósitos de Deus; a "pessoa" de Deus."[1,2]

1. Por um lado, Deus informa os homens a respeito de si mesmo [...]. Assim é que o Senhor tomou Noé, Abraão e Moisés, aceitando-os em relação de confiança, informando-os sobre o que havia planejado e qual era a participação dos mesmos nesse plano (Gn 6:13-21;12.1; 15:13-21; 17:15-21; Êx 3:7-22).[2]

2. Por outro lado, quando Deus envia sua palavra aos homens, ele também os confronta consigo mesmo. A Bíblia não concebe a revelação como simples transmissão de informações, divinamente garantida, mas antes, como a vinda pessoal de Deus aos indivíduos, para tornar-se conhecido deles (Gn 35:7; Êx 6:3; Num 12:6-8; Gl 1:15).[2]

A manifestação de Deus aos homens, base da revelação religiosa, é assim considerada pela Doutrina Espírita:

> No sentido especial da fé religiosa, a revelação se diz mais particularmente das coisas espirituais que o homem não pode descobrir por si mesmo, nem com o auxílio dos sentidos e cujo conhecimento lhe é dado por Deus ou por seus mensageiros, quer por meio da palavra direta, quer pela inspiração. Neste caso, a revelação é sempre feita a homens predispostos, designados sob o nome de profetas ou *messias*, isto é, *enviados* ou *missionários*, incumbidos de transmiti-la aos homens. Considerada sob esse ponto de vista, a revelação implica a passividade absoluta e é aceita sem controle, sem exame, nem discussão.[3]

A revelação religiosa pode, também, ser considerada *geral* ou *universal*, e *específica*, *especial* ou *particular*. A primeira refere-se aos acontecimentos vistos como fatos da manifestação divina que ocorrem na natureza. Pode-se dizer, então, que "[...] há para a humanidade uma revelação incessante. A Astronomia revelou o mundo astral, que não conhecíamos; a Geologia revelou a formação da Terra; a Química, a lei das afinidades; a Fisiologia, as funções do organismo, etc. Copérnico, Galileu, Newton, Laplace, Lavoisier foram reveladores."[4] A segunda, a especial, refere-se aos atos divinos, propriamente ditos, considerados, em princípio, como de natureza sobrenatural e miraculosa.

Importa considerar que essa classificação é meramente didática porque, a rigor, tudo vem de Deus, o Criador Supremo: todas as revelações, gerais ou particulares, partem desta única fonte.

Deus manifesta-se aos homens através dos próprios homens: todos os povos tiveram (e têm) os seus reveladores, que transmitiram esclarecimentos em todas as áreas do saber, ao longo dos tempos. Da mesma forma, todas "[...] as religiões tiveram seus reveladores e estes, embora estivessem longe de conhecer toda a verdade, tinham uma razão de ser providencial, porque eram apropriados ao tempo e ao meio em que viviam, ao caráter particular dos povos a quem falavam e aos quais eram relativamente superiores."[5]

A teologia católico-protestante considera que:

> [...] a revelação especial na história sagrada é coroada pela encarnação do Verbo vivo e pelo registro da palavra falada das Escrituras. O evangelho da redenção [ou a Palavra de Deus], portanto, não é uma mera série de teses abstratas, sem relação com eventos históricos específicos; é a notícia dramática de que Deus tem agido na história da salvação, chegando ao clímax na Pessoa encarnada de Jesus Cristo e na sua Obra, para a salvação da humanidade perdida. [...] A série de atos sagrados, portanto, inclui a Providência de Deus em fornecer um cânon autorizado de escritos — as Escrituras Sagradas — que oferece uma fonte fidedigna de conhecimento de Deus e do seu Plano.[1]

Mas a revelação divina, considerada como tal, deve ser verdadeira, é um ponto indiscutível, como assinala Allan Kardec:

> A característica essencial de qualquer revelação tem que ser a verdade. Revelar um segredo é tornar conhecido um fato; se é falso, já não é um fato e, por conseguinte, não existe revelação. Toda revelação desmentida pelos fatos deixa de o ser, caso seja atribuída a Deus. E, visto que não podemos conceber Deus mentindo, nem se enganando,

ela não pode emanar dele; logo, deve ser considerada produto de concepção humana.⁶

A grande questão polêmica diz respeito à possibilidade de Deus falar diretamente aos homens, sem intermediários. O Codificador do Espiritismo — o bom senso encarnado —, afirmou:

> Haverá revelações diretas de Deus aos homens? É uma questão que não ousaríamos resolver, nem afirmativamente nem negativamente, de maneira absoluta. O fato não é radicalmente impossível, porém, nada nos dá dele prova certa. O que parece certo é que os Espíritos mais próximos de Deus pela perfeição se impregnam do seu pensamento e podem transmiti-lo. Quanto aos reveladores encarnados, segundo a ordem hierárquica a que pertencem e ao grau de saber a que chegaram, esses podem tirar de seus próprios conhecimentos as instruções que ministram, ou recebê-las de Espíritos mais elevados, mesmo dos mensageiros diretos de Deus, os quais, falando em nome deste, têm sido às vezes tomados pelo próprio Deus. As comunicações deste gênero nada têm de estranho para quem conhece os fenômenos espíritas e a maneira pela qual se estabelecem as relações entre os encarnados e os desencarnados. As instruções podem ser transmitidas por diversos meios: pela inspiração pura e simples, pela audição da palavra, pela vidência dos Espíritos instrutores, nas visões e aparições, quer em sonho, quer em estado de vigília, como se vê tantas vezes na *Bíblia*, no Evangelho e nos livros sagrados de todos os povos. É, pois, rigorosamente exato dizer-se que a maioria dos reveladores são médiuns inspirados, audientes ou videntes, o que não significa que todos os médiuns sejam reveladores, nem, ainda menos, intermediários diretos da Divindade ou dos seus mensageiros.⁷

A compreensão filosófica e científica da palavra Revelação apresenta sentido distinto da religiosa, e, em consequência, os métodos de investigação ou comprovação são, igualmente, diferentes.

Para os filósofos, revelação é a "manifestação da verdade ou da realidade suprema aos homens",⁸ o que não deixa de ser algo inatingível, uma vez que, à medida que o homem progride, ampliam-se os horizontes do seu conhecimento. A Ciência compreende revelação como a descoberta e o entendimento das leis que regem a natureza, ou, ainda, a invenção de algo que favoreça o progresso humano.

Outro ponto distintivo é que as filosofias espiritualistas aceitam a ideia de Deus como *religião natural*, isto é, com exclusão de teologias, próprias da maioria das interpretações religiosas. A Ciência ainda não inclui Deus em suas cogitações.

A Filosofia classifica a revelação religiosa, portanto, em **histórica** e **natural**. A *histórica* está presente nas tradições e relatos das religiões — "consiste na iluminação com que foram agraciados alguns membros da comunidade, cuja tarefa teria sido encaminhar a comunidade para a salvação. Neste aspecto, a revelação é um fato histórico, ao qual se atribui a origem da tradição religiosa."[8] A *natural* diz respeito à manifestação de Deus na natureza e no homem.[8]

O filósofo alemão, Immanuel Kant (1724–1804) analisou, à luz da razão pura, aspectos da religião natural e da revelada em seu admirável livro *A religião nos limites da simples razão*, publicado pela primeira vez em 1793. Algumas das ideias desse brilhante pensador germânico ainda permanecem atuais, como as que se seguem:

> A *religião* (considerada subjetivamente) é o conhecimento de todos os nossos deveres como mandamentos divinos. Aquela em que devo saber de antemão que alguma coisa é um mandamento divino, para reconhecê-lo como meu dever, é a *religião revelada* (ou que exige uma revelação). Ao contrário, aquela em que devo saber de antemão que alguma coisa é um dever antes que possa reconhecê-lo como mandamento de Deus, é a *religião natural*. [...] Mas se admitir a revelação, sustentando que reconhecê-la e admiti-la como verdadeira não é para a religião uma condição necessária [...]. Disso decorre que uma religião pode ser *natural* ao mesmo tempo que é revelada, se for constituída de tal modo que os homens *pudessem* ou *devessem* chegar a ela graças unicamente ao uso de sua razão [...]. Disso decorre que uma revelação dessa religião num tempo e num local determinado poderia ser sábia e muito proveitosa para o gênero humano, na condição contudo que, a religião assim introduzida tendo sido uma vez estabelecida e tornada pública, cada um possa se convencer daí em diante da verdade que ela comporta para si e para sua própria razão. Nesse caso, a religião é *objetivamente* religião natural, embora *subjetivamente* seja revelada.[9]

Seguindo o pensamento de Kant, podemos, então, admitir que o Espiritismo apresenta características de religião natural e de revelada. É revelação natural porque se fundamenta na fé raciocinada: "Fé inabalável é somente a que pode encarar a razão face a face, em todas as épocas da humanidade".[10] Na verdade, os estudos filosóficos que tratam da revelação natural tiveram origem nas ideias dos filósofos neoplatônicos, para os quais o mundo é produto da emanação divina (teofania)[8] — Teofania é o processo natural que caracteriza a descida de Deus ao homem e a subida do homem a Deus.[8] Como filosofia religiosa revelada, o Espiritismo

> [...] foi escrito por ordem e sob o ditado dos Espíritos superiores, para estabelecer os fundamentos de uma filosofia racional, isenta dos preconceitos do espírito de sistema. Nada contém que não seja a expressão do pensamento deles e que não tenha sido por eles examinado. [...].[11]

A questão da revelação divina é amplamente questionada pela Ciência, cujos cientistas apresentam diferentes posicionamentos, desde os mais radicais, de negação absoluta da existência de Deus e, conseguintemente, de suas manifestações, até os que aceitam parcial ou totalmente a ideia de um Criador Supremo.

Tal divergência é especialmente observada no que se refere à criação dos mundos e dos seres vivos. Entende-se, portanto, porque a Ciência não apoia a tese **criacionista** de algumas religiões, segundo a qual Deus é o Criador Supremo do universo e de todos os seres, vivos e inertes. Não valoriza também o pensamento **teísta**, defendido por algumas interpretações religiosas, que une ideias evolucionistas (inclusive a teoria evolucionista de Charles Darwin) à crença em Deus, como Criador Supremo.

Para a Ciência, propriamente dita, Deus não interfere nos processos da criação universal, nem nos seus mecanismos evolutivos. Tais argumentos, contudo, não impedem a existência de cientistas, em número cada vez maior, que aceitam a ideia de Deus, como Albert Einstein ou Francis S. Collins, iniciador e coordenador do projeto genoma.

Como a ideia de Deus é inerente ao ser humano, acreditamos que no futuro a Ciência irá acatar a crença em Deus, estabelecendo, então, uma aliança entre a Ciência e a Religião, como esclarece Kardec:

> [...] A Ciência e a Religião não puderam entender-se até hoje porque cada uma, encarando as coisas do seu ponto de vista exclusivo, repeliam-se mutuamente. Era preciso alguma coisa para preencher o

vazio que as separava, um traço de união que as aproximasse. Esse traço de união está no conhecimento das leis que regem o mundo espiritual e suas relações com o mundo corpóreo, leis tão imutáveis quanto as que regem o movimento dos astros e a existência dos seres. Uma vez constatadas pela experiência essas relações, fez-se uma nova luz: a fé dirigiu- se à razão, a razão nada encontrou de ilógico na fé, e o materialismo foi vencido. [...].[12]

Referências

1. ELWELL, Walter A. *Enciclopédia histórico-teológica da igreja cristã*. Vol. III. Tradução de Gordon Chown. 3. ed. São Paulo: Edições Boa Nova, p. 299.

2. DOUGLAS, J.D (organizador). *O novo dicionário da bíblia*. Tradução João Bentes. 3. ed. rev. São Paulo: Vida Nova, 2006, p. 1162.

3. KARDEC, Allan. *A gênese*. Tradução de Evandro Noleto Bezerra. 1. ed. Rio de Janeiro: FEB, 2009. Cap. 1, Iiem 7, p. 25.

4. _____. Item 2, p.22.

5. _____. Item 8, p.25.

6. _____. Item 3, p. 22.

7. _____. Item 9, p. 26-27.

8. ABBAGNANO, Nicola. *Dicionário de filosofia*. Tradução de Alfredo Bosi. São Paulo: Martins Fontes, 2003, p. 858.

9. KANT, Immanuel. *A religião nos limites da simples razão*. Tradução de Ciro Mioranza. 2. ed. São Paulo: Escala, 2008. Primeira sessão, p.177-179.

10. KARDEC, Allan. *O evangelho segundo o espiritismo*. Tradução de Evandro Noleto Bezerra. 1. ed. Rio de Janeiro: FEB, 2008. Cap. 19, item 7, p. 374.

11. _____. *O livro dos espíritos*. Tradução de Evandro Noleto Bezerra. 2. ed. Rio de Janeiro: FEB, 2010. Prolegômenos, p. 70.

12. _____. *O evangelho segundo o espiritismo*. Op. Cit. Cap. 1, item 8, p. 61.

Orientações ao monitor

1. O monitor faz explanação geral do tema previsto para a reunião, destacando os pontos mais significativos.

2. Em seguida, realiza ampla discussão a respeito da revelação religiosa, orientando-se pelo questionário inserido em anexo, previamente respondido pelos participantes.

3. Fazer o fechamento do assunto com apresentação de vídeo ou outra projeção que trate do assunto estudado. Como sugestão, indicamos os seguintes materiais:

» DVD N.º 4 da série *Evolução, a incrível jornada da vida*, produzido pela Scientific American Brasil, editado pela Duetto. O item Ciência e Religião atende aos propósitos do estudo.

» *Anjos e demônios, segredos revelados I e II* (há outros itens, mas estes dois atendem melhor o tema estudado). You tube, item i: http://www.youtube.com/watch?v=bPlYwe3bsqY. You tube, item ii: http://www.youtube.com/watch?v=rv0d04rHRgM&featu re=related

» Evidências da existência de Deus. You tube: http://www.youtube.com/watch?v=oHs4lsrdhte&feature=related

» *História das Religiões* (3 DVDs). Trata-se de excelente produção realizada nos Estados Unidos, em 1999, com legendas em português, distribuída no Brasil pela Europa Filmes. Encontramos informações fundamentais sobre as religiões, suas origens, formação e práticas. As imagens e as locações são de qualidade excelente. Vários estudiosos e ou representantes das religiões são entrevistados. As narrações são realizadas pelo conhecido ator inglês, de ascendência indiana e judaico-russa, Ben Kingsley.

Anexo – Questionário

Recomenda-se que os participantes do estudo respondam, previamente, o questionário que se segue, a fim de tornar a reunião mais dinâmica e favorecer o aprofundamento do assunto.

1. O que é revelação?
2. Qual o significado de religião revelada?
3. Quais são os dois principais enfoques apresentados pelas religiões reveladas?
4. No sentido amplo (genérico) e no de fé religiosa, como o Espiritismo conceitua revelação?
5. De que forma Deus se manifesta aos homens? Fornecer exemplos.
6. Qual é a classificação filosófica de religião? Explicar.
7. Segundo essa classificação, qual é a posição do Espiritismo?

8. Qual a interpretação dada pelo filósofo alemão, Immanuel Kant, sobre religião?

9. Como a Ciência se posiciona perante a ideia de Deus e de suas manifestações?

10. É possível pensar na realização de uma aliança entre a Ciência e a religião? Justifique a resposta

FILOSOFIA E CIÊNCIA ESPÍRITAS

Roteiro 4

A REVELAÇÃO ESPÍRITA

Objetivos

» Analisar os fundamentos e as características da revelação espírita.

Ideias principais

» *A Doutrina Espírita ou o Espiritismo tem por princípio as relações do mundo material com os Espíritos ou seres do mundo invisível. Os adeptos do Espiritismo serão os espíritas ou, se quiserem, os espiritistas.* Allan Kardec: *O livro dos espíritos*. Introdução I.

» *O Espiritismo é, ao mesmo tempo, uma ciência de observação e uma doutrina filosófica. Como ciência prática consiste nas relações que se podem estabelecer entre nós e os Espíritos; como filosofia, compreende todas as consequências morais que decorrem de tais relações.* Allan Kardec: *O que é o espiritismo*. Preâmbulo.

Subsídios

A palavra *Espiritismo* é um neologismo criado por Allan Kardec, utilizado pela primeira vez na introdução de *O livro dos espíritos*:

> Para coisas novas precisamos de palavras novas; assim o exige a clareza da linguagem, para evitarmos a confusão inerente ao sentido múltiplo dos mesmos termos. As palavras *espiritual, espiritualista, espiritualismo* têm acepção bem definida; dar-lhes uma nova, para aplicá-las à Doutrina dos Espíritos, seria multiplicar as causas já tão numerosas de anfibologia. Com efeito, o espiritualismo é o oposto do materialismo; quem quer que acredite ter em si alguma coisa além da matéria é espiritualista; mas não se segue daí que creia na existência dos Espíritos ou em suas comunicações com o mundo visível. Em lugar das palavras *espiritual, espiritualismo*, empregaremos, para designar esta última crença, as palavras *espírita* e *espiritismo*, cuja forma lembra a origem e o sentido radical e que, por isso mesmo, têm a vantagem de ser perfeitamente inteligíveis, reservando ao vocábulo *espiritualismo* a sua acepção própria. Diremos, pois, que a Doutrina *Espírita* ou o *Espiritismo* tem por princípio as relações do mundo material com os Espíritos ou seres do mundo invisível. Os adeptos do Espiritismo serão os *espíritas* ou, se quiserem, os *espiritistas*. [...].[1]

O conceito de Doutrina Espírita, sua abrangência e finalidade devem ser solidamente compreendidos para evitar equívocos de interpretação. Assim, esclarece Kardec:

> [...] O Espiritismo é, ao mesmo tempo, uma ciência de observação e uma doutrina filosófica. Como ciência prática consiste nas relações que se podem estabelecer entre nós e os Espíritos; como filosofia, compreende todas as consequências morais que decorrem de tais relações. [...] O Espiritismo é uma Ciência que trata da origem e do destino dos Espíritos, bem como de suas relações com o mundo corpóreo.[2]

Enquanto o enfoque da Ciência e da Filosofia é o mundo físico, com suas leis e normas de relações humanas, o Espiritismo estuda, em especial, as leis que regem a vida do mundo espiritual, considerando-as como forças da natureza que atuam incessantemente sobre o plano físico, as quais, por sua vez, influenciam o plano extrafísico.[3]

Allan Kardec destaca que, em consequência dessa ação recíproca e incessante, o Espiritismo revela

> [...] aos homens, por meio de provas irrecusáveis, a existência e a natureza do mundo espiritual e as suas relações com o mundo corpóreo. Ele no-lo mostra não mais como coisa sobrenatural, mas, ao contrário, como uma das forças vivas e sem cessar atuantes da natureza, como a fonte de uma multidão de fenômenos até hoje incompreendidos e, por isso mesmo, relegados para o domínio do fantástico e do maravilhoso. [...] O Espiritismo é a chave com o auxílio da qual tudo se explica com facilidade.[4]

1. Características gerais da revelação espírita

Tais características estão relacionadas ao próprio conceito de revelação, independentemente da fonte de onde se origina e da forma como chega aos homens. Assim, é preciso considerar:

» Pode-se "[...] dizer que há para a humanidade uma revelação incessante. [...]".[5]

» É essencial que a revelação seja verdadeira para ser acatada e divulgada. Toda revelação que é desmentida pelos fatos não é aceita como verdade, principalmente se tem origem atribuída a Deus.[6]

» As revelações humanas, propriamente ditas, podem apresentar equívocos, tal como acontece com os ensinamentos científicos, modificados em função do progresso. O Decálogo, por exemplo, recebido mediunicamente por Moisés, é o maior código moral da humanidade, aplicável a qualquer povo, em qualquer época da história humana. Entretanto, as leis civis do legislador hebreu foram "[...] essencialmente transitórias, muitas vezes em contradição com a lei do Sinai, [...]".[7] Tal fato demonstra que a leis criadas pelos homens são substituídas à medida que a sociedade melhora, intelectual e moralmente, enquanto a lei de Deus permanece inalterável.

» As revelações são transmitidas por Espíritos esclarecidos, os quais, no cumprimento de missão específica, reencarnam para ensinar aos homens verdades que eles, por si mesmos, não conseguiriam ou demorariam a alcançar.[8]

» Todas as religiões têm os seus reveladores, em geral conhecidos como profetas, reencarnados para transmitir ensinamentos novos, interpretar os já existentes, ou, sob inspiração superior, orientar a respeito de conceitos e práticas religiosas.[9]

1.1. Características Específicas da Revelação Espírita

1. O Espiritismo nos fornece explicações concretas e claras sobre "[...] o mundo invisível que nos cerca [...], suas relações com o mundo visível, a natureza e o estado dos seres que o habitam e, por conseguinte, o destino do homem após a morte. [...]."[10]

2. "Por sua natureza, a revelação espírita tem duplo caráter: participa ao mesmo tempo da revelação divina e da revelação científica. [...]."[11]

> [...] Participa da primeira, porque foi providencial o seu aparecimento e não o resultado da iniciativa, nem de um desejo premeditado do homem; porque os pontos fundamentais da Doutrina provêm do ensino que deram os Espíritos encarregados por Deus de esclarecer os homens sobre coisas que eles ignoravam, que não podiam aprender por si mesmos e que lhes importa conhecer, já que hoje estão aptos a compreendê-las. Participa da segunda, por não ser esse ensino privilégio de indivíduo algum, mas ministrado a todos do mesmo modo; por não serem os que o transmitem e os que o recebem seres *passivos*, dispensados do trabalho da observação e da pesquisa; por não renunciarem ao raciocínio e ao livre-arbítrio; porque não lhes é interdito o exame, mas, ao contrário, recomendado; enfim, porque a Doutrina não foi *ditada completa, nem imposta à crença cega*; porque é deduzida, pelo trabalho do homem, da observação dos fatos que os Espíritos lhe põem sob os olhos e das instruções que lhe dão, instruções que ele estuda, comenta, compara, a fim de tirar ele próprio as consequências e aplicações. Em suma, *o que caracteriza a revelação espírita é o fato de ser divina a sua origem e da iniciativa dos Espíritos, sendo a sua elaboração fruto do trabalho do homem.*[12]

3. Como meio de elaboração e desenvolvimento, "[...] o Espiritismo procede exatamente da mesma maneira que as ciências positivas, isto é, aplicando o método experimental. [...]."[13]

4. O método experimental, ou racional-lógico, tem por normas: a observação, a comparação, a análise, e "[...] remontando dos efeitos às causas, chega à lei que os preside; depois, lhes deduz as consequências e busca as aplicações úteis. [...]."[13]

5. *A priori*, a Doutrina Espírita não estabelece ensino preconcebido, nem levanta hipóteses que não sejam resultantes da evidência dos fatos. Assim,

> [...] não estabeleceu como hipótese a existência e a intervenção dos Espíritos, nem o perispírito, nem a reencarnação, nem qualquer dos princípios da Doutrina. Concluiu pela existência dos Espíritos quando essa existência ressaltou evidente da observação dos fatos, procedendo de igual maneira quanto aos outros princípios. [...].[13]

6. O Espiritismo tem como princípio que Jesus é o modelo e guia da humanidade (*O livro dos espíritos,* questão 625): "Para o homem, Jesus representa o tipo da perfeição moral a que a humanidade pode aspirar na Terra. Deus no-lo oferece como o mais perfeito modelo, e a doutrina que ensinou é a mais pura expressão de sua lei [...]."[14]

7. Segundo informações do Espírito Emmanuel, Jesus é o governador do planeta Terra e nós, seus habitantes, somos tutelados por ele:

> Antes de tudo, precisamos compreender que Jesus não foi um filósofo e nem poderá ser classificado entre os valores propriamente humanos, tendo-se em conta os valores divinos de sua hierarquia espiritual, na direção das coletividades terrícolas. Enviado de Deus, Ele foi a representação do Pai junto do rebanho de filhos transviados do seu amor e da sua sabedoria, cuja tutela lhe foi confiada nas ordenações sagradas da vida no Infinito. Diretor angélico do orbe, seu coração não desdenhou a permanência direta entre os tutelados míseros e ignorantes, dando ensejo às palavras do apóstolo, acima referidas.[15]

8. A revelação espírita tem como proposta fundamental reviver e explicar, em espírito e verdade, os ensinamentos de Jesus. Daí ser conhecido como O Consolador Prometido ou como O Cristianismo Redivivo. O outro princípio é que toda

> [...] a doutrina do Cristo se funda no caráter que ele atribui à Divindade. Com um Deus imparcial, soberanamente justo, bom e misericordioso, Ele fez do amor de Deus e da caridade para com o próximo a condição expressa da salvação, dizendo: *Amai a Deus sobre todas as coisas e o vosso próximo como a vós mesmos; nisto estão toda a lei e os profetas; não existe outra lei.* Sobre esta crença, assentou o princípio da igualdade dos homens perante Deus e o da fraternidade universal. [...].[16]

A revelação espírita esclarece a criatura humana a respeito da sua origem, por que motivo se encontra aqui, no plano material, e qual é a sua destinação, após a morte do corpo físico. "O simples fato de o homem poder comunicar-se com os seres do mundo espiritual traz consequências incalculáveis, da mais alta gravidade [...]".[17] É, pois,

[...] todo um mundo novo que se nos revela e que tem tanto mais importância, quanto a ele hão de voltar todos os homens, sem exceção. O conhecimento de tal fato não pode deixar de acarretar, generalizando-se, profunda modificação nos costumes, caráter, hábitos, assim como nas crenças que tão grande influência exerceu sobre as relações sociais. É uma revolução completa a operar-se nas ideias, revolução tanto maior e mais poderosa por não se circunscrever a um povo, nem a uma casta, visto atingir simultaneamente, pelo coração, todas as classes, todas as nacionalidades, todos os cultos. Razão há, pois, para que o Espiritismo seja considerado a terceira das grandes revelações. [...].[18]

Referências

1. KARDEC, Allan. *O livro dos espíritos*. Tradução de Evandro Noleto Bezerra. 2. ed. Rio de Janeiro: FEB, 2008. Introdução I, p. 23-24.
2. _____. *O que é o espiritismo*. Tradução de Evandro Noleto Bezerra. 1. ed. Rio de Janeiro: FEB, 2009. Preâmbulo, p. 11.
3. _____. *A gênese*. Tradução de Evandro Noleto Bezerra. 1. ed. Rio de Janeiro: FEB, 2009. Cap. 1, item 16, p. 31.
4. _____. *O evangelho segundo o espiritismo*. 1. ed. Tradução de Evandro Noleto Bezerra. Rio de janeiro: FEB, 2008. Cap.1, item 5, p.59.
5. _____. *A gênese*. Op. Cit. Cap. 1, item 2, p.22.
6. _____. Item 3, p. 22.
7. _____. Item 10, p. 27.
8. _____. Item 5, p. 23-24.
9. _____. Item 8, p. 25-26.
10. _____. Item 12, p. 28.
11. _____. Item 13, p. 28.
12. _____. p. 28-29.
13. _____. Item 14, p. 29.
14. _____. *O livro dos espíritos*. Op. Cit., questão 625-comentário, p. 403.

15. XAVIER, Francisco C. *O consolador*. Pelo Espírito Emmanuel. 28. ed. Rio de Janeiro:- FEB, 2008, questão 283, p. 229-230.

16. KARDEC, Allan. *A gênese*. Op. Cit. Cap. 1, item 25, p. 36.

17. _____. Item 20, p. 33-34.

18. _____. p. 34.

Orientações ao monitor

1. Analisar o seguinte texto de Kardec, como introdução do assunto:

    > O Espiritismo é, ao mesmo tempo, uma ciência de observação e uma doutrina filosófica. Como ciência prática consiste nas relações que se podem estabelecer entre nós e os espíritos; como filosofia, compreende todas as consequências morais que decorrem de tais relações.

2. Após a análise, dividir a turma em dois grupos, A e B, para realização das seguintes tarefas:

» O grupo A deverá pesquisar neste Roteiro de Estudo informações que indiquem os fundamentos da revelação espírita. O grupo B deverá localizar ideias que indiquem as características da revelação espírita.

» Cada equipe registra a pesquisa em folhas de cartolina ou papel pardo, que deverão ser afixados em locais de fácil visualização, na sala de aula.

» Um ou dois relatores, indicados pelos grupos, apresentam o resultado da pesquisa. Se necessário, o monitor esclarece ou reforça pontos significativos.

» O monitor correlaciona o assunto estudado com esta citação de Paulo de Tarso, apoiando-se no texto de Emmanuel, inserido em anexo: "na verdade, eu não me envergonho do Evangelho: ele é força de deus para a salvação de todo aquele que crê [...]. Porque nele a justiça de Deus se revela da fé para a fé, conforme está escrito: *O justo viverá da fé*. (Romanos, 1:16-17. *Bíblia de Jerusalém*)

Anexo – Texto para fechamento do estudo

Viver pela fé[*]

"Mas o justo viverá pela fé." – Paulo (Romanos, capítulo 1, versículo 17).

Na epístola aos romanos, Paulo afirma que o justo viverá pela fé.

Não poucos aprendizes interpretaram erradamente a assertiva. Supuseram que viver pela fé seria executar rigorosamente as cerimônias exteriores dos cultos religiosos.

Frequentar os templos, harmonizar-se com os sacerdotes, respeitar a simbologia sectária, indicariam a presença do homem justo. Mas nem sempre vemos o bom ritualista aliado ao bom homem. E, antes de tudo, é necessário ser criatura de Deus, em todas as circunstâncias da existência.

Paulo de Tarso queria dizer que o justo será sempre fiel, viverá de modo invariável, na verdadeira fidelidade ao Pai que está nos céus.

Os dias são ridentes e tranquilos? Tenhamos boa memória e não desdenhemos a moderação.

São escuros e tristes? Confiemos em Deus, sem cuja permissão a tempestade não desabaria. Veio o abandono do mundo? O Pai jamais nos abandona. Chegaram as enfermidades, os desenganos, a ingratidão e a morte? Eles são todos bons amigos, por trazerem até nós a oportunidade de sermos justos, de vivermos pela fé, segundo as disposições sagradas do Cristianismo.

---

[*] XAVIER, Francisco Cândido. *Caminho, verdade e vida*. Pelo Espírito Emmanuel. 28. ed. Rio de Janeiro: FEB, 2010. Cap.23, p. 61-62.

FILOSOFIA E CIÊNCIA ESPÍRITAS

Roteiro 5

EDUCAÇÃO ESPÍRITA

Objetivos

»   Indicar as diferenças entre instrução e educação.

»   Esclarecer a respeito dos quatro pilares da educação moderna.

»   Correlacionar os quatro pilares da educação com ensinamentos do Evangelho e do Espiritismo.

Ideias principais

»   *Educar* é disponibilizar condições para o pleno desenvolvimento do ser humano nos aspectos: biológico, intelectual, psíquico, psicológico, social, estético, ecológico e moral. Instruir é transmitir ou adquirir conhecimento.

»   Para o Codificador da Doutrina Espírita, educar [...] *consiste na arte de formar caracteres*. Allan Kardec: *O livro dos espíritos*, questão 685-a.

»   A educação deve envolver, necessariamente, aprendizado moral.

»   Os quatro pilares da educação moderna, definidos pelo Relatório Delors são: aprender a conhecer, aprender a fazer, aprender a conviver e aprender a ser.

»   Os quatro pilares da educação podem ser correlacionados a estas máximas do Cristo:

Aprender a conhecer: "Conhecereis a verdade e ela vos libertará" (Jo, 8:32).

Aprender a fazer: "...Faze isso e viverás". (Lc, 10:28).

Aprender a conviver: "Fazei aos outros o que gostaríeis que eles vos fizessem" (Mt. 7:12).

Aprender a ser: "Sede perfeitos ..." (Mt. 5:48).

Sandra Maria Borba Pereira:
Reflexões pedagógicas à luz do evangelho. Cap. 2.

Subsídios

1. Educar e instruir

É importante estabelecer a diferença entre educar e instruir ou educação e instrução. Ambos os vocábulos se relacionam, mas não significam a mesma coisa. Um é amplo, abrangente, outro é restritivo, específico.

» **Educar** é disponibilizar a alguém condições para o pleno desenvolvimento de sua personalidade. Trata-se, pois, de uma ação consciente que permite ao ser humano desenvolver as suas aptidões biológicas (físicas), intelectuais, morais, sociais, psicológicas, estéticas e ecológicas. Dessa forma, a educação é, ao mesmo tempo, processo e resultado que, em princípio, não deve desconsiderar o *valor*, inalienável, de o homem se transformar em criatura melhor — fundamento essencial da educação. Em síntese, educar é promover o desenvolvimento de faculdades físicas, morais e intelectuais.

Daí Allan Kardec considerar que a educação [...] *consiste na arte de formar caracteres* [...].[1]

» **Instruir** é transmitir/adquirir conhecimento, em geral viabilizado pelo ensino formal ou direto. Mas há outras formas de se adquirir instrução: pela observação, imitação, inspiração, intuição, repetição etc. Assim, a Instrução é sempre entendida como a capacidade de ministrar/assimilar conhecimentos e habilidades, direcionados para o aprendizado cognitivo e ou formação de talentos, genericamente destinados ao exercício profissional. Dessa forma, a instrução é necessária à vida profissional, mas só a educação apresenta condições para a formação de caracteres, por desenvolver no homem valores intelectuais e morais, que nele existem embrionários.

É preciso estar atentos a esses aspectos, pois é comum encontrarmos uma pessoa culta, instruída, mas pouco educada em termos de valores morais. Esta é a razão por que o conhecimento pode ser usado para a destruição. Assim, é ambiguidade empregar os termos educação e instrução como sinônimos, capazes de gerar outras ambiguidades, às vezes difíceis de serem controladas, como confundir processo educacional com processo docente.

Ao analisar o assunto, esclarece Emmanuel:[2]

> Reparamos, assim, a necessidade imprescritível da educação para todos os seres. Lembremo-nos de que o Eterno Benfeitor, em sua lição verbal, fixou na forma imperativa a advertência a que nos referimos: "Brilhe vossa luz". Isso quer dizer que o potencial de luz do nosso espírito deve fulgir em sua grandeza plena. E semelhante feito somente poderá ser atingido pela educação que nos propicie o justo burilamento. Mas a educação, com o cultivo da inteligência e com o aperfeiçoamento do campo íntimo, em exaltação de conhecimento e bondade, saber e virtude, não será conseguida tão-só à força de instrução, que se imponha de fora para dentro, mas sim com a consciente adesão da vontade que, em se consagrando ao bem por si própria, sem constrangimento de qualquer natureza, pode libertar e polir o coração, nele plasmando a face cristalina da alma, capaz de refletir a Vida Gloriosa e transformar, consequentemente, o cérebro em preciosa usina de energia superior, projetando reflexos de beleza e sublimação.

2. Filosofia da educação

Os filósofos, educadores e especialistas concordam que não é possível educar alguém colocando-o fora ou distante do mundo, da realidade da vida. É necessário que os envolvidos no processo educativo, no seio da família ou na escola, adquiram visão mais pragmática da realidade, atentando-se para o fato de que a educação é dinâmica e deve acompanhar de perto as características da época, do progresso e da cultura.

Da mesma forma, não se pode imaginar uma educação espírita que só priorize o conhecimento doutrinário, mas que não auxilia a pessoa a superar as más inclinações, e que não enfatize como a pessoa pode se transformar em criatura melhor. Entendemos, então, que

> [...] Nenhum educador, nenhuma instituição educacional pode colocar-se à margem do mundo, encarapitando-se numa torre de marfim. A educação, de qualquer modo que a entendamos, sofrerá necessariamente o impacto dos problemas da realidade em que acontece, sob pena de não ser educação. Em função dos problemas existentes na realidade é que surgem os problemas educacionais, tanto mais complexos quanto mais incidem na educação todas as variáveis que determinam uma situação. Deste modo, a *"Filosofia na educação"* transforma-se em *"Filosofia da Educação"* enquanto reflexão rigorosa, radical e global ou de conjunto sobre os problemas educacionais. [...].[3]

Neste sentido, o estudioso do assunto deve procurar conhecer propostas educacionais relevantes que favoreçam o desenvolvimento integral do ser. Apenas como ilustração, citamos alguns exemplos de estudiosos contemporâneos, pois o assunto é vasto.

2.1. A educação pragmática

Refere-se ao método educacional que prioriza a prática ou os efeitos, de grande influência no continente americano, inclusive no Brasil. O pragmatismo focaliza a instrução, é certo, mas como escola filosófica, destaca os aspectos éticos da prática profissional. Nasceu nos Estados Unidos da América como crença generalizada de que só a ação humana, movida pela inteligência e pela energia, pode alterar os limites da condição humana.

Os fundadores do pragmatismo foram os estadunidenses Charles Sanders Peirce (1839–1914), matemático, filósofo e cientista, a partir da publicação do seu artigo "Como tornar claras as nossas ideias" (*How to make our Ideias clear*), e William James (1842–1910), filósofo e psicólogo de renome, para quem o pragmatismo indica que tudo está na utilidade ou no efeito prático que qualquer ato, objeto ou proposição possa ser capaz de gerar.

2.2. Educação progressiva ou instrumentalista

O filósofo e pedagogo estadunidense John Dewey (1859–1952) apresenta um sistema educacional semelhante ao pragmatismo, porém denominado *instrumentalismo*, pois para ele as ideias só têm importância desde que sirvam de instrumento para a resolução de problemas reais. Nota-se que o enfoque ainda é a instrução, pois os princípios fundamentais do pensamento de John Dewey, sobre a educação, fundamentam-se no desenvolvimento da capacidade de raciocínio e do espírito crítico do aluno.

A *Educação Progressiva* considera, contudo, o crescimento constante da vida, na medida em que se amplia a experiência individual e coletiva. O filósofo esclarece, neste contexto, que o aprendizado só ocorre, efetivamente, quando há compartilhamento de experiências. Nesta situação, compartilha-se não apenas conhecimentos e instruções, a bem dizer, mas também, comportamentos, atitudes, valores.

2.3. A construção da inteligência

A despeito de Jean Piaget (1896–1980) não ter sido educador (era biólogo) e a sua obra não tratar da educação, propriamente dita (está mais relacionada à psicologia), suas ideias conduzem a reflexões pedagógicas — aplicadas, sobretudo, à educação infantil —, pelos conceitos relacionados à construção da inteligência e do conhecimento (epistemologia).

Neste sentido, a contribuição de Jean Piaget é importante, sobretudo por explicar os estágios do desenvolvimento da inteligência e da aprendizagem humanas. Ensina, por exemplo, que a criança é concebida como um ser dinâmico que, a todo momento, interage com a realidade, operando ativamente com objetos e com pessoas. Essa interação permite que ela construa e desenvolva suas estruturas mentais e adquira maneiras (formas) de fazê-las funcionar. O eixo central da doutrina piagetiana é, portanto, a interação organismo-meio, ocorrida através de dois processos simultâneos: a organização interna e a adaptação ao meio, funções exercidas pelo organismo ao longo da vida.

Na prática educacional, porém, nem sempre os ensinos de Piaget foram bem utilizados, focalizando-se mais (ou só) a construção da inteligência lógico-matemática e da linguagem, não enfatizando outros recursos da capacidade humana, tão importantes quanto a cognição, como intuição, percepção extrassensorial, e no caso do ensino espírita, as ideias inatas, influências espirituais, entre outros.

Os currículos escolares, inclusive os do ensino espírita, focalizam os autores citados, entre outros, que revelam, entretanto, falhas consideráveis por não enfatizarem o aprendizado moral. Este tem sido o "calcanhar de Aquiles" do processo educacional vigente no Mundo e nas casas espíritas. As consequências morais do aprendizado devem ser enfaticamente consideradas em qualquer processo de ensino-aprendizado, sobretudo numa época, como a atual, plena de conflitos de toda sorte.

3. Educação moderna

3.1. Os quatro pilares da educação

Em 1996, Jacques Delors, político e economista francês, assinou importante relatório, proveniente dos resultados obtidos nas reuniões da Comissão Internacional sobre educação para o século XXI, da UNESCO, que ele presidia. O relatório, intitulado *Educação, um tesouro a descobrir*, causou grande impacto, cujos ecos continuam nos dias atuais. O Relatório Delors, como ficou conhecido, expõe e analisa os *quatro pilares da educação moderna*. Como esclarece a confreira Sandra Borba, trata-se de

> [...] rico material para as reflexões tão necessárias em momentos tão graves como os que vivemos, em que se impõe a urgência de uma educação para todos, comprometida com o bem-estar sócio-moral de todos os habitantes da Terra. Temas importantes são tratados de modo objetivo e de fácil linguagem, como um exercício de espalhar luz, semear ideias e relatar fatos capazes de fundamentar propostas ali contidas, nos velhos Ideiais da igualdade e da solidariedade humanas. Educação continuada, cooperação internacional, desenvolvimento autossustentável, educar para o desenvolvimento humano são alguns temas ilustrados com depoimentos, relatos e estatísticas.[4]

É impossível escrever ou falar sobre educação, atualmente, sem fazer referência aos Quatro Pilares, que são:[5]

» **Aprender a conhecer.** É a aprendizagem que visa não tanto a aquisição de um repertório de saberes codificados, mas antes o domínio dos próprios instrumentos do conhecimento. É pilar que pode ser considerado, simultaneamente, meio e finalidade da vida humana. Meio, porque se pretende que cada um aprenda a compreender o mundo do qual faz parte, pelo menos na medida em que isso lhe é necessário para viver dignamente, para desenvolver as suas capacidades profissionais, para interagir. Finalidade, porque seu fundamento é o prazer de compreender, de conhecer, de descobrir. Trata-se de uma busca que [...] *exige libertação interior de pré-conceitos, o afastamento do ceticismo sistematizado que a tudo nega e do absolutismo epistemológico que tudo reduz e "engessa".*[6]

> Só a abertura ao novo aliada a uma busca séria do conhecimento facultará ao ser humano em evolução a consciência crítica, a única capaz de situar-se no mundo e não diante/à parte/sobre/sob o mundo. Estar no mundo e com o mundo, significa identificar-se com a natureza e com os outros, "dialogar" com a Vida buscando-lhe os sentidos.[7]

» **Aprender a fazer.** Na verdade, aprender a conhecer e aprender a fazer são princípios indissociáveis. Esse pilar, aprender a fazer, está mais estreitamente relacionado à questão da formação profissional: como ensinar o aluno a pôr em prática os seus conhecimentos e, também, como adaptar a educação ao trabalho futuro quando não se pode prever qual será a sua evolução. Aprender a fazer não pode, e não deve, no mundo atual, restringir-se ao simples significado de preparar alguém para uma tarefa material específica, bem delineada, para fazê-lo participar, por exemplo, do fabrico de algo.

Tal pilar determina, ao contrário, que os aprendizados devem evoluir em outra dimensão, a que se coloca fora do esquema reducionista da simples transmissão de práticas mais ou menos rotineiras, embora estas continuem a ter um valor formativo que não é de se desprezar. Para tanto, é preciso inovar, liberar a criatividade. É preciso ter [...] *coragem de executar, de correr riscos, de errar na busca de acertar. É um convite permanente à descoberta de métodos e instrumentos mais integradores, que respeitem os saberes e fazeres dos outros e auxiliem na superação do mero tecnicismo.*[7]

» **Aprender a conviver.** Sem dúvida, esta aprendizagem representa, hoje em dia, um dos maiores desafios da educação. O mundo atual carece de boa convivência, a fraterna, pois estamos inseridos dentro de uma realidade em que a violência dita normas, que se opõe à esperança posta, às realizações nobres e superiores. Não se ignora que a história humana sempre foi conflituosa, mas há elementos novos que acentuam o perigo e, especialmente, o extraordinário potencial de autodestruição criado no decorrer do século XX.

Poderemos, então, conceber uma educação capaz de evitar os conflitos, ou de resolvê-los de maneira pacífica, desenvolvendo o conhecimento dos outros, das suas culturas, da sua espiritualidade? É possível, sim. Especialmente quando se prioriza a educação moral. E isto se aprende pelo ensino, mas sobretudo pelo exemplo:
[...] Implica em construir uma identidade própria e cultural, situar-se com os outros seres compartilhando experiências e desenvolvendo responsabilidades sociais. [...] As experiências sociais nos facultam acesso ao saber, ao fazer, ao viver em conjunto, ao crescer em todas as nossas possibilidades.[8]

> Essas experiências geram responsabilidades que reclamam a busca da integração com a natureza, o compromisso com a humanidade e a necessária superação dos egoísmos coletivos ou individuais de cor, raça, gênero, credo ou condições sociais e de localização geográfica. Para o desenvolvimento desse princípio há algo fundamental: a busca de intercessões capazes de oportunizar conhecer o outro, suas ideias, saberes e fazeres, costumes, valores, tradições e espiritualidade. Isto só é possível pelo compartilhamento, pela comunhão, pelo diálogo, pela convivência.[8]

» **Aprender a ser:** A educação deve contribuir para o desenvolvimento total da pessoa — espírito e corpo, inteligência, sensibilidade, sentidos estético e ecológico, responsabilidade pessoal, espiritualização. Todo ser humano deve ser preparado pela educação para elaborar pensamentos autônomos e críticos, mas com respeito ao outro, para formular os próprios juízos de valor, de modo a aprender a decidir sobre como conduzir a própria existência e como agir, eticamente, nas diferentes circunstâncias da vida: "[...] Sem qualquer sombra de dúvida é o mais importante entre todos os princípios. Ressalta a necessidade de superação das visões dualísticas sobre os homens, das visões fragmentadas acerca da educação, fruto das limitações, dos preconceitos, das más paixões, da ignorância e do orgulho que são próprios. Contempla uma concepção integral do ser humano [...]."[9]

> Aprender a ser — enquanto compromisso — significa também a superação da superficialidade com que se tem tratado, no campo educacional, o ser humano, reduzido muitas vezes a uma cabeça que deve receber conceitos, normas e todo um conteúdo comportamental sem questionamento ou possibilidade de transformação. [...] Descobrir-se

enquanto ser integral — biopsicossocial e espiritual; penetrar na essência de sua humanidade, entrar na posse de sua herança divina e conscientizar-se de sua condição de ser imortal são ações próprias do aprender a ser na perspectiva cristã.[10]

4. A educação do futuro

Edgar Morin (pseudônimo de Edgar Nahoum), reconhecido filósofo, sociólogo e pesquisador francês, considerado um dos maiores pensadores da modernidade, nascido em Paris em 1921, é o principal representante da escola filosófica denominada *Complexidade*, muito referenciada nos dias atuais. Trata-se de uma linha de pensamento educacional que define a humanidade como um todo indissociável e que propõe uma abordagem multidisciplinar e multirreferencial para a construção do conhecimento. Entre as mais de 39 obras publicadas, encontra-se o livro *Os sete saberes necessários à educação do futuro*, obra muito apreciada pelos educadores.

Os sete saberes apresentam os seguintes eixos de estudo:[11]

» *As cegueiras do conhecimento: o erro e a ilusão* – indica que a educação deve mostrar por que não há conhecimento que não esteja, em algum grau, ameaçado pelo erro e pela ilusão.

» *Os princípios do conhecimento pertinente* – refere-se à organização e sistematização do conhecimento, o que é pertinente ao homem, para que este não fique fora do processo.

» *Ensinar a condição humana* – torna-se necessário que se questione e contextualize objetos do conhecimento do homem como: "quem somos", "onde estamos", "de onde viemos", "para onde vamos".

» *Ensinar a identidade terrena* – é preciso que os cidadãos do novo milênio compreendam tanto a condição humana no mundo em que vivem, desenvolvendo sentimento ecológico de preservação das espécies e da natureza, como um todo.

» *Enfrentar as incertezas* – trata-se da capacidade de enfrentar os desafios da existência, tendo em vista que o que se produz no presente tende a ser questionado no futuro, em razão dos atos anteriormente praticados, nem sempre justos ou sábios. Assim, as ideias e teorias por não refletirem, necessariamente, a realidade, são transmitidas (ensinadas) de forma errônea.

» *Ensinar a compreensão* – este eixo do saber indica que a compreensão humana é a missão propriamente espiritual da educação: ensinar a compreensão entre as pessoas como condição e garantia da solidariedade intelectual e moral da humanidade. O problema da compreensão é duplamente polarizado. Um polo é o da compreensão geral, definido nas relações sociais, culturais e entre os povos. O outro polo é o individual, específico, voltado para as relações particulares entre pessoas próximas. Há duas formas de compreensão: a compreensão intelectual ou objetiva e a compreensão humana intersubjetiva, a qual perpassa, naturalmente, pelo grau de moralidade do indivíduo.

» *A ética do gênero humano* – a educação deve conduzir à "antropoética", levando em conta o caráter da condição humana, que é ser ao mesmo tempo indivíduo/sociedade/espécie. Desta forma, a ética indivíduo/espécie necessita do controle mútuo da sociedade pelo indivíduo e do indivíduo pela sociedade. A ética não poderia ser ensinada por meio de meras lições de moral. Deve formar-se nas mentes com base na consciência de que o humano é, ao mesmo tempo, indivíduo, parte da sociedade, parte da espécie. E, segundo o Espiritismo, um Espírito imortal, que antecede a atual experiência física e sobrevive à morte do corpo. Daí surgem duas grandes finalidades ético-políticas do novo milênio: estabelecer uma relação de controle mútuo entre a sociedade e os indivíduos pela democracia, e conceber a humanidade como comunidade planetária.

O texto de Edgar Morin tem o mérito de introduzir uma nova e criativa reflexão nas discussões que acontecem sobre a educação no atual século. Aborda temas fundamentais, por vezes ignorados ou deixados à margem dos debates sobre a política educacional. Sua leitura conduz à reflexão das práticas pedagógicas da atualidade, demonstrando a necessidade de situar a importância da educação integral (corpo-mente e espírito) na totalidade dos desafios e incertezas dos tempos atuais.

5. Educação espírita

Kardec enfatizou a importância da educação como condição para o processo evolutivo humano, entendido nos seus aspectos intelectuais e morais. "[...] Kardec via a educação como um remédio eficaz para o combate ao mal em geral e às más tendências que o Espírito manifesta desde cedo e que devem ser observadas pelos pais. Estes são os primeiros educadores da criança".¹² Afirmou, ainda, o que só "[...] a educação poderá reformar os homens [...]".¹³

Neste contexto, escreveu no seu livro *Plano proposto para a melhoria da educação pública*, quando ainda se encontrava investido da personalidade Hippolyte Léon Denizard Rivail:*¹⁴

> Todos falam da importância da educação, mas esta palavra é, para a maioria, de um significado excessivamente impreciso [...]. Em geral, nós a vemos somente no sistema de estudos, e este equívoco é uma das principais causas do pouco progresso que ela obteve. Uma outra causa desse atraso prende-se a um preconceito, geralmente admitido, contra tudo o que se une a essa profissão, dela afastando uma infinidade de homens que, por seu mérito, poderiam contribuir para o seu adiantamento. A educação a arte de formar homens, isto é, a arte de neles fazer surgir os germes das virtudes e reprimir os do vício; de desenvolver sua inteligência e dar-lhes instrução adequada às necessidades [...]. Em uma palavra, o objetivo da educação consiste no desenvolvimento simultâneo das faculdades morais, físicas e intelectuais.

A educação espírita valoriza todas as conquistas no campo da inteligência humana, mas prioriza a melhoria moral, porque, enquanto o conhecimento intelectual tem como base a instrução, o conhecimento moral atende ao propósito de educar o ser imortal. Daí o Codificador afirmar que a educação é fundamental até para os problemas econômicos: "[...] Há um elemento a que não se tem dado o devido valor e sem o qual a ciência econômica não passa de simples teoria: a educação. Não a educação intelectual, mas a educação moral. [...]"¹

Em relação à questão moral, considerada como pilar da educação espírita, temos a dizer que a

> [...] melhoria moral do Espírito, que é a questão essencial, nem sempre é considerada com a seriedade que merece, sendo relegada à Filosofia ou à Religião. A formação moral do indivíduo continua sendo estrategicamente abafada pelos recursos tecnológicos ou por métodos e processos pedagógicos, teóricos e reducionistas, que

---

* O professor Hippolyte L. D. Rivail só iria tomar conhecimento das ideias espíritas vinte e seis anos depois da publicação do Plano proposto para a melhoria da educação pública, cuja primeira edição foi em 1828. Somente em 1854 teria os primeiros contatos com os fenômenos espíritas. Acreditamos que a frase "talvez mesmo antes" faz referência ao período gestacional.

camuflam a realidade porque não querem ou não sabem enxergar o indivíduo como um ser integral, que antecede e sobrevive à morte do corpo físico.[15]

Sem a educação moral, ou com uma educação moral de superfície, dificilmente os indivíduos se transformam em pessoas de bem. Daí o Codificador considerar com a lucidez que lhe era característica:[1]

> Quando se pensa na grande quantidade de indivíduos que todos os dias são lançados na torrente da população, sem princípios, sem freio e entregues a seus próprios instintos, serão de admirar as consequências desastrosas que daí resultam? Quando essa arte [educação moral] for conhecida, compreendida e praticada, o homem terá no mundo hábitos de *ordem e de previdência* para consigo mesmo e para com os seus, *de respeito a tudo o que é respeitável*, hábitos que lhe permitirão atravessar com menos dificuldade os dias ruins que não pode evitar.[1]

Na condição de primeiros educadores, os pais devem ser conscientizados do seu papel primordial, pois o "[...] *período infantil é o mais sério e o mais propício à assimilação dos princípios educativos*",[16] assevera Emmanuel que, em seguida acrescenta:[17]

> Até aos sete anos, o Espírito ainda se encontra em fase de adaptação para a nova existência que lhe compete no mundo. Nessa idade, ainda não existe uma integração perfeita entre ele e a matéria orgânica. Suas recordações do plano espiritual são, por isso, mais vivas, tornando-se mais suscetível de renovar o caráter e estabelecer novo caminho, na consolidação de princípios de responsabilidade, se encontrar nos pais legítimos representantes do colégio familiar. Por isso o lar é tão importante para a edificação do homem, e por que tão profunda é a missão da mulher perante as leis de Deus.

Retomando as ideias de Rivail, ele nos faz ver que não é suficiente, em educação, "[...] conhecer o objetivo que se quer alcançar, é preciso ainda conhecer perfeitamente a estrada que se deve percorrer. [...]".[18] Sendo assim, conclui:[19]

> A origem das qualidades morais encontra-se nas impressões que a criança recebe desde o seu nascimento, talvez mesmo antes, e que podem atuar com mais ou menos energia sobre seu espírito, no bem ou no mal. Tudo o que a criança vê, tudo o que ouve, causa-lhe

impressões. Ora, do mesmo modo que a educação intelectual é constituída pela soma das ideias adquiridas, a educação moral é o resultado de todas as impressões recebidas.

Mais adiante, nesse admirável livro, o professor Hippolyte Rivail analisa não só as influências diretas dos pais e dos professores, mas outras, menos sutis que, aparentemente poderiam não fazer intromissão no processo educativo. Ledo engano. Sigamos os seus esclarecimentos:[20]

> Quero, principalmente, falar daquelas impressões que a criança recebe diretamente nas suas relações com as pessoas que a rodeiam, as quais, sem dar à criança maus exemplos ou maus conselhos, muitas vezes, no entanto, dão origem a vícios muito graves, como os pais por sua indulgência exagerada e os mestres por uma severidade mal compreendida, ou pelo pouco cuidado que se tem ao adequar a nossa maneira de agir ao caráter da criança: quando, por exemplo, cede-se às suas solicitações importunas, quando se tolera os seus erros sob pretextos ilusórios, quando se obedece aos seus caprichos, quando se deixa a criança perceber que é vitima das astúcias [...], frequentemente, toma-se as imperfeições ou germes de vício por qualidades, o que acontece muitas vezes aos pais [...].

A formação científica e humanista de Allan Kardec lhe permitiu encarar os fatos espíritas com lucidez, sem negá-los ou aceitá-los, de imediato, só opinando a respeito após criteriosa análise racional. Aplicou a combinação de quatro critérios na tentativa de julgá-los com acerto, mantendo cuidadosa postura antes de emitir conclusões ou fazer publicações. Os critérios foram:

» *Humanismo*: pesava sempre os valores éticos e as consequências morais das novas ideias.

» *Racionalismo*: utilizou, com sabedoria, os seguintes instrumentos do método experimental, que lhe forneciam a visão do todo e das partes: observação; análise crítica e criteriosa dos fenômenos; conclusões lógicas.

» *Intuição*: agiu com bom senso, equilíbrio intelectual e sem fanatismo, sempre que não encontrava resposta racional para um fato.

» *Universalismo:* impôs controle universal dos ensinos dos Espíritos, pela aplicação da metodologia científica. Conjugou então, razão e sentimento, bom senso e lógica, só aceitando como verdade aquilo que fora submetido à análise racional, pela consulta a outros Espíritos, cujas respostas vinham de diferentes médiuns, da França e de outros países.

Na condição de espírita, Kardec apresenta alguns princípios para elaboração de um plano pedagógico de educação, à luz do Espiritismo, que deve ser utilizado em nossas casas espíritas com êxito, desde que se analise e conheça, efetivamente, o significado dado pelo Codificador.

5.1. Princípios Orientadores do Ensino, por Allan Kardec[21]

1. Cultivar o espírito natural de observação das crianças, dirigindo-lhes a atenção para os objetos que as cercam.

2. Cultivar a inteligência, observando um comportamento que habilite o aluno a descobrir por si mesmo as regras.

3. Proceder sempre do conhecido para o desconhecido, do simples para o composto.

4. Evitar toda atitude mecânica (mécanisme), levando o aluno a conhecer o fim e a razão de tudo o que faz.

5. Conduzi-lo a apalpar com os dedos e com os olhos todas as verdades. Este princípio forma, de algum modo, a base material deste curso de aritmética.

6. Só confiar à memória aquilo que já tenha sido apreendido pela inteligência.

Referências

1. KARDEC, Allan. *O livro dos espíritos*. Tradução de Evandro Noleto Bezerra. 2. ed. Rio de Janeiro: FEB, 2008, questão 685-a. Comentário, p. 431.

2. XAVIER, Francisco C. *Pensamento e vida*. Pelo Espírito Emmanuel. 18. ed. Rio de Janeiro: FEB, 2009. Cap. 5, p. 27-28.

3. http://educalara.vilabol.uol.com.br/lara2.htm

4. PEREIRA, Sandra Maria Borba. *Reflexões pedagógicas à luz do evangelho*. Curitiba: Federação Espírita do Paraná, 2009. Cap. 2, p. 39-40.

5. http://educalara.vilabol.uol.com.br/pilares.htm

6. PEREIRA, Sandra Maria Borba. Op. Cit., p. 40.

7. _____. p. 41.

8. _____. p. 43.

9. _____. p. 44.

10. _____. p. 45.

11. MORIN, Edgar. *Os sete saberes necessários à educação do futuro*. Tradução de Catarina Eleonora F. da Silva e Jeanne Sawaya. 10. ed. São Paulo, Cortez; Brasília: UNESCO, 2005, p. 13-18.

12. PORTASIO, Manuel. *Fora da educação não há salvação*. São Paulo: DPL, p. 25.

13. KARDEC, Allan. *O livro dos espíritos*. Op. Cit., questão 796, p. 484.

14. RIVAIL, Hippolyte Léon Denizard : *Plano proposto para a melhoria da educação pública*. Tradução de Albertina Escudeiro Seco. 1. ed. Rio de Janeiro: Edições Léon Denis, 2005, p. 11-12.

15. MOURA, Marta Antunes. *A educação em um mundo de transição*. In: Reformador. Rio de Janeiro: FEB, julho de 2007. Ano 125. N.º 2. 140, p. 27.

16. XAVIER, Francisco C. *O consolador*. Pelo Espírito Emmanuel. 28. ed. Rio de Janeiro: FEB, 2008, questão 109, p. 229-230.

17. _____. p. 230.

18. RIVAIL, Hippolyte Léon Denizard : *Plano proposto para a melhoria da educação pública*. Op. Cit., p. 12.

19. _____. p. 13.

20. _____. p. 16-17.

21. WANTUIL, Zéus e THIESEN, Francisco. *Allan Kardec*. 4. ed. Rio de Janeiro: FEB, 2004. Volume I, cap. 15, p. 98.

Orientações ao monitor

OBSERVAÇÃO: sugerimos que o conteúdo seja desenvolvido em duas reuniões, para melhor aproveitamento do assunto.

Primeira reunião:

1. Fazer breve apresentação das ideias gerais, desenvolvidas neste Roteiro de estudo.

2. Em seguida dividir a turma em grupos, cabendo a cada um ler e trocar ideias a respeito dos itens destacados nos subsídios, com exceção do item educação espírita, a ser desenvolvido no próximo encontro.

3. Os grupos escolhem relatores que apresentam uma síntese do que foi estudado. O monitor complementa informações, se necessário.

4. O monitor faz o fechamento do estudo, destacando os fundamentos da educação do futuro.

Segunda reunião:

1. Tendo como referência o estudo realizado na reunião anterior, o monitor apresenta as principais características da educação espírita, favorecendo a participação da turma.
2. Analisa os Princípios orientadores do ensino, de Allan Kardec.
3. Em seguida, pede à turma que se organize em quatro grupos para fazer correlação dos quatro pilares da educação com os ensinos de Jesus, inseridos no seu Evangelho. Para tanto, seguir roteiro de tarefas que se segue, e buscar apoio doutrinário nos textos inseridos em anexo.

Roteiro de tarefas:

Grupo	Pilar	Máxima do evangelho
1	Aprender a conhecer	"conhecereis a verdade e ela vos libertará" (Jo, 8:32)
2	Aprender a fazer	"...Faze isso e viverás." (Lc, 10:28)
3	Aprender a conviver	"Fazei aos outros o que gostaríeis que eles vos fizessem." (Mt, 7:12)
4	Aprender a ser	"sede perfeitos ..." (Mt, 5:48)

4. Pedir aos relatores dos grupos que apresentem as conclusões das tarefas.
5. Destacar pontos significativos das correlações realizadas, retornando aos princípios orientadores do ensino, de Allan Kardec, para fechamento do estudo.

Anexo – Textos para subsidiar o trabalho em grupo

Grupo 1: Aprender a conhecer

Ante a luz da verdade*

"Conhecereis a verdade e a verdade vos libertará"
Jesus (João, capítulo 8:32).

A palavra do Mestre é clara e segura.

Não seremos libertados pelos "aspectos da verdade" ou pelas "verdades provisórias" de que sejamos detentores no círculo das afirmações apaixonadas a que nos inclinemos.

Muitos, em política, filosofia, ciência e religião, se afeiçoam a certos ângulos da verdade e transformam a própria vida numa trincheira de luta desesperada, a pretexto de defendê-la, quando não passam de prisioneiros do "ponto de vista".

Muitos aceitam a verdade, estendem-lhe as lições, advogam-lhe a causa e proclamam-lhe os méritos, entretanto, a verdade libertadora é aquela que conhecemos na atividade incessante do Eterno Bem.

Penetrá-la é compreender as obrigações que nos competem.

Discerni-la é renovar o próprio entendimento e converter a existência num campo de responsabilidade para com o melhor.

Só existe verdadeira liberdade na submissão ao dever fielmente cumprido. Conhecer, portanto, a verdade é perceber o sentido da vida.

E perceber o sentido da vida é crescer em serviço e burilamento constantes. Observa, desse modo, a tua posição diante da Luz...

Quem apenas vislumbra a glória ofuscante da realidade, fala muito e age menos. Quem, todavia, lhe penetra a grandeza indefinível, age mais e fala menos.

---

* XAVIER, Francisco Cândido. Fonte viva. Pelo Espírito Emmanuel. 36 ed. Rio de Janeiro, 2010. Cap.173, p. 417-418.

Grupo 2: Aprender a fazer

Faze isso e viverás*

"E disse-lhe: Respondeste bem; faze isso, e viverás" (Lucas,10:28).

O caso daquele doutor da Lei que interpelou o Mestre a respeito do que lhe competia fazer para herdar a vida eterna, reveste-se de grande interesse para quantos procuram a bênção do Cristo.

A palavra de Lucas é altamente elucidativa.

Não se surpreende Jesus com a pergunta, e, conhecendo a elevada condição intelectual do consulente, indaga acerca da sua concepção da Lei e fá-lo sentir que a resposta à interrogação já se achava nele mesmo, insculpida na tábua mental de seus conhecimentos.

Respondeste bem, diz o Mestre. E acrescenta: faze isso, e viverás.

Semelhante afirmação destaca-se singularmente, porque o Cristo se dirigia a um homem em plena força de ação vital, declarando entretanto: faze isso, e viverás.

É que o viver não se circunscreve ao movimento do corpo, nem à exibição de certos títulos convencionais. Estende-se a vida a esferas mais altas, a outros campos de realização superior com a espiritualidade sublime.

A mesma cena evangélica diariamente se repete em muitos setores. Grande número de aprendizes, plenamente integrados no conhecimento do dever que lhes compete, tocam a pedir orientação dos Mensageiros Divinos quanto à melhor maneira de agir na Terra... a resposta, porém, está neles mesmos, em seus corações que temem a responsabilidade, a decisão e o serviço áspero...

Se já foste banhado pela claridade da fé viva, se foste beneficiado pelos princípios da salvação, executa o que aprendeste do nosso Divino Mestre: faze isso, e viverás.

---

* XAVIER, Francisco Cândido. Caminho, verdade e vida. Pelo Espírito Emmanuel. 28. ed. Rio de Janeiro, 2010. Cap. 157, p. 329-330.

Grupo 3: Aprender a conviver

Amar o próximo como a si mesmo*

"Fazei aos outros o que gostaríeis que eles vos fizessem" (Mateus, 7:12).

"Amar o próximo como a si mesmo; fazer pelos outros o que gostaríamos que os outros fizessem por nós" é a expressão mais completa da caridade, porque resume todos os deveres do homem para com o próximo. Não podemos encontrar guia mais seguro, a tal respeito, do que tomar, como medida do que devemos fazer aos outros, aquilo que desejamos para nós mesmos. Com que direito exigiríamos dos nossos semelhantes melhor proceder, mais indulgência, mais benevolência e devotamento, do que os temos para com eles? A prática dessas máximas tende à destruição do egoísmo. Quando os homens as adotarem como regra de conduta e como base de suas instituições, compreenderão a verdadeira fraternidade e farão que entre eles reinem a paz e a justiça. Não mais haverá ódios, nem dissensões, mas apenas união, concórdia e benevolência mútua.

Grupo 4: Aprender a ser

Características da perfeição**

"Sede, pois, vós outros, perfeitos, como perfeito é o vosso Pai celestial" (Mateus, 5: 48).

Visto que Deus possui a perfeição infinita em todas as coisas, esta máxima: "Sede perfeitos, como perfeito é o vosso Pai celestial", tomada ao pé da letra, pressuporia a possibilidade de atingir-se a perfeição absoluta. Se fosse dado à criatura ser tão perfeita quanto o Criador, ela se tornaria igual a este, o que é inadmissível. Mas os homens a quem Jesus falava não compreenderiam essa nuança. Jesus se limita a lhes apresentar um modelo e a dizer-lhes que se esforcem por alcançá-lo. Aquelas palavras devem, pois, ser entendidas no sentido

---

* KARDEC, Allan. O evangelho segundo o espiritismo. Tradução de Evandro Noleto Bezerra. 1. ed. Rio de Janeiro, 2008. Cap. 11, item 4, p. 221.
** KARDEC, Allan. *O evangelho segundo o espiritismo.* Tradução de Evandro Noleto Bezerra. 1. ed. Rio de Janeiro, 2008. Cap. 17, item 2, p. 334-335.

da perfeição relativa, a de que a humanidade é suscetível e que mais a aproxima da Divindade. Em que consiste essa perfeição? Jesus o diz: em "amarmos os nossos inimigos, em fazermos o bem aos que nos odeiam, em orarmos pelos que nos perseguem". Mostra, desse modo, que a essência da perfeição é a caridade na sua mais ampla acepção, porque implica a prática de todas as outras virtudes. Com efeito, se observarmos os resultados de todos os vícios e, mesmo, dos simples defeitos, reconheceremos não haver nenhum que não altere mais ou menos o sentimento da caridade, porque todos têm o seu princípio no egoísmo e no orgulho, que lhes são a negação, já que tudo que superexcita o sentimento da personalidade destroi, ou, pelo menos, enfraquece os elementos da verdadeira caridade, que são: a benevolência, a indulgência, a abnegação e o devotamento. Não podendo o amor do próximo levado até ao amor dos inimigos, aliar-se a nenhum defeito contrário à caridade, aquele amor é, por isso mesmo, sempre indício de maior ou menor superioridade moral, donde resulta que o grau de perfeição está na razão direta da sua extensão. Foi por isso que Jesus, depois de ter dado a seus discípulos as regras da caridade, no que tem de mais sublime, lhes disse: "Sede perfeitos, como perfeito é vosso Pai celestial".

FILOSOFIA E CIÊNCIA ESPÍRITAS

Roteiro 6

CONSEQUÊNCIAS DO CONHECIMENTO ESPÍRITA

Objetivos

» Avaliar a importância do conhecimento espírita para o progresso do Espírito.

Ideias principais

» *O conhecimento do porquê da existência é de consequências incalculáveis para o melhoramento e a elevação do homem. Quem sabe onde vai pisa firme e imprime a seus atos um impulso vigoroso.* Léon Denis: *Depois da morte.* Terceira parte, cap. XLII.

» O Espiritismo não só esclarece a respeito da vida espiritual — e todas as consequências daí decorrentes —, como fornece condições para a melhoria moral do ser humano.

» A moralização do ser humano, para a Doutrina Espírita, tem como base o Evangelho de Jesus: *O amor resume a doutrina de Jesus toda inteira, porque é o sentimento por excelência, e os sentimentos são os instintos elevados à altura do progresso feito.* Allan Kardec: *O evangelho segundo o espiritismo.* Cap. 11, item 8.

Subsídios

O conhecimento espírita favorece a melhoria do ser humano porque, como processo libertador de consciência, produz resultados inestimáveis: esclarecimento sobre si mesmo, sua origem, destinação e razão de se encontrar reencarnado; entendimento a respeito da morte (desencarnação) e da vida no plano espiritual; aprendizado sobre a necessidade de se tornar uma pessoa melhor, pelo desenvolvimento de virtudes, decorrente da transformação operada no íntimo do ser.

O Espírito esclarecido adquire nova visão da vida, de si mesmo e do outro. Persegue parâmetros comportamentais que interferem, direta ou indiretamente, na melhoria do mundo, cedo ou tarde.

Já afirmava o Espírito André Luiz que o [...] *conhecimento espírita é tão importante no reino da alma quanto a alfabetização nos domínios da vida comum.* [...] *A humanidade tem tanta necessidade do conhecimento espírita, como precisa de pão ou de antibiótico, que devem ser fabricados e armazenados antes que a infecção contamine o corpo ou que a fome apareça.* [...].[1]

Léon Denis esclarece que o "conhecimento do porquê da existência é de consequências incalculáveis para o melhoramento e a elevação do homem. Quem sabe onde vai pisa firme e imprime a seus atos um impulso vigoroso."[2]

Ao fazer uma reflexão sobre os efeitos negativos das ideias materialistas e das interpretações religiosas literais, Denis concluiu que os ensinos espíritas favorecem o progresso do Espírito:

> As doutrinas negativistas obscurecem a vida e conduzem, logicamente, ao sensualismo e à desordem. As religiões, fazendo da existência uma obra de salvação pessoal, muito problemática, consideram-na de um ponto de vista egoísta e acanhado. Com a filosofia dos Espíritos, modifica-se, alarga-se a perspectiva. O que cumpre procurar já não é a felicidade terrestre, pois neste mundo a felicidade não passa de uma quimera, mas, sim, a melhoria contínua. O meio de realizarmos é a observação da lei moral em todas as suas formas. Com esse Ideial a sociedade é indestrutível: desafia todas as vicissitudes, todos os acontecimentos. Avigora-se nos infortúnios e encontra sempre meios para, no seio da adversidade, superar-se a si mesma.[3]

Emmanuel, por outro lado, esclarece por que o Espiritismo deve ser considerado, efetivamente, processo libertador de consciência.[4]

> A influência do Espiritismo, em verdade, à feição de movimento libertador das consciências, será precioso fator de evolução, em toda parte. Na Ciência criará novos horizontes à glória do espírito. Na Filosofia, traçará princípios superiores ao avanço ineluctável do progresso. Na religião, estabelecerá supremos valores interpretativos, liberando a fé viva das sombras que a encarceram na estagnação e na ignorância. Na justiça, descortinará novos rumos aos direitos humanos. No trabalho, proporcionará justa configuração ao dever. Nas artes, acenderá a inspiração da inteligência para os mais arrojados vôos ao país da beleza. Na cultura, desabotoará novas fontes de Luz para a civilização fatigada e decadente. Na política, plasmará nova conceituação para a responsabilidade nos patrimônios públicos. Na legislação, instituirá o respeito substancial ao bem comum. E, em todos os setores do crescimento terrestre, à frente do futuro, ensinará e levantará, construindo e consolando, com a verdade a nortear-lhe a marcha redentora. Entretanto, somente no coração é que o Espiritismo pode realmente transformar a vida.

Tal aprendizado implica, necessariamente, estudo e trabalho, responsabilidade com compromissos e deveres; combate às más tendências e esforço perseverante no bem. E, quando menos se espera, ocorrem mudanças na qualidade dos pensamentos emitidos pelo indivíduo, refletidas nas palavras e comportamentos.

O indivíduo modifica-se, então, para melhor, porque passa a compreender a necessidade de ser bom, de progredir moralmente, não apenas intelectualmente. Neste sentido, a doutrina Espírita lhe aponta caminho seguro que deve seguir ao longo da evolução: vivência dos ensinamentos de Jesus, contidos no seu Evangelho de amor e luz.

> O amor resume a doutrina de Jesus toda inteira, porque é o sentimento por excelência, e os sentimentos são os instintos elevados à altura do progresso feito. Em sua origem, o homem só tem instintos; quanto mais avançado e corrompido, só tem sensações; mais instruído e purificado, tem sentimentos. E o ponto delicado do sentimento é o amor, não o amor no sentido vulgar do termo, mas esse sol interior que condensa e reúne em seu ardente foco todas as aspirações e todas

as revelações sobre-humanas. A lei de amor substitui a personalidade pela fusão dos seres; extingue as misérias sociais. [...].⁵

A persistência no bem é, contudo, tarefa árdua, que exige firme atuação da vontade. Manejar a vontade, como instrumento providencial para aquisição de novas conquistas evolutivas, deve ser operação consciente de combate às imperfeições. Neste aspecto, é importante adquirir informações sobre a atuação da mente, tendo em vista que a "[...] mente é o espelho da vida em toda parte"⁶, esclarece Emmanuel, recordando que a mente, nos

> [...] seres primitivos, aparece sob a ganga do instinto, nas almas humanas surge entre as ilusões que salteiam a inteligência, e revela-se nos Espíritos Aperfeiçoados por brilhante precioso a retratar a Glória Divina. Estudando-a de nossa posição espiritual, confinados que nos achamos entre a animalidade e a angelitude, somos impelidos a interpretá-la como sendo o campo de nossa consciência desperta, na faixa evolutiva em que o conhecimento adquirido nos permite operar.⁶

Sobre o império da vontade, o querer ser pode, perfeitamente, se transformar em querer fazer, pois "[...] o reflexo esboça a emotividade. A emotividade plasma a ideia. A ideia determina a atitude e a palavra que comandam as ações."⁷

Fica evidente, portanto, que o aprendizado espírita extrapola o aspecto consolador, que conforta e solidariza, sob os auspícios da fraternidade e da caridade, ensinadas pelo Evangelho. É mensagem de redenção do ser humano, que considera o esforço individual como mola propulsora da construção do saber e da moralização, ainda que o Espírito viva em um mundo de expiações e provas.

Sendo assim, a mente humana, entendida como "[...] espelho vivo da consciência lúcida [...]"⁸, assemelha-se, segundo o feliz simbolismo utilizado por Emmanuel, "[...] a um grande escritório, subdividido em diversas seções de serviço."⁸

> Aí possuímos o Departamento do Desejo, em que operam os propósitos e as aspirações, acalentando o estímulo ao trabalho; o Departamento da Inteligência, dilatando os patrimônios da evolução e da cultura; o Departamento da Imaginação, amealhando as riquezas do Ideial e da sensibilidade; o Departamento da Memória, arquivando as súmulas da experiência, e outros, ainda, que definem os investimentos

da alma. Acima de todos eles, porém, surge o Gabinete da Vontade. A Vontade é a gerência esclarecida e vigilante, governando todos os setores da ação mental. A Divina Providência concedeu-a por auréola luminosa à razão, depois da laboriosa e multimilenária viagem do ser pelas províncias obscuras do instinto. Para considerar-lhe a importância, basta lembrar que ela é o leme de todos os tipos de força incorporados ao nosso conhecimento.[8]

O conhecimento espírita explica a razão das provações, o que a pessoa deve fazer para melhorar sua existência, em termos de aperfeiçoamento moral e intelectual, no período de uma reencarnação. O espírita esclarecido compreende que a finalidade útil das provas existenciais está nesta orientação do benfeitor Cícero Pereira: "[...] para equilibrar os nossos passos, a fim de orientar com segurança os passos alheios, disciplinar-nos dentro de responsabilidades que abraçamos para não ameaçar o trabalho daqueles que nos cercam. [É preciso] Ouvir mais. Fazer mais. E falar menos. [...]."[9]

Por outro lado, ensina Bezerra de Menezes qual deve ser a atitude do espírita chamado à reencarnação:[10]

> O espírita cristão é chamado aos problemas do mundo, a fim de ajudar-lhes a solução; contudo, para atender em semelhante mister, há que silenciar discórdia e censura e alongar entendimento e serviço. É por essa razão que interpretando o conceito "salvar" por "livrar da ruína" ou "preservar do perigo", colocou Allan Kardec, no luminoso portal da Doutrina Espírita, a sua legenda inesquecível: "Fora da caridade não há salvação"

A caridade, manifestada como serviço ao próximo, é porta libertadora, demonstrando ser um compromisso espírita inadiável. É preciso, porém, compreender que a caridade não se restringe à filantropia.

> Realmente, a caridade expressa a perfeição dentre as manifestações da criatura e dimana, em seus fundamentos, do Amor Infinito de Deus. Um ato de caridade traz em si a argamassa indestrutível da Eterna Perfeição, composta de sabedoria e justiça, trabalho e solidariedade, confiança e paz.[11]

O simples fato de crer em Deus, segundo o entendimento de fé raciocinada, que não é dogmática, sofre modificações no íntimo do ser: a pessoa passa a reconhecer o valor da providência divina e aproveita a chance de melhorar-se, compreendendo a extensão do amor, da misericórdia e da justiça divinas. Tal entendimento alimenta a alma do crente sincero e lhe serve de apoio para vencer os desafios existenciais. O espírita esclarecido tem fé, não a que entorpece os sentidos e a vontade, mas a fé raciocinada,

> [...] a que se apoia nos fatos e na lógica, [e] não deixa nenhuma obscuridade; a criatura acredita porque tem certeza, e tem certeza porque compreendeu. Eis porque não se dobra. *Fé inabalável é somente a que pode encarar a razão face a face, em todas as épocas da humanidade.* [...].[12]

Todos os indivíduos que têm fé, perseveram no bem. São considerados abençoados e bem-aventurados porque, de acordo com o Espírito Meimei, "[...] sabem aproveitar as pedradas da vida, porque a fé e a perseverança no bem são os dois grandes alicerces do reino de Deus."[13]

Por último, destacamos que um dos maiores benefícios do conhecimento espírita é, perante as adversidades e desafios impostos pela existência, buscar amparo na prece. A prece funciona também como recurso preventivo de ações nefastas, ou intempestivas, mas é também remédio salutar que alivia feridas morais.

Pela oração, o Espírito adquire novas forças, resiste ao mal, decorrente de ações próprias ou de outrem, permitindo que benfeitores espirituais lhe falem ao coração, pela intuição, transmitindo-lhe conselhos relativos ao melhor caminho a ser trilhado.

Inserimos, em seguida, um trecho de bela página sobre o poder da prece, para reflexão. Trata-se de mensagem psicográfica transmitida pelo Espírito Anderson ao médium Francisco Cândido Xavier, durante uma viagem deste aos Estados Unidos:[14]

> O poder da prece é a nossa força. Alguns dos seus frutos são a paz, a esperança, a alegria, o amor e a coragem. Confiamos em Jesus. Por conseguinte, porque não buscá-lo sempre para aquilo de que necessitamos? Ele disse: "O reino de Deus está em vós". Nunca nos deveríamos esquecer dos propósitos divinos e da orientação divina. Cada alma tem seu próprio crédito. A fé se revela nos atos. Quando o homem ajuda a alguém em nome do Cristo, o Cristo responde a esse homem, ajudando-o por meio de alguém. No entanto, temos de orar sempre. Não devemos subestimar o valor da nossa comunicação com Deus. Teremos de atravessar épocas difíceis? Estamos deprimidos? Continuemos a orar. A prece é luz e orientação em nossos próprios pensamentos.

Referências

1. VIEIRA, Waldo. *Sol nas almas*. Pelo Espírito André Luiz. Uberaba [MG]: CEC, 1964. Cap. 56 (Influência do Espiritismo – mensagem de Emmanuel), p. 130.

2. DENIS, Léon. *Depois da morte*. 1. edição especial. Rio de Janeiro: FEB, 2008. Parte terceira, cap. XLII, p. 341.

3. _____. p. 342.

4. XAVIER, Francisco Cândido. *A verdade responde*. Pelos Espíritos André Luiz e Emmanuel. Araras [SP]: IDE, 1990. Cap. 5, p. 24-26.

5. KARDEC, Allan. *O evangelho segundo o espiritismo*. Tradução de Evandro Noleto Bezerra. 1. ed. Rio de Janeiro: FEB, 2008. Cap. 11, item 8, p. 223-224.

6. XAVIER, Francisco Cândido. *Pensamento e vida*. Pelo Espírito Emmanuel. 18. ed. Rio de Janeiro: FEB, 2009. Cap. 1, p. 9.

7. _____. p. 10.

8. _____. Cap. 2, p. 13.

9. _____. *Instruções psicofônicas*. Por diversos Espíritos. 9. ed. Rio de Janeiro: FEB, 2008. Cap. 8 (Palavras de um batalhador – mensagem do Espírito Cícero Pereira), p. 48.

10. XAVIER, Francisco Cândido e VIEIRA, Waldo. *O espírito da verdade*. Por diversos Espíritos. 17. ed. Rio de Janeiro: FEB, 2008. Cap. 3 (Legenda Espírita - mensagem do Espírito Bezerra de Menezes), p. 23-24.

11. _____. *Ideial espírita*. Por diversos Espíritos. 11. ed. Uberaba [MG]: CEC, 1991. Cap. 70 (A caridade nunca falha – mensagem do Espírito Emmanuel), p. 171.

12. KARDEC, Allan. *O evangelho segundo o espiritismo*. Op. Cit. Cap. 19, item 7, p. 373-374.

13. XAVIER, Francisco Cândido. *Pai nosso*. Pelo Espírito Meimei. 27. ed. Rio de Janeiro: FEB, 2006. Item: Fé e perseverança, p. 41.

14. XAVIER, Francisco Cândido e VIEIRA, Waldo. *Entre irmãos de outras terras*. Por diversos Espíritos. 7. ed. Rio de Janeiro: FEB, 1994. Cap. 39, p. 134-135.

Orientações ao monitor

1. Realizar breve exposição, destacando os pontos principais do tema.

2. Pedir à turma que faça leitura silenciosa dos subsídios deste Roteiro de estudo, pesquisando no texto palavras, frases ou ideias que indicam a importância do conhecimento espírita para o progresso espiritual do ser humano.

3. Com base na leitura e no exercício realizados, o monitor pede aos participantes que apresentem o resultado da pesquisa e incentiva troca de ideias, em plenário.

4. Após a troca de ideias, o monitor esclarece a respeito de pontos principais presentes no texto e, ao final, apresenta uma síntese do pensamento dos Espíritos esclarecidos (também citados no texto) sobre a importância do conhecimento espírita.

OBSERVAÇÃO: informar aos participantes que na próxima reunião o assunto previsto (Deus) será desenvolvido por meio de um painel de discussão. Para tanto, indicar o nome de três participantes que, convidados previamente, aceitaram a realização das seguintes tarefas: a) concepção religiosa de Deus; b) concepção filosófica e científica de Deus; b) concepção espírita de Deus.

FILOSOFIA E CIÊNCIA ESPÍRITAS

Roteiro 7

DEUS

Objetivos

» Fazer uma análise comparativa da ideia de Deus, segundo preceitos religiosos, filosóficos, científicos e espíritas.

Ideias principais

» A ideia de Deus é inata, encontrando-se presente em todas as manifestações religiosas, politeístas e monoteístas, que marcam o processo evolutivo do ser humano.

» A filosofia da religião, enquanto disciplina filosófica, investiga nas crenças religiosas princípios universais (como a ideia de Deus, por exemplo) por processos racionais, com o objetivo de determinar se são justificados, ou não, separando-os das tradicionais interpretações teológicas e ritualísticas.

» Em geral, a Ciência não cogita da existência de Deus, mas há cientistas que aceitam Deus, porém, seguindo entendimentos filosóficos específicos. Assim, os adeptos do Deísmo admitem a existência de Deus, mas questionam a ideia de revelação divina aos homens.

» Para o Espiritismo *Deus é a inteligência suprema, causa primeira de todas as coisas.* Allan Kardec: *O livro dos espíritos*, questão 1.

Subsídios

1. Concepção religiosa de Deus

A ideia de Deus é inata, acompanha o progresso humano e sempre esteve relacionada à manifestação da religiosidade do homem. Evoluiu das crenças politeístas — fundamentadas na existência de vários deuses — , para o conceito monoteísta, presente nas diferentes religiões reveladas (Judaísmo, Cristianismo e Islamismo), segundo as quais *Deus* é um ser supremo, infinito, perfeito, criador do universo, causa primeira e fim de todas as coisas.

Em geral, as religiões monoteístas são concordantes em três aspectos relacionados aos atributos divinos: *onipotência* (poder absoluto sobre todas as coisas); *onipresença* (poder divino de estar presente em todos lugares, ao mesmo tempo); e *onisciência* (poder de tudo saber). Esses e outros atributos divinos são encontrados nos respectivos livros sagrados — fonte de referência de cada religião.

Assim, no **Judaísmo** temos a **Bíblia Judaica** ou **Tanakh**[1] — composta pelos ensinamentos da Torah (Leis), do livro dos *Profetas* e do livro dos *Ensinos*. A concepção de Deus no Judaísmo é exclusivamente monoteísta. O Deus de Israel é cognominado por dois nomes principais, na Bíblia. Um é YHWH (Yahweh), o outro nome, é Eloim — palavra hebraica utilizada para designar divindades e poderes celestiais, em especial Deus único, do Tanakh e da Bíblia Cristã. Na Torá está escrito no livro Gênesis (Bereshit): "*No princípio criou Elohim aos céus e a terra*".

O judaísmo é considerado a primeira religião monoteísta a aparecer na face da Terra. Tem como crença principal a existência em Deus único, criador de tudo o que existe no Planeta e fora deste, no universo. Para os judeus, Deus fez uma aliança com os hebreus, tornando-os povo escolhido, e prometendo-lhes a terra prometida. Com base nos registros de suas escrituras sagradas, acredita-se que por volta de 1800 a.C., o patriarca Abraão recebeu um sinal de Deus para abandonar o politeísmo e que fosse viver em Canaã (atual Palestina).

A fé judaica é praticada em várias regiões do mundo, porém é no estado de Israel que se concentra um grande número de praticantes.

A **Bíblia Sagrada** ou **Cristã**[2] é a principal fonte dos ensinamentos religiosos no Ocidente. Difere em alguns aspectos da Bíblia judaica, mas mantém a divisão em duas seções: Velho ou Antigo Testamento — também conhecido como **Escrituras Hebraicas**, constitui a primeira grande parte da Bíblia cristã, e a totalidade da Bíblia hebraica. Os escritos foram redigidos em hebraico ou aramaico. A tradição cristã divide o Antigo Testamento em outras partes, e reordena os livros, dividindo-os em categorias: *Lei*, *História*, *Poesia* (ou livros de sabedoria) e *Profecias*.

O Novo Testamento relata a história de Jesus e da constituição do Cristianismo. É o nome dado à coleção de livros que compõem a segunda parte da Bíblia cristã. Seu conteúdo foi escrito após a morte de Jesus Cristo e é dirigido explicitamente aos cristãos, embora dentro da religião cristã tanto o Antigo quanto o Novo Testamento sejam considerados, em conjunto, Escrituras Sagradas. Os livros que compõem essa segunda parte da Bíblia foram escritos à medida que o cristianismo era difundido no mundo antigo, refletindo e servindo como fonte para a teologia das doutrinas cristãs . Trata-se de uma coleção de 27 livros que influenciou não apenas a religião, a política e a filosofia, mas também deixou sua marca permanente na literatura, na arte e na música. Os textos originais foram escritos por seus respectivos autores a partir do ano 42 d.C., em grego *koiné*, a língua franca da parte oriental do Império Romano, onde também foram compostos.

> **Cristo** é o termo usado em português para traduzir a palavra grega Χριστός (*Khristós*) que significa "Ungido". O termo grego, por sua vez, é uma tradução do termo hebraico מָשִׁיחַ (*Māšîaḥ*), transliterado para o português como Messias. A palavra é normalmente interpretada como o apelido de Jesus por causa das várias menções a "*Jesus Cristo*" na Bíblia. A palavra é, na verdade, um título, daí o seu uso tanto em ordem direta "Jesus Cristo" como em ordem inversa "*Cristo Jesus*", significando neste último O Ungido, Jesus. Os seguidores de Jesus são chamados de cristãos porque acreditam que Jesus é o Cristo, ou Messias, sobre quem falam as profecias da Tanakh (que os cristãos conhecem como Antigo Testamento). A maioria dos judeus rejeita essa reivindicação e ainda espera a vinda do Cristo [...]. A maioria dos cristãos espera pela segunda vinda de Cristo quando acredita que Ele cumprirá o resto das profecias messiânicas. (http://pt.wikipedia.org/wiki/Cristo)

Alcorão[3] é o livro sagrado do **Islamismo**, religião monoteísta que surgiu na Península Arábica no século VII, baseada nos ensinamentos religiosos transmitidos pelo Anjo Gabriel ao profeta Maomé (*Muhammad*).

O **Islã** ou **Islamismo** crê que Allah (Alá) é o único Deus, todo poderoso, o misericordioso. Assim islã significa submeter-se à lei e à vontade de Allah, ou seja, os seguidores do Islã devem revelar total submissão a Deus.

Alá é uma palavra formada pelo AL (A) e IDÁ (Divindade). Nome dado a Deus pelos mulçumanos, e que eles empregam como exclamação "Meu Deus!".

A mensagem do Islamismo, referente a Deus e à vontade divina, é revestida de admirável simplicidade: para atingir a salvação basta acreditar num único Deus (Allah), rezar cinco vezes por dia, voltado para a direção de Meca (cidade sagrada), submeter-se ao jejum anual no mês do Ramadan ("jejum') — que acontece no nono mês lunar do calendário muçulmano, considerado tempo de renovação da fé, da prática mais intensa da caridade, e vivência profunda da fraternidade e dos valores da vida familiar. Neste período pede-se ao crente maior proximidade com os valores sagrados, leitura mais assídua do Alcorão, frequência à mesquita, correção pessoal e autodomínio, pagar dádivas ou tributos ritualísticos e, se possível, fazer peregrinação à cidade de Meca, pelo menos uma vez na vida.

Há outras interpretações religiosas existentes no Planeta, muitas delas derivadas direta ou indiretamente desse núcleo monoteísta. Temos, assim, o *Avesta*[4] dos zoroastrianos; o *Livro de Mórmon*[5] dos mórmons, denominados "os santos dos últimos dias"; o livro *do Guru Granth Sahib*[6], do sikhismo; o *Bayán* (ou *Exposição*)[7], dos baybismos (ou babis); e o *Kitáb-i-Aqdas*[8] dos praticantes da Fé Bahá'í.

2. Concepção filosófica de Deus

Para Léon Denis, o grande filósofo espírita do passado, a ideia de Deus "[...] se afirma e se impõe, fora e acima de todos os sistemas, de todas as filosofias, de todas as crenças".[9] Importa considerar, porém, que, ainda que a crença em Deus esteja fundamentada nos ensinamentos de uma dada religião ou filosofia, é preciso admitir que tal compreensão se amplia com o tempo, à medida que o homem evolui.

Por mais "legalista" que seja uma religião, por mais que se aferre aos dogmas e às interpretações literais da mensagem espiritual, o progresso humano imprime modificações, ainda que a essência dos ensinamentos permaneça inalterada. Dessa forma, o que era considerado inadmissível no passado, às vezes nem tão longínquo, é aceito no mundo atual.

Esta é a principal razão de se acreditar que o futuro nos brindará com uma crença universal em Deus, independentemente do seguimento religioso a que o crente se encontre filiado. Além da ideia de Deus, outros conceitos espirituais serão também objeto de entendimento pacífico, devido à visão universalista que o homem espiritualmente amadurecido terá da religião. Concordamos, pois, com Denis, quando ele afirma que

> Deus é maior que todas as teorias e todos os sistemas. Deus é soberano a tudo. O Ser divino escapa a toda a denominação e a qualquer medida e, se lhe chamamos Deus, é por falta de um nome maior, assim o disse Victor Hugo [1802-1885]. A questão sobre Deus é o mais grave de todos os problemas suspensos sobre nossas cabeças e cuja solução se liga, de maneira restrita, imperiosa, ao problema do ser humano e do seu destino, ao problema da vida individual e da vida social.[9]

O moderno estudo filosófico das religiões enfatiza a análise das revelações religiosas à luz da razão. Sendo assim, a filosofia da religião, enquanto disciplina filosófica, investiga nas crenças religiosas princípios universais (como a ideia de Deus), com o objetivo de determinar se são justificados, separando-os das práticas teológicas e ritualísticas.

Para melhor compreender o conceito de filosofia da religião, lembramos o que a respeito foi ensinado pelo filósofo alemão Immanuel Kant (1724-1804), considerado o pai da ética moderna, mas que foi proibido pelo rei Frederico Guilherme II, da Prússia, em 1792, de dar aulas ou escrever sobre Deus e religião, por considerar as ideias do filósofo muito avançadas para a época. Hoje, contudo, o pensamento de Kant é naturalmente aceito, como se percebe no texto que se segue, escrito por ele:

> A *religião* (considerada subjetivamente) é o conhecimento de todos os nossos deveres como mandamentos divinos. Aquela em que devo saber de antemão que alguma coisa é um mandamento divino, para reconhecê-lo como meu dever, é a religião *revelada* (ou que exige uma

revelação). Ao contrário, aquela em que devo saber de antemão que alguma coisa é um dever antes que possa reconhecê-lo como mandamento de Deus, é *a religião natural*. [...] Disso decorre que uma religião pode ser a religião *natural* ao mesmo tempo que é também revelada, se for construída de tal modo que os homens *pudessem* ou *devessem* chegar a ela graças unicamente ao uso da razão [...]. Disso decorre que uma revelação dessa religião num tempo e local determinado poderia ser sábia e proveitosa para o gênero humano, na condição contudo que [...] cada um possa se convencer daí em diante da verdade que ela comporta para si e para a própria razão. Nesse caso, a religião é *objetivamente* religião natural, embora *subjetivamente* seja revelada.[10]

Os religiosos mais esclarecidos apoiam tranquilamente essas ideias de Kant, que nos apresenta uma visão racional e, ao mesmo tempo, universalista. Com base em princípios filosóficos semelhantes, a Filosofia da Religião construiu um sistema que trata da natureza ou atributos de Deus — assim como de outros princípios religiosos básicos, cuja síntese está registrada em seguida.

Teísmo

Teísmo (do grego *Théos*, significa Deus) é a doutrina que etimologicamente se refere à crença na existência de um ser ou seres superiores. O sentido mais difundido na sociedade, a partir do século XVII, é a existência de um único Deus, ser absoluto e transcendental que se manifesta no mundo por meio de Sua Providência (a Providência Divina). Faz oposição ao ateísmo, que nega a existência da Divindade, e à doutrina panteísta que admite seja cada ser uma parcela de Deus.[11]

A existência de Deus no teísmo pode ser provada pela razão, prescindindo da revelação, mas não a nega. Seu ramo principal é o teísmo cristão, que fundamenta a crença em Deus na Sua revelação sobrenatural, presente na Bíblia. Pode-se afirmar, portanto, que o teísmo "[...] é um aspecto essencial do espiritualismo [...] contemporâneo, especialmente na sua reação ao Idealismo romântico, que é sempre tendencialmente panteísta."[12]

Há três formas de conceber a manifestação teísta: a) **politeísta** — crença em vários deuses (exemplo: religiões primitivas e animistas); b) **monoteísta** — crença na existência de um único Deus, Criador Supremo (Judaísmo, Cristianismo e Islamismo, e crenças daí derivadas); c) **henoteísmo** — crença em vários deuses, na qual se admite a existência de um Deus supremo que governa outros menores (exemplo: Hinduísmo).

Deísmo

Deísmo é uma postura filosófico-religiosa que admite a existência de Deus como Criador Supremo, mas questiona a ideia da revelação divina aos homens. Em outras palavras, é a doutrina que considera a razão como a única via capaz de assegurar a existência de Deus. Os deístas não se prendem, em geral, a uma religião organizada.

Voltaire (1694-1778), filósofo e escritor iluminista francês, conhecido pela sua perspicácia e espirituosidade na defesa das liberdades civis, inclusive da liberdade religiosa, legítimo representante do pensamento deísta, afirmou: "O conhecimento de Deus não foi impresso em nós pelas mãos da natureza, pois todos os homens teriam a mesma ideia, e ideia alguma nasce conosco".[13]

A despeito do brilhantismo do seu pensamento, revelado em diferentes campos do conhecimento, no caso da ideia de Deus, Voltaire descarta a ideia inata de Deus, desconhecendo, portanto, a possibilidade de a criatura humana trazer consigo, desde o nascimento, a crença em Deus, claramente explicada pela tese reencarnacionista.

3. Concepção científica de Deus

Em geral, a Ciência não cogita da existência de Deus, mas muitos cientistas, inclusive alguns de renome, aceitam a ideia e têm apresentado boas contribuições a respeito do assunto. Um deles foi Albert Einstein, que afirmou: "[...] Minha religião consiste em humilde admiração do Espírito superior e ilimitado que se revela nos menores detalhes que podemos perceber em nossos espíritos frágeis e incertos. Essa convicção, profundamente emocional na presença de um poder racionalmente superior, que se revela no incompreensível universo, é a ideia que faço de Deus".[14]

Outro respeitável cientista que aceita e divulga sua crença em Deus é o americano Francis S. Collins, pai do projeto Genoma, autor do livro *A linguagem de Deus,* que merece ser lido. "O cientista percorreu o árduo caminho de ateu confesso a cristão convicto, enfrentando inúmeras dificuldades no meio acadêmico para confessar a sua crença em Deus. Percebeu quão limitada é a visão dos cientistas em relação a certos questionamentos humanos, tais como: "Por que estamos aqui?" "Qual o sentido da vida?".[15]

> Na última parte do livro, intitulada "Fé na ciência, fé em Deus", encontramos uma linha histórica da evolução do conceito de Deus, contendo citações do livro bíblico *Gênesis*, de estudos de Galileu e de outros cientistas de renome, do passado e do presente, e as ideias essenciais da Teoria das Espécies, de Charles Darwin. Faz lúcida análise da Criação Divina, tendo como pano de fundo expressivas posições religiosas e científicas, tanto as favoráveis quanto as contrárias. Por fim, propõe a alternativa da união harmônica entre a Ciência e a fé.[16]

4. A concepção espírita de Deus

A Doutrina Espírita nos revela Deus de forma semelhante às demais revelações monoteístas (Pai e Criador Supremo), ainda que não ignore a existência de pontos interpretativos diferentes. Os seguintes exemplos servem para exemplificar o assunto.

– *Deus é a inteligência suprema, causa primeira de todas as coisas.*[17] Significa dizer que o Espiritismo não se orienta pela visão antropomórfica de Deus ("um homem em ponto maior"), ainda que mantenha a concordância com as demais religiões monoteístas de que Deus é o Criador Supremo, do universo e dos seres.

– *A ideia de Deus é inata, não resulta da educação religiosa.* Ensinam os Espíritos superiores que se a ideia de Deus fosse aprendida apenas pelo ensino, os selvagens não trariam consigo este sentimento.[18] Kardec, por sua vez esclarece que se "[...] o sentimento da existência de um ser supremo fosse apenas produto de um ensino, não seria universal e, como sucede com as noções científicas, só existiria nos que houvessem podido receber esse ensino."[19]

– *Devemos amar, não temer a Deus.* Muitas religiões ensinam que os males que nos acontecem são punições divinas pelos nossos pecados. O Espiritismo ensina que devemos amar a Deus, que é Pai justo e misericordioso, na forma que Jesus nos revelou. Os males que sofremos são decorrentes do uso incorreto do livre-arbítrio: "Dando ao Espírito a liberdade de escolher, Deus lhe deixa toda a responsabilidade de seus atos e de suas consequências".[20]

– *Pelo trabalho no bem o homem aprende a servir a Deus e dele se aproxima.* Inúmeras práticas religiosas existem para agradar a Deus, acreditando que, assim, O esteja servindo. Não deixa de ser um raciocínio ingênuo, uma vez que o Pai Celestial não necessita de manifestações de culto externo. O trabalho no bem revela melhoria espiritual e consciência da necessidade de cumprir as leis divinas: "[...] o progresso da humanidade tem seu princípio na aplicação da lei de justiça, amor e caridade. [...] dessa lei derivam todas as outras, porque ela encerra todas as condições da felicidade do homem".[21]

– *A existência de Deus é comprovada por meio do axioma de que "não há efeito sem causa".*

> [...] Lançando o olhar em torno de si, sobre as obras da natureza, observando a previdência, a sabedoria, a harmonia que preside a todas as coisas, reconhece-se não haver nenhuma que não ultrapasse os limites da mais talentosa inteligência humana. Ora, desde que o Homem não as pode produzir, é que elas são produto de uma inteligência superior à humanidade, salvo se sustentarmos que há efeitos sem causa.[22]

Referências

1. http://pt.wikipedia.org/wiki/Tanakh
2. http://pt.wikipedia.org/wiki/B%C3%ADblia
3. http://pt.wikipedia.org/wiki/Alcor%C3%A3o
4. http://pt.wikipedia.org/wiki/Avesta
5. http://pt.wikipedia.org/wiki/Livro_de_M%C3%B3rmon
6. http://pt.wikipedia.org/wiki/Sikhismo
7. http://pt.wikipedia.org/wiki/Babismo
8. http://pt.wikipedia.org/wiki/Kit%C3%A1b-i-Aqdas
9. DENIS, Léon. *O grande enigma*. 1. edição especial. Rio de Janeiro: FEB, 2008. Primeira parte, cap. V, p. 65.
10. KANT, Immanuel. *A religião nos limites da simples razão*. Tradução de Ciro Mioranza. 2. ed. São Paulo: Escala, 2008, p. 177-178.
11. ABBAGNANO, Nicola. *Dicionário de filosofia*. Tradução de Alfredo Bosi. São Paulo: Martins Fontes, 2003, p. 942-943.
12. _____. p. 943.
13. VOLTAIRE. *Dicionário filosófico*. Tradução Ciro Mioranza e Antonio Geraldo da Silva. São Paulo: Escala, 2008, p. 207.

14. http://www.guia.heu.nom.br/fe_de_albert_einstein.htm
15. MOURA, Marta Antunes. *A ciência exclui Deus?* In: *Reformador*. Rio de Janeiro: FEB, junho de 2007. Ano 125. Nº. 2. 139, p. 26.
16. _____. p. 27.
17. KARDEC, Allan. *O livro dos espíritos*. Tradução de Evandro Noleto Bezerra. 2. ed. Rio de Janeiro: FEB, 2008, questão 1, p. 77
18. _____. Questão 6, p. 78-79.
19. _____. Questão 6-comentário, p. 79.
20. _____. Questão 258-a, p. 230.
21. _____. Conclusão IV, p. 627.
22. _____. *A gênese*. Tradução de Evandro Noleto Bezerra. 1. ed. Rio de Janeiro: FEB, 2009, cap. II, item 5, p. 70-71.

Orientações ao monitor

1. Antes de os painelistas iniciarem as exposições, o monitor informa à turma como será desenvolvido o painel de discussão:

» Apresentação dos painelistas e dos temas que cada um irá desenvolver: a) concepção religiosa de Deus; b) concepção filosófica e científica de Deus; c) concepção espírita de Deus.

» Tempo destinado à exposição de cada painelista: 15 minutos.

» Participação do auditório por meio de perguntas dirigidas aos expositores.

» Esclarecimento de dúvidas por parte dos painelistas.

» O monitor agradece a participação de todos, sobretudo dos convidados, esclarecendo possíveis dúvidas.

2. Distribuir cópias do poema *Deus e nós*, de autoria do espírito André Luiz (veja em anexo), pedindo a um dos participantes para declamá-lo.

3. Fazer breves comentários da poesia, correlacionando-os ao assunto estudado.

Anexo

Deus e nós*

André Luiz

Somente Deus é a Vida em si. Entretanto, você pode auxiliar alguém a encontrar o contentamento de viver.

Somente Deus sabe toda a Verdade. Mas você pode iluminar de compreensão a parte da verdade em seu conhecimento.

Somente Deus consegue doar todo o Amor. Você, porém, é capaz de cultivar o Amor na alma dessa ou daquela criatura, com alguma parcela de bondade.

Somente Deus é o Criador da verdadeira Paz. No entanto, você dispõe de recursos para ceder um tanto em seus pontos de vista para que a harmonia seja feita.

Somente Deus pode formar a Alegria Perfeita. Mas você pode ser o sorriso da esperança e da coragem, do entendimento e do perdão.

Somente Deus realiza o impossível. Entretanto, diante do trabalho para a construção do bem aos outros não se esqueça de que Deus lhe entregou o possível para você fazer.

---

* XAVIER, Francisco Cândido. *Meditações diárias*. Pelo Espírito André Luiz. 1. ed. Araras [SP]: IDE, 2009, p. 73-74

FILOSOFIA E CIÊNCIA ESPÍRITAS

Roteiro 8

JESUS

Objetivos

» Realizar estudo sobre Jesus com base nos critérios históricos.
» Analisar o pensamento espírita referente a Jesus.

Ideias principais

» Os historiadores do cristianismo utilizam metodologia apropriada para analisar a figura ímpar do Cristo, denominada **Jesus Histórico**. Trata-se de estudo crítico que não considera a imagem construída pelos textos religiosos e teológicos que, em geral, revelam o Mestre Nazareno como o Filho de Deus ou o Messias prometido para a salvação da humanidade.

» Para a Doutrina Espírita, Jesus é o [...] *tipo mais perfeito que Deus já ofereceu ao homem para lhe servir de guia e modelo*. Allan Kardec: *O livro dos espíritos*, questão 625.

Subsídios

1. Jesus histórico

Os estudos sobre a vida e a obra de Jesus podem ser realizados a partir de duas fontes principais: os textos canônicos e os não canônicos. Os primeiros representam referências das normas eclesiásticas e dos dogmas definidos pelas igrejas cristãs, ao longo dos séculos. Os segundos são utilizados pelos historiadores como método histórico de análise crítica dos textos evangélicos, denominado **Jesus histórico**,[1] cuja finalidade é reconstruir o contexto histórico do primeiro século da cristandade.

Jesus histórico não considera os axiomas teológicos, religiosos ou determinismos bíblicos. Embora as reconstruções históricas variem, são concordantes em dois pontos: Jesus era um rabino judeu, que atraiu um pequeno grupo de galileus e, após um período de pregação, foi crucificado pelos romanos na Palestina, sob instigação dos sacerdotes judeus, durante a governo de Pôncio Pilatos.

A busca pelo *Jesus histórico* foi iniciada com os estudos do filósofo deísta alemão Hermann Samuel Reimarus (1694–1768) que, junto com outros estudiosos, passaram a duvidar da historicidade relatada pelos textos sagrados, aceita sem controvérsias até o século XVIII, quando surgiu o movimento iluminista na Europa.

A despeito das opiniões nem sempre lisonjeiras desse e de outros autores sobre Jesus, surgem no século XIX estudos fundamentados em achados históricos e arqueológicos, através dos quais os pesquisadores passam a ter melhor compreensão da vida e da mensagem de Jesus.

Após a Primeira Guerra Mundial os alemães Martin Dibelius e Rudolf Bultmann compararam a mensagem original de Jesus com informações contidas em outros textos, provenientes da época da igreja primitiva, identificando pontos concordantes e discordantes. Esses estudiosos empregaram dois métodos para chegarem às conclusões finais, publicadas posteriormente:

» *Redação criticista* – Trata-se de uma investigação a respeito de como cada escritor do Evangelho compilou seu livro, seguida de comparação com outros escritos e, também, fontes orais.

» *Crítica formal* – Os críticos concluíram que os evangelhos (segundo Mateus, Marcos, Lucas e João) não foram escritos, originalmente, completos tal como os conhecemos atualmente. Representam coleções de fatos separados, de tradições orais, mitos ou parábolas, propositalmente agrupados para formar uma coletânea, artificialmente elaborada, destinada a divulgar práticas da igreja antiga. A crítica formal tenta reconstruir os episódios originais, separando o que é fato histórico do que é inclusão artificial.

Fato curioso é que, a despeito desse minucioso trabalho científico, há muitos cientistas que consideram Jesus um mito, alguém que nunca existiu. Não se trata, porém, de opinião unânime no meio acadêmico, pois, a despeito de existirem discordâncias quanto a datas de nascimento e morte, e da ocorrência dos fatos relatados no Evangelho, não significa, em absoluto, que o Cristo não tenha existido. De qualquer forma, no que diz respeito aos textos evangélicos, os

> [...] dados cronológicos mais importantes da vida de Jesus encontram-se nas narrativas da infância (Mateus, 2; Lucas, 1:5, 2:1-40) e nas narrativas da paixão (Mateus, 26-27; Marcos, 14-15; Lucas, 21-23; João, 13-19). Outros dados relevantes podem ser encontrados nos evangelhos de Lucas e João (Lc., 3:1-2 e 23; Jo., 2:20). [...].[2]

Na revista *Reformador* de junho de 2008, coluna Cristianismo Redivivo, encontram-se maiores informações sobre essas contradições, que merecem ser conferidas.

Na busca pelo *Jesus Histórico*, alguns estudiosos fundamentam-se na chamada **Fonte Q** (de *Quelle*, nome alemão para fonte), uma coleção de *Ditos de Jesus*, que é uma tradição, oral ou escrita não se sabe ao certo amplamente difundida no mundo cristão da primeira metade do século I, e que serviu de base para a escritura dos evangelhos sinópticos, assim como para alguns apócrifos. Sendo assim, o documento **Q**, ou fonte **Q**, é hipoteticamente considerado como sendo o primeiro texto evangélico escrito, e que teria sido utilizado, mais tarde, por Mateus e Lucas, mas não por Marcos, na redação dos seus escritos, fato que justificaria as coincidências presentes no evangelho de Lucas e de Mateus, e as diferenças com o de Marcos.

Na década de 1970, o controvertido teólogo irlandês e ex-sacerdote católico (abandonou a batina em 1969), John Dominic Crossan,[3] considerado um dos maiores críticos da Bíblia e autor do livro *Jesus histórico* ou *Jesus seminar*, analisou a historicidade de Jesus com base na chamada referência **Q** e no evangelho de Tomé, tido como apócrifo.

A metodologia utilizada por esse autor estava assentada em dois critérios:[4]

» Exame de fontes arqueológicas, históricas e textuais do primeiro século, aplicando as descobertas à análise sociológica e à antropológica, com a finalidade de melhor compreender Jesus e sua missão.

» Dar ênfase ao judaísmo de Jesus, contextualizando suas origens e ensinos aos acontecimentos do primeiro século do Cristianismo.

> Em suma, munidos dos novos instrumentos da pesquisa hodierna, tais como história antiga, crítica literária, crítica textual, filologia, papirologia, arqueologia, geografia, religião comparada, os atuais pesquisadores tentam reconstruir o ambiente sociocultural de Jesus, de modo a experimentar o efeito que as palavras do Mestre produziram nos ouvintes da sua época. Nesse esforço, procura-se evitar juízos preconcebidos, premissas rígidas, preconceitos étnicos, deixando que a mensagem se estabeleça ainda que contrariamente às expectativas dos crentes atuais. No entanto, ao montar o quebra-cabeça da história do Cristianismo Primitivo com as escassas peças disponíveis, nem sempre é possível ao pesquisador humano dispensar certa dose de imaginação.[5]

O historiador John P. Méier, professor da Universidade Católica de Washington-EUA, um dos mais respeitáveis pesquisadores de assuntos bíblicos da atualidade, considera com muita propriedade, que não

> [...] podemos conhecer Jesus "real" através da pesquisa histórica, quer isto signifique sua realidade total ou apenas um quadro biográfico razoavelmente completo. No entanto, podemos conhecer o "Jesus histórico". Por Jesus da história, refiro-me ao Jesus que podemos "resgatar" e examinar utilizando os instrumentos científicos da moderna pesquisa histórica.[4,6]

2. Jesus à luz da Doutrina Espírita

Os romances históricos de Emmanuel trazem informações notáveis sobre Jesus e sobre os três primeiros séculos do Cristianismo. Importa considerar, como afirma o confrade Haroldo Dutra Dias,

"[...] nesses romances, alguns dados de pesquisa histórica puramente humana são confirmados, todavia, muitas retificações são feitas. Exige-se do leitor exame cuidadoso, sob pena de serem divulgadas informações incorretas, apenas porque determinado pesquisador encarnado as defenda em suas obras."[6]

A propósito, Emmanuel esclarece, em relação aos textos do Novo Testamento:[7]

> Muitas escolas literárias se formaram nos últimos séculos, dentro da crítica histórica, para o estudo e elucidação desses documentos. A palavra "apócrifo" generalizou-se como espantalho em todo o mundo. Histórias numerosas foram escritas. Hipóteses incontáveis foram aventadas, mas os sábios materialistas, no estudo das ideias religiosas, não puderam sentir que a intuição está acima da razão e, ainda uma vez, falharam, em sua maioria, na exposição dos princípios e na apresentação das grandes figuras do Cristianismo. A grandeza da doutrina não reside na circunstância de o Evangelho ser de Marcos ou de Mateus, de Lucas ou de João; está na beleza imortal que se irradia de suas lições divinas, atravessando as idades e atraindo os corações. Não há vantagem nas longas discussões quanto à autenticidade de uma carta de Inácio de Antioquia ou de Paulo de Tarso, quando o raciocínio absoluto não possui elementos para a prova concludente e necessária. [...] Todavia, a autoridade literária não poderá apresentar a equação matemática do assunto. É que, portas adentro do coração, só a essência deve prevalecer para as almas e, em se tratando das conquistas sublimadas da fé, a intuição tem de marchar à frente da razão, preludiando generosos e definitivos conhecimentos.

Nunca é demais lembrar a informação que os Espíritos da Codificação transmitiram a respeito de Jesus, relatada em *O livro dos espíritos:*[8]

» Questão 625: *Qual o tipo mais perfeito que Deus já ofereceu ao homem para lhe servir de guia e modelo?*

» Resposta: "Jesus".

» Comentário de Allan Kardec:

> Para o homem, Jesus representa o tipo da perfeição moral a que a humanidade pode aspirar na Terra. Deus no-lo oferece como o mais perfeito modelo, e a doutrina que ensinou é a mais pura expressão de

sua lei, porque, sendo Jesus o ser mais puro que já apareceu na Terra, o Espírito Divino o animava.[8]

Ainda que persistam opiniões contraditórias sobre o que Jesus fez, ou não; ainda que sua mensagem não tenha sido suficientemente compreendida, importa destacar, como ensina Emmanuel, que a sua vinda entre nós marcou o início da "[...] era definitiva da maioridade espiritual da humanidade terrestre, uma vez que Jesus, com a sua exemplificação divina, entregaria o código da fraternidade e do amor a todos os corações."[9]

Com o intuito de fornecer outros subsídios ao estudo, apresentamos, em seguida, citações de Espíritos esclarecidos, como ilustração do assunto, a fim de que se conheça melhor a posição da Doutrina Espírita em relação a Jesus, o Cristo de Deus.

Meimei:

"A palavra do Cristo é a luz acesa para encontrarmos na sombra terrestre, em cada minuto da vida, o ensejo divino de nossa construção espiritual".[10]

Ewerton Quadros (primeiro presidente da FEB):

Em todas as circunstâncias, reconheçamo-nos defrontados pelo Mestre, no exercício da fraternidade dinâmica. Indubitavelmente, asseverou Ele não ter vindo para destruir a lei e sim para dar-lhe cumprimento. E executou-a, substancializando-lhe os enunciados na ação construtiva com que lhe ampliou todos os preceitos em luzes de ensino e afirmação de trabalho. [...] Ao revés, ajustou-se à comunidade, em penhor de soerguimentos e sustentação do homem integral, amparando-lhe corpo e alma. Explicou a verdade, tanto aos rabinos quanto aos pescadores de vida singela. Pregou a divina mensagem no tope dos montes, alimentando estômagos famintos e clareando cérebros sequiosos de luz. Socorreu mulheres infelizes e crianças abandonadas; leu nas sinagogas; curou cegos; restaurou doentes; ergueu paralíticos; recuperou obsidiados, doutrinando espíritos perturbados e sofredores; encorajou os tristes e banqueteou-se com pessoas apontadas ao escárnio social. Sem qualquer laivo de culto à personalidade, viveu no seio da multidão.[11]

Emmanuel:

"A lição do Cristo é também comparável à fonte e ao pão, ao fator equilibrante e ao medicamento, que são fundamentalmente os mesmos, em toda parte. No trato, pois, de nós ou dos outros, é forçoso não olvidar que o próprio Senhor nos avisou de que as suas palavras são espírito e vida".[12]

Irmão X (Humberto de Campos):

Mestre Redivivo, que ainda agora enches de terrível assombro quantos estimariam que não tivesses vivido entre os homens, fixa Teu complacente olhar sobre nós e aparta-nos da treva de todos os que se acomodam com a saliva da injúria! E revigora-nos a consolação e a esperança, porque sabemos, Senhor, que como outrora, ante os discípulos assustados, estarás com os Teus aprendizes fiéis, em todo instante da angústia, exclamando, imperturbável: "Tende bom ânimo! Eu estou aqui".[13]

Bezerra de Menezes:

"todos os talentos da Bondade do Senhor se nos acumulam agora nas mãos, em torrentes de oportunidades e trabalho, recursos diversos e potencialidades virtuais".[14]

Eurípedes Barsanulfo:

A seara do Senhor no solo infatigável do tempo guarda riquezas inexploradas e filões opulentos. Aquele que grafa uma página edificante, semeia um bom exemplo, educa uma criança, fornece um apontamento confortador, entretece uma palestra nobre ou estende uma dádiva, recolherá, cem por um, todos os grãos de amor que lançou na sementeira do Eterno Bem, laborando com a Vida para a Alegria Sem Fim.[15]

Como espíritas, é sempre importante correlacionar as conclusões de estudiosos com os postulados da Doutrina Espírita, a fim de que possamos ter uma ideia mais completa do assunto. Nesse sentido, sob o título *Jesus histórico, muito além do mito*, a União das Sociedades Espíritas-USE, Regional Ribeirão Preto-SP, desenvolveu interessante trabalho comparativo que pode ser visualizado no site: http://www.userp.org.br/downloads/jesus_historico.ppt.

Referências

1. http://pt.wikipedia.org/wiki/Jesus_hist%C3%B3rico

2. DIAS, Haroldo Dutra. *História da era apostólica: Nascimento de Jesus*. In: *Reformador*: Cristianismo redivivo. Rio de Janeiro: FEB, junho de 2008. Ano 126. N.º 2.151, p. 30.

3. http://www.mackenzie.br/fileadmin/Mantenedora/CPAJ/revista/VOLUME_IV 1999 2/John_Dominic.pdf

4. MEIER, John P. *Um judeu marginal: repensando o Jesus histórico*. 2. ed. Rio de Janeiro: Imago, 1995, p. 35.

5. DIAS, Haroldo Dutra. *História da era apostólica: Jesus – governador espiritual do orbe*. In: *Reformador*: Cristianismo redivivo. Rio de Janeiro: FEB, março de 2008. Ano 126. N.º 2.148, p. 109.

6. _____. *História da era apostólica: novas perguntas*. In: *Reformador*: Cristianismo redivivo. Rio de Janeiro: FEB, janeiro de 2008. Ano 126. N.º 2.146, p. 36.

7. XAVIER, Francisco Cândido. *A caminho da luz*. Pelo Espírito Emmanuel. 37 ed. 2009. Cap. 14, p. 149-150.

8. KARDEC, Allan. *O livro dos espíritos*. Tradução de Evandro Noleto Bezerra. 2. ed. Rio de Janeiro: FEB, 2010, questão 625, p.405.

9. XAVIER, Francisco Cândido. *Antologia mediúnica do natal*. 5. ed. 2008.

10. Cap. 14, p. 149. Por diversos Espíritos. Rio de Janeiro: FEB. Cap. 69 (A vinda de Jesus - mensagem de Emmanuel, p. 190.

11. _____. *Vozes do grande além*. Por diversos Espíritos. 5.ed. Rio de Janeiro: FEB, 2003. Cap.17 (A palavra de Jesus – mensagem de Meimei), p. 77.

12. _____. *Ideial espírita*. Por diversos Espíritos. 5.ed. Uberaba: CEC, 1991. Cap. 46 (A religião de Jesus – mensagem de Ewerton Quadros), p. 116-117.

13. _____. *Palavras de vida eterna*. Pelo Espírito Emmanuel. 33.ed. Uberaba: CEC, 2005. Cap.118, p.253.

14. _____. *Antologia mediúnica do natal*. Op. Cit. Cap. 25, p.77.

15. _____. *Bezerra, Chico e você*. Pelo Espírito Bezerra de Menezes. 1. ed. São Bernardo do Campo: GEEM, 1973. Cap. 39, p.58.

16. _____. *Ideial espírita*. Op. Cit. Cap. 4 (Cem por um – mensagem do Espírito Eurípedes Barsanulfo), p. 24.

Orientações ao monitor

1. Realizar breve palestra sobre Jesus Histórico, utilizando recursos audiovisuais, a fim de dinamizar a exposição.

2. Incentivar a participação dos ouvintes, analisando mais detidamente o assunto.

3. Em seguida, pedir à turma que forme duplas com a finalidade de ler e apresentar, em plenário, a importância de Jesus para a Doutrina Espírita. Os pequenos grupos podem ser formados de acordo com esta distribuição de assuntos:

Grupo 1: quem é Jesus, segundo os Espíritos orientadores da Codificação Espírita?

Grupo 2: o que, efetivamente, marca a era do advento do Cristo?

Grupo 3: o que a palavra do Cristo representa para Meimei?

Grupo 4: que missão realizou Jesus, segundo Ewerton Quadros?

Grupo 5: qual é a lição do Cristo, segundo Emmanuel?

Grupo 6: o que Humberto de Campos suplica a Jesus?

Grupo 7: como se manifesta a bondade de Jesus, segundo Bezerra de Menezes?

Grupo 8: que características são destacadas por Eurípedes Barsanulfo relativas à seara de Jesus?

4. Após ouvir as apresentações das duplas, enfatizar a importância de Jesus com base no texto inserido em anexo.

Anexo – Texto para fechamento do estudo

Ante o Divino Semeador*

Emmanuel

"Ouvi: eis que saiu o semeador a semear. . ." – Jesus (Marcos 4:3.)

Jesus é o Semeador da Terra e a humanidade é a Lavoura de Deus em Suas Mãos.

Lembremo-nos da renúncia exigida à semente chamada à produção que se destina ao celeiro para que não venhamos a sucumbir em nossas próprias tarefas.

Atirada ao ninho escuro da gleba em que lhe cabe desabrochar, sofre extremo abandono, sufocada ao peso do chão que lhe esmaga o

---

* XAVIER, Francisco Cândido. *Antologia mediúnica do natal*. Por diversos Espíritos. Rio de Janeiro: FEB, cap. 51.

envoltório. Sozinha e oprimida, desenfaixa-se das forças inferiores que a constringem, a fim de que os seus princípios germinativos consigam receber a bênção do céu.

Contudo, mal se desenvolve, habitualmente padece o assalto de vermes que lhe maculam o seio, quando não experimenta a avalancha de lama, por força dos temporais.

Ainda assim, obscura e modesta, a planta nascida crê instintivamente na sabedoria da natureza que lhe plasmou a existência e cresce para o brilho solar, vestindo-se de frondes tenras e florindo em melodias de perfume e beleza para frutificar, mais tarde, nos recursos que sustentam a vida.

A frente do semeador sublime, não esmoreças ante os pesares da incompreensão e do isolamento, das tentações e das provas aflitivas e rudes.

Crê no Poder Divino que te criou para a imortalidade e, no silêncio do trabalho incessante no bem a que foste trazido, ergue-te para a Luz Soberana, na certeza de que, através da integração com o amor que nos rege os destinos, chegarás sob a generosa proteção do Celeste Pomicultor, à frutificação da verdadeira felicidade.

FILOSOFIA E CIÊNCIA ESPÍRITAS

Roteiro 9

ESPÍRITO

Objetivos

» Conceituar *Espírito* do ponto de vista filosófico, científico e religioso.
» Refletir a respeito da interpretação espírita de espírito.

Ideias principais

» Os conceitos filosóficos e científicos mais conhecidos indicam que Espírito é: alma racional ou intelecto; *pneuma* ou sopro animador; ser incorpóreo; matéria sutil; personalidade.

» A expressão "Penso, logo existo", de Descartes, é o conceito de Espírito mais aceito no meio científico.

» Todas as religiões do passado e do presente concordam quanto ao princípio da existência do Espírito, e da sua sobrevivência além da existência física; porém, as interpretações, nesse aspecto, são diversificadas.

» Para o Espiritismo há dois elementos distintos e gerais do universo, ambos criados por Deus: Espírito e matéria. O Espírito é revestido de matéria semimaterial, o perispírito, que serve de molde à formação do corpo que será utilizado durante a reencarnação. O Espírito sobrevive à morte do corpo físico e pode [...] *renascer quantas vezes se fizerem necessárias, consonante o princípio da reencarnação. Quando encarnado, o Espírito é chamado alma.* Allan Kardec: *O livro dos espíritos*, questões 27, 134, 135 e 135-a.

Subsídios

Etimologicamente, a palavra Espírito, do latim *spiritus*, significa *respiração* ou *sopro*. Também pode referir-se a *alma*, *coragem* ou *vigor*. No grego, Espírito *pneuma*, traduzida como *respiração* (sopro) que, metaforicamente, significa descreve um ser, um, espírito ou, até mesmo, influência espiritual. No hebraico o termo para Espírito é *ruah* que, modernamente, pode ser simbolizado como *psique* (do grego *psychein* = soprar).

Originalmente, *psique* era utilizado como uma das características da vida humana; mais tarde evoluiu para a ideia de vida, propriamente dita, e, por fim, como sinônimo de alma, considerada o princípio da vida. A psique seria então a "alma das sombras" (dos mortos) em oposição à "alma do corpo".

A palavra Espírito apresenta, portanto, dois contextos, um metafísico e outro metafórico. O primeiro faz parte das abordagens filosóficas. O segundo está relacionado ao sentido etimológico e ao simbolismo usualmente utilizados pelos poetas e escritores.

As religiões e as tradições espiritualistas consideram Espírito como um princípio incorpóreo. Segundo a Doutrina Espírita, Espírito[1] é a individualização ou humanização do princípio inteligente do universo.

1. Espírito: Conceitos filosóficos e científicos

A Filosofia apresenta cinco interpretações básicas para Espírito, assim expressos:

» **Alma racional ou intelecto** – que "[...] é o significado predominante na filosofia moderna e contemporânea, bem como na linguagem comum."[2]

» **Pneuma** ou **sopro animador** – conceito admitido desde a época dos filósofos estoicos*, para os quais Espírito é "aquilo que vivifica".

---

* Estoicismo: escola filosófica grega, fundada no século III A.C. por Zenão de Cítio. O estoicismo é uma doutrina filosófica que afirma que todo o universo é corpóreo e governado por um Logos divino (noção que os estoicos tomam de Heráclito e desenvolvem). A alma está identificada com este princípio divino, como parte de um todo ao qual pertence. Este logos (ou razão universal) ordena todas as coisas: tudo surge a partir dele e de acordo com ele; graças a ele o mundo é um kosmos (termo que em grego significa "harmonia").

Essa interpretação permaneceria nos séculos seguintes, como este de Immanuel Kant (1724-1804), para quem Espírito é "[...] o princípio vivificante do sentimento."[2]

» **Ser incorpóreo** – genericamente, engloba as almas dos mortos, anjos e demônios. Dentro desse contexto, Kant também afirmava que "[...] Espírito é um ser dotado de razão e sentimento, que o vivifica."[2]

» **Matéria sutil ou impalpável** – conhecida como força que anima as coisa (conceito semelhante ao de pneuma). Alguns filósofos do Renascimento[3] (séculos XIII ao XVII) desenvolveram essa ideia, resgatada dos antigos estudos estoicos. Os seus principais representantes foram o ocultista cristão Heinrich Cornellius Agripa[4] (1486-1537) e Paracelso4 (1493-1541), cujo nome verdadeiro era Philippus Aureolus Theophrastus Bombastus von Hohenheim, grande médico e ocultista.

» **Capacidade pensante**

> Foi Descartes (1596-1650) quem introduziu e impôs esse significado. [...] Portanto, a rigor, não sou mais que uma coisa que penso, um Espírito, um intelecto ou uma razão, termos cujo significado antes me era desconhecido[2] (*Méditations touchant la premiéres philosophie*, 1641).

As ideias de Descartes, sintetizadas na expressão "penso, logo existo" (*cogito, ergo sum*) definiram a linha do pensamento científico dos séculos seguintes, sobretudo entre o XIX e o XX, época da predominância das ideias positivistas. Seu pensamento persiste no meio científico da atualidade, de forma que Espírito pode ser sintetizado no conjunto de faculdades intelectuais, genericamente definidas como *mente*.

> Estoicismo: escola filosófica grega, fundada no século III A.C. por Zenão de Cítio. O estoicismo é uma doutrina filosófica que afirma que todo o universo é corpóreo e governado por um Logos divino (noção que os estoicos tomam de Heráclito e desenvolvem). A alma está identificada com este princípio divino, como parte de um todo ao qual pertence. Este logos (ou razão universal) ordena todas as coisas: tudo surge a partir dele e de acordo com ele; graças a ele o mundo é um *kosmos* (termo que em grego significa "harmonia").

Para os filósofos espiritualistas, Espírito é um ser dotado de inteligência e sentimento, ou ser pensante dos cientistas. Para os cientistas materialistas, que nada admitem além da matéria, o Espírito é visto como um princípio material organizado por um conjunto de leis físicas que produziram, em consequência, o sistema nervoso, sede do pensamento. Nesse sentido Espírito é o mesmo que inteligência (capacidade de conhecer).

Os exageros de algumas concepções filosóficas, religiosas e científicas criaram, contudo, dicotomia entre os conceitos de Espírito e de matéria. Aliás, Voltaire (1694-1778), pseudônimo de François-Marie Arouet, famoso escritor e filósofo iluminista* francês, analisou minuciosamente o verbete alma, distribuindo suas ideias em onze itens do seu livro *Dicionário Filosófico*. Nesses itens, cujo resumo é apresentado em seguida, o filósofo destaca as diferentes ideias existentes à sua época.

» *[...] Alma é um termo vago, indeterminado, que exprime um princípio desconhecido de efeitos conhecidos, que sentimos em nós [...] No sentido próprio e literal do latim e das línguas que dele derivam significa o que anima.*[5]

» *[...] Assim é que se disse da alma dos homens, dos animais, às vezes a planta das plantas, para indicar o seu princípio de vegetação e vida.*[5]

» Neste sentido, a alma era geralmente entendida como a origem, causa e a própria vida, fato que corroborava o conceito de que tudo morria com o corpo. Então, indagava o filósofo: *[...] Mas o que é princípio de nossa vida, o que é o princípio de nossos pensamentos, serão duas coisas diferentes?*[5]

» *[...] Ousamos por em questão se a alma inteligente é espírito ou matéria; se criada antes de nós; se sai do nada em nosso nascimento; se, depois de nos ter animado um dia na Terra, ela vive depois de nós na eternidade.*[6]

» *[...] Como, pois, somos tão atrevidos em afirmar o que é alma? Sabemos com certeza que existimos, que sentimos, que pensamos.*[7]

» *[...] O corpo da Igreja inteira definiu que a alma é imaterial.*[8]

» *[...] O homem é um ser que age, sente e pensa; aí está tudo o que sabemos dele.*[9]

» *[...] O maior benefício de que somos devedores ao Novo Testamento é o de nos ter revelado a imortalidade da alma.*[10]

---

* *Iluminismo*: movimento surgido na França do século XVII e que defendia o domínio da razão sobre a visão teocêntrica que dominava a Europa desde a Idade Média. Para os filósofos iluministas o pensamento racional deveria ser levado adiante, substituindo as crenças religiosas e o misticismo que, segundo eles, bloqueavam a evolução do homem. O homem deveria ser o centro e passar a buscar respostas para as questões que, até então, eram justificadas somente pela fé.

2. Conceitos históricos de alma ou Espírito

Para os **egípcios** antigos[11] a alma estava ligada ao *KA* (perispírito), elemento imaterial e invisível, que sobrevivia à morte do corpo. A alma renascia inúmeras vezes e podia comunicar-se com os mortos. Os **babilônicos** "[...] acreditavam que a morte não era o fim da existência do homem. A vida futura, para eles, era tida como um "reino subterrâneo", para onde caminhariam, sem distinção, todos os falecidos."[12] Os **hindus**[13] admitiam a reencarnação do Espírito.

O culto aos antepassados, realizado pelos **chineses**[14] indica a crença na imortalidade do Espírito, fortemente arraigada às tradições espirituais desse povo. Já os antigos **persas**[15] (iranianos atualmente) seguiam os preceitos do sábio Zoroastro que, entre outros ensinamentos, pregava que os homens podiam ser influenciados pelos bons ou maus Espíritos.

3. O que é Espírito segundo o Espiritismo

Para a Doutrina Espírita há dois elementos distintos e gerais do universo, criados por Deus: Espírito e matéria.[16] O Espírito, encarnado ou desencarnado, está revestido de uma matéria semimaterial, o perispírito,[17] que serve de molde para construção do corpo físico. Quando encarnado, é chamado de alma, mas alma e Espírito são palavras sinônimas,[18] utilizadas respectivamente apenas para indicar o ser que possui corpo físico (encarnado) e o que não possui (desencarnado).

O estado natural do Espírito é de ser livre, de viver no plano espiritual, no qual o Espírito mantém sua personalidade e suas características individuais. Assim, as reencarnações, por mais numerosas que sejam, são sempre temporárias. Ainda segundo a Doutrina Espírita, a interação do Espírito com o corpo físico se dá, necessariamente, através do perispírito: "[...] Antes de se unir ao corpo, a alma é um dos seres inteligentes que povoam o mundo invisível e que revestem temporariamente um envoltório carnal para se purificarem e se esclarecerem".[19]

Para os orientadores da Codificação, os "[...] Espíritos são a individualização do princípio inteligente, como os corpos são a individualização do princípio material. A época e o modo dessa formação é que são desconhecidos."[20]

Quanto à natureza do Espírito, sabemos muito pouco a respeito, como esclarece Kardec:[21]

A natureza íntima do Espírito propriamente dito, isto é, do ser pensante, nos é inteiramente desconhecida. Ele se nos revela pelos seus atos e esses atos não podem impressionar os nossos sentidos, a não ser por um intermediário material. O Espírito precisa, pois, de matéria, para atuar sobre a matéria. Tem por instrumento direto de sua ação o perispírito, como o homem tem o corpo. [...] Depois, serve-lhe também de agente intermediário o fluido universal, espécie de veículo sobre o qual ele atua, como nós atuamos sobre o ar para obter determinados efeitos, por meio da dilatação, da compressão, da propulsão, ou das vibrações.

Outro ponto fundamental, revelado pela Doutrina Espírita, é fazer clara distinção entre Espírito e matéria. O principal atributo do Espírito é a inteligência. O corpo físico e o perispírito são elementos materiais que se submetem à vontade do Espírito. Os órgãos e todas as estruturas biológicas do corpo físico e do perispírito são "animados" pelo fluido vital, uma das modificações do fluido cósmico universal, que lhes concede vitalidade.

Dessa forma, a Doutrina Espírita também não confunde Espírito com a energia vital que faz funcionar os sistemas, órgãos, tecidos e células do corpo físico e do perispírito. No cadáver já não há mais energia vital, fato que caracteriza o fenômeno da morte, mas o Espírito sobrevive, passando a viver em outra dimensão, no mundo espiritual, porém revestido do seu corpo perispiritual. Assim, esclarece Kardec: "O Princípio vital, é o princípio da vida material e orgânica, seja qual for a sua fonte, e que é comum a todos os seres vivos, desde as plantas até o homem. O princípio vital é coisa distinta e independente, já que pode haver vida com exclusão da faculdade de pensar.[22]

4. Conclusão

Em síntese, afirma a Doutrina Espírita em relação ao Espírito:

» *A dúvida relativa à existência dos Espíritos tem como causa principal a ignorância acerca da sua verdadeira natureza. Geralmente, são figurados como seres à parte na Criação e cuja necessidade não está demonstrada.*[23]

» *Seja qual for a ideia que se faça dos Espíritos, a crença neles necessariamente se baseia na existência de um princípio inteligente fora da matéria.*[23]

» Desde que se admite a existência da alma e sua individualidade após a morte, é preciso que se admita, também: 1º) que a sua natureza é diferente da do corpo, visto que, separada deste, deixa de ter as propriedades peculiares ao corpo; 2º) que goza da consciência de si mesma, pois é passível de alegria ou sofrimento, sem o que seria um ser inerte e de nada nos valeria possuí-la.[24]

» Os Espíritos vivem no plano espiritual: [...] não um lugar determinado e circunscrito, mas o espaço universal: é todo um mundo invisível, no meio do qual vivemos, que nos cerca e nos acotovela incessantemente.[25]

» Ora, essas almas que povoam o espaço são justamente aquilo a que chamamos Espíritos. Assim, pois, os Espíritos são apenas as almas dos homens, despojadas do invólucro corpóreo. Se os Espíritos fossem seres à parte, sua existência seria mais hipotética. Se, porém, se admitir que há almas, há que se admitir também os Espíritos que são simplesmente as almas e nada mais. Se se admitir que as almas estão por toda parte, ter-se-á que admitir igualmente que os Espíritos estão por toda parte.[26]

» O Espírito [...] é o ser que pensa e sobrevive [à morte]. O corpo não passa de um acessório do Espírito, de um envoltório, de uma veste, que ele deixa quando está usada. Além desse envoltório material, o Espírito tem um segundo, semimaterial, que o liga ao primeiro. Por ocasião da morte, despoja-se deste, porém não do outro, a que damos o nome de perispírito. Esse envoltório semimaterial, que tem a forma humana, constitui para o Espírito um corpo fluídico, vaporoso, mas que, pelo fato de nos ser invisível no seu estado normal, não deixa de ter algumas das propriedades da matéria.[27]

Referências

1. KARDEC, Allan. *O livro dos espíritos*. Tradução de Evandro Noleto Bezerra. 2. ed. Rio de Janeiro: FEB, 2010, questões 23-28, p. 87-90.
2. ABBAGNANO, Nicola. *Dicionário de filosofia*. Tradução de Alfredo Bosi e Ivone Castilho Benedetti. São Paulo: Martins Fontes, 2003, p. 354.
3. http://pt.wikipedia.org/wiki/Renascimento.
4. http://compossivel.wordpress.com/category/filosofia-renascentista/.
5. VOLTAIRE. *Dicionário Filosófico*. Tradução de Ciro Mioranza e Antonio Geraldo da Silva. São Paulo: Editora Escala, 2008, p. 35.
6. _____. p. 36.
7. _____. p. 37.

EADE - Livro V – Roteiro 9

8. _____. p. 39.

9. _____. p. 45.

10. _____. p. 47.

11. XAVIER, Francisco Cândido. *A caminho da luz.* Pelo Espírito Emmanuel. 37. ed. Rio de Janeiro: FEB, 2008. Cap.4, p. 50-53.

12. BUENO, Taciano. *O espiritismo confirmado pela ciência.* 1. ed. São Paulo: JR Editora, 2006. Cap.3, item 69, p. 98-99.

13. XAVIER, Francisco Cândido. *A caminho da luz.* Op. Cit. Cap. 5, p. 64.

14. _____. Cap. 8, p.92.

15. IMBASSAHY, Carlos. *Religião.* 5. ed. Rio de Janeiro: FEB, 200. Item: Zoroastro, p. 181.

16. KARDEC, Allan. *O livro dos espíritos.* Op. Cit. Questão 27, p.88-89.

17. _____. Questões 135 e 135-a, p. 149.

18. _____. Questão 134, p. 148.

19. _____. Questão 134-b, p. 149.

20. _____. Questão 79, p. 120.

21. _____. *O livro dos médiuns.* Tradução de Evandro Noleto Bezerra. 1. ed. Rio de Janeiro: FEB, 2008. Segunda parte, cap. 1, item 58, p. 95-96.

22. _____. *O livro dos espíritos.* Op. Cit. Introdução, parte II, p. 26.

23. _____. *O livro dos médiuns.* Tradução de Evandro Noleto Bezerra. 1. ed. Rio de Janeiro: FEB, 2008. Primeira parte, cap. 1, item 1, p.22.

24. _____. Item 2, p.22.

25. _____. p.23.

26. _____. p.24-25.

27. _____. Item 3, p. 25-26.

Orientações ao monitor

1. No início da reunião, o monitor pede à turma para responder esta questão, justificando a resposta: *Há Espíritos?*

2. Ouvir e comentar as ideias apresentadas.

3. Em seguida, dividir a turma em três grupos para leitura, troca de ideias e elaboração da síntese de um dos itens deste Roteiro de estudo, assim especificados:

    Grupo 1: Espírito: conceitos filosóficos e científicos.

    Grupo 2: conceitos históricos de alma ou Espírito.

    Grupo 3: o que é Espírito para o Espiritismo.

4. Ao término do trabalho, pedir aos grupos que indiquem um relator para apresentar a síntese elaborada.

5. O monitor faz esclarecimentos a respeito do que foi relatado, esclarecendo possíveis dúvidas.

6. Como fechamento do estudo, apresenta as ideias que constam do item quatro (conclusão) dos subsídios.

FILOSOFIA E CIÊNCIA ESPÍRITAS

Roteiro 10

INSTINTO

Objetivos

» Avaliar os conceitos filosóficos e científicos de instinto, comparando-os com os significados espíritas.

Ideias principais

» Segundo a Filosofia, instinto (do latim *Instinctus*), é um guia natural, pouco modificável, que independe da conduta, animal ou humana. Trata-se, portanto, de impulso interior que permite ao ser agir de forma inconsciente, executando atos considerados adequados às necessidades de sobrevivência própria, da prole ou da espécie.

» Segundo a Doutrina Espírita, os atos instintivos foram construídos pelo princípio inteligente em sua longa passagem pelos reinos inferiores da Criação. O instinto é considerado, então, [...] *uma espécie de inteligência. É uma inteligência não racional; é por ele que todos os seres proveem às suas necessidades.* Allan Kardec: *O livro dos espíritos,* questão 73.

Subsídios

Em Filosofia, **instinto** é considerado um "[...] guia natural da conduta animal e humana [que] não é adquirido, não é escolhido e é pouco modificável. [...]."[1] Os Espíritos da Codificação afirmam que o instinto é "[...] uma espécie de inteligência. É uma inteligência não racional; é por ele que todos os seres proveem às suas necessidades."[2] Ou seja, necessidades de manutenção e sobrevivência da espécie, a fim de atender aos desígnios da Criação em geral, e os da reencarnação em particular.

Contudo, nem sempre é possível estabelecer um limite entre o instinto, propriamente dito, e a inteligência, porque muitas vezes ambos se confundem,[3] sobretudo nos processos primários da evolução humana. Por mais que o homem progrida intelectualmente e aprenda a dominar os impulsos da vontade, há instintos que permanecem, refletidos nos automatismos biológicos.

Daí afirmarem os Espíritos superiores: "[...] o instinto existe sempre, mas o homem o despreza. O instinto também pode conduzir ao bem. Ele quase sempre nos guia e algumas vezes com mais segurança do que a razão. Nunca se engana."[4]

As contribuições do instinto representam, a priori, experiência bem sucedida da sobrevivência da espécie, adequadamente incorporada à memória integral do homem e dos animais. O aprendizado parcial, ainda não automatizado, não se manifesta como ato instintivo, pois o "[...] instinto não raciocina; [só] a razão permite a escolha e dá ao homem o livre-arbítrio."[5]

De acordo com os estudiosos, especialmente os vinculados à Psicologia,

> [...] o instinto difere da *tendência* pelo caráter biológico, porquanto se destina à conservação do indivíduo e da espécie e vincula-se a uma estrutura orgânica determinada; distingue-se do *impulso* por seu caráter estável. Existem duas concepções fundamentais de instinto: 1ª) a metafísica, segundo a qual o instinto é a força que assegura concordância entre a conduta animal e a ordem do mundo; 2ª) a científica, segundo a qual o instinto é um tipo de disposição biológica.[1]

Tendência é algo que impele alguém a seguir um caminho. É sinônimo de predisposição, de inclinação ou propensão. Alguma coisa inata, mas que, conforme as circunstâncias, pode ser controlada pela educação. Difere, portanto, do instinto, porque este independe do controle da razão.

Impulso, por sua vez, é ação irrefletida e espontânea, movida pela emoção, que também pode ser administrada pela educação. A pessoa adquire, então, autocontrole.

Esclarece o Espiritismo que o instinto:

> [...] é uma inteligência rudimentar, que difere da inteligência propriamente dita por serem quase sempre espontâneas as suas manifestações, ao passo que as da inteligência resultam de uma combinação e de um ato deliberado. O instinto varia em suas manifestações, conforme as espécies e suas necessidades. Nos seres que têm a consciência e a percepção das coisas exteriores, ele se alia à inteligência, isto é, à vontade e à liberdade.[6]

1. Instinto: princípios filosóficos e científicos

Os estudos metafísicos sobre o instinto surgem com os estoicos, para os quais há uma "[...] ordem providencial do mundo, que todos os seres estão destinados a manter, [pois] dirige a conduta animal."[1] Dessa forma, a natureza faz o animal cuidar de si mesmo, automaticamente, e a conservar-se, contribuindo para manter a ordem do todo.[1]

Por esse motivo, já afirmava Marco Túlio Cícero (106 a.C–43 a.C), famoso filósofo, orador, escritor, advogado e político romano: "[...] Para conservar-se, para conservar sua vida e seu corpo, toda espécie animal evita por natureza tudo o que parece nocivo, deseja e trata de arranjar tudo o que é necessário à vida, como alimento, abrigo e todo o resto. Também é comum a todos os seres animais o instinto sexual com vistas à procriação e certo cuidado com as crias."[7]

Segundo a doutrina metafísica o instinto apresenta as seguintes características:[7] a) **ação providencial** – garantida pelas leis da natureza; b) **infabilidade** – consequente da característica anterior, o instinto estaria apto para garantir a vida do animal e a sobrevivência da espécie; c) **imutabilidade** – que deriva das duas características anteriores e que resultaria na perfectibilidade do instinto; d) **cegueira** – o instinto independe do controle do animal, age cegamente.[7]

Do ponto de vista científico, o instinto pode ser explicado por meio de duas teorias: **a explicativa e a descritiva**.

1.1. Teoria Explicativa do Instinto

Esta teoria abrange três enfoques: a) o da ação reflexa; b) o do intelecto; c) o do sentimento (ou simpatia).

O enfoque da ação reflexa

Imaginada originalmente por René Descartes (1596-1650), conhecido filósofo francês, partiu-se do pressuposto que o corpo humano funciona como uma máquina, movida por ação reflexa.[8] Essa conceituação ganhou unanimidade no meio científico, alcançando, inclusive, o século XX, ainda que a teoria dos reflexos de Descartes tenha sido bastante questionada pelos respeitáveis estudos do neurologista escocês Robert Whytt (1714–1766).

> [...] Com relação aos reflexos, em 1751 Whytt publicou *The vital and other involuntary motions of animals*, resultante de anos de pesquisas sobre o papel da medula espinhal [nervosa] na mediação do ato reflexo e o primeiro estudo extensivo dos reflexos com base numa pesquisa experimental. [...] Whytt distinguiu os atos voluntários dos involuntários: os primeiros eram controlados pela vontade, originavam-se no cérebro e exigiam que este estivesse intacto; os segundos eram controlados por meio da medula espinhal. A meio caminho entre os controles voluntário e involuntário, e servindo de ligação entre eles, estava a formação de hábitos. Assim, os atos que se iniciam como voluntários, e sob o controle deliberado da vontade, tornam-se semelhantes a reflexos quando são suficientemente praticados.[9]

A teoria de Whytt contribuiu para melhor entender os atos instintivos, abrindo portas para sucessivos estudos nos séculos seguintes. Posteriormente essa teoria foi amplamente defendida por cientistas e filósofos de renome, como Herbert Spencer (1820–1923), filósofo positivista inglês, em sua obra *Princípios de Psicologia* (1855); por seu conterrâneo Charles Darwin (1809–1882), famoso naturalista, no famoso artigo *Descent of Man* (A descendência humana), em 1871;[10] por todos os darwinistas e neodarwinistas, do passado e do presente; e, também, pelos estudiosos que elaboraram a teoria do reflexo condicionado, como o fisiologista russo Ivan Petrovich Pavlov (1849-1936).[10]

Por definição, **reflexo** ou **ação reflexa** é a resposta involuntária a um estímulo. A ação reflexa não é controlada inicialmente pelo Sistema Nervoso Central (SNC), mas pela medula nervosa (reflexo medular) e pelo bulbo. A ação reflexa caracteriza os atos inconscientes, cujos resultados são específicos e previsíveis porque, ao longo da evolução se tornaram adaptativos (automatizados).[11] Por exemplo, a tosse, a salivação, o vômito, o piscar e o movimento pupilar são, entre outros, atos reflexos.

Outro ponto a considerar: "[...] Os reflexos dependem de uma via nervosa intacta entre o ponto de estimulação e o órgão que irá responder (músculo ou glândula). Essa via é denominada de arco reflexo".[11] O arco reflexo é uma reação involuntária rápida que visa proteger o organismo, sendo originado de um estímulo externo antes mesmo de o cérebro tomar conhecimento do estímulo periférico, consequentemente, antes que possa comandar uma resposta.

O enfoque do intelecto

Refere-se a manifestações instintivas mais complexas, ou mais elaboradas. Trata-se de uma espécie de inteligência automatizada, de aprendizado originado de um hábito adquirido, formado e aperfeiçoado pelo animal, ao longo do tempo.

É enfoque ensinado pela psicologia evolutiva, apresentado pela primeira vez em Cambridge, Reino Unido, pelo inglês George Romanes (1848-1894), e que se encontra no livro *Mental Evolution in Animals* (A Evolução Mental nos Animais), publicado em 1883.

A despeito da aceitação da maior parte de suas ideias, no que se dizia respeito ao comportamento instintivo do animal, o estudo de Romanes foi pouco a pouco desprezado, apelidado de " método anedótico", pelos exageros das conclusões apresentadas pelo autor, a respeito das habilidades dos animais. Por exemplo: "[...] ele afirmou que as formigas têm o hábito de criar mascotes. Que os escorpiões se suicidam quando cercados pelo fogo. Que os pássaros são dotados de solidariedade e fidelidade conjugal, e que os castores demonstram "sagacidade e previsão" quando selecionam o local de sua morada".[12]

O cientista que mais contribuiu para o estudo do comportamento instintivo foi o britânico Douglas Spalding (1840-1877) que, a despeito da sua origem humilde, era portador de inteligência e acuidade mental excepcionais para analisar fatos observados ou para apresentar conclusões. Este estudioso foi preceptor daquele que seria um influente matemático, lógico e filósofo do século XX: Bertrand Arthur William Russel, 3º conde de Russel (1872-1970).[13]

Apesar do curto período de vida (morreu com 37 anos), Spalding desenvolveu consistentes ideias sobre o instinto, distinguindo os atos involuntários dos voluntários — que podem ser desenvolvidos com a aprendizagem e/ou educação —, e, outros atos instintivos, próprios de cada animal, conhecidos hoje como "específicos das espécies".[13]

O enfoque do sentimento (ou da simpatia)

Neste enfoque o instinto é relacionado aos sentimentos e, em particular, ao da simpatia, como afirmava Henri Bergson (1859-1941), conhecido filósofo e diplomata francês: "[...] Nos fenômenos do sentimento, nas simpatias e antipatias irrefletidas, sentimos em nós mesmos, de forma bem mais vaga e ainda demasiado penetrada de inteligência, algo que deve acontecer na consciência do inseto que age por instinto. Para desenvolvê-los em profundidade, a evolução distanciou elementos que na origem se interpenetravam".[14]

Segundo o enfoque do sentimento, a inteligência humana se desenvolve cada vez mais, distanciando-se do instinto, propriamente dito, por um processo de especialização, que só os sentimentos concedem.

1.2. Teoria Descritiva do Instinto

Esta teoria representa uma mescla de ideias freudianas, da psicologia humanista, da social, do gestaltismo, da educação e da sociologia. Para perceber as influências dessas distintas áreas do saber, é importante, primeiramente, saber como a Psicologia conceitua instinto: "[...] tendência ou disposição permanente para atuar do modo biologicamente determinado e característico de uma espécie. O ato instintivo é o produto, no comportamento animal [inclusive no homem], das condições específicas resultantes da hereditariedade, do meio ambiente e do impulso (adaptação, frustração, conflito, fuga)".[15]

Sigmund Schlomo Freud (1856-1939), médico neurologista austríaco, considerado o pai da psicanálise, desenvolveu uma divisão estrutural da personalidade humana, em três partes: **id, ego** e **superego**. Por esta classificação, os conceitos de instinto e inteligência ficam evidentes.

» O **id** (inconsciente) representa os processos primitivos do pensamento, sobretudo do sexo e da agressividade, que exige constante satisfação de suas necessidades. O *id* constitui, para Freud, o reservatório das pulsões — palavra de origem alemã que significa instinto.[16]

» O **ego** (consciente) é entendido como elemento de ligação entre o *id* e o *superego*. Ou seja, é "[...] em parte consciente e em parte inconsciente, situa-se no centro da personalidade".[16]

Dessa forma, as ações do indivíduo são determinadas pelas necessidades instintivas do inconsciente (*id*), suas crenças e comportamentos, desenvolvidos pelo aprendizado ao longo das eras. Mas por fazer parte das instâncias da consciência, o *ego* saudável proporciona a habilidade para adaptar-se à realidade e interagir com o mundo exterior, pelos mecanismos da inteligência, de uma maneira que seja cômoda para o *id* e para o *superego*.

» O **superego** (ou superconsciência) é a parte da personalidade que age contra as manifestações instintivas do *id*, por representar pensamentos morais e éticos, já internalizados (possivelmente pela educação).

Para Freud os instintos influenciam a ação consciente do indivíduo que, conforme esse grau de interferência, o meio e as condições de vida (educação recebida), manifestam-se na forma de processos patológicos mentais, variáveis em intensidade e tipos. Freud cometeu alguns equívocos, claramente definidos hoje, talvez pela ênfase que deu ao instinto sexual, considerado controlador dos demais tipos de instintos.

A **Teoria do Instinto Social**, que integra a Psicologia Social, tem como base os estudos do psicólogo britânico William MacDougal (1871-1938), que afirmou: "[...] o instinto é a base de toda a atividade humana e as operações mentais são apenas instrumentos para a execução dos impulsos criados pelo instinto".[15] Analisa, também, que:

> [...] os aspectos volitivos [da vontade] e cognitivos da natureza humana são suscetíveis de grandes modificações, ao passo que o aspecto emocional é permanente e hereditário, persistindo inalterado e comum a todos os indivíduos em situações idênticas. MacDougal enumera os instintos que considera *sociais*: instinto de fuga e sensação de medo; instinto de repulsa e sensação de repulsa; instinto de curiosidade e sensação de espanto; instinto de luta e sensação de ira; instinto de autodegradação e sensação de sujeição (autossentimento negativo); instinto de autoafirmação (autorrevelação) e sensação de orgulho

(autossentimento positivo); instinto paterno e sensação de ternura. São esses os instintos primários e respectivas emoções "que desempenham função de grande importância para a vida social."[15]

A **Psicologia da Gestalt** (gestaltismo) é escola ou posição sistemática, intrinsecamente relacionada aos processos de percepção. Para o gestaltismo, o entendimento sobre o instinto deve estar totalmente distanciado da teoria dos reflexos, do Behaviorismo — que tem como objeto de estudo o comportamento, caracterizado pela resposta dada a estímulos externos, sem considerar o papel exercido pela consciência do indivíduo. Assim, o instinto deve ser entendido como

> [...] uma disposição psicobiofísica, dependente da hereditariedade, muitas vezes completamente formada logo depois do nascimento, outras vezes só depois de certo período de desenvolvimento, que orienta o animal a dar atenção especial a objetos de certa espécie ou de certo modo, e a sentir, depois de perceber esses objetos, um impulso para determinada atividade, em conexão com eles. [G.E. Muller, 1948].[10]

Os mais famosos psicólogos gestaltistas foram os alemães Kurt Koffka (1886-1941) e Wolfgang Köhler (1887-1967), e o checo Max Wertneimer (1880-1943). Desenvolveram as **Leis da Gestalt**, válidas até os nossos dias. A Gestalt ampliou seu leque de abrangência, teórica e prática, transformando-se, então, em sólida linha filosófica que envolve, inclusive, processos pedagógicos.

A Psicologia Humanista, por outro lado, faz crítica aberta e

> [...] vigorosa às duas correntes psicológicas dominantes na Psicologia: a behaviorista, com suas tendências mecanicistas, reducionistas e elementaristas", e a psicanalítica, que estuda "somente indivíduos perturbados: neuróticos e psicóticos." [...] Os membros desse movimento consideram que: a) o behaviorismo, na medida em que enfatiza exclusivamente o comportamento manifesto, tende a desumanizar o homem, a reduzi-lo, segundo James Bugental (1967) a "um rato branco maior ou a um computador mais lento." Eles afirmam que a imagem do homem proposta pela orientação estímulo-reação oferece, na melhor das hipóteses, um quadro incompleto da natureza humana e, na pior, um quadro totalmente inexato. Em suma, "o behaviorismo não se defronta com o que há de único no homem, aquelas qualidades eminentemente subjetivas que o diferenciam do animal de laboratório"; b) a psicanálise, na medida em que estuda apenas indivíduos perturbados, não pode chegar a conhecer

as qualidades e as características positivas do homem. Abraham Maslow afirmou que a psicologia "tem ignorado atributos tais como a alegria, a satisfação, a generosidade e o êxtase", concentrando-se apenas no lado sombrio, no aspecto 'doente' do homem.[17]

A Psicologia Humanista parte do princípio que o ser humano é portador de livre-arbítrio e não está preso a determinismos impostos exclusivamente pela herança genética ou adaptações ambientais.

Os seus principais representantes são: os psicólogos estadunidenses Abraham Maslow (1908-1970), Carl Rogers (1902-1987), Gardner Murphy (1895-1979), James Bugental (1915-2008), e os alemães Charlotte Bühler (1893-1974) e Kurt Goldstein (1878-1968). Tais estudiosos propuseram

> [...] a criação da Terceira Força na Psicologia, cujo objetivo final seria "[...] a preparação de uma completa descrição do que significa estar vivo como ser humano, [a qual] inclui necessariamente o inventário da dotação inata do homem; suas potencialidades de sentimento, de pensamento e de ação; seu crescimento, evolução e declínio; sua interação com várias condições ambientais; a gama completa de experiências que lhe são possíveis e o seu significado no universo" (James Bugental, no discurso que fez para assumir o cargo do primeiro presidente da Associação Americana de Psicologia humanista em 1962).[17]

Percebe-se com nitidez que a Psicologia Humanista possui fundamentos sintonizados com o pensamento espírita.

A **Psicologia Genética** estuda os fenômenos genéticos de acordo com a origem e o desenvolvimento do indivíduo e suas funções mentais. Aceita a ideia de que os "[...] fenômenos psicológicos são o produto de leis herdadas e atávicas, as quais influem na ocorrência e no desenvolvimento das funções [destaque] psicológicas do indivíduo e, concomitantemente, na sua filiação grupal".[18] A psicologia genética abrange abordagens da psicologia do desenvolvimento, da psicologia comparada e da psicologia de pessoas mentalmente enfermas.

2. Considerações espíritas sobre o instinto

O Espiritismo orienta que, independentemente da forma como a Filosofia e a Ciência analisam a questão instinto, jamais se deve esquecer que os mecanismos que determinam a evolução do instinto ou da inteligência são mediados pelo perispírito, veículo que molda o corpo físico, do homem e dos animais, imprimindo-lhe as experiências nas múltiplas reencarnações, e nos aprendizados adquiridos nos inúmeros estágios no plano espiritual. A Doutrina Espírita ensina, igualmente, que os atos instintivos foram construídos pelo princípio inteligente em sua longa passagem pelos reinos inferiores da Criação.

Explica André Luiz a respeito:[19]

> Esse corpo [perispírito] que evolve e se aprimora nas experiências de ação e reação, no plano terrestre e nas regiões espirituais que lhe são fronteiriças, é suscetível de sofrer alterações múltiplas, com alicerces na adinamia proveniente da nossa queda mental no remorso, ou na hiperdinamia imposta pelos delírios da imaginação, a se responsabilizarem por disfunções inúmeras da alma, nascidas do estado de hipo e hipertensão no movimento circulatório das forças que lhe mantém o organismo sutil, e pode também desgastar-se, na esfera imediata à esfera física, para nela se refazer, através do renascimento, segundo o molde mental preexistente, ou ainda restringir-se a fim de se reconstituir de novo, no vaso uterino, para a recapitulação dos ensinamentos e experiências de que se mostre necessitado, de acordo com as falhas da consciência perante a Lei.[19]

O orientador Calderaro apresenta no livro *No mundo maior*, importante conceituação de mente, que facilita o entendimento de "molde mental", informado por André Luiz e, também as explicações emitidas por Freud, a respeito:[20]

> No sistema nervoso, temos o cérebro inicial, repositório dos movimentos instintivos e sede das atividades subconscientes; figuremo-lo como sendo o porão da individualidade, onde arquivamos todas as experiências e registramos os menores fatos da vida. Na região do córtex motor, zona intermediária entre os lobos frontais e os nervos, temos o cérebro desenvolvido, consubstanciando as energias motoras de que se serve a nossa mente para as manifestações imprescindíveis no atual momento evolutivo do nosso modo de ser. Nos planos dos lobos frontais, silenciosos ainda para a investigação científica do mundo, jazem materiais de ordem sublime, que conquistaremos gradualmente, no esforço de ascensão, representando a parte mais nobre de nosso organismo divino em evolução.

Em outro momento, na mesma obra, Calderaro fornece outros esclarecimentos, complementando os anteriores:[21]

> Não podemos dizer que possuímos três cérebros simultaneamente. Temos apenas um que, porém, se divide em três regiões distintas. Tomemo-lo como se fora um castelo de três andares: no primeiro situamos a "residência de nossos impulsos automáticos", simbolizando o sumário vivo dos serviços realizados; no segundo localizamos o "domicílio das conquistas atuais", onde se erguem e se consolidam as qualidades nobres que estamos edificando; no terceiro, temos a "casa das noções superiores", indicando as eminências que nos cumpre atingir. Num deles moram o hábito e o automatismo; no outro residem o esforço e a vontade; e no último demoram o Ideal e a meta superior a ser alcançada. Distribuímos, deste modo, nos três andares, o subconsciente, o consciente e o superconsciente. Como vemos, possuímos, em nós mesmos, o passado, o presente e o futuro.[21]

Um ponto importante, também destacado por André Luiz, é que, em determinado momento evolutivo da construção do instinto, ocorreram processos de automatização dos hábitos os quais, necessariamente, foram repassados à geração seguinte, na forma de aprendizado instintivo. Eis como esclarece o Espírito benfeitor:[22]

> É assim que dos organismos monocelulares aos organismos complexos, em que a inteligência disciplina as células, colocando-as a seu serviço, o ser viaja no rumo da elevada destinação que lhe foi traçada do Plano Superior, tecendo com os fios da experiência a túnica da própria exteriorização, segundo o molde mental que traz consigo, dentro das leis de ação, reação e renovação em que mecaniza as próprias aquisições, desde o estímulo nervoso à defensiva imunológica, construindo o centro coronário, no próprio cérebro, através da reflexão automática de sensações e impressões em milhões e milhões de anos, pelo qual, com o Auxílio das Potências Sublimes que lhe orientam a marcha, configura os demais centros energéticos do mundo íntimo, fixando-os na tessitura da própria alma. Contudo, para alcançar a idade da razão, com o título de homem, dotado de raciocínio e discernimento, o ser, automatizado em seus impulsos, na romagem para o reino angélico, despendeu para chegar aos primórdios da época quaternária, em que a civilização elementar do sílex denuncia algum primor de técnica, nada menos de um bilhão e meio de anos. [...] E entendendo-se que a Civilização aludida floresceu há mais ou menos

duzentos mil anos, preparando o homem, com a bênção do Cristo, para a responsabilidade, somos induzidos a reconhecer o caráter recente dos conhecimentos psicológicos, destinados a automatizar na constituição fisiopsicossomática do espírito humano as aquisições morais que lhe habilitarão a consciência terrestre a mais amplo degrau de ascensão à Consciência Cósmica

Os estudos existentes sobre o instinto são complexos e amplos, pois ainda não existe consenso científico. Não é tema de um único significado, ao contrário, uma nova ideia completa outra já existente. É assunto para muitos anos de pesquisa e estudo. Esclarece, a propósito, Robert Winston, um dos mais conhecidos cientistas britânicos da atualidade: "[...] Darwin estava certo ao dizer que nenhuma das qualidades associadas ao termo "instinto" é rigorosamente universal — sempre há exceções".[13]

> Obviamente, precisamos de uma definição e ela está na diferença entre a mente com a qual nascemos e a mente que "formamos", via aprendizado, cultura e socialização. Então, instinto é essencialmente a parte do nosso comportamento que não é fruto de aprendizado. Contudo, nosso ambiente (e, portanto, nosso aprendizado) pode ter influência poderosa no modo pelo qual nossos instintos se expressam. O instinto [no homem] é construído de elementos humanos, herdados, da ação, desejo, razão e comportamento; [...]. Hoje, sabemos muito mais a respeito das características herdadas do que Darwin — sabemos que são transmitidos por genes.[23]

Em processo de admirável síntese, a sabedoria de Emmanuel sintetiza a longa jornada evolutiva do ser humano: "Da sensação à irritabilidade, da irritabilidade ao instinto, do instinto à inteligência e da inteligência ao discernimento, séculos e séculos correram incessantes. A evolução é fruto do tempo infinito".[24]

Referências

1. ABBAGNANO, Nicola. *Dicionário de filosofia*. Tradução de Alfredo Bosi e Ivone Castilho Benedetti. 1 ed. São Paulo: Martins Fontes: 2003, p.567.

2. KARDEC, Allan. *O livro dos espíritos*. Tradução de Evandro Noleto Bezerra. 2 ed. Rio de Janeiro: FEB, 2010, questão 73, p. 115.

3. _____. Questão 74, p. 115.

4. _____. Questão 75, p. 115.

5. _____. Questão 75-a, p. 115.

6. _____. Questão 75-a – comentário, p. 115.

7. ABBAGNANO, Nicola. *Dicionário de filosofia*. Op. Cit., p.567-568.

8. GOODWIN, James C. *História da psicologia moderna*.Tradução Marta Rosas. 1 ed. São Paulo: Cultrix, 2005. Cap. 3, p. 82.

9. _____. p. 82-83.

10. ABBAGNANO, Nicola. *Dicionário de filosofia*. Op. Cit., p.568-569.

11. Davis, Taber. *Dicionário médico enciclopédico Taber*. Tradução de Fernando Gomes do Nascimento. 1 ed. São Paulo: Manole, p.1516.

12. GOODWIN, James C. *História da psicologia moderna*. Op. Cit. Cap. 5, p. 168.

13. _____. p.165-167.

14. ABBAGNANO, Nicola. *Dicionário de filosofia*. Op. Cit., p. 569.

15. CABRAL, Álvaro e NICK, Eva. *Dicionário técnico de psicologia*. 11. ed. São Paulo: Cultrix, 2001, p.160.

16. GOODWIN, James C. *História da psicologia moderna*. Op. Cit. Cap. 12, p. 432.

17. CABRAL, Álvaro e NICK, Eva. *Dicionário técnico de psicologia*. Op. Cit., p. 255.

18. _____. p. 251.

19. XAVIER, Francisco Cândido e VIERA, Waldo. *Evolução em dois mundos*. Pelo Espírito André Luiz. 25. ed. Rio de Janeiro: FEB, 2010. Primeira parte, cap. 2, item: Corpo espiritual depois da morte, p. 35.

20. XAVIER, Francisco Cândido. *No mundo maior*. Pelo Espírito André Luiz. 26. ed. Rio de Janeiro: FEB, 2010. Cap. 3, p. 53.

21. _____. p. 54.

22. XAVIER, Francisco Cândido VIERA, Waldo. *Evolução em dois mundos*. Op. Cit. Primeira parte, cap.3, item: evolução no tempo, p.43.

23. WINSTON, Robert. *Instinto humano*. Tradução Mário M. Ribeiro e Sheill Mazzolenis. São Paulo: Globo, 2006. Introdução, p. 19.

24. XAVIER, Francisco Cândido. *Roteiro*. Pelo Espírito Emmanuel. 13. ed. Rio de Janeiro: FEB, 2010. Cap. 4, p. 23.

    OBSERVAÇÃO: sugerimos que o estudo seja realizado em duas reuniões, a fim de que ocorra melhor assimilação dos conteúdos.

Orientações ao monitor

Primeira aula

Estudar os itens *Introdução dos Subsídios* e *Instinto: princípios filosóficos e científicos*.

1. Fazer uma explanação inicial do item *Introdução*, dos subsídios de Roteiro de estudo. Se possível, utilizar recursos audiovisuais ou eletrônicos.

2. Pedir a turma que faça leitura silenciosa dos conteúdos do item *Instinto: princípios filosóficos e científicos*, recomendando que assinale pontos considerados mais importantes ou passíveis de esclarecimentos complementares.

3. Promover uma análise discursiva do texto lido, em plenário.

4. Pedir aos participantes que estudem, em casa, os demais itens do Roteiro, que serão utilizados na próxima reunião semanal.

Segunda aula

Estudar os itens *Considerações espíritas sobre o instinto* e *Conclusão*.

1. Realizar breve retrospecto dos assuntos estudados na reunião anterior, destacando os pontos principais.

2. Debater em plenária o conteúdo espírita que apresenta esclarecimento sobre instinto (item 2), elucidando opiniões emitidas pelos participantes.

3. Correlacionar as ideias espíritas e o pensamento filosófico e científico.

4. Expor, ao término da reunião, as ideias que integram o item Conclusão, como fechamento do estudo.

Miniglossário

» *Behaviorismo ou psicologia do comportamento (behavior)*: teoria anunciada pelo psicólogo estadunidense John Broadus Watson (1878–1958), consiste em teoria e método de investigação psicológica que procura examinar, do modo mais objetivo, o comportamento humano e dos animais, com ênfase nos fatos objetivos (estímulos e reações).

» *Estoicos*: seguidores do estoicismo, filosofia fundada por Zenão de Cítio, que ensina ser o universo governado por um *Logos* divino (ou Razão universal), e que a alma é identificada por este princípio divino, do qual é parte integrante. Esse *logos* ordena todas as coisas, que fez tudo surgir, a partir dele e de acordo com ele. Graças ao *logos*, o mundo é um *kosmos* (palavra grega que significa harmonia).

» *Metafísica*: saber que pretende penetrar no que está situado além ou por detrás do ser físico (corporal). A metafísica é conceito aristotélico, por ele denominado *filosofia primeira*, que deve ser colocada, ou estudada, antes de qualquer outro tipo de filosofia, pois investiga os princípios e as causas dos seres e das coisas.

» *Psicologia social*: ramo da Psicologia que estuda processos psicológicos nos grupos de indivíduos, a interação individual dentro de um grupo e entre grupos.

FILOSOFIA E CIÊNCIA ESPÍRITAS

Roteiro 11

INTELIGÊNCIA HUMANA

Objetivos

» Conceituar inteligência e intelecto, segundo a ciência e a Doutrina Espírita.

» Elaborar linha histórica que retrate a evolução da inteligência humana.

Ideias principais

» *Inteligência é, entre outros conceitos, a capacidade mental de raciocinar, planejar e resolver problemas.*

» *Intelecto é função cerebral que viabiliza a manifestação da inteligência.*

» *Na planta, a inteligência dormita; no animal, sonha; só no homem acorda, conhece-se, possui-se e torna-se consciente; a partir daí, o progresso, de alguma sorte fatal nas formas inferiores da natureza, só se pode realizar pelo acordo da vontade humana com as Leis Eternas.* Léon Denis: *O problema do ser, do destino e da dor*. Primeira parte, cap. IX.

» O desenvolvimento da inteligência humana inicia com a humanização do princípio inteligente e prossegue continuamente, pois o progresso jamais cessa.

Subsídios

De forma ampla, **inteligência** pode ser conceituada como a capacidade mental de raciocinar, planejar, resolver problemas, abstrair e compreender ideias e linguagens, sobretudo, aprender. Para a Medicina é, simplesmente, a capacidade de "[...] compreender e fazer relações; de solucionar problemas e de se ajustar a novas situações."[1] Neste contexto, os chamados "testes de inteligência" apresentam valor relativo e, por serem de natureza generalista, tais instrumentos não consideram as peculiaridades de cada indivíduo, procedente de diferentes extratos sociais, raciais, culturais ou econômicos.[1]

Inteligência não é o mesmo que **intelecto**, afirmam os estudiosos, ainda que ambos os conceitos estejam relacionados. Intelecto é **função** cerebral que viabiliza a manifestação da inteligência,[1] entendida como faculdade mental ou pensante do Espírito, considerado "o princípio inteligente do universo", no dizer dos Espíritos da Codificação.[2] Inteligência e intelecto são conceitos conhecidos desde a Antiguidade, por Sócrates, Platão e Aristóteles.[3]

O intelecto se traduz como a possibilidade de conhecer, compreender e aprender, sempre viabilizada pela inteligência. No ser humano, a intelectualidade é favorecida pela emissão de pensamentos contínuos, que constituem a plataforma da inteligência. Os animais apresentam inteligência rudimentar (pensamento descontínuo), que pode ser mais ou menos primitiva de acordo com a posição evolutiva em que se encontram. Não possuem, contudo, intelecto ou intelectualidade, propriamente dita, porque suas ações se baseiam no instinto e no hábito (automatismo).

Nesse contexto, mesmo o homem primitivo é considerado ser inteligente, por emitir pensamentos contínuos, mas não é intelectualizado, pois os seus conhecimentos são escassos. Em oposição, a inteligência do gênio possui elevado grau de intelectualidade, acumulada ao longo das inumeráveis experiências reencarnatórias.

A inteligência e o intelecto evoluem de forma gradual, como tudo na natureza: a inteligência, propriamente dita, começa quando o ser passa a emitir pensamentos contínuos, com a humanização do princípio inteligente, mas a capacidade intelectual se desenvolve com a aquisição de conhecimento. Estas conquistas são arquivadas na memória integral do Espírito por intermédio do perispírito que, igualmente, evolui. Esclarece a respeito o Espírito André Luiz:[4]

> Assim como o aperfeiçoado veículo [físico] do homem nasceu das formas primárias da natureza, o corpo espiritual foi iniciado também nos princípios rudimentares da inteligência. É necessário não confundir a semente com a árvore ou a criança com o adulto, embora surjam na mesma paisagem de vida. O instrumento perispirítico do selvagem deve ser classificado como protoforma humana, extremamente condensado pela sua integração com a matéria mais densa. Está para o organismo aprimorado dos Espíritos algo enobrecidos, como um macaco antropomorfo está para o homem bem-posto das cidades modernas. Em criaturas dessa espécie, a vida moral está começando a aparecer e o perispírito nelas ainda se encontra enormemente pastoso. Por esse motivo, permanecerão muito tempo na escola da experiência, como o bloco de pedra rude sob marteladas, antes de oferecer de si mesmo a obra-prima... Despenderão séculos e séculos para se rarefazerem, usando múltiplas formas, de modo a conquistarem as qualidades superiores que, em lhes sutilizando a organização, lhes conferirão novas possibilidades de crescimento consciencial. O instinto e a inteligência pouco a pouco se transformam em conhecimento e responsabilidade e semelhante renovação outorga ao ser mais avançados equipamentos de manifestação...

A inteligência, enquanto faculdade do Espírito, desenvolve-se não só pelas aquisições intelectuais características do pensamento racional e lógico, mas, também, por outros meios, como a intuição e percepções variadas, assim como pela habilidade de utilizar instrumentos (ferramentas de trabalho, de arte e estética, por exemplo).

1. A inteligência humana

O conhecimento científico sobre a inteligência se revela especialmente desafiante, independentemente das diferentes abordagens fornecidas pelos saberes humanos. Assim, a melhor forma de estudar o assunto é situá-lo no contexto da evolução histórica — orientação seguida neste Roteiro — para, a seguir, procurar entender a natureza e as formas de manifestação da inteligência — tema a ser desenvolvido no próximo Roteiro.

Para a Doutrina Espírita, a inteligência humana começa a ser percebida nos *hominídeos*, condição adquirida depois de longa jornada do princípio inteligente nos reinos inferiores da natureza, no decurso das eras, em ambos os planos da vida. A construção da inteligência foi lenta e laboriosa, iniciada a partir do momento em que o princípio espiritual (inteligente) uniu-se ao princípio material, cuja caminhada evolutiva foi assim sabiamente sintetizada por Léon Denis: "[...] Na planta, a inteligência dormita; no animal, sonha; só no homem acorda, conhece-se, possui-se e torna-se consciente; a partir daí, o progresso, de alguma sorte fatal nas formas inferiores da natureza, só se pode realizar pelo acordo da vontade humana com as Leis Eternas."[5]

Para a Filosofia, a evolução histórica da inteligência passou por processos específicos, obtendo consenso científico a partir do pensamento do filósofo Renée Descartes, para quem a inteligência humana deve ser considerada como capacidade de raciocinar, tendo como base a memória. Inteligência passa a ser vista, então, como sinônimo de cognição, claramente definida por Jean Piaget (1896–1980) como função lógico-matemática.

Com esses dois conceitos (de Descartes e de Piaget), três conclusões surgiram de imediato, conduzindo os estudiosos a ampla repercussão, ainda que alguns aspectos se revelassem equivocados: 1) a inteligência é sempre hereditária; 2) homem é mais inteligente que a mulher; 3) é possível medir a inteligência humana e classificá-la em uma escala, denominada *Coeficiente de Inteligência* (C.I.).

A primeira ideia — a inteligência como algo exclusivamente inato e de transmissão hereditária — foi parcialmente descartada com os estudos da genética, sobretudo com os avanços da biologia molecular. Na verdade, ainda que se considere a existência de um suporte genético, a inteligência se constroi também pelo processo educativo, pela influência do meio e pela experiência. O nível de construção da inteligência e do saber (intelectualidade) se revela, naturalmente, no comportamento humano. Daí acertadamente afirmar o biólogo suíço Jean Piaget que o comportamento dos seres vivos não é, essencialmente, inato ou preso a condicionamentos. Para ele o comportamento resulta da interação do indivíduo com o meio ambiente. Esta sua teoria, conhecida como *epistemológica* (*epistemo* = conhecimento; *logia* = estudo), é de natureza interacionista, acreditando-se que a inteligência humana está vinculada à complexidade da interação indivíduo-meio ambiente. Significa dizer também que, quanto mais complexa for esta interação, mais "inteligente" será o indivíduo.

A segunda ideia nasceu de incorreta (e preconceituosa) interpretação da seguinte afirmativa do cientista britânico Charles Darwin quando ele observou aspectos específicos da evolução das espécies: "[...] cada membro de uma mesma espécie difere dos demais".[6]

Por equívoco de julgamento, surgiu a teoria de que as mulheres seriam menos inteligentes que os homens, uma vez que teriam aparência desigual e algumas funções orgânicas diferentes (gravidez, por exemplo). Entretanto, o sexo, como gênero, não determina ser a inteligência maior ou menor, uma vez que estruturas cerebrais e a capacidade de aprender são as mesmas, no homem e na mulher. Mesmo quando se verifica que há aptidões e habilidades mais marcantes em um ou outro sexo, sabe-se que são devidas aos estímulos recebidos (oportunidades de aprendizado) e às experiências vivenciadas. Dessa forma a teoria de que a mulher é menos inteligente que o homem não prevalece nem apresenta embasamento científico, sociológico ou antropológico. Contudo, serviu de base para a Psicologia estudar de forma sistemática, a partir do século vinte, as chamadas *diferenças individuais*.

A terceira ideia trouxe a noção de que haveria um quociente de inteligência (QI) individual, passível de ser dimensionado. Verificou-se, posteriormente, contudo, que os testes de QI só mediam (e medem), de forma generalizada, quando muito, a capacidade cognitiva. Não devem ser considerados isoladamente, mas no contexto de múltiplos fatores.

> Os testes de inteligência surgiram na China, no século V, e começaram a ser usados cientificamente na França, no século XX. Em 1905, Alfred Binet [1857–1911] e o seu colega Theodore Simon [1872–1961] criaram a Escala de Binet-Simon, usada para identificar estudantes que pudessem precisar de ajuda extra na sua aprendizagem escolar. [...] Em 1912, Wilhelm Stern propôs o termo "QI" (quociente de inteligência) para representar o nível mental, e introduziu os termos "idade mental" e "idade cronológica". Stern propôs que o QI fosse determinado pela divisão da idade mental pela idade cronológica. Assim uma criança com idade cronológica de 10 anos e nível mental de 8 anos teria QI 0,8.[7]

Com o tempo, novas adaptações foram introduzidas aos testes de QI, de forma que, hoje, já não se utilizam os testes de QI de forma isolada, que são apresentados, agora, com nova roupagem e inseridos dentro de um contexto mais amplo. Para o Espírito Emmanuel, é importante considerar:[8]

Em verdade, o homem inteligente não é aquele que apenas calcula, mas sim o que transfunde o próprio raciocínio em emoção para compreender a vida e sublimá-la. Podendo senhorear as riquezas do mundo, abstém-se do excesso para viver com simplicidade, sem desrespeitar as necessidades alheias. Guardando o conhecimento superior, não se encastela no orgulho, mas aproxima-se do ignorante para auxiliá-lo a instruir-se. Dispondo de meios para fazer com que o próximo se lhe escravize ao interesse, trabalha espontaneamente pelo prazer de servir. E, entesourando virtudes inatacáveis, não se furta à convivência com as vítimas do mal, agindo, sem escárnio ou condenação, para libertá-las do vício. O homem inteligente, segundo o padrão de Jesus, é aquele que, sendo grande, sabe apequenar-se para ajudar aos que caminham em subnível, consagrando-se ao bem dos outros, para que os outros lhe partilhem a ascensão para Deus.[8]

2. Desenvolvimento histórico da inteligência humana

Na década de 1950 Paul MacLean, conhecido neurologista do Instituto Nacional de Saúde Mental dos Estados Unidos, propôs a tese de que o cérebro poderia ser constituído de três partes. "Ele chamou a sua teoria de **cérebro trino**, e acreditava que, quando evoluímos dos anfíbios para mamíferos terrestres, e daí para primatas, nossos cérebros aumentaram."[9] Este aumento teria ocorrido mais em nível de "qualidade" do que em "quantidade", podemos assim exprimir. Quis Maclean dizer que as modificações no cérebro "[...] não se devem a uma completa reestruturação e reorganização, mas, sim, ao desenvolvimento de "extensões" do antigo núcleo interno — melhorias mais avançadas, se preferir",[9] afirmou.

As explicações sobre o cérebro trino lançaram novas luzes para o entendimento da inteligência, sobretudo a humana, ainda que, atualmente, existam diversas (e legítimas) objeções à teoria de MacLean, sobretudo por ter ele dividido o cérebro de modo tão restrito.

Mas, afinal, o que significa cérebro trino? É uma teoria que parte do pressuposto que, evolutivamente, o cérebro evoluído foi dividido em três partes: *cérebro primitivo* (ou *reptiliano*) — também chamado de cérebro do instinto da sobrevivência; *cérebro intermediário* (ou *límbico*) — conhecido como cérebro emocional; e o *cérebro racional* (*neocórtex*) — identificado como cérebro lógico.[10] Essa divisão apresentaria o seguinte desenvolvimento evolutivo:

Primeiro surgiu o chamado "cérebro reptiliano", o antigo núcleo interno [nervoso] presente em todos os répteis, responsável pelas funções básicas de respiração, circulação sanguínea e digestão, e, também, por alguns aspectos básicos do comportamento, como acasalamento, agressão e raiva. Nos seres humanos, o cérebro reptiliano fica acima da medula espinhal, na base do cérebro[9] [Veja figura].

"[...] Foi só com a evolução da espécie e o desenvolvimento do cérebro límbico que surgiu a maioria dos aspectos emocionais básicos, incluindo a proteção da prole. Sentimentos como amor, tristeza e ciúme parecem ter raízes no cérebro límbico."[10]

Acredita-se que a maior parte dos nossos instintos seja controlada pelo cérebro límbico porque neste local há estruturas (hipocampo, tálamo, hipotálamo, tonsila ou amígdala cerebelar) associadas à memória, aos comportamentos ligados ao sexo (reprodução), aos hormônios (que funcionam como moduladores biológicos), à alimentação (sobrevivência da espécie), à percepção do prazer e à competição individual entre espécies semelhantes[10] (Veja figura).

Acrescenta, também, o cientista estadunidense que a "[...] evolução para um cérebro maior resultou o terceiro componente, o neocórtex. Segundo Mac Lean, com o passar do tempo, o cérebro neocórtico produziu a lógica e o pensamento, favorecendo, nos humanos, a fala, a escrita e a capacidade de planejar"[11] (Veja figura).

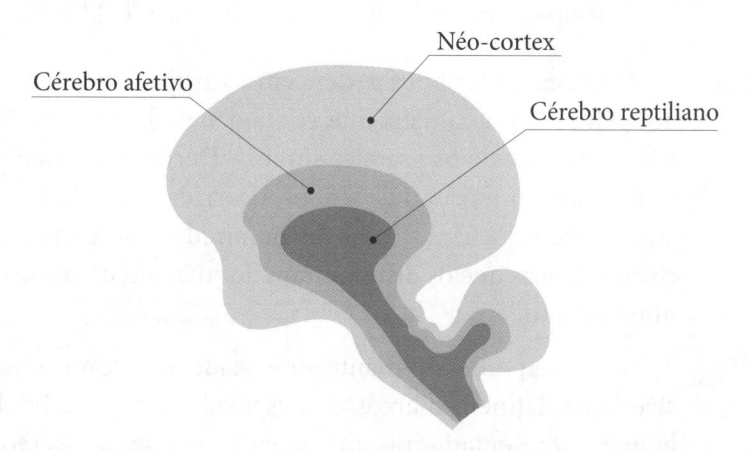

Fonte: http://4.bp.blogspot.com/_j2dLi5ZUlsk/SLBwSCdV9BI/ AAACWQ/0ZjjrWaVlqg/S760/cerebro_trino.gif

Segundo a Doutrina Espírita, o desenvolvimento da inteligência humana está claramente delineada com a humanização do princípio inteligente, uma ocorrência gradual estabelecida ao longo dos milênios. Junto com as conquistas da inteligência, acompanha-se o aperfeiçoamento do livre-arbítrio, condição que transforma o homem em construtor do próprio destino. Vemos, então, que desde os primórdios a inteligência é ampliada pelas aquisições obtidas nas inúmeras reencarnações do Espírito e nos seus estágios no plano espiritual. O progresso da inteligência humana é, portanto, infinito.

> A alma, dissemos, vem de Deus; é, em nós, o princípio da inteligência e da vida. [...] Desde a hora em que caiu na matéria, qual foi o caminho que seguiu para remontar até ao ponto atual da sua carreira? Precisou de passar vias escuras, revestir formas, animar organismos que deixava ao sair de cada existência, como se faz com um vestuário inútil. Todos estes corpos de carne pereceram, o sopro dos destinos dispersou-lhes as cinzas, mas a alma persiste e permanece na sua perpetuidade, prossegue sua marcha ascendente, percorre as inumeráveis estações da sua viagem e dirige-se para um fim grande e apetecível, um fim que é a perfeição. A alma contém, no estado virtual, todos os germens dos seus desenvolvimentos futuros. É destinada a conhecer, adquirir e possuir tudo. Como, pois, poderia ela conseguir tudo isso numa única existência? A vida é curta e longe está a perfeição! Poderia a alma, numa vida única, desenvolver o seu entendimento, esclarecer a razão, fortificar a consciência, assimilar todos os elementos da sabedoria, da santidade, do gênio? Para realizar os seus fins, tem de percorrer, no tempo e no espaço, um campo sem limites. [...].[12]

Os seres humanos pertencem ao grupo dos mamíferos chamados **primatas** que, atualmente, contam mais de 230 espécies (lêmures, tarsos, macacos e os grandes símios). Derivam de uma ramificação evolutiva de um grupo de símios, ocorrida cerca de seis milhões de anos atrás, na África. Os novos hominídeos apresentavam características únicas que os distinguiram dos demais: **caninos reduzidos e bipedalismo.**[13]

Desse ponto em diante, desencadeiam acontecimentos sucessivos que definem marcos de desenvolvimento da inteligência no homem, apresentados resumidamente, em seguida. Acredita-se, hoje, que o hominídeo que deu origem direta ao homem contemporâneo, e mais parecido com este, apareceu, pela primeira vez, no continente africano, cerca de 150 mil anos atrás e, a partir desta localidade, espalhou-se pelo Planeta, sendo que a chegada ao continente americano é aceita pela comunidade científica como um dos seus últimos estágios de migração (há 15–12 mil anos).[13]

O andar sobre duas pernas

O erguimento da coluna vertebral e a capacidade bípede são aspectos fundamentais da anatomia que tornaram tais ancestrais dos homem superiores aos símios, propriamente ditos, e aos demais seres da Criação. Acredita-se que tais características teriam surgido nos primeiros hominídeos denominados **Australopithecus**.

> O que fez os humanos primitivos andarem sobre as duas pernas em vez de quatro? Algumas pessoas supõem que deve ter sido a cópia do movimento feito pelos chipanzés para pegar frutas maduras no alto de árvores baixas. Outros acreditam que ser bípede oferecia grandes vantagens para a sobrevivência: podíamos andar distâncias maiores; absorvíamos menos calor do sol [...]; podíamos caçar e percorrer territórios maiores e possivelmente mais lucrativos. Qualquer que seja a sequência exata dos eventos que levaram os nossos ancestrais a andarem sobre duas pernas, sabemos que a postura ereta foi fundamental para a sobrevivência e o sucesso da espécie. [...] Para os hominídeos, uma outra coisa realmente importante surgiu com a prática de andar sobre duas pernas [...]: ficar de pé significava ter as mãos livres.[14]

O bipedalismo exigiu algumas mudanças anatômicas nos australopitecinos: osso pélvico mais amplo e côncavo para abrigar órgãos internos e dar mais estabilidade durante a caminhada. Ângulo das pernas e posição dos joelhos adaptados para suportar o peso do corpo. Dedos dos pés mais curtos e menos flexíveis que os dos símios. Coluna em forma de "S", que se prolonga por uma abertura localizada na base do crânio.[15]

A habilidade manual

Em termos evolutivos, supõe-se que um milhão de anos depois do erguimento da coluna vertebral, os *Australopithecus* evoluíram para o gênero **Homo** — linhagem que conduziu à espécie do homem atual (*Homo sapiens, sapiens*), conferindo-lhe habilidades excepcionais, como carregar os próprios filhos pequenos, objetos e alimentos; colher e transportar frutas e vegetais e, sobretudo, construir e utilizar ferramentas.

O gênero *Homo*[13] revela destacado florescimento da inteligência, ainda que não exista unanimidade científica de como tal ocorreu. As primeiras espécies desse grupo foram *Homo habilis* e *Homo erectus*, já totalmente extintas.[15] Entre

> [...] 2,5 e 2,3 milhões de anos ocorreu o surgimento do gênero *Homo*, o qual acredita-se que esteja diretamente relacionado com uma única característica: o desenvolvimento do cérebro. Também não há um consenso sobre a explicação para o desenvolvimento das habilidades mentais dos membros desse grupo. Alguns cientistas afirmam que esse desenvolvimento ocorreu devido à fabricação e ao uso de ferramentas, outros dizem que esse desenvolvimento também se deve à variação da dieta proporcionada pelo próprio uso de ferramentas (raízes, tubérculos e carne).[15]

Com o incremento da inteligência, surgiu o **Homo habilis** há 2,5 e 2 milhões de anos, que tinha capacidade para construir ferramentas de pedra, usadas para cortar e raspar, assim como emitir sons, considerados os primeiros vestígios da linguagem.[13, 15] É conhecido como "o homem da pedra lascada".

O homem primitivo não era, em muitos aspectos, diferente dos animais, sobretudo quando diante da necessidade de sobreviver. Vivia num mundo pleno de desafios, em perene combate com as forças da natureza, com animais e outros hominídeos. Somente o desenvolvimento da inteligência lhe possibilitou superar as dificuldades do meio, já que não possuía a força física de alguns animais ou acuidades percebidas em outros (visão e audição mais apuradas, por exemplo).

> Em meio a essa diversidade havia vislumbres de diferenças de inteligência. O caçador deve ser mais esperto do que o caçado. A fisiologia do sangue quente aumentou os riscos. Mais comida tinha que ser consumida para alimentar os fogos metabólicos; o oportunismo dos répteis [sangue frio] tinha que ser suplantado por estratagemas que são em parte instinto, em parte inteligência. E os caçadores inteligentes devem ser vencidos com nervos delicados e sentidos sutis.[16]

A descoberta do fogo

O passo evolutivo seguinte caracteriza-se pelo surgimento do **Homo erectus**, cuja inteligência já lhe permite construir ferramentas mais elaboradas e diversificadas, especializadas para uso diferenciado: caça, pesca, ataque, defesa etc.

Outro acontecimento, marcadamente importante, ocorreu com o *Homo erectus*: a descoberta e a utilização do fogo. Tal conquista evolutiva fez o homem primitivo se projetar, mais ainda, como superior aos demais seres, e, ao mesmo tempo, desenvolver formas mais seguras e confortáveis de sobrevivência: construção de abrigos para a proteção contra o frio e ataques de animais; trabalhar a madeira para construção de moradias, armadilhas para captura de animais; cozinhar carnes e outros alimentos, facilitando a digestão e absorção de nutrientes, etc.[13, 15, 16]

A conquista da linguagem

É também no *Homo erectus*[13, 17] que se desenvolve um mecanismo evolutivo considerado, a rigor, exclusivo da espécie humana: **a linguagem**. Por ela, aprende o homem a se comunicar, emitir sinais de alerta, trocar aprendizagens.

Cientistas da atualidade, como as autoras do livro *A evolução em quatro dimensões,* acreditam que o fator que torna a espécie humana tão diferente e especial é, justamente,

> [...] a nossa capacidade de pensar e de comunicar através de palavras e de outros símbolos [...]. Essa ideia foi explorada há mais de um século pelo filósofo alemão Ernest Cassirer [1874–1945], e foi discutida recentemente pelo neurobiologista Terrence Deacon. Assim como Cassider, nós escolhemos os símbolos como traço diagnóstico dos seres humanos, porque a racionalidade, a capacidade linguística, a habilidade artística e a religiosidade são facetas do pensamento e da comunicação simbólicos.[17]

A linguagem "[...] permite comunicação ilimitada acerca de todos os aspectos da realidade, concretos e abstratos, presentes e ausentes. Permite também reinventar o mundo cultural para além da experiência física direta do aqui e agora."[18]

Eis como Emmanuel se expressa a respeito da importância da linguagem:[19]

> Através da linguagem, o homem ajuda-se ou se desajuda. [...] A palavra é canal do "eu". Pela válvula da língua, nossas paixões explodem ou

nossas virtudes se estendem. Cada vez que arrojamos para fora de nós o vocabulário que nos é próprio, emitimos forças que destroem ou edificam, que solapam ou restauram, que ferem ou balsamizam. Linguagem, a nosso entender, se constitui de três elementos essenciais: expressão, maneira e voz. Se não aclaramos a frase, se não apuramos o modo e se não educamos a voz, de acordo com as situações, somos suscetíveis de perder as nossas melhores oportunidades de melhoria, entendimento e elevação. [...].

Aprendizagem social humana

O **Homo neandertalensis** (Homem de Neandertal), é o passo evolutivo que se seguiu, caracterizado por inteligência bem mais aprimorada.[13] Com a capacidade craniana semelhante ao homem atual, viveu na Era do Gelo ou Glacial. Era hábil caçador, conseguia suportar climas extremos, aprendeu a construir as primeiras cabanas, fazia funerais e prestava assistência aos doentes. Viveu há 400 mil anos, extintos há 25 mil, é considerado **"o nosso adão genético"** porque, a partir dele, surgiu o **Homo sapiens,** antecessor da espécie atual: **Homo sapiens, sapiens.**[13, 15]

A aprendizagem humana pode ser entendida, de forma geral, como a aquisição de novos conhecimentos pelo desenvolvimento de competências, que resultam na mudança de comportamentos. A aprendizagem social, fator evolutivo marcante no homem, "[...] é uma mudança de comportamento que resulta de interações sociais com outros indivíduos, geralmente da mesma espécie."[20]

> Segundo a Psicologia, a aprendizagem humana é um processo integrado que provoca transformação qualitativa na estrutura mental (intelecto e inteligência) daquele que aprende. Assim, aprendizagem humana é distinta da que se opera no animal, porque no homem se observa: a) *vontade ou intenção de aprender;* b) persistente *dinamismo* pela busca de novas informações; c) *criatividade* na utilização de métodos que aprimoram o próprio conhecimento.

Como o aprendizado é variável nos indivíduos, obviamente são diferentes as suas posições evolutivas, mesmo antes do surgimento do gênero *Homo*. Condição claramente explicada pelo Espiritismo: "Deus criou iguais todos os Espíritos. Cada um deles, porém, viveu mais ou menos tempo, e, por conseguinte, obteve maior ou menor soma de aquisições. A diferença entre eles está na diversidade da experiência alcançada e da vontade com que procedem, vontade que é o livre-arbítrio."[21]

Cultura e civilização humanas

O **Homo sapiens**, também conhecido como **Homem de Cro-Magnon**, é cognominado "animal cultural" porque nele aparecem manifestações artísticas, representações simbólicas e realizações de cerimoniais impregnados de significados, religiosos ou espirituais. Viveu o *H. Sapiens* cerca de 40 mil anos. Apresentava rosto pequeno, testa alta, e queixo largo. Mais socializado que os demais hominídeos, vivia em grupos nas grutas ou nas cercanias, em moradias construídas, constituindo os primeiros agrupamentos humanos (clãs ou tribos).

Esses seres são conhecidos, igualmente, como os primeiros artistas, pois desenvolveram uma arte denominada **rupestre,** caracterizada por pinturas, gravuras e esculturas executadas em pedra e osso. As pinturas rupestres encontradas nas grutas de Altamira, na Espanha, e as de Lascaux, França, são consideradas as primeiras obras artísticas do ser humano. O significado dessa arte revela aspectos mágico, religioso, estético e social.[13, 15]

Ilustrações: Evolução Humana

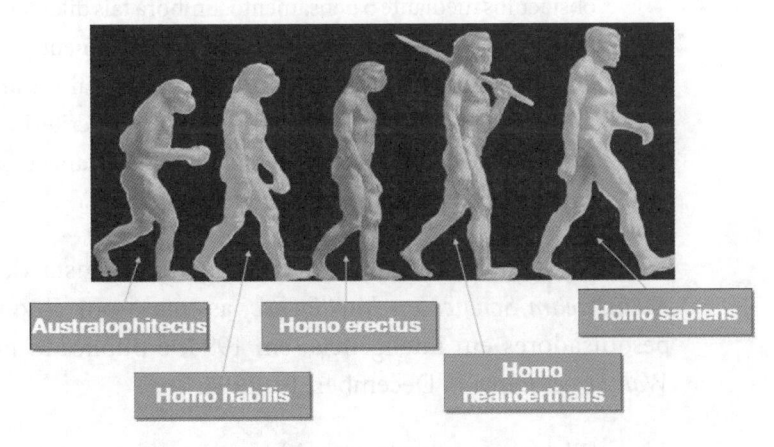

Fonte: http://www.scribd.com/doc/6454529/Evolucao-Humana

Homo Sapiens

Fonte: http://www.casdvest.org.br/casddicas%5CEvolu%C3%A7%C3%A3o%20Humana.pdf

Como fechamento deste estudo, destacamos que atualmente há dois consensos em relação ao conceito de inteligência. O primeiro integra o documento *Intelligence: Knowns and Unknowns*, relatório da Associação Americana de Psicologia-APA, elaborado em 1995 e publicado pela American Psychologist, fevereiro de 1996, periódico oficial da APA.[22] Segundo esse relatório,

> os indivíduos diferem na habilidade de entender ideias complexas, de se adaptarem com eficácia ao ambiente, de aprenderem com a experiência, de se engajarem nas várias formas de raciocínio, de superarem obstáculos mediante o pensamento. Embora tais diferenças individuais possam ser substanciais, nunca são completamente consistentes: o desempenho intelectual de uma dada pessoa vai variar em ocasiões distintas, em domínios distintos, a se julgar por critérios distintos. Os conceitos de 'inteligência' são tentativas de aclarar e organizar esse conjunto complexo de fenômenos.[19]

A segunda definição de inteligência consta do manifesto *Mainstream Science on Intelligence*, assinado por cinquenta e dois pesquisadores em inteligência, em 1994, e publicado no periódico *Wall Street Journal*, December, 13, 1994.[23]

> [É] uma capacidade mental bastante geral que, entre outras coisas, envolve a habilidade de raciocinar, planejar, resolver problemas, pensar de forma abstrata, compreender ideias complexas, aprender rápido e aprender com a experiência. Não é uma mera aprendizagem literária,

uma habilidade estritamente acadêmica ou um talento para sair-se bem em provas. Ao contrário disso, o conceito refere-se a uma capacidade mais ampla e mais profunda de compreensão do mundo à sua volta — 'pegar no ar', 'pegar' o sentido das coisas ou 'perceber' uma coisa.

Referências

1. CLAYTON, L. Thomas. *Dicionário médico enciclopédico Taber.* Tradução de Fernando Gomes do Nascimento. 1. ed. São Paulo: Manole, 2000, p. 957.

2. KARDEC, Allan. *O livro dos espíritos.* Tradução de Evandro Noleto Bezerra. 2. ed. Rio de Janeiro: FEB, 2010, questão 23, p. 87.

3. ABBAGNANO, Nicola. *Dicionário de filosofia.* Tradução de Alfredo Bosi e Ivone Castilho Benedetti. 1. ed. São Paulo: Martins Fontes, 2003, p.571-574.

4. XAVIER, Francisco Cândido. *Entre a terra e o céu.* Pelo Espírito André Luiz. Rio de Janeiro: 25. ed. Rio de Janeiro, 2010. Cap. 21, p. 171-172.

5. DENIS, Léon. *O problema do ser, do destino e da dor.*1. ed. (especial) Rio de Janeiro: FEB, 2008. Primeira parte, cap. IX, Evolução e finalidade da alma. p.166.

6. GOODWIN, James C. *História da psicologia moderna.* Tradução de Marta Rosas. 4. ed. São Paulo: Cultrix, 2010. Cap.5, p. 171.

7. Quociente de Inteligência. Disponível em http://pt.wikipedia.org/wiki/Intelig%C3%AAncia

8. XAVIER, Francisco Cândido. *Religião dos espíritos.* Pelo Espírito Emmanuel. 21. ed. Rio de Janeiro: FEB, 2008. Capítulo: O homem inteligente, p.135- 136, p. 105-106.

9. WINSTON, Robert. *Instinto humano.* Tradução Mário M. Ribeiro e Sheill Mazzolenis. São Paulo: Globo, 2006. Cap. 1, p.42.

10. _____. p.43.

11. _____. p.43-44.

12. DENIS, Léon. *O problema do ser, do destino e da dor.* Op. Cit. Cap. IX, p. p.161-162.

13. VITÓRIA, Pedro. *Evolução humana.* Acesso em janeiro de 2011 http:// www.scribd.com/doc/6454529/Evolucao-Humana

14. WINSTON, Robert. *Instinto humano.* Op. Cit., p.63-64.

15. UNESP-Universidade Estadual Paulista Julio Mesquita. *Evolução humana e aspectos socioculturais.* Acesso: janeiro de 2011. http://www.assis.unesp. br/darwinnobrasil/humanev3.htm

16. FORTEY, Richard. *Vida: uma biografia não-autorizada.* Tradução de Jorge Calife. São Paulo: Record, 2000. Cap. 11, p.314.

17. JABLONKA, Eva e LAMB, Marion J. *Evolução em quatro dimensões.* Tradução de Claudio Angelo. São Paulo: Companhia das Letras. Cap. 6, p. 233.

18. RODRIGUES, Cássio. TOMICH, Leda Maria B. e colaboradores. *Linguagem e cérebro humano.* Cap. 1 (artigo de Fernando e Alessandra Capovilla), p. 20.

19. XAVIER, Francisco Cândido. *Fonte viva*. Pelo Espírito Emmanuel. 36. ed. Rio de Janeiro: FEB, 2008. Cap. 43, p. 105-106.

20. JABLONKA, Eva e LAMB, Marion J. *Evolução em quatro dimensões*. Op. Cit., Cap.5, p.197.

21. KARDEC, Allan. *O livro dos espíritos*. Op. Cit., questão 804, p. 492.

22. Relatório: *Intelligence: Knowns and Unknowns*. Texto disponível em inglês: http://www.lrainc.com/swtaboo/taboos/apa_01.html

23. Manifesto subscrito por 52 cientistas : *Mainstream Science on Intelligence*. Texto disponível em inglês: http://www.udel.edu/educ/gottfredson/ reprints/1997mainstream.pdf

Orientações ao monitor

1. Sugerimos que o estudo seja realizado em duas reuniões devido à quantidade de informações presentes no Roteiro.

2. É importante que em ambas as aulas ocorra exposição introdutória, fornecendo visão panorâmica do assunto. Nestas explanações, utilizar ilustrações compatíveis com o conteúdo.

3. Após essa atividade inicial, desenvolver o conteúdo por meio de atividades grupais e plenárias, favorecedoras de análise mais aprofundada.

4. Sugerimos que as ideias espíritas, expressas nas referências 2, 4, 5, 8, 12, 19 e 21 sejam utilizadas como fechamento do estudo, selecionando as mais adequadas para cada aula.

FILOSOFIA E CIÊNCIA ESPÍRITAS

Roteiro 12

CLASSIFICAÇÃO DA INTELIGÊNCIA HUMANA

Objetivos

» Fornecer as principais características relativas à classificação da inteligência humana.

» Correlacionar conceitos espíritas aos diferentes tipos de inteligência.

Ideias principais

» Durante muito tempo a inteligência humana foi considerada sinônimo de pensamento racional-lógico. Com o progresso, estudos científicos concluíram que há diferentes tipos de inteligência.

» O conceito de múltiplas inteligências surgiu com as pesquisas de Howard Gardner, na década de 1980, na Universidade de Harvard, Estados Unidos, que classificou a inteligência em: *visual-espacial, musical, verbal, lógico-matemática, interpessoal, intrapessoal* e *corporal-cinestésica*. Mais tarde, o pesquisador acrescenta à lista: inteligência *naturalista* e inteligência *existencial*.

» Estudos recentes indicam que a inteligência humana possui outras dimensões, que extrapolam a classificação de Gardner, tais como a inteligência *emocional* e a inteligência *espiritual*.

> Para o Espiritismo, a inteligência humana não se restringe ao raciocínio, mas apresenta muitos outros aspectos, evidenciados com auxílio dos órgãos corporais, à medida que o Espírito progride: os [...] órgãos são os instrumentos da manifestação das faculdades da alma. *Essa manifestação se acha subordinada ao desenvolvimento e ao grau de perfeição desses mesmos órgãos, como a excelência de um trabalho está subordinada* à *qualidade da ferramenta.* Allan Kardec: *O livro dos espíritos,* questão 369.

Subsídios

Vimos anteriormente que a inteligência humana necessita de implementos corporais, sobretudo os do sistema nervoso central, para se expressar. Não se deve, contudo, confundir função cerebral com inteligência, propriamente dita, que é atributo do Espírito.

Atualmente sabe-se que a inteligência não se constitui de unidade compacta, rígida e indissolúvel, que representa o "altar da razão", como sempre se imaginou, mas um conjunto de capacidades que extrapolam o raciocínio lógico-matemático, desenvolvidas no ser espiritual por meio de estímulos recebidos ao longo da existência.

Para o Espiritismo, essas capacidades ou inteligências são naturalmente desenvolvidas nas reencarnações sucessivas, de acordo com o planejamento reencarnatório definido para o Espírito.

Para melhor entender o "conglomerado" que integra a inteligência, faz-se necessário acompanhar alguns esclarecimentos obtidos pelos conhecimentos humanos.

1. Inteligência racional

É a capacidade humana de raciocinar, entendida por Renée Descartes (1596-1650) como a capacidade de pensar (*ego cogito ergo sum*— "penso, logo existo"). Este filósofo francês desenvolveu um método — conhecido como cartesiano — com a finalidade de comprovar a sua teoria. Tal método exerceu notável influência no pensamento científico, com reflexos nos dias atuais, tendo como base a análise da complexidade do raciocínio, a partir de premissas e conclusões, previamente identificadas como lógicas.

Entretanto, por mais relevantes que tenham sido as contribuições de Descartes e seguidores, apenas um aspecto foi trabalhado: a inteligência racional, conhecida também como inteligência matemática e lógica ou pensamento formal-lógico.

Para compreender a inteligência racional é preciso, primeiramente, saber o significado do raciocínio e quais são as suas implicações.

Raciocínio é uma operação lógica discursiva e mental. Neste, o intelecto humano utiliza uma ou mais proposições, para concluir, através de mecanismos de comparações e abstrações, quais são os dados que levam às respostas verdadeiras, falsas ou prováveis. Das premissas chegamos a conclusões. Foi pelo processo do raciocínio que ocorreu o desenvolvimento do método matemático, este considerado instrumento puramente teórico e dedutivo, que prescinde de dados empíricos. Através da aplicação do raciocínio, as ciências como um todo evoluíram para uma crescente capacidade do intelecto em alavancar o conhecimento. Este é utilizado para isolar questões e desenvolver métodos e resoluções nas mais diversas questões relacionadas à existência e sobrevivência humana. O raciocínio, um mecanismo da inteligência, gerou a convicção nos humanos de que a razão unida à imaginação constituem os instrumentos fundamentais para a compreensão do universo, cuja ordem interna, aliás, tem um caráter racional, portanto, segundo alguns, este processo é a base do racionalismo. Logo, resumidamente, o raciocínio pode ser considerado também um dos integrantes dos mecanismos dos processos cognitivos superiores da formação de conceitos e da solução de problemas, sendo parte do pensamento.[1]

O pensamento racional tem como instrumentos:

Observação: detecta e relaciona evidências consideradas reais e incontestáveis a respeito do que se pretende estudar.

Análise: divide os acontecimentos, fatos e fenômenos ao máximo, em unidades ou partes mais simples, estudando-as metódica e detalhadamente.

Síntese: agrupa as análises das partes ou unidades analisadas em um todo consistente, a fim de obter visão do conjunto.

Conclusão: relaciona as deduções e interpretações, com base nas etapas anteriores, mantendo-se em todo o processo uma ordenação lógica e gradual — do simples para o complexo.

A inteligência racional utiliza o raciocínio e a lógica (razão) na tomada de decisões, necessários à resolução de problemas ou desafios. Nesta situação, a mente racional procura encontrar a solução (ou soluções) mais adequada, sem envolvimento ou com reduzida participação das emoções e sentimentos.

Esse tipo de entendimento foi amplamente aplicado aos processos educativos tradicionais, no lar e na escola restringindo, de certa forma, a educação. Jean Piaget (1896–1980), considerado o maior expoente do estudo do desenvolvimento cognitivo, apresentou efetivamente conceitos inovadores; contudo, suas ideias ficaram restritas à cognição ou pensamento lógico-matemático. Tais princípios são aceitos como fundamentos da teoria do desenvolvimento, por ele elaborada, conhecida como Epistemologia Genética.

A Epistemologia Genética considera que o indivíduo passa por várias etapas de desenvolvimento cognitivo ao longo da existência, de forma que o equilíbrio entre a assimilação e a acomodação de aprendizados resultam em adaptação do conhecimento. Segundo esta formulação, o ser humano assimila informações (aprendizados) que lhe chegam do mundo exterior, mas por possuir uma estrutura mental que não está "vazia", precisa acomodar os novos dados a esta estrutura mental pré-existente. A mudança do comportamento ocorre com a acomodação, ou seja, com a capacidade de o indivíduo assimilar novas informações e adaptá-las ao que já conhecia. Por esse esquema, nenhum conhecimento novo entra em conflito com o aprendizado anteriormente adquirido. Em síntese, Epistemologia Genética ensina:

> Somos portanto conduzidos a supor a existência de três grandes tipos de conhecimentos: a) as formas hereditárias, das quais o instinto é protótipo, e que encerram [...] uma lógica, mais cristalizada em uma programação inata e rígida, cujo conteúdo se refere a informações igualmente inatas sobre o meio; b) as formas lógico-matemáticas, progressivamente construídas, como acontece principalmente nos níveis relativamente superiores que caracterizam a inteligência; c) as formas adquiridas em função da experiência (desde a aprendizagem até o conhecimento físico). [...].[2]

Tais ideias moldaram processos educacionais (filosofia, currículos, metodologia da educação, e a prática educativa), de tal forma, que outros aspectos e tipos da inteligência humana foram ignorados, ou até desprezados. Sabe-se hoje, contudo (e felizmente), que há outras formas de manifestação da inteligência.

Em recente artigo publicado na revista *Conhecer*, o articulista demonstra que o conhecimento racional é importante, mas quantificá-lo na forma de um Quociente de Inteligência (QI) é obsoleto, frente às conquistas das neurociências. Percebe-se, na verdade, que estamos vivendo um momento de reavaliação de certos conceitos na área cognitiva, anteriormente aceitas como definitivas, concluindo-se que a inteligência humana não pode ser restrita apenas ao racional. Ao contrário, revela possuir "[...] múltiplas capacidades que se misturam à genética, à prática e a fenômenos inconscientes [...]."[3]

Tais capacidades envolvem a razão, não há dúvida, mas também a emoção, os sentimentos, a memória de aprendizado anterior, a influência do meio, a educação, atos instintivos, e, em determinadas situações, percepções extra-sensoriais, como a intuição e a inspiração.

Os educadores (pais e professores) de linha cognitiva que se mantêm presos aos conceitos cartesianos ou que só consideram o construtivismo de Piaget, apresentam sérias dificuldades para entender e educar a nova geração de Espíritos que reencarna no Planeta que, a despeito de possuir recursos intelectivos mais acentuados, pode revelar comportamentos e atitudes contrárias aos pressupostos educativos preconizados, justamente, pelos defensores da inteligência racional.

A nova geração de Espíritos apresenta habilidade e destreza mental maiores, se comparadas à média da geração anterior. Independentemente da estrutura moral que possuem os Espíritos que ora reencarnam no Planeta, revelam certo grau de similaridade comportamental: a) são mais criativos e mais perceptivos — condição que podem induzi-los a manipular familiares, professores e chefes; b) se aborrecem exaustivamente com longas explanações, como aulas expositivas, ou com assuntos discursivos lineares, visto que não lhes favorecem a participação; c) a cognição não é, a rigor, priorizada em suas atividades educativas; d) revelam-se rebeldes no acatamento de ordens e diante da rigidez de certos processos educativos, ainda que admitam a necessidade da disciplina; e) apreciam padrões morais, mesmo que não sejam capazes de reproduzi-los, e se revelam amorosos e bons companheiros se a estrutura familiar está erguida no amor e respeito mútuo. Obviamente, há outras características da geração nova de Espíritos, algumas diretamente relacionadas aos aspectos culturais do ambiente onde renascem ou do tipo de educação familiar recebida.

Neste contexto, os educadores modernos necessitam estar bem informados a respeito do assunto, reconhecendo que, em princípio, a razão não deve entrar em contradição com emoções e sentimentos, e mais: os conflitos éticos ocorridos são sinal de que algo não vai bem no campo moral. Assim, em qualquer decisão racional deve-se, necessariamente, pesar as consequências morais, conciliando os ditames da razão com os sentimentos e as emoções, para a garantia da paz do Espírito, fator imprescindível à vida.

2. As múltiplas inteligências

O estadunidense Howard Gardner (1943–), psicólogo cognitivo da Universidade de Harvad, desenvolveu a teoria das *inteligências múltiplas*, em trabalho conjunto com o colega Nelson Goodman, a partir de um projeto de pesquisa conhecido como *Projeto zero*.

No seu livro mais famoso, *Estruturas da mente*,1983, Gardner descreve sete dimensões da inteligência: **inteligência visual** ou **espacial**, **inteligência musical**, **inteligência verbal**, **inteligência lógico-matemática**, **inteligência interpessoal**, **inteligência intrapessoal** e **inteligência corporal** ou **cinestésica**. Mais tarde, acrescenta à lista a **inteligência naturalista** e a **inteligência existencial**.

O resultado de suas pesquisas encontra-se no livro *Multiple intelligences – The theory in practice*, publicado em 1993, nos Estados Unidos. Esta obra, de leitura imprescindível, foi traduzida para o português com o título *Inteligências Múltiplas – A teoria na prática*, publicada pela editora Artes Médicas.

Em relação ao conceito de inteligência, propriamente dito, Howard Gardner afirma:[4]

> [...] Numa visão tradicional, a inteligência é definida operacionalmente como capacidade de responder a itens de inteligência. A inferência, a partir dos resultados dos testes, de alguma capacidade subjacente é apoiada por técnicas estatísticas que comparam respostas de sujeitos em diferentes idades; a aparente correlação desses resultados de testes através das idades e através dos diferentes testes corrobora a noção de que a faculdade geral da inteligência, não muda muito

com a idade ou com treinamento ou experiência. Ela é uma faculdade inata. A teoria das inteligências múltiplas, por outro lado, pluraliza o conceito tradicional. Uma inteligência implica na capacidade de resolver problemas ou elaborar produtos que são importantes num determinado ambiente ou comunidade social. A capacidade de resolver problemas permite à pessoa abordar a situação em que um objetivo deve ser atingido e localizar a rota adequada a este objetivo. A criação de um produto cultural é crucial nessa função, na medida em que captura e transmite o conhecimento ou expressa as opiniões ou os sentimentos da pessoa [...].

A teoria das inteligências múltiplas não desconhece os efeitos da ação biológica (carga genética) na resolução de problemas, nem ignora a tendência cultural humana para a solução de problemas. Por exemplo, esclarece Gardner: "a linguagem, uma capacidade universal, pode manifestar-se particularmente como escrita em uma cultura, como oratória em outra, e como linguagem secreta dos anagramas numa terceira."[4]

O universo da pesquisa de Gardner foi amplo: avaliou indivíduos comuns e intelectuais, ambos provenientes de distintos extratos sociais. Mas também estudou:[5]

» Desenvolvimento de diferentes habilidades em crianças de mediana inteligência e em crianças superdotadas.

» Adultos com lesões cerebrais, investigando se perdiam, com a enfermidade, a intensidade da produção intelectual e algumas habilidades relacionadas.

» Populações ditas excepcionais, como autistas.

» A história do desenvolvimento cognitivo através dos milênios. Psicólogo construtivista muito influenciado por Piaget, Gardner distingue-se de seu colega de Genebra na medida em que Piaget acreditava que todos os aspectos da simbolização partem de uma mesma função semiótica, enquanto que ele acredita que processos psicológicos independentes são empregados quando o indivíduo lida com símbolos linguísticos, numéricos, gestuais ou outros. Segundo Gardner uma criança pode ter um desempenho precoce em uma área (o que Piaget chamaria de pensamento formal) e estar na média ou mesmo abaixo da média em outra (o equivalente, por exemplo, ao estágio sensório-motor).[5]

2.1. Classificação das inteligências múltiplas[5, 6, 7]

Inteligência verbal ou linguística

Manifesta-se através da linguagem, escrita ou falada. O indivíduo gosta de ler, escrever, ouvir, trocar ideias; tem boa memória para nomes, lugares, datas e trivialidades; geralmente é bom contador de histórias e de anedotas; gosta de ler livros e escrever/contar histórias; tem vocabulário rico e se expressa com fluência; gosta de fazer palavras-cruzadas e jogos com palavras.

Os componentes centrais da inteligência linguística são uma sensibilidade para os sons, ritmos e significados das palavras, além de especial percepção das diferentes funções da linguagem, em geral usada para convencer, agradar, estimular ou transmitir ideias.

Nas crianças, esta habilidade se manifesta espontaneamente pela capacidade de contar/reproduzir histórias, ou para relatar, com precisão, experiências vividas. Podemos encontrar essa inteligência bem desenvolvida em redatores, contadores de história, poetas, novelistas, teatrólogos, escritores e oradores.

Inteligência musical

É a habilidade de reproduzir, compor e apreciar a musicalidade com discriminação de sons, e percepção de suas variações. É a inteligência que primeiro se manifesta. Cada indivíduo tem certo nível de habilidade musical, mesmo aqueles considerados "amusicais". A inteligência musical trabalha a variedade de sons; a habilidade para perceber temas musicais; a sensibilidade para ritmos, texturas e timbre; e a habilidade para produzir e/ou reproduzir música.

As pessoas que possuem essa habilidade normalmente são sensíveis a ritmos e batidas dos sons do ambiente; tocam instrumentos ou gostam bastante de música; lembram facilmente das melodias e das canções, identificando notas musicais desafinadas; preferem estudar e trabalhar ouvindo música; colecionam discos; gostam de cantar e dedicam tempo à música. A criança com habilidade musical desenvolvida percebe, desde cedo, diferentes sons no seu ambiente e, frequentemente, canta para si mesma. Podemos encontrar essa inteligência ampliada em cantores, músicos, compositores e maestros.

Inteligência lógico-matemática

Os componentes centrais desta inteligência são descritos como uma sensibilidade para padrões, ordem e sistematização. A pessoa é capaz de identificar conexões entre peças separadas ou distintas, e a raciocinar sobre problemas matemáticos. Demonstra também capacidade para: manejar habilmente longas cadeias de raciocínio; conhecer problemas e levá-los adiante; explorar padrões, categorias e relações; resolver problemas aritméticos ou lógicos rapidamente; usar computação; apreciar jogos estratégicos e enigmas, como xadrez e damas; fazer experimentos, testando o que não se entende facilmente. Tal inteligência possui uma natureza não-verbal, de modo que a solução de um problema é, em geral, construída mentalmente antes de ser articulada ou escrita.

A criança com especial aptidão para essa inteligência demonstra facilidade para lidar com números, fazer cálculos matemáticos e apresentar notações práticas do seu raciocínio. Encontramos esse tipo de inteligência em programadores de computação, analistas de sistema, engenheiros, matemáticos, banqueiros, contadores, advogados e cientistas.

Inteligência espacial

É a capacidade de criar mapas mentais, de pensar por meio de imagens; de visualizar imagens mentais claras, de ler facilmente mapas e diagramas; de desenhar (mentalmente) representações precisas de pessoas ou coisas. O indivíduo que tem desenvolvida essa inteligência gosta de participar de atividades artísticas, de ver projeções (filmes, slides ou fotos), ou de montar quebra-cabeças.

Nas crianças pequenas o potencial especial dessa inteligência é percebido através da habilidade para resolver quebra-cabeças e outros jogos espaciais, com atenção para detalhes visuais. Encontramos essa inteligência em arquitetos, artistas gráficos, cartógrafos, desenhistas de produtos industriais, pintores e escultores, e também, em cirurgiões, os quais, previamente, visualizam na mente o órgão do corpo físico e a intervenção cirúrgica que irá realizar.

Inteligência cinestésica ou corporal-cinestésica

Esta inteligência está relacionada ao movimento do corpo físico e à habilidade de usar o corpo para expressar uma emoção, sentimento, ou transmitir uma mensagem (história), ou, ainda, para praticar um esporte. O indivíduo aprende melhor movimentando-se. Processa conhecimentos através de expressões corporais, daí envolver-se em atividades motoras, esportivas ou de dança. Possui habilidade para usar a coordenação grossa ou fina em esportes, artes cênicas ou plásticas, sabendo controlar movimentos do corpo, e, igualmente, manipular instrumentos que exigem destreza manual.

As pessoas dotadas deste tipo de inteligência têm um senso e controle natural do corpo, mesmo sem treinamento prévio. Também está incluída a destreza na manipulação de objetos. A criança especialmente dotada de inteligência cinestésica se move com graça e expressão, a partir de estímulos musicais ou verbais; demonstra grande habilidade atlética ou coordenação motora apurada. A inteligência corporal-cinestésica pode ser melhor observada em desportistas, atores, mímicos, artistas circenses, dançarinos profissionais ou em pessoas que habilmente sabem manipular instrumentos e equipamentos.

Inteligência interpessoal

É a habilidade de interagir com pessoas, entendê-las e interpretar seus comportamentos. O indivíduo que tem desenvolvido esse tipo de inteligência está sempre cercado de várias pessoas; gosta de se comunicar, ainda que, às vezes, utilize a habilidade para manipular pessoas; aprecia atividades em grupo; serve como mediador em discussões e tem capacidade para ler situações ou acontecimentos com precisão. Esse tipo de inteligência não depende da linguagem, portanto, um indivíduo pode possuí-la mesmo sem demonstrar qualquer habilidade linguística apurada.

A inteligência interpessoal se manifesta em crianças pequenas como a habilidade para distinguir pessoas. No adulto, e em algumas crianças, essa inteligência pode evoluir para a apurada percepção de intenções e desejos de outras pessoas, permitindo-lhes reagir apropriadamente a partir dessa percepção. Crianças especialmente dotadas demonstram, muito cedo, habilidade para liderar outras crianças, uma vez que são extremamente sensíveis às necessidades e sentimentos de outros. A inteligência interpessoal pode ser melhor observada em líderes religiosos, políticos, professores e terapeutas.

Inteligência intrapessoal

A pessoa com essa inteligência aperfeiçoada possui capacidade para manter a mente em total concentração, sabendo distinguir, nitidamente, sentimentos, emoções e expressões do raciocínio. Demonstra independência, força de vontade e autodireção em tudo que faz. Revela certo grau de autoconfiança, sabendo reagir positivamente no transcurso de discussões controvertidas, nas quais predominam opiniões fortes. Como norma de conduta, gosta de abstrair-se e viver no mundo particular, preferindo isolar-se para produzir algo, desenvolver um projeto ou *hobby* pessoal.

Tal inteligência é o correlativo interno da inteligência interpessoal, pois o indivíduo tem desenvolvida habilidade para acessar os próprios sentimentos, sonhos e ideias, discriminá-los e utilizá-los na solução de problemas pessoais. É o reconhecimento de habilidades, necessidades, desejos e inteligências próprias, a capacidade para formular uma imagem precisa de si próprio e a habilidade para usar essa imagem de forma efetiva.

Nas crianças, a inteligência intrapessoal desenvolvida, se observa pela capacidade que demonstram diante de fatos e acontecimentos. Em geral tendem para a introspecção, são mais caladas e reservadas, condições que podem ser confundidas com timidez. Encontramos esse tipo de inteligência em filósofos, psiquiatras, aconselhadores e pesquisadores.

Inteligência naturalista

Consiste na habilidade de identificar e classificar padrões da natureza. É também conhecida como inteligência biológica ou ecológica. A pessoa tem capacidade para perceber a natureza de maneira integral e demonstra acentuada empatia com animais e plantas — uma afinidade que pode ser vista como sentimento ecológico, percepção avançada dos ecossistemas e dos *habitats*.

A criança demonstra precoce necessidade de viver em contato com a natureza, ao ar livre, a cuidar e proteger animais. Manifesta-se geralmente em biólogos, jardineiros, paisagistas, ecologistas e amantes da natureza.

Inteligência existencialista

Essa nona inteligência, que ainda se encontra em estudo, relaciona-se à capacidade de considerar questões mais profundas da existência, de fazer reflexões sobre quem somos, de onde viemos e por que morremos (para onde vamos). Gardner ainda reluta em aceitar esta inteligência, justificando que os cientistas ainda não provaram que ela atua/requer áreas específicas do cérebro.

Fonte: http://www.appai.org.br/Jornal_Educar/jornal35/historia_educacao/img_grande.asp

3. Inteligência emocional

A *Inteligência Emocional* envolve habilidades para perceber, entender e influenciar as emoções. Foi introduzida e definida por John D. Mayer, psicólogo e professor da Universidade de New-Hampshire--USA, e por Peter Salovey, professor de Epidemiologia e Saúde Pública na Universidade de Yale.

Salovey e Mayer definiram inteligência emocional como: "[...] a capacidade de perceber e exprimir a emoção, assimilá-la ao pensamento, compreender e raciocinar com ela, e saber regulá-la em si próprio e nos outros".[8] Dividiram-na em quatro domínios:[8]

» **Percepção das emoções** – inclui habilidades envolvidas na identificação de sentimentos por estímulos, como a voz ou a expressão facial, por exemplo. A pessoa que possui essa habilidade identifica a variação e mudança no estado emocional de outra.

» **Uso das emoções** – implica na capacidade de usar as informações de forma emocional para facilitar o pensamento e o raciocínio.

» **Entender emoções** – é a habilidade de captar variações emocionais nem sempre evidentes.

» **Controle (e transformação) da emoção** – constitui o aspecto mais facilmente reconhecido da inteligência emocional — e a aptidão para lidar com os próprios sentimentos.

Genericamente, a Psicologia entende que a inteligência emocional é a capacidade de reconhecer os sentimentos próprios e os dos outros, sabendo lidar com eles.

O conceito de inteligência emocional foi popularizado pelo jornalista e psicólogo estadunidense Daniel Goleman, em 1995, esclarecendo que esse tipo de inteligência pode ser visualizado nas inteligências intrapessoal e interpessoal propostas por Gardner. Contudo, ao analisar o trabalho desse pesquisador, que muito tem contribuído para desvendar a inteligência humana, Goleman considera que ainda há um vasto campo de estudo a ser pesquisado:[9]

> As teorizações de Gardner contêm uma dimensão da inteligência pessoal [intra e interpessoal] que é amplamente apontada, mas pouco explorada: o papel das emoções. Talvez isso se dê porque, como me sugeriu ele próprio, seu trabalho é fortemente informado por modelo mental da ciência cognitiva. Assim, sua visão dessas inteligências enfatiza a percepção — a *compreensão* de si e dos outros nas motivações, nos hábitos de trabalho e no uso dessa intuição na própria vida e na de relação com outros. Mas [...] o campo das emoções também se estende além do alcance da linguagem e da cognição.

Outro ponto, não menos importante, também destacado por Goleman, é que embora "[...] haja amplo espaço nas suas descrições das inteligências pessoais para a intuição no jogo das emoções e no domínio do controle, Gardner e os que com ele trabalham não investigaram com muitos detalhes o papel do *sentimento* nessas inteligências, concentrando-se na cognição *sobre* o sentimento."[9]

Goleman não deixa de ter razão quando assinala que, ainda que não intencionalmente, os estudos sobre inteligências múltiplas "[...] deixa inexplorado o rico mar de emoções que torna a vida interior e os relacionamentos tão complexos, tão absorventes, e muitas vezes desconcertantes. E deixa por sondar tanto o sentido em que há inteligência nas emoções quanto o sentido em que se pode transmitir inteligência às emoções."[9]

Mas, afinal, qual é o significado de emoção para Goleman? Trata-se de um conceito, como ele mesmo enfatiza, que tem várias interpretações, como sentimento, paixão, agitação ou excitação mental, entre outras. Para o pesquisador, emoção "[...] se refere a um sentimento e seus pensamentos distintos, estados psicológicos e biológicos, e uma gama de tendências para agir."[10] Mas concorda que o conceito é limitante, pois a gama de emoções do ser humano é infinita. Prefere não entrar nas discussões teóricas sobre a classificação das emoções em primárias e secundárias, sugerindo, contudo, que algumas emoções, por serem tão evidentes, podem ser agrupadas, desde que não se perca a visão de que cada tipo de emoção pode gerar subtipos, isoladamente, ou atuar em conjunto com outras emoções.

Sua classificação básica das emoções — por ele considerada incompleta, e que pode ser visualizada por meio de expressões faciais e/ou corporais — propõe o agrupamento de sentimentos semelhantes cuja manifestação apresenta uma escala gradativa:[11]

» **Ira** – fúria, revolta, ressentimento, raiva, exasperação [...], irritabilidade, hostilidade, e talvez no extremo, ódio e violência patológicos.

» **Tristeza** – sofrimento, mágoa, desânimo, melancolia, autopiedade, solidão, desamparo, desespero, e, quando patológica, severa depressão.

» **Medo** – ansiedade, apreensão, nervosismo, preocupação, [...] cautela, inquietação, pavor, terror; e como psicopatologia, fobia e pânico.

» **Prazer** – felicidade, alegria, contentamento, deleite, orgulho [...], diversão, gratificação, satisfação, bom humor, euforia, êxtase e, no extremo, mania.

» **Amor** – aceitação, amizade, confiança, afinidade, dedicação, adoração, paixão, ágape [afeição entre os antigos cristãos, afeto].

» **Surpresa** – choque, espanto, pasmo, maravilha.

» **Nojo** – desprezo, desdém, antipatia, aversão, repugnância, repulsa.

» **Vergonha** – culpa, vexame, mágoa, remorso, humilhação, arrependimento, mortificação e contrição.

O Espírito Meimei, esclarece, a propósito:[12]

> O raciocínio erguido às culminâncias da cultura, mas sem a compreensão e sem a bondade que fluem do entendimento fraterno, pode ser um espetáculo de grandeza, mas estará distante do progresso e

povoado pelos monstros das indagações esterilizantes ou inúteis. Enriqueçamo-lo, porém, com o manancial do sentimento puro e a inteligência converter-se-á, para nós e para os outros, num templo de sublimação e paz, consolo e esperança. Cultivemos o cérebro sem olvidar o coração. Sentir, para saber com amor; e saber, para sentir com sabedoria, porque o amor e a sabedoria são as asas dos anjos que já comungam a glória de Deus.

4. Inteligência espiritual

Há atualmente uma polêmica entre Howard Gardner, da Universidade de Harvard, psiconeurologista especializado no estudo da inteligência humana e Robert Emmons, da Universidade da Califórnia, neuropsicólogo interessado na investigação da religiosidade humana. O primeiro se tornou mundialmente famoso pela teoria das inteligências múltiplas. Emmons, por sua vez, tornou-se conhecido por suas investigações sobre psiconeurologia e religião.[13]

"Tomando as ideias e critérios de Gardner como ponto de partida de um discutido ensaio, ele [Emmons] tentou provar que se pode postular a existência de uma inteligência que ele, sem meias palavras, chama de 'inteligência espiritual'."[13] Entretanto, para Emmons, Gardner não apresenta respostas convincentes a respeito da Inteligência *Existencial* ou *Espiritual*, analisada, igualmente, por outros estudiosos.

> Emmons defende, com cerrada argumentação, que a inteligência tem uma faceta espiritual, que pode e obedece a todos os critérios indicados por Gardner deve para ser assumida no espectro das inteligências múltiplas. [...] Trata-se de um envolvimento existencial denso de sentido e de valor [...]. É uma forma inteligente de se posicionar e de se relacionar, teórica e praticamente, com esse Princípio Supremo. Para Emmons essa forma de *inteligência* possibilita ao ser humano estabelecer um contato íntimo não só com o que as religiões chamam de "o divino", mas consigo mesmo e com o mundo e os fatos da vida, encontrando nisto uma forma de realização cognitiva que merece o adjetivo de "espiritual".[14]

Para esse pesquisador, a Inteligência Espiritual (existencial ou religiosa) apresenta dois aspectos: "[...] Um conjunto de habilidades e capacidades associadas à espiritualidade de grande relevância nas operações da mente humana; outro que considera as diferenças individuais dessas habilidades como sendo elementos centrais na constituição e na dinâmica da personalidade".[15] Em outras palavras, há indivíduos que, para se adaptarem e integrarem no meio em que vivem, necessitam estar inseridos em um clima que prioriza a espiritualidade, que pode ser manifestada na forma de práticas religiosas ou de conduta moral edificante.

Alguns cientistas europeus, como o austríaco Viktor Frankl, têm oferecido contribuições relevantes, denominando inteligência espiritual de *noética*, cujas ideias podem ser assim resumidas pelos professores Achilles Gonçalves Coelho Júnior e Miguel Mahfoud, da Universidade Federal de Minas Gerais:[16]

> Homem e animais são constituídos por uma dimensão biológica, uma dimensão psicológica e uma dimensão social, contudo, o homem se difere deles porque faz parte de seu ser a dimensão noética. Em nenhum momento o homem deixa as demais dimensões, mas a essência de sua existência está na dimensão espiritual. Assim, a existência propriamente humana é existência espiritual. Neste sentido, a dimensão noética é considerada superior às demais, sendo também mais compreensiva porque inclui as dimensões inferiores, sem negá-las — o que garante a totalidade do homem (Frankl, 1989a). A dimensão espiritual mostra-se, essencialmente, como a dimensão da vivência da liberdade e da responsabilidade. Responsabilidade nada se identifica com um caráter moralista pelo qual o indivíduo se obrigaria a agir de acordo com normas introjetadas, mas caracteriza-se justamente pela capacidade de responder, isto é, pela liberdade atuante no momento em que o homem responde ou se posiciona diante das circunstâncias presentes. Pressupõe "liberdade para" efetivar seu posicionamento no mundo [...], manifestando, então, a "irrepetibilidade e caráter de algo único" constituinte de cada homem (Frankl, *Falar de existência*), na sua dimensão espiritual, é falar sobretudo do "ser-responsável" e do "ser humano consciente de sua responsabilidade" (Frankl, 1993). Trata-se não da *liberdade de* condições biológicas, psicológicas e sociais — a que todo homem está submetido — mas da *liberdade para* uma tomada de posição diante de todas as circunstâncias, cotidianas ou excepcionais.

Recentemente, a física e filósofa estadunidense Danah Zohar (1945-) juntamente com o marido, que é psiquiatra, propõem a adoção de um quociente para a inteligência espiritual (ou QS: do inglês *Spiritual Quocient*), no livro do mesmo nome que ambos escreveram. Na obra, os autores demonstram que o ser humano possui no cérebro um ponto — "Ponto de Deus"—, uma área que seria responsável pela necessidade de experiências espirituais.

Cientistas de renome como Francis S. Collins, Ideializador do Projeto Genoma Humano, e seu diretor por dez anos, ou Bruce H. Lipton, internacionalmente conhecido na área de biologia celular, apontam para a possibilidade de geneticamente estarmos programados para desenvolver a inteligência espiritual. Ou seja, em determinado momento da caminhada evolutiva, o homem se voltará para a ideia de Deus.

Por outro lado, frente a um mundo de mudanças contínuas e rápidas, no qual estamos inseridos, é preciso admitir que uma série de esclarecimentos nos são transmitidos por cientistas e tecnólogos, com a finalidade de auxiliar o homem no conhecimento da natureza, do mundo no qual está inserido e, também, de si mesmo. Neste sentido, Stanislav Grof, um dos fundadores da psicologia transpessoal, considera em seu livro *Psicologia do futuro* que a "[...] psicologia e a psiquiatria requerem uma revisão radical baseada na investigação intensiva e sistemática dos estados invulgares da consciência."[17]

Quer isso dizer que, além dos processos já considerados comuns ou já absorvidos pelo conhecimento, como as contribuições de Gardner e as de Goleman, é preciso estarmos atentos a outros aspectos, registrados na forma de percepções, que estão surgindo mais intensamente na nova geração de reencarnados.

O significado de *percepção*, aqui apresentado, relaciona-se à faculdade de apreender algo, de ter consciência a respeito de uma impressão sensitiva que foi transmitida por órgãos específicos, ou por meio de associação Ideiacional, de natureza mental. Para o Espiritismo, todas "[...] as percepções são atributos do Espírito e fazem parte de seu ser. Quando está revestido de um corpo material, elas só lhe chegam pelo conduto dos órgãos; mas, no estado de liberdade, deixam de estar localizadas."[18]

Ao lado das percepções comuns surgem, vez ou outra, as percepções inusitadas. O estudo das percepções inusitadas apenas iniciou, revelando-se como de natureza bem abrangente. Por exemplo, há um tipo de percepção, incomum ou inusitada, que tem merecido especial atenção da Ciência. Trata-se da *sinestesia*, cujo conceito se resume na "sensação subjetiva de um sentido que não é o que está sendo estimulado."[19] Diz respeito à associação de planos sensoriais diferentes. Por exemplo, há pessoas que associam um som ou uma composição musical a determinada cor ou aroma. Outros unem uma cor específica a um número específico, assim como existem os que percebem sabor nas palavras. Este tipo de percepção, no passado, poderia ser considerada uma anomalia mental. Hoje não.

O cientista estadunidense Richard Feynman (1918–1988), Nobel de Física em 1965, afirmava: "Quando escrevo uma equação na lousa vejo os números e as letras de cores diferentes. E me pergunto: que diabos meus alunos veem?".[20]

Os Espíritos Orientadores da Codificação Espírita ensinam que os "[...] órgãos são os instrumentos da manifestação das faculdades da alma. Essa manifestação se acha subordinada ao desenvolvimento e ao grau de perfeição desses mesmos órgãos, como a excelência de um trabalho está subordinada à qualidade da ferramenta."[21] Ou seja, as aquisições evolutivas do Espírito imprimem alterações no seu perispírito, construindo, em consequência, um corpo físico contendo órgãos aperfeiçoados, muito mais suscetíveis à ação da mente espiritual.

Ao encarnar, o Espírito traz certas predisposições. Admitindo-se para cada uma delas um órgão correspondente no cérebro, o desenvolvimento desses órgãos será efeito e não causa. [...] Admita-se [...] que os órgãos especiais, se é que existem, são consequentes e se desenvolvem pelo exercício da faculdade, como os músculos por efeito do movimento, e nada tereis de irracional. Tomemos uma comparação trivial, à força de ser verdadeira. Por alguns sinais fisionômicos reconhecereis o homem que se entrega à bebida. Serão esses sinais que fazem dele um bêbado, ou será a embriaguez que nele imprime aqueles sinais? Pode-se dizer que os órgãos recebem o cunho das faculdades.[22]

Por outro lado, esclarece Joanna de Ângelis, com muita propriedade:[23]

> A descoberta e a constatação da inteligência espiritual (QS), neste momento, faculta a compreensão da complexidade da alma humana, analisando os dados fornecidos pelo pensamento e elaborando os programas mais compatíveis com as suas necessidades e aspirações no complexo movimento da busca da plenitude. Perfeitamente identificáveis as áreas nas quais se exteriorizam as diferentes inteligências, há, no entanto, em destaque um *ponto-luz* que expressa no cérebro a

existência daquela de natureza espiritual, impulsionando o ser à compreensão da sua transcendência e da sua destinação rumo do infinito. Esse *ponto-luz* ou *divino* está situado entre as conexões dos neurônios nos lobos temporais do cérebro. As pesquisas realizadas mediante a utilização de pósitrons, permitem constatar-se que, nas discussões de natureza religiosa ou espiritual, toda vez que o tema versa a respeito de Deus e do Espírito, da vida transcendental e dos valores da alma, de imediato se produz uma iluminação no campo referido, demonstrando ser aí que sedia a Inteligência Espiritual. É, portanto, essa inteligência que conduz ao cerne das coisas e facilita a compreensão do abstrato, particularmente quando se refere aos valores da imortalidade da alma, da fé religiosa, da Causalidade universal, do bem, do amor....

Os dias futuros nos reservam surpresas na área do conhecimento das faculdades humanas, e, acreditamos, estamos apenas iniciando uma era de estudos mais significativos sobre a inteligência, de algum modo já antecipada pela Doutrina Espírita, como consta nesta informação de Léon Denis:

> A alma contém, no estado virtual, todos os germens dos seus desenvolvimentos futuros. É destinada a conhecer, adquirir e possuir tudo. [...] Para realizar os seus fins, tem de percorrer, no tempo e no espaço, um campo sem limites. [...] Pouco a pouco a alma se eleva e, conforme vai subindo, nela se vai acumulando uma soma sempre crescente de saber e virtude; sente-se mais estreitamente ligada aos seus semelhantes; comunica mais intimamente com o seu meio social e planetário. Elevando-se cada vez mais, não tarda a ligar-se por laços pujantes às sociedades do espaço e depois ao Ser Universal. Assim, a vida do ser consciente é uma vida de solidariedade e liberdade. Livre dentro dos limites que lhe assinalam as leis eternas, faz-se o arquiteto do seu destino. O seu adiantamento é obra sua. [...].[24]

Referências

1. Raciocínio: Disponível em: http://pt.wikipedia.org/wiki/Racioc%C3%ADnio
2. PIAGET, Jean. *Biologia de conhecimento*. 2. ed. Petrópolis (RJ): Vozes, 1996.Cap. V, p. 305.
3. NOGUEIRA, Salvador. *Revista Conhecer*. São Paulo: Duetto. Outubro de 2010.Artigo: Sua cabeça é mais do que você pensa, p.18.

4. GARDNER, Howard. *Inteligências múltiplas – a teoria na prática*. Tradução de Maria Adriana Veríssimo Veronese. Porto Alegre: Artes Médicas, 1995. Parte I, cap. 1, p.21.

5. GAMA, Maria Clara Salgado. *A teoria das inteligências múltiplas e suas implicações para educação*. Disponível em: http://www.homemdemello.com.br/psicologia/intelmult.html

6. GARDNER, Howard. *Inteligências múltiplas – a teoria na prática*. Op. Cit., p. 22-29.

7. CARVALHO, Rebeca. *Howard Gardner e as inteligências múltiplas*. Disponível em: http://www.appai.org.br/Jornal_Educar/jornal35/historia_educacao/howard.asp

8. Inteligência Emocional. Disponível em: http://pt.wikipedia.org/wiki/Intelig%C3%AAncia_emocional

9. GOLEMAN, Daniel. *Inteligência emocional*. Tradução de Marcos Santarrita. Rio de Janeiro: Objetiva, 1996. Cap. 3, p. 52.

10. _____. Apêndice A (O que é emoção?), p. 305.

11. _____. p. 305-306.

12. XAVIER, Francisco Cândido. *Instruções psicofônicas*. Por diversos Espíritos. 9. ed. Rio de Janeiro: FEB, . Cap. 30 (mensagem do Espírito Meimei), p.144.

13. SILVA, Leonice M. Kaminski. *Existe uma inteligência existencial/espiritual?*

14. *O debate entre H. Gardner e R. A. Emmons*. São Paulo: Revista de Estudos da Religião, PUC-SP 2001. Nº 3, p. 47. Também disponível em: http://www4.pucsp.br/rever/rv3_2001/p_silva.pdf

15. _____. p. 48.

16. _____. p. 50.

17. Júnior, Achilles Gonçalves Coelho e MAHFOUD, Miguel. *As dimensões espiritual e religiosa da experiência humana: distinções e interrelações na obra de Viktor Frankl.* : *Psicol. USP.* [online]. 2001, vol.12, no.2 [citado 02 Febrero 2006], p.95-103. Disponível em: http://www.robertexto.com/archivo13/as_dimensoes.htm

18. GROF, Stanislav. *Psicologia do futuro*. Tradução de Selena Cruz. 1. ed. Porto [Portugal]: Via Óptima, 2007, contracapa.

19. KARDEC, Allan. *O livro dos espíritos*. Tradução de Guillon Ribeiro. 2. ed. Rio de Janeiro: FEB, 2010, questão 249-a, p. 186.

20. THOMAS, Clayton. *Dicionário médico enciclopédico Taber*. Tradução de Fernando Gomes do Nascimento. 17. ed. São Paulo: Manole, p. 1334.

21. BARBERI, Massimo. *Mente e cérebro*. Edição especial, nº 12. São Paulo: Duetto-Scientific American Brasil, 2008. Reportagem: Confusão das sensações, p.10.

22. KARDEC, Allan. *O livro dos espíritos*. Op cit., questão 369, p.232.

23. _____. Questão 370-a (comentário), p. 233.

24. FRANCO, Divaldo Pereira. *Triunfo pessoal*. Pelo espírito Joanna de Ângelis. Salvador [BA]: Livraria espírita Alvorada, 2002. Capítulo: O ser pensante, item: inteligência, p. 34-35.

25. DENIS, Léon. *O problema do ser, do destino e da dor*. 1. ed. (especial). Rio de Janeiro: FEB, 2008. Primeira parte (O problema do ser), cap. IX (Evolução e finalidade da alma), p. 161-163.

Orientações ao monitor

1. Sugerimos que o conteúdo deste roteiro seja desenvolvido em duas reuniões de estudo, para facilitar a assimilação.

2. Em ambas as reuniões, realizar exposição introdutória do assunto que se pretende desenvolver, dando destaque à classificação científica da inteligência humana.

3. Na primeira reunião, sugerimos que os itens 1 (Inteligência racional) e o 2 (As múltiplas inteligências) sejam analisados e debatidos, em atividades grupais e ou plenárias. Na segunda reunião, os demais itens (inteligência emocional e inteligência espiritual) devem ser estudados reflexivamente.

4. Após a realização do trabalho em grupo e das atividades plenárias, em ambas as reuniões, fazer o fechamento do estudo, dando ênfase às ideias espíritas presentes no Roteiro.

EADE - LIVRO V

FILOSOFIA E CIÊNCIA ESPÍRITAS

Roteiro 13

MATÉRIA

Objetivos

» Analisar o significado filosófico, científico e espírita de matéria.

Ideias principais

» A Filosofia analisa a matéria como: *sujeito*, *potência*, *extensão* e *energia*. Já a Ciência estuda a matéria segundo as leis (propriedades) de manifestação da *massa* e da *densidade*.

» O Espiritismo ensina que há dois elementos gerais do universo, criados por Deus: espírito e matéria. *Mas, ao elemento material é preciso juntar o fluido universal, que desempenha o papel de intermediário entre o espírito e a matéria propriamente dita, muito grosseira para que o espírito possa exercer alguma ação sobre ela. Embora, sob certo ponto de vista, se possa classificar o fluido universal como elemento material, ele se distingue deste por propriedades especiais.* Allan Kardec: *O livro dos espíritos*, questão 27.

» A matéria resulta das modificações ocorridas no fluido cósmico universal, [...] *cujas modificações e transformações constituem a inumerável variedade dos corpos da natureza.* Allan Kardec: *A gênese*, capítulo 14, item 2.

Subsídios

Segundo a *Gnosiologia*, ciência que trata da teoria geral do conhecimento, **matéria** tem o significado de forma, tudo que é relacionado à forma. Em sentido amplo, a Filosofia e a Ciência definem matéria como "[...] um dos princípios que constituem a realidade natural, isto é, os corpos."[1]

Estudos filosóficos específicos costumam estudar a matéria sob quatro aspectos: *sujeito*; *potência*; *extensão*; e *força* ou *energia*. A Ciência faz análises relacionadas *às leis* da matéria, da *massa* e da *densidade de campo*.

Importa considerar que os filósofos da Antiguidade defendiam a ideia da existência de um único princípio formador de todos os tipos de matéria existentes na natureza. Tales de Mileto (624 ou 625–556 ou 558 a.C.), filósofo considerado um dos sete sábios da Grécia, cognominado Pai da Filosofia, entendia que esse elemento primordial seria a **água**. Anaxímenes (588–524 a.C.) e Anaximandro (610–547 a.C.) acreditavam ser o **ar**. Para Heráclito (540–470 a.C.) era o **fogo**. Entretanto, outro filósofo grego, Empedócles de Agrigento (495/490–435/430 a.C.), admitia que não existisse apenas um elemento formador da matéria, mas quatro: os três elementos fundamentais (água, ar e fogo), os quais deveriam ser acrescidos de mais um: **terra**.

O que se destaca nessa linha de pensamento não é o tipo de elemento considerado primordial (água, ar, fogo e terra), mas o entendimento de que havia um princípio gerador da matéria, ensinado pelo Espiritismo como **Fluido Cósmico Universal** ou **Matéria Cósmica Primitiva**.

1. Matéria: interpretações filosóficas

1.1. Matéria como sujeito

Para a Filosofia, matéria é uma potência real que contém "algo", alguma coisa. Daí Platão (427ou 428–348 ou 347 a.C.) e Aristóteles (384–322 a.C.), filósofos gregos da Antiguidade, considerarem matéria *sujeito* ou *potência*. *Sujeito* porque a matéria era vista como sendo a *mãe* (geratriz) de todas as coisas que existem na natureza, exceto o ser espiritual. Seria "a realidade potencial" (Aristóteles), já "que ela acolhe em si todas as coisas sem nunca assumir forma alguma que se assemelhe às coisas, pois é como a cera que recebe a marca" (Platão, in: *Timaeus*, 50 b-d).[1] Sendo a mãe e desprovida de forma, a matéria era também compreendida como indeterminada, ou seja, uma "substância primeira", igualmente ensinada pelos filósofos estoicos como concebida pela Razão Divina.[1]

Neste contexto, a matéria é de natureza ou essência divina, criada por Deus, já afirmava Giordano Bruno (1548-1600), filósofo, escritor e frade dominicano, condenado por heresia e morto pela inquisição católica, devido à amplitude dessa e de outras ideias.

1.2. Matéria como potência

Por este conceito os filósofos descrevem a matéria como "o princípio ativo e criador da natureza" (Giordano Bruno), presente em todos os corpos e capaz de gerar outros infinitos tipos de corpos. Para Aristóteles *potência é* o mesmo que possibilidade, isto é, capacidade de ser e de não-ser. Assim, o elemento material, considerado em si mesmo, nasce, desenvolve-se, aperfeiçoa-se, passando da potência (do "projeto", de uma possibilidade) para o efeito.

A passagem da potência ao efeito reflete a execução de uma possibilidade, de uma potencialidade anterior. Significa dizer também que qualquer coisa na natureza não surgiu miraculosamente, ou por acaso, mas a partir de um potencial preexistente, equivalente ao simbolismo da árvore que se origina da semente. Para Aristóteles, essa "potência [semente] não é apenas essa possibilidade pura de ser ou não ser; é uma potência operante e ativa."[2] Eis como o filósofo escreve em seu livro *Metaphysica*, parte IX:

> Uma casa existe potencialmente se nada houver em seu material que a impeça de tornar-se casa e se nada mais houver que deva ser acrescentado, retirado ou mudado [...]. Essa autossuficiência da potência para produzir, graças à qual a matéria não é apenas material bruto, mas capacidade efetiva de produção exprime um conceito que não é mais de matéria como passividade ou receptividade. Como potência operante, a matéria não é um princípio necessariamente corpóreo.[2]

Vê-se, assim, que Aristóteles tinha alguma percepção dos diferentes estados da matéria, alguns incorpóreos à nossa visão, como os gases. O entendimento da matéria não ser corpórea, necessariamente, originou inúmeras discussões ao longo dos tempos, sobretudo na Idade Média (na época da escolástica*), fazendo surgir o questionamento de que as coisas espirituais, como a alma, poderiam ser constituídas de matéria. As discussões conduziram ao absurdo de imaginar Deus como sendo matéria, como supôs David de Dinant (1160–1217), filósofo belga panteísta, morto na inquisição católica por suas ideias.[2,3]

1.3. Matéria como extensão

Tal significado foi defendido pelo filósofo francês René Descartes (1596–1650) que afirmou: "a natureza da matéria ou dos corpos em geral não consiste em ser uma coisa dura, pesada, colorida ou capaz de afetar nossos sentidos de qualquer outro modo, mas apenas em ser uma substância extensa, em comprimento, largura e profundidade."[2] Fica evidente, nesse pensamento de Descartes, a teoria atomista defendida por filósofos da Antiguidade, para os quais o atomismo se apresenta como uma teoria analítica, que considera as formas observáveis na natureza como um agregado de entidades menores, os átomos, invisíveis a olho nu.[4] Atualmente, sabemos que há partículas menores que o átomo, denominadas subatômicas.

1.4. Matéria como força ou energia

A ideia foi introduzida por filósofos de formação platônica, que atuavam na Universidade de Cambridge5, Inglaterra, no século XVII, amplamente acatado por outros filósofos da época, como o alemão Gottfried Wilhelm von Leibnitz (1646–1716) e Isaac Newton (1643–1727), no século seguinte.

Esses estudiosos consideravam a matéria como uma força sólida, ainda que plástica, cujas modificações aconteciam apenas no seu interior, em nível dos espaços intersticiais, não na parte externa ou superficial, caso contrário a matéria perderia a forma e tipo apresentados na natureza. Aceitavam também a ideia de que sendo a matéria uma força viva só poderia ser emanação de Deus.

---

* **Escolástica:** pensamento cristão da Idade Média, que buscava conciliação entre um Ideial de racionalidade, corporificado especialmente na tradição grega do *platonismo* e *aristotelismo*, e a experiência de contato direto com a verdade revelada, tal como a concebe a fé cristã.

Complementando a teoria, os estudiosos da época defendiam a hipótese de que a matéria seria formada de partículas muito pequenas, indivisíveis, denominadas **mônadas físicas**, de natureza imaterial, pelo menos quando foram formadas. Para Leibnitz[5] a matéria possuía, além da extensão (como afirmava Descartes), uma força passiva de resistência, que é a *impenetrabilidade* ou *antitipia*. Newton[5], por sua vez, "julgava impossível que a matéria fosse isenta de qualquer tenacidade e atrito das partes, bem como de comunicação de movimento".[5] Immanuel Kant (1724-1804), filósofo alemão, acrescentou que a "matéria enche um espaço, não através de sua existência pura, mas por meio de uma força motriz particular".[5]

Para outro filósofo alemão, Friedrich Wilhelm Joseph von Schelling (1775-1854), "as três dimensões da matéria são determinadas pelas três forças que a constituem: força expansiva, força atrativa e uma terceira força sintética (de síntese), que correspondem, em sua natureza, ao magnetismo, à eletricidade e ao quimismo, respectivamente".[5]

No século XX, o conceito de energia foi incorporado ao de matéria, ampliando a visão filosófica e científica do assunto, promovendo significativos debates acadêmicos.

2. Matéria: interpretações científicas

2.1. Matéria como lei

Por este conceito, entende-se que a matéria é uma "conexão determinada por elementos sensíveis em conformidade com uma lei."[5] Quer isto dizer que a matéria tem propriedades específicas, que lhe são próprias, ainda que nem todas sejam conhecidas. As propriedades da matéria são vistas como parte integrante de um sistema organizado de leis bem ordenadas. Tal teoria teve origem nas ideias do filósofo e teólogo irlandês George Berkeley (1685-1753). Este estudioso, contudo, desenvolveu concepção radical e empírica sobre as propriedades da matéria ao afirmar "que uma substância material não pode ser conhecida em si mesma. O que se conhece, na verdade, resume-se às qualidades reveladas durante o processo perceptivo".[5]

2.2. Matéria como massa

É a definição científica de matéria[5] mais conhecida, muito fácil de localizar em qualquer livro de ensino de segundo grau ou na *internet*: matéria é qualquer coisa que possui massa e ocupa lugar no espaço e está sujeita à inércia. A matéria é algo que existe e que entra na composição dos corpos e das substâncias. É sempre constituída de partículas elementares que possuem, também, massa. Ou seja, os átomos têm massa (peso atômico) mensurável, assim como as partículas atômicas (protons, neutrons, eletrons) e as subpartículas (quarks, e leptons relacionadas aos protons e neutrons; muons e taus ligadas aos eletrons).

As descobertas da física do século XX apoiam-se, principalmente, nas teorias do físico alemão, naturalizado americano, Albert Einstein (1879–1955) —, que afirmou ser "a matéria uma forma de energia" —, e nos estudos teóricos da física quântica. Ambas as teorias indicam que matéria deve ser definida como energia.

» **Energia** é a capacidade de realizar trabalho, é tudo aquilo que pode modificar a matéria: sua posição, fase de agregação e natureza química. Energia pode também provocar ou anular movimentos e causar deformações.

» O conceito de **massa** é inerente ao de energia, mas entendido como massa inercial ou peso. A massa inercial indica a resistência que os corpos oferecem à tentativa de lhes alterar o movimento. O valor da massa inercial é proporcional à força de atração gravitacional de outro corpo. Assim, a massa é sempre a mesma, mas o peso varia com a gravidade. Por exemplo, o peso de um corpo é variável no espaço sideral (onde a gravidade está ausente) e em diferentes planetas, ainda que a massa desse corpo permaneça a mesma.

Os célebres experimentos do cientista francês Antoine-Laurent de Lavoisier (1743–1794) enunciaram, entre outros, o princípio da conservação da matéria que estabelece que a quantidade total de energia em um sistema isolado permanece constante. Uma consequência dessa lei é que energia não pode ser criada nem destruída: a energia pode apenas transformar-se ("nada se perde, tudo se transforma").

2.3. Matéria como densidade de campo

A Ciência contemporânea associa aos conceitos anteriores a densidade do campo formado pela matéria, aspecto que envolve, em consequência, ação do magnetismo.

Campo, em física, significa uma quantidade de matéria existente em qualquer ponto do espaço. No campo há sempre um **potencial gravitacional** que mantém coesas as partículas materiais. Campo é, portanto, uma grandeza física associada ao espaço onde se deduz o valor mensurável de uma carga energética. Uma boa explicação sobre campo é transmitida pelo Espírito André Luiz:

> Campo, desse modo, passou a designar o espaço dominado pela influência de uma partícula de massa. Para guardarmos uma ideia do princípio estabelecido, imaginemos uma chama em atividade. A zona por ela iluminada é-lhe o campo peculiar. A intensidade de sua influência diminui com a distância do seu fulcro, de acordo com certas proporções, isto é, tornando-se 1/2, 1/4, 1/8, 1/16 etc., a revelar valor de fração cada vez menor, sem nunca atingir a zero, porque, em teoria, o campo ou região de influência alcançará o infinito.[6]

Há diversos tipos de campos materiais como, por exemplo, as *isotermas* mostradas diariamente nos boletins meteorológicos, que nada mais são do que a imagem de *campos de temperaturas*, ou térmicos, existentes na superfície terrestre. A sua intensidade se designa como *intensidade do campo*.

A *teoria quântica de campos* é a aplicação conjunta do conhecimento das partículas elementares (mecânica quântica) e da teoria da matéria condensada (matéria = luz condensada), defendida pela teoria da relatividade especial, de Einstein, que fez este comentário, a propósito: "o que impressiona os nossos sentidos como matéria na realidade é uma grande concentração de energia em um espaço [campo] relativamente limitado. Portanto, parece lícito equiparar matéria a regiões espaciais nas quais o campo é extremamente forte"[7] (Livro: *A evolução da física*, cap. 3).

Neste sentido, importa destacar que as pesquisas científicas atuais caminham para a unificação do micro e do macrocosmo, através da chamada *Teoria de Tudo* ou *Teoria da Grande Unificação*–TGU, que visa resumir em um único conjunto de equações a origem e a natureza do cosmo, assim como as forças contidas nele.[8]

Esclarece, a respeito, o inglês Robert Matthew, físico-matemático-pesquisador e repórter científico: "Essa união consiste em provar, na prática, o que os cálculos já revelam: a existência de uma matéria primordial, encontrada tanto no universo quanto no átomo".[9]

A *Teoria de Tudo* representa, na atualidade, a busca pelo Santo Graal da Física Teórica, situação que ainda provoca frustrações, como aconteceu com Albert Einstein, o qual, a despeito da mente privilegiada que possuía, passou os 30 anos finais de sua última reencarnação na vã tentativa de combinar a teoria quântica com as forças que atuam no universo. Há muito investimento científico na *Teoria de Tudo*, acreditando-se que no futuro, não tão remoto, será possível identificar, de forma concreta, esse elemento fundamental, tendo em vista que o macro e o microcosmo apresentam profundas semelhanças entre si e que um reage sobre o outro. Isto está comprovado pela Ciência.[9]

Para a Ciência, há três estados de agregação da matéria, que variam conforme a temperatura e a pressão sobre um corpo: **estado sólido**, que é quando as partículas elementares se encontram fortemente ligadas, e o corpo material apresenta forma e volume definidos; **estado líquido**, no qual as partículas elementares estão unidas mais fracamente do que no estado sólido. Nesta situação, o corpo possui apenas volume definido, mas a forma é variável, de acordo com a do recipiente onde o líquido se encontra; e **estado gasoso**, no qual as partículas elementares encontram-se muito fracamente ligadas, não tendo o corpo nem forma nem volume definidos.

Além desses três principais estados de agregação da matéria, há outros dois. Um, denominado *quarto estado da matéria*, que é o **plasma**, identificado no final do século XX. Nele já não há mais moléculas e os átomos estão desagregados em seus componentes menores. Em temperaturas superiores a 1.000.000°C (um milhão de graus Celsius), todas as substâncias se encontram no estado de plasma. Acredita-se que aproximadamente 90% da matéria cósmica estejam no estado de plasma. Para a física, o **plasma** é um estado similar ao dos gases, no qual certa porção das partículas encontra-se ionizada (eletricamente carregada pela incorporação de elétrons).

O outro estado é conhecido como o *quinto estado da matéria*, previsto em 1925 por Albert Einstein e o físico indiano Satyendra Nath Bose. Esse estado só se manifestaria em temperaturas baixíssimas, próximas ao zero absoluto, valor até então considerado impossível de ser atingido, e que equivale a –273,16°C (duzentos e setenta três e dezesseis centésimos graus Celsius negativos). O zero absoluto seria exatamente a temperatura em que os átomos de um corpo parassem de movimentar. O quinto estado da matéria recebeu o nome de **Condensado Bose-Einstein**, e, por ora, só existe na teoria.

É possível que haja outros estados da matéria que, cedo ou tarde, serão descobertos pela Ciência.

3. Matéria: Interpretações espíritas

O entendimento espírita sobre matéria e formação do cosmos (cosmologia) não difere do divulgado pela Ciência. Contudo, por considerar a sobrevivência do Espírito e o mundo espiritual, apresenta algumas informações que ainda não foram cogitadas, ou, quando muito, apenas delineadas pelos cientistas.

A Doutrina Espírita apresenta os seguintes conceitos relativos à matéria:

1. Há dois elementos gerais no universo: Espírito e matéria. A matéria tem origem no fluido universal (ou matéria cósmica primitiva) que funciona como elemento de atuação do Espírito, ou elemento intermediário entre a matéria, propriamente dita, e o Espírito. (*O livro dos espíritos*, questão 27. *A gênese*, capítulo 6, itens 5, 17 e 18).

2. Os diferentes tipos de matéria têm origem neste elemento primordial: o fluido cósmico universal:

    > O fluido cósmico universal é, como já foi demonstrado, a matéria elementar primitiva, cujas modificações e transformações constituem a inumerável variedade dos corpos da natureza. [...] Como princípio elementar do universo, ele assume dois estados distintos: o de eterização ou imponderabilidade, que se pode considerar o estado normal primitivo, e o de materialização ou de ponderabilidade, que é, de certo modo, consecutivo ao primeiro. O ponto intermediário é o da transformação do fluido em matéria tangível. Mas, ainda aí, não há transição brusca, visto que se podem considerar os nossos fluidos imponderáveis como termo médio entre os dois estados.[10]

3. As diversas propriedades da matéria "são modificações que as moléculas elementares sofrem, por efeito da sua união, em certas circunstâncias".[11]

4. A matéria primitiva (fluido cósmico universal) é passível de sofrer todo tipo de transformação e adquirir todas as diferentes propriedades. Daí

afirmarem os Espíritos da Codificação: "Isso é o que se deve entender, quando dizemos que *tudo está em tudo*!",[12] afirmação constatada pela Ciência por meio da Teoria de Tudo.

> As modalidades da matéria ou da força movimentam-se num ciclo fechado — o ciclo das transformações. Elas podem mover-se umas nas outras, substituírem-se alternativamente por mudanças na frequência, na amplitude ou na direção dos movimentos vibratórios. [...].[13]

5. A matéria é um feixe de energia coagulada ou condensada, como afirma o Espírito André Luiz: "A matéria congregando milhões de vidas embrionárias, é também a condensação da energia, atendendo aos imperativos do "eu" que lhe preside à destinação".[14]

> Quanto mais investiga a natureza, mais se convence o homem de que vive num reino de ondas transfiguradas em luz, eletricidade, calor ou matéria, segundo o padrão vibratório em que se exprimam. Existem, no entanto, outras manifestações da luz, da eletricidade, do calor e da matéria, desconhecidas nas faixas da evolução humana, das quais, por enquanto, somente poderemos recolher informações pelas vias do Espírito.[15]

* * *

> [...] a matéria quanto mais estudada mais se revela qual feixe de forças em temporária associação [...]. Temo-lo [o homem], [...] por viajante do Cosmo, respirando num vastíssimo império de ondas que se comportam como massa ou vice-versa [...].[16]

Perante tais considerações, Emmanuel pondera:

> As noções modernas da Física aproximam-se, cada vez mais, do conhecimento das leis universais, em cujo ápice repousa a diretriz divina que governa todos os mundos. Os sistemas antigos envelheceram. As concepções de ontem deram lugar a novas deduções. Estudos recentes da matéria vos fazem conhecer que os seus elementos se dissociam pela análise, que o átomo não é indivisível, que toda expressão material pode ser convertida em força e que toda energia volta ao reservatório do éter universal. Com o tempo, as fórmulas acadêmicas se renovarão em outros conceitos da realidade transcendente, e os físicos da Terra não poderão dispensar Deus nas suas ilações, reintegrando a natureza na sua posição de campo passivo, onde a inteligência divina se manifesta.[17]

Referências

1. ABBAGNANO, Nicola. *Dicionário de filosofia*. Tradução de Alfredo Bosi. São Paulo: Martins Fontes, 2003, p 646.

2. _____. p 647.

3. http://pt.shvoong.com/humanities/6307-metaf%C3%ADsica/

4. MANNION, James. *O livro completo de filosofia*. Tradução Fernanda Monteiro dos Santos. São Paulo: Madras, 2004. Cap. 1, p.25.

5. ABBAGNANO, Nicola. *Dicionário de filosofia*. Op. Cit, p. 648.

6. XAVIER, Francisco C. e VIEIRA, Waldo. *Mecanismos da mediunidade*. Pelo Espírito André Luiz. 26. ed. Rio de Janeiro: FEB, 2008. Cap. 3, p. 45.

7. ABBAGNANO, Nicola. *Dicionário de filosofia*. Op. Cit, p. 649.

8. MATTHEWS, Robert. *25 grandes ideias: como a ciência está transformando o mundo*. Tradução de José Gradel. Rio de Janeiro: Jorge Zahar, 2008. Cap. 5, p. 50.

9. MOURA, Marta Antunes. A teoria de tudo. In: *Reformador*. Rio de Janeiro: FEB, setembro de 2008. N.º 2. 154. Ano 126, p. 25.

10. KARDEC, Allan. *A gênese*. Tradução de Evandro Noleto Bezerra. 1. ed. Rio de Janeiro: FEB, 2009. Cap. 14, item 2, p. 348.

11. _____. *O livro dos espíritos*. Tradução de Evandro Noleto Bezerra. 2. ed. Rio de Janeiro: FEB, 2008, questão 31, p. 90.

12. _____. Questão 33, p.91.

13. DELANNE, Gabriel. *A evolução anímica: estudo sobre psicologia fisiológica segundo o Espiritismo*. Tradução de Manuel Quintão. 11. ed. Rio de Janeiro: FEB, 2005. Cap. 6, p. 234.

14. XAVIER, Francisco Cândido. *Libertação*. Pelo Espírito André Luiz. 31. ed. Rio de Janeiro: FEB, 2008. Cap.1, p. 20.

15. _____. XAVIER, Francisco C. e VIEIRA, Waldo. *Mecanismos da mediunidade*. Op. Cit. "Ante a mediunidade", p. 21.

16. _____. Cap. 1, p. 25.

17. XAVIER, Francisco Cândido. *O consolador*. Pelo Espírito Emmanuel. 28. ed. Rio de Janeiro: FEB, 2008, questão 17, p. 26-27.

Orientações ao monitor

1. Fazer breve introdução do assunto, na qual se destaque uma síntese dos conceitos filosóficos, científicos e espíritas de matéria.

2. Em seguida, dividir a turma em três grupos, orientando, cada um, a ler refletidamente um dos textos indicados a seguir:

Grupo 1 - Matéria: interpretações filosóficas.

Grupo 2 - Matéria: interpretações científicas.

Grupo 3 - Matéria: interpretações espíritas.

3. Concluída a leitura, cada grupo responde ao questionário, inserido em anexo.

4. Finalizadas estas etapas das atividades grupais, projetar as perguntas dos questionários e pedir que a turma as responda, em plenário.

5. Ao final, esclarecer as possíveis dúvidas, destacando a contribuição das ideias espíritas para o entendimento do assunto.

OBSERVAÇÃO: a) se necessário, dividir o estudo em duas reuniões; b) convidar três participantes da reunião para desenvolverem o estudo da próxima reunião (Perispírito), utilizando-se a técnica do Painel, cujas orientações constam no próximo Roteiro

Anexo – Questionário de apoio à atividade grupal

Questionário 1 – grupo 1

1. O que significa matéria como: sujeito, potência, extensão e energia?

2. Qual a ideia filosófica, registrada no texto, que mais se aproxima da concepção que você tem de matéria? Explique.

3. Deduza: Espírito desencarnado possui elementos materiais? Justifique a resposta.

4. Por que é absurdo imaginar Deus como sendo matéria?

Questionário 2 – grupo 2

5. Qual é a interpretação científica de matéria, quanto aos aspectos: das suas leis ou propriedades; de sua massa; e da densidade de campo?

6. Quais são os estados da matéria admitidos pela Ciência?

7. No que diz respeito à matéria, o que significa a teoria do campo?

8. Deduza: o plano espiritual seria também constituído de matéria? Justifique a resposta.

Questionário 3 – grupo 3

1. Qual é a concepção espírita de matéria?
2. Qual é a origem dos diferentes tipos de matéria existentes na natureza? Esclareça.
3. O que significa, exatamente, esta afirmativa do Espírito André Luiz: *"A matéria congregando milhões de vidas embrionárias, é também condensação da energia"*?
4. Deduza: o pensamento humano pode ser considerado matéria? Justifique a resposta.

EADE - LIVRO V

FILOSOFIA E CIÊNCIA ESPÍRITAS

Roteiro 14

PERISPÍRITO

Objetivos

» Funções e propriedades do perispírito.
» Refletir a respeito de mudanças que podem ocorrer no perispírito.

Ideias principais

» *Há no homem três coisas: 1º) o corpo ou ser material análogo aos animais e animado pelo mesmo princípio vital; 2º) a alma ou ser imaterial, Espírito encarnado no corpo; 3º) o laço que une a alma ao corpo, princípio intermediário entre a matéria e o Espírito. [...] O laço ou perispírito que une ao corpo o Espírito é uma espécie de envoltório semimaterial. A morte é a destruição do envoltório mais grosseiro [corpo]. O Espírito conserva o segundo, que constitui para ele um corpo etéreo, invisível para nós no estado normal [...].* Allan Kardec: *O livro dos espíritos.* Introdução VI.

» O perispírito é de natureza semimaterial, elaborado a partir do fluido cósmico universal. Como função primordial, o perispírito é o veículo de transmissão das impressões fisiológicas, sensações e percepções psicológicas. Allan Kardec: *Obras póstumas.* Primeira parte, item I, subitens 10 e 11.

» As principais propriedades do perispírito são: *plasticidade, densidade, luminosidade, penetrabilidade, visibilidade, sensibilidade, expansibilidade.* Zalmino Zimmermann: *Perispírito,* cap. 2.

» O perispírito pode sofrer profundas modificações, algumas graves, como acontece com os ovoides que, temporariamente, perdem a forma anatômica humana. Outras mudanças contudo, indicam aquisições evolutivas, como assinala André Luiz: [...] *tive notícias de amigos que perderam o veículo perispiritual, conquistando planos mais altos*. André Luiz: *Libertação*, cap. 6.

Subsídios

1. Conceito de perispírito

O vocábulo Perispírito (do grego *peri* = em torno; e do latim *spiritus* = espírito) foi empregado pela primeira vez por Allan Kardec, na introdução VI e na questão 93 de *O livro dos espíritos*:

a) Há no homem três coisas: 1º) o corpo ou ser material análogo aos animais e animado pelo mesmo princípio vital; 2º) a alma ou ser imaterial, Espírito encarnado no corpo; 3º) o laço que une a alma ao corpo, princípio intermediário entre a matéria e o Espírito.[1]

b) O laço ou *perispírito* que une ao corpo o Espírito, é uma espécie de envoltório semimaterial. A morte é a destruição do envoltório mais grosseiro [corpo]. O Espírito conserva o segundo, que constitui para ele um corpo etéreo, invisível para nós no estado normal [...].[1]

c) Assim como o gérmen de um fruto é envolvido pelo perisperma, o Espírito propriamente dito é revestido por um envoltório que, por comparação, se pode chamar *perispírito*.[2]

A existência do perispírito pode ser facilmente comprovada pelos fenômenos mediúnicos (por exemplo, materialização e fotografia de Espíritos), e pelos de emancipação da alma.

O conhecimento sobre o perispírito não é atual, sendo descrito pelos povos da Antiguidade.[3, 4, 5] Os egípcios denominavam-no de **Ka** ou **Bai**, indicando ser uma forma semelhante ao corpo físico, e de **Sahu** o Espírito, propriamente dito. O *Ka*, afirmavam, reproduzia exatamente os traços do corpo físico dos encarnados. Os gregos nomeavam o perispírito como **corpo etéreo** e, com base nos poemas de Orfeu, acreditavam que nos Espíritos atrasados este corpo possuía manchas que caracterizavam as faltas cometidas, daí ser necessário ao Espírito voltar à Terra para depurá-lo. A cabala judaica denomina o perispírito de **rouach**, os budistas de **kuma-rupa**, os chineses de **Khi** e os hindus de **mano-maya-kosha**.

Os ocultistas, esotéricos e teosofistas[3] preferiram denominar o perispírito de **corpo astral**; os neognósticos de **aerossoma**; o filósofo e cientista alemão Leibniz[5] (Gottfried Wilhelm von Leibniz – 1646–1716) preferia chamá-lo de **corpo fluídico**, o filósofo inglês Ralph Cudworth[5] (1617–1688) denominava-o **mediador plástico**, enquanto o estudioso espírita brasileiro Ernani Guimarães de Andrade[5] criou um termo próprio: **modelo organizador biológico** (MOB).

O Espírito André Luiz utiliza duas designações sinônimas para perispírito: **psicossoma** (*Mecanismos da mediunidade*, cap. 22) e **corpo espiritual** (*Evolução em dois mundos*, 1ª parte cap. 2, 3, 4 e 5; *Nosso Lar*, cap. 4), que guarda semelhança com a forma como Paulo de Tarso se expressava: "semeado corpo psíquico, ressuscita corpo espiritual" (I Coríntios, 15:44 – *Bíblia de Jerusalém*).

André Luiz admite que há outros envoltórios espirituais, além do perispírito, como o corpo mental, citado em sua primeira obra (*Nosso Lar*). Envoltórios esses que são, genericamente, englobados pela expressão perispírito, da conceituação kardequiana. A informação de André Luiz tem o mérito de nos indicar que o Espírito, à medida que evolui, adquire a vestimenta adequada para atuar no plano onde vive.

Léon Denis, por sua vez, denomina o perispírito de **corpo fluídico**: "o homem possui dois corpos: um de matéria grosseira, que o põe em relação com o mundo físico; outro fluídico, por meio do qual entra em relação com o mundo invisível".[6]

2. Natureza e função do perispírito

Os Espíritos da Codificação informam que o perispírito é de natureza semimaterial, uma matéria mais etérea se comparada com a do corpo físico, igualmente originado do "[...] fluido universal de cada globo. É por isso que ele não é o mesmo em todos os mundos. Passando de um mundo para outro, o Espírito muda de envoltório, como mudais de roupa."[7] Ensinam também que o perispírito é o veículo de transmissão das impressões fisiológicas, sensações e percepções psicológicas;[8, 10] que "não se acha encerrado nos limites do corpo, como numa caixa";[9] e que é por meio do perispírito que "os Espíritos atuam sobre a matéria inerte e produzem os diversos fenômenos mediúnicos."[11]

André Luiz[12] esclarece que:

[...] do ponto de vista da constituição e função em que se caracteriza na esfera imediata ao trabalho do homem, após a morte, é o corpo espiritual o veículo físico por excelência, com sua estrutura eletromagnética, algo modificado no que tange aos fenômenos genésicos e nutritivos, de acordo, porém, com as aquisições da mente que o maneja. [...] Claro está, portanto, que é ele santuário vivo em que a consciência imortal prossegue em manifestação incessante, além do sepulcro, formação sutil, urdida em recursos dinâmicos, extremamente porosa e plástica, em cuja tessitura as células, noutra faixa vibratória, à face do sistema de permuta visceralmente renovado, se distribuem mais ou menos à feição das partículas coloides, com a respectiva carga elétrica, comportando-se no espaço segundo a sua condição específica, e apresentando estados morfológicos conforme o campo mental a que se ajusta.

Destacamos nessas informações de André Luiz dois pontos importantes: o primeiro se refere à alteração que ocorre nos sistemas digestivo e reprodutor. A segunda é que as células perispirituais têm estrutura coloidal.

O aparelho digestivo sofre alguma redução, uma vez que a alimentação, no plano espiritual, não é tão consistente, como ocorre no nosso plano. Os desencarnados que não se adaptam a essa realidade "[...] são conduzidos pelos agentes da Bondade Divina aos centros de reeducação do Plano Espiritual, onde encontram alimentação semelhante à da Terra, porém, fluídica, recebendo-a em porções adequadas até que se adaptem [...]."[13]

Ao contrário, o desencarnado ajustado à nova realidade, aprende a se alimentar por intermédio da respiração,[14] assim como "[...] pela difusão cutânea, o corpo espiritual, através de sua extrema porosidade, nutre-se de produtos sutilizados ou sínteses quimio-eletromagnéticas, hauridas do reservatório da natureza e no intercâmbio de raios vitalizantes e reconstituintes do amor com que os seres se sustentam entre si."[15]

O aparelho reprodutor do perispírito do desencarnado deve manter os mesmos órgãos e estruturas existentes no corpo físico, pois o perispírito é o molde do veículo somático. Entretanto deve sofrer transformações, pois o impulso sexual é manifestado de forma diferente, da mesma forma que a alimentação se opera diferentemente. André relata alguma coisa, mas não se aprofunda no assunto. Informa, por exemplo, que a perda das características sexuais que definem o sexo masculino e feminino, "[...] ocorrerá, espontaneamente, quando as almas humanas tiverem assimilado todas as experiências necessárias à própria sublimação, rumando, após milênios de burilamento, para a situação angélica [...]."[16] Daí a expressão: "anjo não tem sexo". Isso significa que durante muito tempo os habitantes do mundo espiritual estão definidos como pertencentes a um dos dois sexos, masculino ou feminino. Supõe-se, então, que os Espíritos de elevada hierarquia não revelem características sexuais distintivas, sobretudo quando comparadas às do corpo físico.

O perispírito por ser um corpo, ainda que semimaterial, é constituído de células, unidades microscópicas formadoras de tecidos e órgãos, talvez não tão bem delineadas como ocorrem no corpo físico. As células perispirituais são mais leves e mais maleáveis, tendo um aspecto que lembra uma substância gelatinosa mole (coloide), porém ainda classificadas como elementos materiais.

3. Propriedades do perispírito

Sabemos da existência de diferentes propriedades do perispírito, mas o assunto está longe de ser esgotado. Como ilustração, apresentamos considerações sobre as seguintes propriedades:[17] *plasticidade, densidade, luminosidade, penetrabilidade, visibilidade, sensibilidade* e *expansibilidade.*

» **Plasticidade:** como o nome indica, é a capacidade do perispírito de ajustar-se ao comando da mente. É moldável, segundo as circunstâncias, sendo que esse poder plástico é mais amplo nos Espíritos superiores, apesar de saber-se que entidades espirituais menos evoluídas podem apresentar graves modificações no seu perispírito, como nos casos obsessivos de zoantropia e ovoidização. Há também obsessores que adquirem, transitoriamente, formas demoníacas ou outras figuras míticas, com a finalidade de perturbar os obsidiados.

Os processos ideoplásticos acontecem em decorrência da plasticidade perispiritual.

» **Densidade:** sendo o perispírito matéria, tem massa (peso) e ocupa lugar no espaço. Quanto menos evoluído é o Espírito, mais pesado é o seu perispírito, a ponto de ser confundido com o corpo físico. Tal fato explica porque muitos Espíritos não percebem que se encontram desencarnados.

» **Luminosidade:** é propriedade intimamente relacionada à densidade. A fluidez do perispírito revela densidade menor e, quanto menos denso, mais brilho emite. O brilho está, igualmente, relacionado ao grau de evolução do Espírito. Os mais adiantados emitem um foco de luz irradiante e clara.

» **Penetrabilidade:** indica que o perispírito dos Espíritos de mediana e superior evolução não encontra qualquer obstáculo ao atravessar a matéria presente no plano físico, mas, ao contrário, ao atuar sobre ela produz efeitos patentes de efeitos físicos (ruídos, pancadas etc.) ou de efeitos intelectuais, pela transmissão do pensamento à mente do encarnado, resultando em manifestações mediúnicas como visão, escrita, fala, tato etc.[18]

» **Visibilidade:** o perispírito é, usualmente, invisível ao encarnado. Entretanto, nos casos de materialização (ou tangibilidade perispiritual) qualquer pessoa situada no plano físico pode enxergá-lo. Já os médiuns videntes veem Espíritos, comumente.

» **Sensibilidade:** quando encarnado, o perispírito recebe as impressões externas, captadas pelos órgãos dos sentidos, e que lhes chegam pelos nervos sensitivos do sistema nervoso. Este, por sua vez, faz o corpo físico emitir uma resposta que "caminha" nos nervos motores, sempre mediada pelo perispírito. No Espírito desencarnado as sensações e percepções são gerais, captadas em toda a extensão do perispírito, muito diferentes das localizadas ou compartimentalizadas do corpo somático. Daí serem intensos todos os tipos de sensações e de percepções nos desencarnados.

» **Expansibilidade:** por princípio, o perispírito é indivisível, mas pode expandir-se muito, ampliando a capacidade de visão e as percepções do Espírito. A expansibilidade explica os fenômenos de bicorporeidade, desenvolvida entre alguns encarnados — como acontecia com Eurípedes Barsanulfo e com Antonio de Pádua — fato que sugere a quem desconhece o fenômeno, a impressão de que a pessoa se divide em duas, já que é vista em lugares diferentes.

4. O perispírito pode desaparecer?

Não resta dúvida de que se trata de uma indagação controvertida e para a qual não temos respostas definitivas.

Allan Kardec informa que o perispírito permanece sempre ligado ao Espírito. Entretanto, perante uma análise mais aprofundada, vemos que esta condição é mais especificamente estudada pelo Codificador quando se refere ao Espírito encarnado. Assim:

» "O perispírito é o laço que une o Espírito à matéria do corpo."[19]

» "É o princípio da vida orgânica, mas não o da vida intelectual, pois esta reside no Espírito."[19]

» " O agente das sensações exteriores."[19]

Allan Kardec, por outro lado, informa que no Espírito verdadeiramente evoluído há sérias e profundas modificações perispirituais, tornando-o muito diferente do perispírito dos espíritos menos evoluídos. Nos Espíritos que alcançaram elevado patamar evolutivo, o perispírito se revela essencialmente modificado, muito depurado, sendo substituído por um veículo mais sutil.

> [...] Do mesmo modo, se o Espírito não tivesse perispírito, seria inacessível a toda a sensação dolorosa. É o que ocorre com os Espíritos completamente purificados. Sabemos que quanto mais eles se purificam, tanto mais etérea se torna a essência do perispírito, donde se segue que a influência material diminuiu à medida que o Espírito progride, isto é, à medida que o próprio perispírito se torna menos grosseiro.[20]

Isto nos leva a crer que nos Espíritos purificados a natureza do seu envoltório perispirítico é tão sutilizada, tão etérea, que tem muito pouca relação com o perispírito, propriamente dito, dos Espíritos menos evoluídos. Se o envoltório dos Espíritos superiores não tem analogia na Terra, como afirma o Codificador, possivelmente o Espírito se manifesta no plano espiritual por meio de outro corpo sutil, talvez o mental. É algo para se pensar.

Esclarece também Kardec que se os Espíritos constroem o seu perispírito do meio ambiente, "[...] esse envoltório varia de acordo com a natureza dos mundos. Ao passarem de um mundo a outro, os Espíritos mudam de envoltório, como nós mudamos de roupa, quando passamos do inverno ao verão, ou do polo ao equador."[21]

Esta última afirmação nos faz concluir que a mudança no perispírito é possível e, de certa forma, natural ou usual, fácil de ocorrer, pois "os Espíritos mudam de envoltório, como nós mudamos de roupa." É possível raciocinar, então, que o perispírito, propriamente dito, tal como o conceituamos, pode deixar de existir, ou que, a partir de determinado nível evolutivo manifesta-se outro envoltório do Espírito. Mesmo que o perispírito permaneça, nessas condições (elevado grau evolutivo do Espírito), estará muito modificado ("cujo envoltório etéreo não tem analogia na Terra"), sem a referência usual.

Os orientadores da Codificação ensinam também que, no caso dos Espíritos puros o perispírito é tão depurado, "[...] esse envoltório se torna tão etéreo que para vós é como se não existisse. Esse o estado dos Espíritos puros."[22]

O Espírito André Luiz acena com a possibilidade da perda do perispírito nos níveis superiores de evolução, afirmando: "[...] tive notícias de amigos que perderam o veículo perispiritual, conquistando planos mais altos".[23] Também faz referência ao "corpo mental" que, por sua vez, seria o construtor do perispírito:

> Para definirmos de alguma sorte, o corpo espiritual, é preciso considerar, antes de tudo, que ele não é reflexo do corpo físico, porque, na realidade, é o corpo físico que o reflete, tanto quanto ele próprio, o corpo espiritual, retrata em si o corpo mental que lhe preside a formação.[12]

André Luiz acrescenta estas outras informações a respeito do corpo mental:

> O corpo mental, assinalado experimentalmente por diversos estudiosos, é o envoltório sutil da mente, e que, por agora, não podemos definir com mais amplitude de conceituação, além daquela em que tem sido apresentado pelos pesquisadores encarnados, e isto por falta de terminologia adequada no dicionário terrestre.[...][12]

Diante dessas informações, a ideia de que a memória integral do Espírito estaria localizada no perispírito, precisaria ser revista. As aquisições evolutivas do Espírito estariam localizadas na própria mente do Espírito, permanecendo no perispírito uma espécie de memória periférica, necessária à reencarnação.

Há espíritas, como o psiquiatra Jorge Andreas, que supõem a existência de vários "corpos" espirituais ou "camadas" perispirituais.

Nesse sentido, o perispírito da conceituação kardequiana representaria o conjunto desses corpos ou camadas.

De uma maneira geral, estudiosos espíritas e espiritualistas aceitam a existência de vários envoltórios do Espírito, ideia que pode ser resumida no gráfico e na tabela que se seguem, respectivamente:[24]

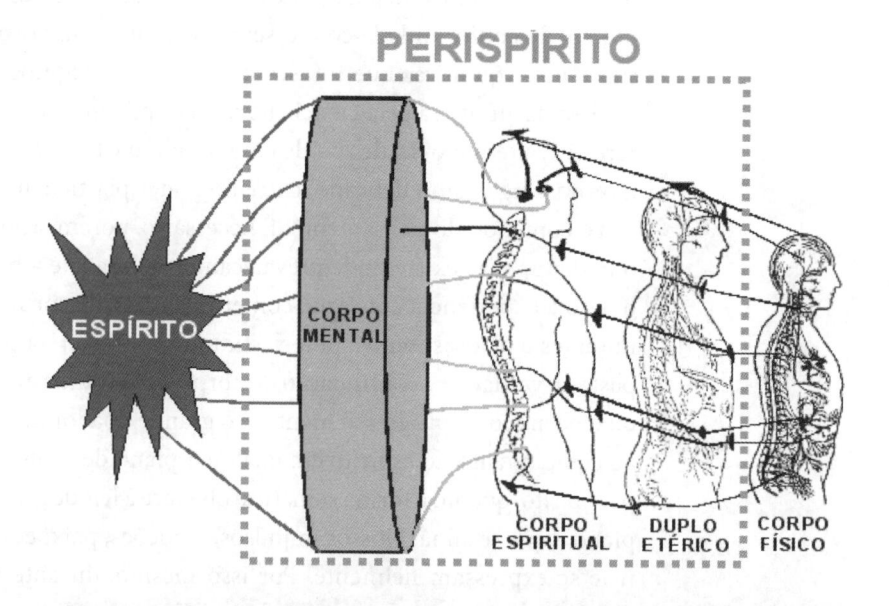

PERISPÍRITO

(Diagrama: ESPÍRITO — CORPO MENTAL — CORPO ESPIRITUAL — DUPLO ETÉRICO — CORPO FÍSICO)

Correntes esotéricas	Espiritismo	
	Allan Kardec	André Luiz
Corpo divino ou atmico	Espírito Perispírito	Corpo mental Perispírito, psicossoma, corpo espiritual
Corpo búdico		
Corpo mental		
Corpo astral		
Duplo etérico		
Corpo Físico		

Como o nosso patamar evolutivo ainda não nos permite afirmar como são efetivamente as coisas no planos superiores da vida, as seguintes palavras de Emmanuel nos fazem refletir sobre o que é mais útil para o nosso atual aprendizado:

> Como será o tecido sutil da espiritual roupagem que o homem envergará sem o corpo de carne, além da morte? Tão arrojada é a

tentativa de transmitir informes sobre a questão aos companheiros encarnados, quão difícil se faria esclarecer à lagarta com respeito ao que será ela depois de vencer a inércia da crisálida. Colado ao chão ou à folhagem, arrastando-se, pesadamente, o inseto não desconfia que transporta consigo os germes das próprias asas. O perispírito é, ainda, corpo organizado que, representando o molde fundamental da existência para o homem, subsiste, além do sepulcro, de conformidade com o seu peso específico. Formado por substâncias químicas que transcendem a série estequiogenenética conhecida até agora pela ciência terrena, é aparelhagem de matéria rarefeita, alterando-se, de acordo com o padrão vibratório do campo interno. Organismo delicado, extremo poder plástico, modifica-se sob o comando do pensamento. É necessário, porém, acentuar que o poder apenas existe onde prevaleçam a agilidade e a habilitação que só a experiência consegue conferir. Nas mentes primitivas, ignorantes e ociosas, semelhante vestidura se caracteriza pela feição pastosa, verdadeira continuação do corpo físico, ainda animalizado ou enfermiço. O progresso mental é o grande doador de renovação ao equipamento do espírito em qualquer plano de evolução. [...] O perispírito, quanto à forma somática, obedece a leis de gravidade, no plano a que se afina. Nossos impulsos, emoções, paixões e virtudes nele se expressam fielmente. Por isso mesmo, durante séculos e séculos nos demoraremos nas esferas da luta carnal ou nas regiões que lhes são fronteiriças, purificando a nossa indumentária e embelezando-a, a fim de preparar, segundo o ensinamento de Jesus, a nossa veste nupcial para o banquete do serviço divino.[25]

Referências

1. KARDEC, Allan. *O livro dos espíritos*. Tradução de Evandro Noleto Bezerra. 2. ed. Rio de Janeiro: FEB, 2008. Introdução VI, p. 17.

2. _____. Questão 93, p. 123.

3. http://www.comunidadeespirita.com.br/TCI/IX%20os%20egipcios%20 antigos.htm

4. http://www.espirito.org.br/portal/artigos/diversos/perispirito/o-perispirito.html

5. ZIMMERMANN, Zalmino. *Perispírito*. 1. ed. Campinas [SP]: Centro Espírita Allan Kardec, 2000. Cap. 1, p. 22.

6. DENIS, Léon. *Cristianismo e espiritismo*. Tradução de Leopoldo Cirne. Primeira edição especial. Rio de Janeiro: FEB, 2008. Cap. 10, p. 278-279.

7. KARDEC, Allan. *O livro dos espíritos*. Op. Cit, questão 94, p. 124.

8. _____. *Obras póstumas*. Tradução de Evandro Noleto Bezerra. 2. ed. Rio de Janeiro: FEB, 2009. Primeira parte, capítulo: Manifestações dos Espíritos, item I-10, p. 66.

9. _____. Item I-11, p. 67.

10. _____. Item I-12, p. 67.

11. _____. Item I-13, p. 67.

12. XAVIER, Francisco C.; VIEIRA, Waldo. *Evolução em dois mundos*. Pelo Espírito André Luiz. 35. ed. Rio de Janeiro, FEB, 2008. Primeira parte, cap. 2, p. 29.

13. _____. Segunda parte, cap. 1, p. 211.

14. _____. p. 209-211.

15. _____. p. 211-212.

16. _____. Cap. 11, p. 241-242.

17. ZIMMERMANN, Zalmino. *Perispírito*. Op. Cit. Cap. 2, p. 27.

18. KARDEC, Allan. *Obras póstumas*. Op. Cit., item I-14, p. 68.

19. _____. *O livro dos espíritos*. Op. Cit, questão 257, p. 223.

20. _____. p. 227.

21. _____. p. 226.

22. _____. Questão 186, p. 176.

23. XAVIER, Francisco Cândido. *Libertação*. Pelo Espírito André Luiz. 31. ed. Rio de Janeiro: FEB, 2008. Cap.6, p. 105.

24. http://msponline.org/frame/cap/08.pdf

25. XAVIER, Francisco Cândido. *Roteiro*. Pelo Espírito Emmanuel. 13. ed. "Coleção Emmanuel". Rio de Janeiro: FEB, 2010. Cap. 6, p. 31-33.

Orientações ao monitor

1. Fazer breve explanação sobre o conceito de Perispírito.

2. Em seguida, conduzir as atividades do painel de discussão, programado desde a reunião anterior, de acordo com o seguinte:

   » Convidar os painelistas a se posicionarem à frente da turma, apresentando-os.

   » Informar aos participantes que cada painelista desenvolverá um tema, durante 15 minutos, assim especificado:

   – expositor 1: Funções do perispírito;

   – expositor 2: Propriedades do perispírito;

   – expositor 3: O perispírito pode desaparecer?

3. Esclarecer também que durante as exposições os participantes devem anotar suas dúvidas ou elaborar questões que, no momento propício, serão respondidas pelos painelistas.

4. Concluídas as apresentações dos assuntos, promover amplo debate sobre o tema, encaminhando as dúvidas/questões da turma aos painelistas.

5. Ao final, destacar o pensamento de Emmanuel, que faz parte da citação 25 do Roteiro de estudo.

EADE - LIVRO V

FILOSOFIA E CIÊNCIA ESPÍRITAS

Roteiro 15

O CORPO FÍSICO

Objetivos

» Analisar as principais considerações filosóficas, científicas e espíritas a respeito do corpo físico.

Ideias principais

» Desde a mais remota Antiguidade, os filósofos espiritualistas acreditam ser o corpo físico instrumento da alma.

» A Ciência considera o corpo humano como um produto bem sucedido da evolução biológica, sobretudo a partir dos mamíferos, animais vertebrados mais evoluídos.

» Para a Codificação Espírita, o corpo físico [...] *não passa de um envoltório destinado a receber o Espírito, pouco importando a sua origem e os materiais que entram na sua construção.* Allan Kardec: *A gênese.* Cap. XI, item 14.

» Ainda segundo o Espiritismo, o [...] *corpo espiritual que modela o corpo físico e o corpo físico que representa o corpo espiritual constituem a obra de séculos numerosos, pacientemente elaborada em duas esferas diferentes da vida, a se retomarem no berço e no túmulo com a orientação dos Instrutores Divinos que supervisionam a evolução terrestre.* André Luiz: *Evolução em dois mundos.* Parte primeira, cap. 4.

Subsídios

1. O corpo físico segundo a Filosofia

A concepção filosófica antiga mais difundida considera o corpo físico como o instrumento da alma. E, como todo instrumento, "[...] pode receber apreço pela função que exerce, sendo por isso elogiado ou exaltado, ou pode ser criticado por não corresponder a um objetivo específico ou, ainda implicar limites e condições."[1]

Platão (428 ou 427–348 ou 347 a.C.) pregava que o corpo físico é uma prisão ou túmulo da alma, pois a existência física mantém a alma prisioneira, limitando a sua ampla capacidade de manifestação. Contudo, este pensamento platônico, de corpo como prisão, só é aplicado literalmente às pessoas que se deixam subjugar pela vida na matéria, incapazes de regrar os desejos e as tendências.[1]

Para Aristóteles (384–322 a.C.) o corpo é o instrumento natural da alma. Entendia que a teoria filosófica de Platão definia a existência de dois mundos: o inteligível, campo de atuação da alma, e o sensível, modulado pelas necessidades corporais. O pensamento platônico é essencial para a compreensão de toda uma linhagem filosófica que valoriza o mundo inteligível em detrimento do sensível.

Os filósofos medievais[1] ensinavam que o corpo físico é a instrumentalidade da alma, conceito firmemente defendido por santo Agostinho (354–430).

Com Renée Descartes[2] (1596–1650), o corpo físico passa a não ser mais considerado instrumento da alma, considerando-a independente do corpo. Com essa dualidade corpo-espírito fez surgir o conceito de corpo como uma máquina orgânica, que não guardaria qualquer relação com a alma. Entretanto, para os filósofos que viam o corpo como instrumento da alma, o cartesianismo se revelou como equivocado, uma vez que não explica de forma convincente como o corpo seria criado, já que nada tinha a ver com a alma.

As proposições de Descartes serviram de base para o desenvolvimento das ideias científicas que, sobretudo a partir do século XIX, passam a não considerar a alma, focalizando os seus estudos na máquina orgânica.

Para os filósofos materialistas, que não aceitam a existência e sobrevivência da alma, o corpo é sempre exaltado, como o fazia o filósofo alemão Friedrich Wilhelm Nietzsche (1844-1900), crítico severo das religiões, inclusive do cristianismo: "Quem estiver desperto e consciente diz: sou todo corpo e nada fora dele".[1]

Para a Doutrina Espírita o corpo físico e o Espírito são entidades distintas, ainda que um atue sobre o outro, sendo que o primeiro foi criado pelo segundo, utilizando como molde o perispírito. Ensina também que o homem corpóreo constrói uma personalidade em cada existência física, limitada ao planejamento reencarnatório.

> A corporeidade para o espírita deve ser o reconhecimento do corpo como limite para o conhecimento e a sensação do Espírito, bem como a materialização de sua vontade e necessidade. É o elo que o homem tem com o mundo espiritual e as experiências relativas a esta realidade. Para fins de conceituação, o homem encarnado não pode ser dicotomizado em corpo e alma, isso seria o mesmo que separar a música do som.[3]

2. O corpo físico segundo a ciência

O ser humano tem a estrutura corpórea muito semelhante à dos animais, deles se distanciando, em termos evolutivos, pelo desenvolvimento encefálico, conquista da razão com raciocínio contínuo, aquisição e desenvolvimento de virtudes, livre-arbítrio, noção de si, do outro e de Deus. Nos animais predomina o instinto.

O corpo humano se divide em cabeça, tronco e membros, do ponto de vista anatômico. Mas do ponto de vista morfológico e funcional, é composto de células, tecidos e sistemas orgânicos. Os sistemas são em número de oito, assim especificados: digestivo, circulatório, muscular, esquelético, nervoso, respiratório, urinário e reprodutor feminino/masculino.

As diferentes partes do corpo humano se inter-relacionam, funcionando dentro de um sistema fechado, de forma integrada, no qual cada sistema, cada órgão, é responsável por uma ou mais atividades, controladas pelo sistema nervoso central e periférico. Milhares de reações químicas acontecem a todo instante dentro do corpo, seja para captar energia para a manutenção da vida, movimentar os músculos, recuperar-se de ferimentos e doenças, ou manter temperatura adequada à vida.

A unidade básica de formação do ser vivo, animal e vegetal, é a célula, descoberta em 1667 pelo inglês Robert Hooke (1635–1703), ao observar ao microscópio um pedaço de cortiça (tecido vegetal morto). A célula animal possui as seguintes estruturas básicas: a) *membrana* envoltória, rica em gorduras (lipídios), proteínas e açúcares (glicídios); b) *citoplasma*, local onde existem várias pequenas estruturas (organelas) que desempenham funções específicas: respiração, nutrição, digestão, excreção etc.; c) *núcleo*, região onde estão localizados os *cromossomos*. Estes são quimicamente constituídos de DNA, sigla que, em inglês, significa *deoxyribonucleic acid*, ou, em português, *ácido desoxirribonucleico* (ADN). Nos cromossomos estão situados os *genes* — unidades hereditárias que determinam as características de cada indivíduo (genótipo ou genoma).

O número de cromossomos é variável nas diferentes espécies biológicas. No caso do ser humano, suas células corporais (somáticas) possuem 23 pares de cromossomos. Destes, 22 pares são semelhantes em ambos os sexos e denominados autossomos. O par restante compreende os cromossomos sexuais, de morfologia diferente entre si, que recebem o nome de X e Y. No sexo feminino existem dois cromossomos X e no masculino existem um cromossomo X e um Y.

As células corporais (somáticas) são formadoras de tecidos e as células reprodutoras (gametas) dão origem a outro ser, dentro de cada espécie, animal ou vegetal.

3. A evolução do homem corpóreo

A Ciência considera o corpo humano como um produto bem sucedido da evolução biológica, sobretudo a partir dos mamíferos, animais vertebrados mais evoluídos. Entende que o surgimento do homem decorre de processo evolutivo, tendo como base a Teoria das Espécies, elaborada pelo cientista inglês Charles Darwin (1809–1882), cuja síntese é a seguinte:[4, 5]

Os peixes originaram os anfíbios; estes deram aparecimento aos répteis e, a partir de grupos diferentes de répteis, surgiram, primeiramente os mamíferos e, a seguir, as aves (ainda que muito comumente se pense que as aves surgiram antes dos mamíferos).

Nos mamíferos surgiram características inexistentes nos demais animais que os antecederam na escala zoológica: glândulas mamárias, útero — órgão exclusivo da fêmea e destinado a abrigar o concepto durante o desenvolvimento embrionário e fetal — e membranas uterinas, âmnio e alantoide, necessárias ao desenvolvimento embrionário, e placenta, anexo que permite trocas respiratórias e nutritivas entre a mãe e o feto.

Evolutivamente, os mamíferos não necessitaram de pelos para a manutenção da temperatura corpórea, como acontece em outros animais, porque são *homeotérmicos* ou de "sangue quente"— animais, (os mamíferos e as aves) cujo metabolismo lhes permite manter a temperatura corporal constante. Os peixes e répteis são de "sangue frio" (pecilotérmicos), daí precisarem de calor externo, como o do sol, para se aquecerem.

A cabeça dos mamíferos não permite rotação ampla sobre o pescoço, tal como acontece nas aves. A circulação sanguínea é dupla e completa, tendo o coração quatro cavidades distintas, dois átrios e dois ventrículos, sendo os únicos animais da natureza que contêm hemácias bicôncavas e sem núcleo celular, fato que impede a reprodução dessas células (a medula óssea é que produz as células sanguíneas).

Os mamíferos são também os únicos animais que apresentam pulmões revestidos por uma membrana, a pleura, e possuem um músculo, o diafragma, que separa as cavidades torácica e abdominal. O encéfalo dos mamíferos é altamente desenvolvido, mostrando numerosas circunvoluções que expõem ou fornecem maior extensão à superfície do córtex cerebral, onde se aloja a massa cinzenta, fundamental ao raciocínio e aos processos cognitivos da espécie humana.

O homem pertence ao gênero e espécie *Homo sapiens*, espécie distinta dos demais hominídeos (orangotangos, gorilas e chimpanzés). O estudo da evolução humana engloba várias disciplinas científicas, sendo que a antropologia biológica ou física estuda a evolução biológica, a herança genética, a adaptabilidade e a variabilidade humana, a primatologia e o registro fóssil da evolução humana. É por esta disciplina (evolução) que se sabe que o gênero *Homo* afastou-se, em determinado momento evolutivo, dos *australopithecus*, cerca de 2,3 a 2,4 milhões de anos, na África. Diversas espécies do gênero *Homo* evoluíram, mas por não se adaptarem ao meio ambiente foram extintas, como aconteceu com o *H. erectus* (que habitou a Ásia) e o *H. neanderthalensis*, que viveu na Europa. Acredita-se que o surgimento do *H. sapiens* tenha ocorrido entre 400.000 e 250.000 anos atrás.

Atualmente há duas teorias científicas sobre a evolução da espécie humana. Uma, a mais dominante, é conhecida como "Hipótese da

Origem única". Prega que o *H. sapiens* surgiu na África e migrou para fora do continente, em torno de 50-100 mil anos atrás, substituindo as populações do *H. erectus* na Ásia, e a do *H. neanderthalensis* na Europa. A outra teoria é denominada "Hipótese Multirregional", ou seja, o *H. sapiens* surgiu e evoluiu em regiões geográficas distintas e separadas.

Independentemente das teorias da origem do homem moderno, o seguinte mapa oferece uma visão mais ampla da distribuição do *H.sapiens* no Planeta.

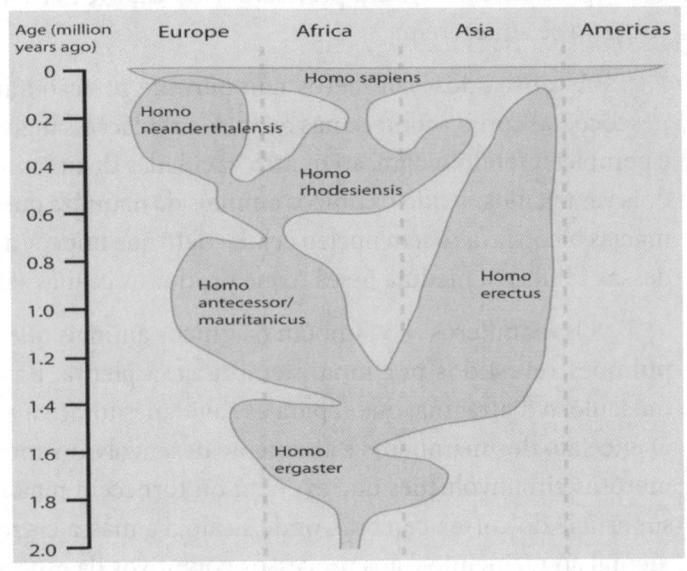

Public Library of Science journal.

Fonte: Genetic Analysis of Lice Supports Direct Contact between Modern and Archaic Humans Reed DL, Smith VS, Hammond SL, Rogers AR, Clayton DH PLoS Biology Vol. 2, No. 11, e340 doi:10.1371/journal.pbio.0020340.
http://biology.plosjournals.org/perlserv/?request=slideshow&type=figure&doi=10.1371/journal.pbio.0020340&id=15540

4. O corpo humano segundo o espiritismo

A Hipótese Multirregional de formação da espécie humana é a defendida pelo Espiritismo, consoante estas explicações existente em *O livro dos espíritos*:

» Questão 53: *O homem surgiu em vários pontos do globo?*

» Resposta: "Sim, e em diversas épocas, e essa é também uma das causas da diversidade das raças. Mais tarde os homens, dispersando-se nos diferentes climas e aliando-se a outras raças, formaram novos tipos."

» Questão 53-a: *Essas diferenças constituem espécies distintas?*

» Resposta: "Certamente que não; todos são da mesma família. Porventura as múltiplas variedades de um mesmo fruto o impedem de pertencer à mesma espécie?"

» Questão 689: *Os homens atuais formam uma nova criação ou são descendentes aperfeiçoados dos seres primitivos?*

» Resposta: "São os mesmos Espíritos que *voltaram*, para se aperfeiçoar em novos corpos, mas que ainda estão longe da perfeição. Assim, a atual raça humana que, pelo seu crescimento, tende a invadir toda a Terra e a substituir as raças que se extinguem, terá sua fase de decrescimento e de desaparição. Será substituída por outras raças mais aperfeiçoadas, que descenderão da atual, como os homens civilizados de hoje descendem dos seres brutos e selvagens dos tempos primitivos."

» Questão 690: *Do ponto de vista puramente físico, os corpos da raça atual são de criação especial, ou procedem dos corpos primitivos, por meio da reprodução?*

» Resposta: "A origem das raças se perde na noite dos tempos. Mas, como pertencem todas à grande família humana, qualquer que tenha sido o tronco primitivo de cada uma, elas puderam aliar-se entre si e produzir tipos novos."

O Espírito André Luiz assinala que o processo evolutivo é bem mais amplo do que se supõe:

> O corpo espiritual que modela o corpo físico e o corpo físico que representa o corpo espiritual constituem a obra de séculos numerosos, pacientemente elaborada em duas esferas diferentes da vida, a se retomarem no berço e no túmulo com a orientação dos Instrutores Divinos que supervisionam a evolução terrestre. [...] O veículo do Espírito, além do sepulcro, no plano extrafísico ou quando reconstituído no berço, é a soma de experiências infinitamente repetidas, avançando vagarosamente da obscuridade para a luz. Nele, situamos a individualidade espiritual, que se vale das *vidas menores* para afirmar-se —, das *vidas menores* que lhe prestam serviço —dela recolhendo preciosa cooperação

para crescerem a seu turno, conforme os inelutáveis objetivos do progresso.⁶

Não devemos ignorar, igualmente, que a *hereditariedade* "é mecanismo biológico intimamente relacionado à evolução. Trata-se de processo de transmissão de caracteres genéticos de uma geração para outra. No homem, as células reprodutoras transferem esses caracteres durante a fecundação, definindo, assim, o conjunto de *genes* que cada indivíduo terá em uma reencarnação."⁷

Embora a Ciência considere os cromossomos e os genes agentes exclusivamente físicos, necessários à transmissão de caracteres hereditários necessários à formação de um novo corpo, o Espiritismo dá-lhes outra dimensão, que extrapola a matéria do plano físico em que estamos situados: "os cromossomas, estruturados em grânulos infinitesimais de natureza *fisiopsicossomática* partilham do corpo físico pelo núcleo da célula em que se mantêm e do corpo espiritual pelo citoplasma em que se implantam."⁸

É importante assinalar que o corpo físico não é, segundo o Espiritismo, um mero conjunto de células, tecidos, órgãos etc., ainda que harmonioso, e que reflete a sabedoria divina. O Espírito molda o seu corpo físico de acordo com os aprendizados pelos quais necessita passar em cada existência física, como esclarece o ministro Clarêncio, da colônia espiritual Nosso Lar: "No círculo da matéria densa, sofre a alma encarnada os efeitos da herança recolhida dos pais, entretanto, na essência, a lei da herança funciona invariavelmente do indivíduo para ele mesmo [...]."⁹

Tais ideias são admiravelmente completadas pelo Benfeitor Alexandre, destacada personagem da colônia espiritual citada:

> O organismo dos nascituros, em sua expressão mais densa, provém do corpo dos pais, que lhes entretêm a vida [...]; todavia, em semelhante imperativo das leis divinas para o serviço de reprodução das formas, não devemos ver a subversão dos princípios de liberdade espiritual, imanente na ordem da Criação Infinita. Por isso mesmo, a criatura terrena herda tendências e não qualidades. As primeiras cercam o homem que renasce, desde os primeiros dias de luta, não só em seu corpo transitório, mas também no ambiente geral a que foi chamado a viver, aprimorando-se; as segundas resultam do labor individual da alma encarnada, na defesa, educação e aperfeiçoamento de si mesma nos círculos benditos da experiência.¹⁰

Referências

1. ABBAGNANO, Nicola. *Dicionário de filosofia*. Tradução de Alfredo Bosi. São Paulo: Martins Fontes, 2003, p. 211.

2. _____. p. 211-212.

3. COELHO, Humberto Schubert. *Genealogia do espírito*. 1. ed. Rio de Janeiro: FEB, 2009. Parte II, item: Corporeidade, p. 25-26.

4. SOARES, José Luís. *Biologia 2.º grau*. Vol. 2 (exemplar do professor). São Paulo: Scipione, 1996. Cap. 15, p. 193.

5. _____. p. 195.

6. XAVIER, Francisco Cândido e VIEIRA, Waldo. *Evolução em dois mundos*. Pelo Espírito André Luiz. 25. ed. Rio de Janeiro: FEB, 2008. Parte 1, cap. 4, p. 48.

7. MOURA, Marta Antunes. *Evolução e hereditariedade*. In: Reformador. Rio de Janeiro: FEB, setembro de 2009. N.º 2. 166. Ano 127, p. 26.

8. XAVIER, Francisco Cândido e VIEIRA, Waldo. *Evolução em dois mundos*. Op. Cit., cap. 6, p. 62.

9. XAVIER, Francisco Cândido. *Entre a terra e o céu*. Pelo Espírito André Luiz. 25. ed. Rio de Janeiro: FEB, 2008. Cap. 12, p. 98-99.

10. _____. *Missionários da luz*. Pelo Espírito André Luiz. 43. ed. Rio de Janeiro: FEB, 2009. Cap. 13, p. 277.

Orientações ao monitor

1. O monitor apresenta ao grupo, no início da reunião, três conjuntos de informações relativas ao assunto estudado neste Roteiro. Cada conjunto deve, por sua vez, conter dois tipos de conteúdos: um que foi retirado do Roteiro – considerado como premissa verdadeira – e outro, que pode ser uma pergunta, uma informação contrária ou completar à premissa verdadeira. (veja em Anexo).

2. Pedir aos participantes que, à medida que as informações forem projetadas, troquem ideias, rapidamente, com o companheiro sentado ao seu lado. O monitor deve dar um tempo para a realização da tarefa.

3. Concluídas as apresentações, o monitor propõe a formação de quatro grupos para análise de itens desenvolvidos no Roteiro, de acordo com esta ordenação:

    Grupo 1: O corpo físico segundo a Filosofia.

    Grupo 2: O corpo físico segundo a Ciência.

Grupo 3: A evolução do homem corpóreo.

Grupo 4: O corpo humano segundo o Espiritismo.

4. Finalizada a leitura e troca de ideias entre os participantes, propor debater os conteúdos estudados, em plenário.

Observação: preparar previamente um questionário que servirá de subsídio para o desenvolvimento do estudo da próxima reunião (Livre arbítrio), na qual será utilizada a dinâmica grupal discussão circular.

Anexo – Sugestão para trabalho em grupo

1. **Primeiro grupo de informações: comparar ambos os textos, indicando as diferenças de ideias que há entre ambos.**

    "Quem estiver desperto e consciente diz: sou todo corpo e nada fora dele." Wilhelm Nietzsche (1844-1900).

    "Desde a fase embrionária do instrumento em que se manifestará no mundo, o Espírito nele [no corpo físico] plasma reflexos que lhe são próprios." Emmanuel (*Pensamento e vida*, cap. 14).

2. **Segundo conjunto de informações: comparar ambos os textos e identificar correlações.**

    "Para a Ciência, o surgimento do homem passou por processo evolutivo, tendo como base a Teoria das Espécies do cientista inglês Charles Darwin (1809-1882), cujo processo pode ser assim sintetizado: os peixes originaram os anfíbios; estes os répteis; e, a partir de diferentes grupos de répteis, surgiram, primeiramente os mamíferos, e depois as aves." José Luiz Soares (Biologia).

    "O corpo é para o homem santuário real de manifestação, obra--prima do trabalho seletivo de todos os reinos em que a vida planetária se subdivide. [...] Da sensação à irritabilidade, da irritabilidade ao instinto, do instinto à inteligência e da inteligência ao discernimento, séculos e séculos correram incessantes. A evolução é fruto do tempo infinito." Emmanuel (*Roteiro*, cap. 4).

3. **Terceiro conjunto de informações: opinar sobre o teor das ideias presentes nos dois textos.**

    "Atualmente há duas teorias científicas sobre a evolução das espécies. Uma, a dominante, é conhecida como 'hipótese de Origem única', e prega que o **Homo sapiens** surgiu na África e migrou para fora do continente, algo em torno de 50 a 100 mil anos atrás, substituindo as populações do *Homo erectus*, na Ásia, e a do *Homo neanderthalensis* na Europa. A outra teoria, denominada 'Hipótese Multirregional', diz que o *H. sapiens* evoluiu em regiões geográficas distintas e separadas." (http://biology.plosjournals=.org/perlserv/?request=slides)

"É assim que, dos organismos monocelulares aos organismos complexos, em que a inteligência disciplina as células, colocando-as a seu serviço, o ser viaja no rumo da elevada destinação que lhe foi traçada do Plano Superior, tecendo com os fios da experiência a túnica da própria exteriorização, segundo o molde mental que traz consigo, dentro das leis de ação, reação e renovação em que mecaniza as próprias aquisições [...]." André Luiz (*Evolução em dois mundos*. 1ª parte – cap. 3)

EADE - LIVRO V

FILOSOFIA E CIÊNCIA ESPÍRITAS

Roteiro 16

LIVRE-ARBÍTRIO

Objetivos

» Correlacionar o conceito de livre-arbítrio ao de ética, moral, vontade, liberdade e determinismo.

» Analisar o significado espírita de livre-arbítrio.

Ideias principais

» A vida harmônica em sociedade impõe limites ao comportamento humano, de forma que o exercício do livre-arbítrio deve ser praticado segundo os princípios da ética e da moral, e das noções de vontade, liberdade e determinismo humanos, pois entre o querer e o fazer há efetiva distância deve-se pesar o que é certo ou errado, tendo em vista que a liberdade do indivíduo termina quando começa a do próximo.

» Fazer ao outro o que gostaríamos que este nos fizesse é regra universal de conduta e de relacionamento humano, ensinada por Jesus. (Mateus, 7:12).

» O Espiritismo considera que o [...] *livre-arbítrio é, pois, a expansão da personalidade e da consciência. Para sermos livres é necessário querer sê-lo e fazer esforço para vir a sê-lo, libertando-nos da escravidão da ignorância e das paixões baixas, substituindo o império das sensações e dos instintos pelo da razão.* Léon Denis: *O problema do ser, do destino e da dor*. Terceira parte, capítulo 22.

Subsídios

Segundo o Dicionário Houaiss da Língua Portuguesa,[1] livre-arbítrio é a "possibilidade de decidir, escolher em função da própria vontade, isenta de qualquer condicionamento, motivo ou causa determinante". A liberdade de agir está condicionada, portanto, à vontade.

Tudo indica que a expressão "livre-arbítrio" foi utilizada pela primeira vez por santo Agostinho (354–430), mas, desde os tempos mais remotos o livre-arbítrio constitui objeto de análise e de debates, transformando-se em questão central na história da Filosofia e na história da Ciência, pois o conceito

> de livre-arbítrio tem implicações religiosas, morais, psicológicas e científicas. Por exemplo, no domínio religioso o livre-arbítrio pode implicar que uma divindade onipotente não imponha seu poder sobre a vontade e as escolhas individuais. Em ética, o livre-arbítrio pode implicar que os indivíduos possam ser considerados moralmente responsáveis pelas suas ações. Em psicologia, ele implica que a mente controla certas ações do corpo.[2]

Para a Doutrina Espírita, o livre-arbítrio está, necessariamente, relacionado à questão da evolução e da responsabilidade individuais: "[...] O desenvolvimento do livre-arbítrio acompanha o da inteligência e aumenta a responsabilidade dos atos."[3] Entretanto, acrescentam os Espíritos orientadores, para que as ações humanas sejam consideradas benéficas, não basta o desenvolvimento da inteligência, é necessário que esta seja acompanhada do progresso moral:

> O progresso completo constitui o objetivo, mas os povos, como os indivíduos, só o atingem gradualmente. Enquanto o senso moral não se houver desenvolvido neles, pode mesmo acontecer que se sirvam da inteligência para a prática do mal. O moral e a inteligência são duas forças que só se equilibram com o passar do tempo.[4]

Outros assuntos estão, direta ou indiretamente, relacionados ao estudo do livre-arbítrio como veremos, em seguida.

1. Livre-arbítrio, ética e moral

A vida em sociedade impõe restrições normais ao amplo exercício do livre-arbítrio, considerando-se os conceitos de *liberdade com ética* e *liberdade com moral*. A primeira diz respeito à autonomia de agir em função do que sequer e do que o outro espera que se faça. A segunda indica agir no bem, que pode ser expresso nesta regra, conhecida como "a regra de ouro", anunciada pelo Cristo: "Tudo quanto, pois, quereis que os homens vos façam, assim fazei-o vós também a eles; porque esta é a Lei e os Profetas" (Mateus, 7:12 *Bíblia de Jerusalém*). Regra que, segundo os Espíritos superiores, pode ser também assim expressa:[5]

> A moral dos Espíritos superiores se resume, como a do Cristo, nesta máxima evangélica: Fazer aos outros o que quereríamos que os outros nos fizessem, isto é, fazer o bem e não o mal. O homem encontra neste princípio uma regra universal de conduta, mesmo para as suas menores ações.

A vida em sociedade é conquista evolutiva da humanidade. Mas a melhoria das relações pessoais que conduz à vivência harmônica e solidária fundamenta-se em princípios universalmente aceitos, especificados pela *ética* e pela *moral*. Sem muitas especulações filosóficas, podemos afirmar que **ética** é a parte da Filosofia que estuda os princípios que motivam, distorcem, disciplinam ou orientam o comportamento humano. A ética trata, portanto, da conduta humana geral (da vida em sociedade) ou específica (código de ética médica, por exemplo).

A palavra **moral** refere-se aos bons costumes, princípios ou base do conhecimento, a partir dos quais são estabelecidos os códigos de conduta ética humana, na família, na sociedade e no trabalho. Na verdade, ambos os termos estão intrinsecamente correlacionados, uma vez que não se pode supor uma conduta ética sem uma base moral que a sustente e lhe dê validade.

Nesse sentido, Santo Agostinho (354–430) definia "livre-arbítrio" como faculdade da razão e da vontade, por meio do qual é escolhido o bem, mediante o auxílio da graça,* e o mal, pela ausência desta."[6]

---

* *Graça*, do latim *gratia* que deriva de *gratus* (grato, agradecido) que, etimologicamente, significa conjunto de qualidades de uma pessoa. Para a teologia judaica, católica e protestante a graça representa os dons que Deus concede, ou não, ao indivíduo.

2. Livre-arbítrio, vontade e liberdade

No sentido genérico, podemos afirmar que há liberdade individual quando a pessoa pensa e age por si mesma, por decisão própria. Contudo, quando se considera os valores éticos e morais, percebemos que o homem tem liberdade relativa, não absoluta, porque o limite da manifestação da vontade individual se encerra quando começa a liberdade alheia.

A liberdade, em sentido filosófico, apresenta duas conceituações: a) ausência de submissão e de servidão, condições opostas à opressão e à escravidão humanas; b) autonomia e espontaneidade na manifestação da vontade ou desejos humanos.

No binômio liberdade-vontade, observa-se que o querer ser livre é força que impulsiona a obtenção da liberdade, tornando o indivíduo independente. Contudo, se esse binômio não for bem apreendido surgem conflitos relacionais que podem conduzir para processos patológicos ou até de natureza criminosa.

A maioria dos filósofos,[7] da Antiguidade aos dias atuais, admitem que nenhum homem possui liberdade ilimitada, total. Afirmava Aristóteles (384-322 a.C.) que "tanto a virtude como o vício dependem da vontade do indivíduo".[6] Em sua obra, *A ética de Nicômaco*, ele afirma: "onde estamos em condições de dizer não, podemos também dizer sim. De forma que, se cumprir uma boa ação depende de nós, dependerá também de nós não cumprir uma ação má."[7]

Tomás de Aquino (1227-1274), filósofo católico medieval, admitia que o livre-arbítrio é a causa que determina a ação do indivíduo. "Isso porque o ser humano age segundo o juízo, essa força cognitiva pela qual pode escolher entre direções opostas".[6]

Para Renée Descartes[7] (1596-1650), a pessoa age com mais liberdade quando compreende as alternativas que envolvem uma escolha. Ao analisar racionalmente as possibilidades de uma tomada de decisão o indivíduo tem chances de fazer escolhas mais acertadas. Assim, para esse filósofo francês, as pessoas que não buscam informações para se esclarecerem, apresentam maiores dificuldades para identificar alternativas oferecidas pela existência ou para a realização de algo. Descartes admitia que:

> O ser humano deva procurar sempre procurar dominar a si mesmo, desejando apenas o que se *pode* fazer. Mesmo que as paixões possam

ser boas em si, cabe à razão averiguar como as utilizar, a fim de domá-las, já que a força das paixões está em iludir a alma com razões enganosas e inadequadas. Portanto, o intelecto tem prioridade sobre as paixões, na medida em que o melhor conhecimento delas é condição para que possamos controlá-las.[6]

As noções de vontade e de paixão, presente neste Roteiro de Estudo podem ser complementadas com considerações espíritas que se seguem.

Conceito espírita de vontade:

> A vontade é a gerência esclarecida e vigilante, governando todos os setores da ação mental. A Divina Providência concedeu-a por auréola luminosa à razão, depois da laboriosa e multimilenária viagem do ser pelas províncias obscuras do instinto. Para considerar-lhe a importância, basta lembrar que ela é o leme de todos os tipos de força incorporados ao nosso conhecimento. [...] O cérebro é o dínamo que produz a energia mental, segundo a capacidade de reflexão que lhe é própria; no entanto, na Vontade temos o controle que a dirige nesse ou naquele rumo, estabelecendo causas que comandam os problemas do destino. Sem ela, o Desejo pode comprar ao engano aflitivos séculos de reparação e sofrimento, a Inteligência pode aprisionar-se na enxovia da criminalidade, a Imaginação pode gerar perigosos monstros na sombra, e a Memória, não obstante fiel à sua função de registradora, conforme a destinação que a natureza lhe assinala, pode cair em deplorável relaxamento. Só a Vontade é suficientemente forte para sustentar a harmonia do espírito.[8]

Conceito espírita de paixão

» A paixão, em si, não é um sentimento mau: "a paixão está no excesso aliado à vontade, visto que o princípio que lhe dá origem foi posto no homem para o bem, e pode levá-lo a grandes coisas. O abuso que delas se faz é que causa o mal".[9]

» "As paixões são como um cavalo, que só tem utilidade quando é governado e que se torna perigoso quando passa a governar."[10]

» "As paixões são alavancas que decuplicam as forças do homem e o auxiliam na execução dos desígnios da Providência [...]. O princípio das paixões não é, portanto, um mal, já que repousa sobre uma das condições providenciais da nossa existência."[11]

No século XVII o teólogo francês Jacques-Bénigne Bossuet [1627-1704], afirmou na obra *Tratado sobre o livre-arbítrio*:[6]

> Por mais que eu procure em mim a razão que me determina, mais sinto que eu não tenho nenhuma outra senão apenas a minha vontade: sinto aí claramente minha liberdade, que consiste unicamente em tal escolha. É isto que me faz compreender que sou feito à imagem de Deus.

Para o filósofo alemão Immanuel Kant[7] (1724-1804), ser livre é ser autônomo, isto é, dar a si mesmo normas de conduta moral que devem ser seguidas racionalmente. Na obra de sua autoria *Crítica da razão*, Kant discorre que a consciência da liberdade se desenvolve pelo conhecimento racional e pela intuição, ainda que o primeiro (conhecimento racional) sobreponha-se ao segundo. Em outras palavras, a pessoa pode, perfeitamente, fazer uso do seu livre-arbítrio sem intervenções de outrem, mas o fará com segurança se tiver conhecimento e consciência dos limites de sua liberdade.

3. Livre-arbítrio e determinismo

Muitas escolas filosóficas do passado, remoto ou recente, sobretudo as que associavam o livre-arbítrio às práticas religiosas, defendiam a ideia de que os atos humanos seriam guiados por um determinismo imposto por Deus.

Nada há de absurdo nessa forma de pensar, desde que não se considere o determinismo cego, inexorável, no qual o homem não teria a menor possibilidade de opinar sobre os acontecimentos da sua vida, uma vez que estes já estariam definidos pela divindade. Muitos fanáticos religiosos e pensadores radicais trilharam esse caminho, obviamente equivocado.

Contudo, à luz da ideia reencarnacionista, em que a lei de causa e efeito se manifesta, é possível aceitar que alguns atos da vida seguem um determinismo relativo, relacionado ao planejamento reencarnatório. Contudo, esta questão deve ser analisada com bom senso, pois tal planejamento é passível de alteração, não é rígido nem inflexível. Tudo depende da forma como o indivíduo conduz a sua existência e como se posiciona perante os desafios da vida.

Há quem suponha que a lei de causa e efeito (ou de ação e reação) é algo que deva ser cumprido inexoravelmente, independentemente da vontade e dos esforços individuais. É preciso saber diferenciar causa e efeito, que se expressa sob os auspícios da bondade e da misericórdia divinas, e a rigorosa lei de talião, de "dente por dente" ou de "olho por olho". Ora, a pessoa consciente das dificuldades e desafios existenciais, sobretudo os que lhe atingem diretamente a vida, pode, num esforço da vontade, fazer com que a lei de ação e reação se cumpra, não pelo sofrimento, mas pelo amor, pois "o amor cobre multidões de pecados", já afirmava o apóstolo Pedro em sua primeira epístola.

A ideia de um determinismo governando o destino humano tem origem na mitologia grega, com base nas divindades denominadas *moiras* ("destino", em grego). Trata-se da história de três irmãs que dirigem, respectivamente, o movimento das esferas celestes, a harmonia do mundo e a sorte dos mortais. Essas irmãs presidem o destino e dividem entre si diversas funções: "Cloto (aquele que "fia") tece os fios dos destinos humanos; Láquesis (que significa "sorte") põe o fio no fuso; Átropos (ou seja, "inflexível") corta impiedosamente o fio que mede a vida de cada mortal".[12]

Muitos filósofos e teólogos foram amplamente influenciados por esta fábula, defendendo o princípio de que se a vida humana está sob o controle divino, o Espírito não tem a menor liberdade para decidir ou modificar seu destino. Foi desta forma que, em algum momento da história, o conceito de determinismo passou a ser considerado sinônimo de lei de causa e efeito. Assim:

> O mundo explicado pelo determinismo é o mundo da necessidade, e não o da liberdade. *Necessário* significa tudo aquilo que tem de ser e não pode deixar de ser. Neste sentido, a *necessidade* é o oposto de *contingência*, que significa "o que pode ser de um jeito ou de outro. Exemplificando: se aqueço uma barra de ferro, ela se dilata: a dilatação é necessária, no sentido de que é um efeito inevitável, que não pode deixar de ocorrer. No entanto, é contingente que neste momento eu esteja usando roupa vermelha ou amarela.[13]

O determinismo foi útil para a Ciência, sobretudo para que a física, a química e a biologia determinassem suas leis básicas e estabelecessem relações entre a ocorrência dos fatos e os mecanismos que os governam. O problema, porém, foi estender o conceito determinista às ações humanas, que são, todas, executadas por um ser pensante. Os filósofos materialistas e, em especial, os da escola positivista de Auguste Comte (1798–1857), concluíram que a livre escolha é uma mera ilusão, e que todos os atos humanos são simples elos de uma cadeia causal universal.[13]

O Espiritismo, por sua vez, considera que nada acontece sem que Deus saiba, mas não significa que há um controle divino absoluto, que impede a manifestação da vontade do homem. Na verdade, Deus dá ao Espírito a liberdade de escolha, deixando-lhe a responsabilidade de seus atos. "Se vier a sucumbir, resta-lhe o consolo de que nem tudo se acabou para ele e que Deus, em sua bondade, deixa-o livre para recomeçar o que foi malfeito."[14]

Ainda segundo a Doutrina Espírita, o homem desenvolve sua capacidade de fazer escolhas mais acertadas, de saber utilizar corretamente o livre-arbítrio, à medida que evolui espiritualmente, pela aquisição de conhecimento e de moralidade. Nestas condições aprende a distinguir o bem do mal.

Ao analisar a questão do livre-arbítrio, Bezerra de Menezes escreveu quando ainda se encontrava encarnado:

> É, pois, a liberdade a condição essencial da perfectibilidade humana e, pela perfectibilidade, da grandeza, da glória e da felicidade dos Espíritos que constituem a humanidade. Sendo assim, compreende-se que a liberdade é um meio pelo qual o homem realiza o seu destino, e que, se o Senhor tivesse repartido desigualmente esse meio aos seus filhos, não teria feito partilha justa, o que repugna à ideia da perfeição infinita. [...] O progresso humano é infinito, e, portanto, a humana liberdade não tem limites, porque não há progresso sem liberdade. Para realizar esse progresso, que mal ensaiamos na Terra, a vida da Terra é insuficiente e Deus nos concedeu o tempo na eternidade, tanto quanto cada um de nós precisarmos e quisermos.[15]

Por outro lado, informa Léon Denis, o admirável filósofo espírita do passado:

» "A liberdade é a condição necessária da alma humana que, sem ela, não poderia construir seu destino."[16]

» "À primeira vista, a liberdade do homem parece muito limitada no círculo de fatalidades que o encerra: necessidades físicas, condições sociais, interesses ou instintos. Mas, considerando a questão mais de perto, vê-se que esta liberdade é sempre suficiente para permitir que a alma quebre este círculo e escape às forças opressoras."[16]

» "A liberdade e a responsabilidade são correlativas no ser e aumentam com sua elevação; é a responsabilidade do homem que faz sua dignidade e moralidade. Sem ela, não seria ele mais do que um autômato, um joguete das forças ambientes: a noção de moralidade é inseparável da de liberdade."[16]

» "A responsabilidade é estabelecida pelo testemunho da consciência, que nos aprova ou censura segundo a natureza de nossos atos. A sensação do remorso é uma prova mais demonstrativa que todos os argumentos filosóficos."[16]

» "O livre-arbítrio é, pois, a expansão da personalidade e da consciência. Para sermos livres é necessário querer sê-lo e fazer esforço para vir a sê-lo, libertando-nos da escravidão da ignorância e das paixões baixas, substituindo o império das sensações e dos instintos pelo da razão."[17]

» "A questão do livre-arbítrio tem uma importância capital e graves consequências para toda a ordem social, por sua ação e repercussão na educação, na moralidade, na justiça, na legislação etc. Determinou duas correntes opostas de opinião — os que negam o livre-arbítrio e os que o admitem com restrição."[18]

» "Os argumentos dos fatalistas e deterministas resumem-se assim: "O homem está submetido aos impulsos de sua natureza, que o dominam e obrigam a querer, determinar-se num sentido, de preferência a outro; logo, não é livre."[18]

» "O livre-arbítrio, a livre vontade do Espírito exerce-se principalmente na hora das reencarnações. Escolhendo tal família, certo meio social, ele sabe de antemão quais são as provações que o aguardam, mas compreende, igualmente, a necessidade destas provações para desenvolver suas qualidades, curar seus defeitos, despir seus preconceitos e vícios".[19]

Referências

1. HOUAISS, Antonio. SALES, Mauro V. DE MELLO FRANCO, Francisco Manoel. *Dicionário Houaiss da língua portuguesa* 1. ed. Rio de Janeiro: Objetiva, 2009, p.1190.

2. http://pt.wikipedia.org/wiki/Livre-arb%C3%ADtrio

3. KARDEC, Allan. *O livro dos espíritos*. Tradução de Evandro Noleto Bezerra. 2. ed. Rio de Janeiro: FEB, 2008, questão 780-a, p. 473.

4. _____. Questão 780-b, p. 473.

5. _____. Introdução VI, p. 41.

6. ARANHA, Maria Lúcia de Arruda e MARTINS, Maria Helena Pires. *Filosofando: introdução à filosofia*. 3. edição revista. São Paulo: Moderna, 2003. Cap. 25, p. 318.

7. http://pt.wikipedia.org/wiki/Liberdade

8. XAVIER, Francisco Cândido. *Pensamento e vida*. Pelo Espírito Emmanuel. 18. ed. Rio de Janeiro: FEB, 2008. Cap. 2, p. 13-15.

9. KARDEC, Allan. *O livro dos espíritos*. Op. Cit., Questão 907, p. 542-543.

10. _____. Questão 908, p. 543.

11. _____. Questão 908 – comentário, p. 543.

12. ARANHA, Maria Lúcia de Arruda e MARTINS, Maria Helena Pires. *Filosofando: introdução à filosofia*. Op. Cit., p. 316.

13. _____. p. 317.

14. KARDEC, Allan. *O livro dos espíritos*. Op. Cit., Questão 258, p. 230.

15. MENEZES, Bezerra. *Estudos filosóficos*. Primeira parte. 1. ed. São Paulo: EDICEL, 1977. Cap. 40, p.114-115.

16. DENIS, Léon. *O problema do ser, do destino e da dor*. 1. edição da coleção Léon Denis. Rio de Janeiro: FEB, 2008. Terceira parte, cap. 22, p. 477.

17. _____. p. 478.

18. _____. p. 480.

19. _____. p. 482.

Orientações ao monitor

1. Introduzir o assunto com breves explicações a respeito de livre-arbítrio, ética, moral, vontade, liberdade e determinismo.

2. Realizar o estudo do tema livre-arbítrio por meio da dinâmica grupal de discussão circular. Para tanto, dirigir aos participantes questões, previamente preparadas, relacionadas aos itens desenvolvidos no Roteiro.

3. Ao final, projetar as ideias espíritas de Bezerra de Menezes e de Léon Denis, analisando-as.

EADE - LIVRO V

FILOSOFIA E CIÊNCIA ESPÍRITAS

Roteiro 17

CAUSA E EFEITO

Objetivos

» Comparar a lei da gravitação Universal e dos Movimentos com o conceito de causa e efeito definido pela Filosofia, pela ciência e pelo Espiritismo.

» Analisar os diferentes significados de causa e efeito com a de pena de talião, carma, fatalidade, determinismo, e justiça divina.

» Explicar causa e efeito segundo o Espiritismo.

Ideias principais

» A expressão "causa e efeito" identifica as consequências (efeitos) geradas pelas ações (causas) humanas. Faz similaridade com a terceira lei física, a da Gravitação Universal e dos Movimentos, conhecida como *Lei do Par de Ação e Reação*.

» A *Lei* ou *Pena de Talião* consiste na rigorosa e implacável reciprocidade que existe entre o crime e a punição, amplamente utilizada pelos povos antigos nas suas limitadas concepções de justiça.

» *Carma* é palavra erroneamente utilizada como sinônimo de causa e efeito, da mesma forma que Pena de Talião, pois ambas consideram apenas os mecanismos de justiça decorrentes das ações humanas, sem considerar a manifestação da lei de amor, como ensina Jesus.

> Para a Doutrina Espírita a lei de causa e efeito está, efetivamente, relacionada aos atos humanos, mas a manifestação da lei de causa e efeito reflete apenas a escolha de provas definidas no planejamento reencarnatório: [...] *tais provas estão sempre em relação com as faltas que deve expiar. Se delas triunfa,* [o Espírito] *eleva-se; se sucumbe, tem de recomeçar.* Allan Kardec: *O livro dos espíritos,* questão 399 – comentário.

Subsídios

A expressão "causa e efeito" é utilizada para especificar as consequências (efeitos) geradas pelas ações (causas) humanas. Faz similaridade com a terceira lei da Gravitação Universal e dos Movimentos, conhecida como "as leis de Newton", que foram definidas pelo cientista inglês Isaac Newton (1643–1727). Esta terceira lei é conhecida como *Lei do Par de Ação e Reação*,[1,2] cujos princípios são os que se seguem.

1. Quando um corpo **A** exerce uma força sobre um corpo **B**, simultaneamente o corpo **B** exerce uma força sobre o corpo **A**, na mesma intensidade mas em sentido oposto, constituindo o chamado *par ação-reação* da interação do contato. Tais forças possuem, em princípio, a mesma intensidade, direção, mas agem em sentidos opostos.

2. Ambas as forças possuem a mesma natureza, caso contrário não haveria contato.

3. A interação das forças ocorrem em um mesmo campo e entre dois corpos.

4. Durante o contato e interação, as forças não se equilibram nem se anulam, pois originam de corpos diferentes (cada corpo preserva a própria força).

Como exemplo, lembramos o ato de nadar. O nadador desliza na piscina porque aplica uma força (ação) sobre a água, com auxílio das mãos e dos pés; desloca, então, um volume de líquido para trás, fazendo com que a água imprima outra força (reação) ao líquido, fato que permite a movimentação do nadador.

Percebe-se, assim, que a força aplicada pelo nadador sobre o líquido, chamada ação, encontra-se com a força vinda da água, denominada reação. O resultado final (nadar) só acontece porque ambas as forças, do nadador e a da água, são da mesma intensidade, embora de sentido contrário. Ou seja, a força que o nadador aplica sobre a água é semelhante a que o empurra para frente, exercida pela água.

Outro exemplo: se alguém esmurrar um saco de areia, a força exercida pelos punhos é igual a força exercida pelo saco de areia nos punhos do indivíduo.

Veja as seguintes ilustrações, elaboradas por Marco Aurélio da Silva, Equipe Brasil Escola.[2]

Ilustração 1:

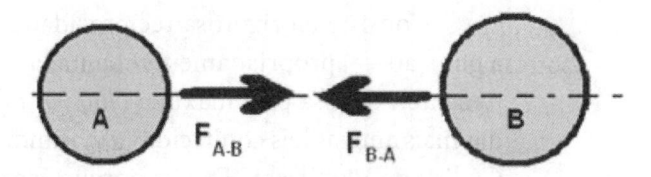

Assim, $|F_{A-B}| = |F_{B-A}|$.

Ilustração 2:

Ilustração 3:

1. Significado espiritual da lei de ação e reação

O princípio newtoniano de ação e reação faz relação simbólica com os conceitos de Pena de Talião, Karma (ou carma), Fatalidade, Determinismo, Justiça Divina e Lei de Ação e Reação (utilizada pelo Espiritismo).

Pena de Talião

Consiste na rigorosa reciprocidade que existe entre o crime e a punição — apropriadamente chamada *retaliação*. Esta lei, frequentemente expressa pela máxima *olho por olho, dente por dente*, é uma das mais antigas leis conhecidas, cujos indícios foram encontrados no Código de Hamurabi.* Existia porque os legisladores da Antiguidade evitavam que a justiça fosse aplicada pelas próprias mãos nas questões de crimes e delitos, mas de acordo com a ordenação jurídica que vigorava na época. A Pena de Talião prescreve que a punição seja do tamanho exato da ofensa, com base no princípio da reciprocidade. Ou seja, se uma pessoa causou a morte de alguém, este homicida deveria ser morto por esse crime, da mesma forma que o assassinato foi cometido. Por exemplo, se alguém matou uma pessoa pela espada, seria também morto pela espada. Se foi por apedrejamento, a morte do assassino seria por apedrejamento.

Para a Doutrina Espírita a Lei de Talião é considerada implacável, uma vez que não considera as causas nem os atenuantes e, também, porque não cogita do perdão. Obviamente, que a todo erro ou crime cometido segue-se a reparação, mas não da forma tão radical explicitada pela Lei de Talião.

Para Emmanuel,[3] trata-se de uma lei que:

> [...] prevalece para todos os Espíritos que não edificaram ainda o santuário do amor nos corações, e que representam a quase totalidade dos seres humanos. Presos, ainda, aos milênios do pretérito, não cogitaram

---

* **Código de Hamurabi**: um conjunto antiquíssimo de leis, escrito por Hamurabi, na Babilônia, em 1780 a.C. Trata-se de um monumento monolítico talhado em rocha de diorito, sobre o qual se dispõem 46 colunas de escrita cuneiforme acádica, com 281 leis em 3.600 linhas. A peça tem 2,5 m de altura, 1,60 m de circunferência na parte superior e 1,90 na base. Na parte superior do monólito, Hamurabi é mostrado em frente ao trono do rei Sol Schamasch. Logo abaixo estão escritos, em caracteres cuneiformes acadianos, os artigos regulando a vida cotidiana.

de aceitar e aplicar o Evangelho a si próprios, permanecendo encarcerados em círculos viciosos de dolorosas reencarnações expiatórias e purificadoras. Moisés proclamou a Lei antiga muitos séculos antes do Senhor. Como já dito, o profeta hebraico apresentava a Revelação com a face divina da Justiça; mas, com Jesus, o homem do mundo recebeu o código perfeito do Amor. Se Moisés ensinava o "olho por olho, dente por dente", Jesus Cristo esclarecia que o "amor cobre a multidão dos pecados". Daí a verdade de que as criaturas humanas se redimirão pelo amor e se elevarão a Deus por ele, anulando com o bem todas as forças que lhes possam encarcerar o coração nos sofrimentos do mundo.

Karma ou carma

É termo que enfoca as ações humanas e as suas consequências, de uso comum em diferentes doutrinas religiosas de concepção orientalista, como Budismo, Hinduísmo e Teosofia, ainda que cada uma dessas religiões apresentem interpretação própria.

Alguns espíritas utilizam inadequadamente a palavra *karma*, da mesma forma que Pena de Talião, aplicando-as como sinônimo de lei de causa e efeito, fato que deve ser evitado, pois, para o Espiritismo, ambas as leis não se encontram, necessariamente, vinculadas ao livre-arbítrio, individual e coletivo, e à lei de amor, justiça e caridade.

Para o Hinduísmo e o Budismo o homem é *escravo* dos renascimentos sucessivos — isto é, jamais pode fugir da reencarnação — , em razão da existência de um carma individual, particular, impulsionado pelos próprios pensamentos, palavras e ações, manifestados de forma inexorável no ciclo nascimento-morte-renascimento.[4] Para essas religiões

> "o homem colhe aquilo que plantou. Não existe "destino cego" nem "divina providência". O resultado flui automaticamente das ações. Portanto, é tão impossível escapar do seu carma quanto escapar de sua própria sombra... [...] Embora se possa dizer que a lei do carma possui um certo grau de justiça, ela é vista, no hinduísmo e budismo, como algo um tanto negativo, algo que se deve escapar.[4]

Além do mais, a reencarnação, para ambas as religiões, apresenta interpretação diversa da espírita, podendo um ser humano renascer no corpo de um animal, uma vez que defendem a teoria da metempsicose. Trata-se de possibilidade inviável até do ponto de vista biológico.

Ensina o Espiritismo, porém, que a lei de causa e efeito pode ser modificada sim, pela força do amor, pela vontade do indivíduo de querer, efetivamente, reparar os erros cometidos. Não se pode ignorar, também, que perante a balança divina todas as atenuantes são consideradas, inclusive as intenções, grau de conscientização, circunstâncias, nível de sanidade mental etc. Daí ser importante lembrar que a justiça divina está, sempre, associada à misericórdia, como esclarece Emmanuel:[5]

> As criaturas dedicadas ao bem encontrarão a fonte da vida em se banhando nas águas da morte corporal. Suas realizações no porvir seguem na ascensão justa, em correspondência direta com o esforço perseverante que desenvolveram no rumo da espiritualidade santificadora, todavia, os que se comprazem no mal cancelam as próprias possibilidades de ressurreição na luz. [...] Nas sentenças sumárias e definitivas não há recurso salvador. Através da referência do Mestre, contudo, observamos que a Providência Divina é muito mais rica e magnânima que parece.

Fatalidade e determinismo

Os fatalistas

> [...] acreditam que todos os acontecimentos estão previamente fixados por uma causa sobrenatural, cabendo ao homem apenas o regozijar-se, se favorecido com uma boa sorte, ou resignar-se, se o destino lhe for adverso. [...] Os deterministas, ao seu turno sustentam que as ações e a conduta do indivíduo, longe de serem livres, dependem integralmente de uma série de contingências a que ele não pode furtar-se, como os costumes, o caráter e a índole da raça a que pertença; o clima, o solo e o meio social em que viva; a educação, os princípios religiosos e os exemplos que receba; além de outras circunstâncias não menos importantes, quais o regime alimentar, o sexo, as condições de saúde, etc.[6]

Os fatalistas e deterministas raciocinam da mesma forma, só que nos primeiros o destino do homem está estipulado por uma causa divina ou transcendental, enquanto que nos segundos são as circunstâncias que determinam os acontecimentos. Em ambas as situações, o excesso pode levar ao fanatismo ou radicalismo, sempre de natureza perniciosa.

Por outro lado, há filosofias que defendem a ideia oposta, a de que o ser humano deve possuir liberdade irrestrita, que "o livre-arbítrio é absoluto, que os pensamentos, palavras e ações do homem são espontâneos e, pois, de sua inteira liberdade".[7]

Os defensores do fatalismo acreditam que nada ou ninguém é capaz de alterar a ordem estabelecida no universo nem na humanidade. Já os adeptos do determinismo entendem que não só o homem, mas todos os fenômenos da natureza então ligados entre si por rígidas relações de causalidade, pois as leis universais excluem o acaso — acontecimentos aparentemente fortuitos, estabelecidos por intercessão espiritual ou por efeito das forças de atração existentes na natureza — e o livre-arbítrio.

A verdade encontra-se no meio termo. O homem não goza de irrestrita liberdade, pois está submetido aos limites estipulados pelas ordenações da vida em sociedade e pelos valores morais e éticos. Contudo, é possível pensar na existência de algum determinismo nos acontecimentos da vida, sobretudo quando se considera o planejamento reencarnatório. Ou seja, a partir do momento em que se estabelece um plano para ser executado em nova existência física, são acionados recursos, condições e pessoas, encarnadas e desencarnadas, que tudo fazem para por em prática o referido planejamento. Há, pois, certo determinismo direcionando a vida do reencarnado. Digamos "certo" porque o planejamento reencarnatório não é rígido, procura executar as linhas mestras da programação preparada para uma nova experiência no plano físico, não se prendendo a detalhes ou aspectos secundários.

Para a Doutrina Espírita o homem é construtor do seu destino e, de acordo com suas disposições íntimas, pode modificá-lo para melhor ou, também, complicá-lo. Tudo se reporta, no final, ao livre-arbítrio ou à liberdade de ação de cada um, que sempre é coerente com o nível evolutivo, moral e intelectual, do indivíduo.

Justiça divina

A lei de causa e efeito está diretamente relacionada à noção que se tem da justiça e, mais ainda, da justiça divina.

Justiça significa, a rigor, respeito à igualdade de todos os cidadãos. É o princípio básico que objetiva manter a ordem social através da preservação dos direitos individuais e coletivos, expressa sob forma legal (constituição das leis) e devida aplicação nos casos específicos (litígio).[8]

Em *A república*, Platão interpreta justiça como o sentido que o homem justo dá a sua vida, mesmo que não possua muitos bens:

> Sócrates (personagem principal do diálogo) realiza sua fala buscando uma definição para justiça ou para o justo. Qual dessas atitudes cabe melhor ao cidadão: o justo ou o injusto que tem vida melhor? Como já falamos, a conclusão que cabe melhor é a da vida do justo. Para chegar a esta conclusão, Glauco conta a lenda do Anel de Giges. Um homem através do poder do anel poderia adquirir quase tudo o que desejasse, mas não possui o sentimento de justiça e vive com desculpas inúteis tentando sustentar uma situação que não é própria dele.[9]

Aristóteles[10] apresenta outro conceito de justiça, igualmente importante:

> [...] conteúdo das leis é a Justiça, admitida esta sob vários enfoques. O principal fundamento da Justiça é a *igualdade*, sendo esta aplicada de várias maneiras. O princípio da igualdade [...] é entendido [...] de duas formas fundamentais, originando daí duas espécies de *Justiça*: a *Distributiva e a Corretiva*. [...]. A justiça distributiva tem por escopo fundamental a divisão de bens e honras da comunidade, segundo a noção de que cada um perceba o proveito adequado aos seus méritos. [...] A justiça corretiva destina-se aos *objetos*, relegando os méritos, mas medindo impessoalmente o benefício ou o dano que cada qual pode suportar. A justiça distributiva situa-se, pois, como entidade reguladora das relações entre a sociedade e seus membros; a corretiva ordena as relações dos membros entre si.

O conceito espírita de justiça está sintetizado nestas conhecidas palavras de Jesus: "Fazei aos homens o que gostaríeis que eles vos fizessem, pois é nisto que consistem a lei e os profetas. (Mateus, 7:12. *Bíblia de Jerusalém*)".

O entendimento de justiça divina está submetido às diferentes interpretações religiosas; contudo, há unanimidade de que Deus quer o bem para todos os seus filhos, disponibilizando-lhes condições infinitas para sua melhoria espiritual. Dessa forma, Emmanuel[11] ensina como entender a justiça divina:

> Não digas que Deus sentencia alguém a torturas eternas. Tanto quanto podemos perceber o Pensamento Divino, imanente em todos os seres e em todas as coisas, o Criador se manifesta a nós outros — criaturas conscientes, mas imperfeitas — através de leis que Lhe expressam os objetivos no rumo do Bem Supremo. É inútil que dignitários desse ou daquele princípio religioso te pintem o Todo-Perfeito por soberano purpurado, suscetível de encolerizar-se por falta de vassalagem ou envaidecer-se à vista de adulações. [...] Deus é amor. Amor que se expande do átomo aos astros. Mas é justiça também. Justiça que atribui a cada Espírito segundo a própria escolha. Sendo amor, concede à consciência transviada tantas experiências quantas deseje a fim de retificar-se. Sendo justiça, ignora quaisquer privilégios que lhe queiram impor. Não afirmes, desse modo, que Deus bajula ou condena. [...] O Criador criou todas as criaturas para que todas as criaturas se engrandeçam. Para isso, sendo amor, repletou-lhes o caminho de bênçãos e luzes, e, sendo justiça, determinou possuísse cada um de nós vontade e razão.

2. Lei de ação e reação segundo o Espiritismo

Igualmente denominada Lei de Causa e Efeito, apresenta as seguintes características:

a. o ser humano tem livre-arbítrio para construir seu destino.

b. em decorrência da lei de liberdade e do nível evolutivo em que se encontra, o Espírito faz escolhas acertadas ou equivocadas. Escolhas felizes são incorporadas ao patrimônio espiritual, servindo de referência para novas escolhas. As más ações, ou escolhas infelizes, produzem sofrimento ao Espírito porque, ainda que ele não tenha maior compreensão do processo de ação-reação, da repercussão dos seus atos, a voz da consciência (mecanismo regulador da vida) o alerta de que cometeu um atentado contra a Lei de Deus.

c. os erros ou equívocos cometidos são reparados ao longo das reencarnações sucessivas, por meio das provações, sempre com base na expressão amor-justiça-misericórdia divinos.

d. os processos de reparação e os novos aprendizados são definidos no planejamento reencarnatório, que não é inflexível nem infalível (o indivíduo pode, quando reencarnado, ignorar o que foi planejado). Neste sentido, a manifestação da lei de causa e efeito, em cada período reencarnatório, representa a escolha de provas definidas ou aceitas pelo reencarnante. E "tais provas estão sempre em relação com as faltas que deve expiar. Se delas [o Espírito] triunfa, eleva-se; se sucumbe, tem de recomeçar."[12]

Mesmo que o Espírito encarnado não recorde os erros cometidos, ou as determinações do planejamento reencarnatório, ensina Kardec[13] que o

> esquecimento das faltas cometidas não é obstáculo à melhoria do Espírito, porque, mesmo não se lembrando delas com precisão, o fato de as ter conhecido na erraticidade e o desejo de repará-las o guia por intuição e lhe dá o pensamento de resistir ao mal. Esse pensamento é a voz da consciência, secundada pelos Espíritos que o assistem, se escuta as boas inspirações que lhe sugerem. Embora o homem não conheça os próprios atos que praticou em suas existências anteriores, sempre pode saber qual o gênero das faltas de que se tornou culpado e qual era o seu caráter dominante. Basta estudar a si mesmo e julgar do que foi, não pelo que é, mas pelas suas tendências. As vicissitudes da vida corporal são, ao mesmo tempo, expiação das faltas passadas e provas para o futuro. [...] A natureza das vicissitudes e das provas que sofremos também nos pode esclarecer sobre o que fomos e o que fizemos, do mesmo modo que neste mundo julgamos os atos de um culpado pelo castigo que lhe inflige a lei.

A reparação de faltas, acionada pela lei de causa e efeito, segundo a interpretação espírita, não se manifesta como única escolha, ou como uma "camisa de força" das provações. O ser humano que já revela possuir algum entendimento da Lei de Deus, pode, perfeitamente, optar por quitar suas dívidas pelo exercício da lei de amor, pois, como nos orienta o apóstolo Pedro, "o amor cobre a multidão de pecados". (1Pedro, 4:8).

A história de Saturnino Pereira, relatada pelo Espírito Hilário Silva, e inserida em anexo, ilustra com clareza a reparação de faltas pelo amor, situação que impôs modificações nas ações definidas pelo planejamento reencarnatório. A história demonstra também que não há determinismo nem justiça implacável na manifestação da lei de causa e efeito.

Referências

EADE - Livro V – Roteiro 17

1. http://pt.wikipedia.org/wiki/Terceira_lei_de_Newton. Acesso em 14 de novembro de 2009.
2. http://www.brasilescola.com/fisica/terceira-lei-newton.htm
3. XAVIER, Francisco Cândido. *O consolador*. Pelo Espírito Emmanuel. 28. ed. Rio de Janeiro: FEB, 2008, questão 272, p. 221-222.
4. HELLEN, Victor. NOTAKER, Henry e GAARDER, Jostein. *O livro das religiões*. Tradução de Isa Mara Lando. 9. reimpressão. São Paulo : Companhia das Letras, 2001, p. 54.
5. XAVIER, Francisco Cândido. *Pão nosso*. Pelo Espírito Emmanuel. 29. ed. Rio de Janeiro, FEB 2008, cap. 127, A lei de retorno, p. 270.
6. CALLIGARIS, Rodolfo. *As leis morais: segundo a filosofia espírita*. 12. ed. Rio de Janeiro: FEB, 2005. Item: O livre-arbítrio, p.147-148.
7. _____. p.147.
8. http://pt.wikipedia.org/wiki/Justi%C3%A7a. Acesso em 16/11/2009.
9. http://www.webartigos.com/articles/5636/1/definicao-do-conceito-de-justica-em-platao/pagina1.html Acesso em 17/11/2009.
10. NUNES, Cláudio Pedrosa. O conceito de justiça em Aristóteles. In: *Revista do Tribunal Regional do Trabalho da 13ª Região*. João Pessoa, v. 8, n. 1 p. 24-32, 2000, p. 26. Disponível em: http://bdjur.stj.jus.br/dspace/handle/2011/19220 ou <http://www.trt13.jus.br/ejud/images/revistasdigitais/ revista08_trt13.pdf>.
11. XAVIER, Francisco Cândido. *Justiça divina*. Pelo Espírito Emmanuel. 13. ed. Rio de Janeiro: FEB, 2008. Item: Nas leis do destino , p. 175-177.
12. KARDEC, Allan. *O livro dos espíritos*. Tradução de Evandro Noleto Bezerra. 2. ed. Rio de Janeiro: FEB, 2008, questão 399, p. 290.
13. _____. p. 291.

Orientações ao monitor

1. Promover um debate exploratório de ideias, partindo dessa indagação: *Quais são os mecanismos da manifestação da lei de causa e efeito?*

2. Em seguida, fazer breve explanação sobre os pontos principais do Roteiro de estudo, esclarecendo o significado de *ação e reação*, segundo a ciência e a Filosofia.

3. Dividir a turma em dois grupos para leitura, troca de ideias e resumo do que foi estudado, seguindo esta orientação: a) grupo um, analisa o item do Roteiro: *Lei de ação e reação segundo o Espiritismo*; b) grupo dois analisa o texto de Hilário silva, inserido em anexo: *O merecimento*.

4. Pedir aos participantes que indiquem relatores de cada grupo que deverão apresentar, em plenário, as conclusões do estudo.

5. Ao final, refletir em conjunto com a turma as condições da manifestação da lei de causa e efeito, segundo o espiritismo.

Anexo

O Merecimento*

Hilário Silva

I

Saturnino Pereira era francamente dos melhores homens. Amoroso mordomo familiar. Companheiro dos humildes. A caridade em pessoa. Onde houvesse a dor a consolar, aí estava de plantão. Não só isso. No trabalho, era o amigo fiel do horário e do otimismo. Nas maiores dificuldades, era um sorriso generoso, parecendo raio de sol dissipando as sombras.

Por isso mesmo, quando foi visto de mão a sangrar, junto à máquina de que era condutor, todas as atenções se voltaram para ele, entre o pasmo e a amargura.

Saturnino ferido! Logo Saturnino, o amigo de todos...

Suas colegas de fábrica rasgaram peças de roupa, a fim de estancar o sangue a correr em bica.

O chefe da tecelagem, solícito, conduziu-o ao automóvel, internando-o de pronto em magnífico hospital.

Operação feliz. O cirurgião informou, sorrindo:

— Felizmente, nosso amigo perderá simplesmente o polegar. Todo o braço direito está ferido, traumatizado, mas será reconstituído em tempo breve.

Longe desse quadro, porém, o caso merecia apontamentos diversos:

— Porque um desastre desses com um homem tão bom? — murmurava uma companheira.

---

* XAVIER, Francisco Cândido e VIEIRA, Waldo. *A vida escreve*. Pelo espírito Hilário Silva. 10. ed. Rio de Janeiro: FEB, 2008, cap. 20.

— Tenho visto tantas mãos criminosas saírem ilesas, até mesmo de aviões projetados ao solo, e justamente Saturnino, que nos ajuda a todos, vem de ser a vítima! — comentava um amigo.

— Devemos ajudar Saturnino.

— Cotizemo-nos todos para ajudá-lo.

Mas também não faltou quem dissesse:

— Que adianta a religião, tão bem observada? Saturnino é espírita convicto e leva a sério o seu Ideial. Vive para os outros. Na caridade é um heroi anônimo.

— Por que o infausto acontecimento? — expressava-se um colega materialista.

E à tarde, quando o acidentado apareceu muito pálido, com o braço direito em tipoia, carinho e respeito rodearam-no por todos os lados.

Saturnino agradeceu a generosidade de que fora objeto. Sorriu, resignado. Proferiu palavras de agradecimento a Deus. Contudo, estava triste.

II

À noite, em companhia da esposa, compareceu à reunião habitual do templo espírita que frequentava.

Sessão íntima.

Apenas dez pessoas habituadas ao trato com os sofredores. Consagrado ao serviço da prece, o operário, em sua cadeira humilde, esperava o encerramento, quando Macário, o orientador espiritual das tarefas, após traçar diretrizes, dirigiu-se a ele, bondoso:

— Saturnino, meu filho, não se creia desamparado, nem se entregue a tristeza inútil. O Pai não deseja o sofrimento dos filhos. Todas as dores decretadas pela Justiça Divina são aliviadas pela Divina Misericórdia, toda vez que nos apresentamos em condições para o desagravo. Você hoje demonstra indiscutível abatimento. Entretanto, não tem motivo. Quando você se preparava ao mergulho no berço terrestre, programou a excursão presente. Excursão de trabalho, de reajuste. Acontece, porém, que formulou uma sentença contra você mesmo...

Fez uma pausa e prosseguiu:

— Há oitenta anos, era você poderoso sitiante no litoral brasileiro e, certo dia, porque pobre empregado enfermo não lhe pudesse obedecer às determinações, você, com as próprias mãos, obrigou-o a triturar o braço direito no engenho rústico. Por muito tempo, no Plano Espiritual, você andou perturbado, contemplando mentalmente o caldo de cana enrubescido pelo sangue da vítima, cujos gritos lhe ecoavam no coração. Por muito tempo, por muito tempo...

E continuou:

— E você implorou existência humilde em que viesse a perder no trabalho o braço mais útil. Mas, você, Saturnino, desde a primeira mocidade, ao conhecer a Doutrina Espírita, tem os pés no caminho do bem aos outros. Você tem trabalhado, esmerando-se no dever... Não estamos aqui para elogiar, porque você continua lutando, lutando... e o plantio disso ou daquilo só pode ser avaliado em definitivo por ocasião da colheita. Sei, porém, que hoje, por débito legítimo, alijaria você todo o braço, mas perdeu só um dedo... Regozije-se, meu amigo! Você está pagando, em amor, seu empenho à justiça...

De cabeça baixa, Saturnino derrama a grossas lágrimas. Lágrimas de conforto, de apaziguamento e alegria...

Na manhã seguinte, mostrando no rosto amorável sorriso, compareceu, pontual, ao serviço.

E porque o fiscal do relógio lhe estranhasse o procedimento, quando o médico o licenciara por trinta dias, respondeu simplesmente:

— O senhor está enganado. Não estou doente. Fui apenas acidentado e posso servir para alguma coisa.

E caminhando, fábrica adentro, falou alto, como se todos devessem ouvi-lo:

— Graças a Deus!

EADE - LIVRO V

FILOSOFIA E CIÊNCIA ESPÍRITAS

Roteiro 18

EVOLUÇÃO

Objetivos

» Esclarecer o significado de evolução, segundo a Filosofia, a ciência e o Espiritismo.

» Identificar critérios determinantes do processo evolutivo.

» Citar exemplos de evidências evolutivas.

Ideias principais

» Evolução é processo gradual de desenvolvimento biológico e espiritual. A Filosofia e a Ciência limitam o entendimento da evolução à vida no plano físico. O Espiritismo considera também a existência no plano espiritual.

» Evidências da evolução planetária são identificadas nos fósseis, nos estudos da anatomia comparada e nas bases moleculares e hereditárias da organização biológica.

» O Espiritismo esclarece que a evolução ocorre nos dois planos da vida, o físico e o espiritual, e que todo processo evolutivo teve início com a união do princípio inteligente ao princípio material, uma vez que ambos já se achavam [...] *em estado de fluido no Espaço, no meio dos Espíritos, ou em outros planetas, esperando a criação da Terra para começarem existência nova em novo globo [planeta]. Allan Kardec: O livro dos espíritos, questão 45.*

Subsídios

Para os conhecidos filósofos Herbert Spencer (1820-1903) e Henri Bergson (1859-1941), "evolução é processo de desenvolvimento progressivo, biológico e espiritual da natureza, no qual os seres vivos e inanimados se aperfeiçoam."[1] A Ciência aceita essa conceituação e disponibiliza outras informações, mas ainda não considera a tese espírita da sobrevivência do Espírito.

As evidências fornecidas pelos fósseis, o estudo atento da natureza e as bases bioquímicas/moleculares da herança genética fornecem evidências que explicam a evolução planetária. Sabe-se, assim, que Terra foi formada há cerca de 4,6 bilhões de anos, e que todos os seres vivos do Planeta descendem de organismos muito simples que "[...] surgiram há mais de 3 bilhões de anos."[2]

A enorme diversidade dos seres atuais resulta de longo processo de *evolução biológica*, pelo qual a vida vem passando desde que surgiu. É isso o que afirma a moderna teoria evolucionista, respaldada por áreas do conhecimento tão diversas como a Biogeografia, a Geologia, a Anatomia Comparada e a Biologia Molecular.[2]

Durante séculos perdurou a ideia de que somente as espécies mais evoluídas (alguns animais e o homem) geravam, por reprodução, os seus descendentes. Sendo que as demais espécies, vegetais e muitos animais, por serem menos evoluídas surgiam espontaneamente, pelo processo denominado **Geração Espontânea** — teoria elaborada por Aristóteles (384-322 a.C.). Para este filósofo grego seria possível nascerem seres vivos a partir de matéria morta porque nela existiria um princípio ativo capaz de gerar a vida.

Foi hipótese amplamente aceita até o século XIX. Contudo, com as pesquisas do esclarecido cientista francês, Louis Pasteur (1822-1895), a teoria da Geração Espontânea foi descartada definitivamente, sobretudo quando Pasteur e outros estudiosos demonstraram a presença de seres vivos minúsculos, ou micróbios, em diferentes materiais biológicos, os quais, mesmo sendo invisíveis ao olho nu, eram capazes de reproduzir-se também, ainda que de forma diferente da animal.

Para a Ciência dos dias atuais há dois tipos fundamentais de processo evolutivo: **macro e microevolução:**

Macroevolução ou *Teoria Geral da Evolução* — também conhecida como "darwinismo" —, teoria evolutiva popularizada por Charles Darwin (1809-1882), no século XIX —, indica mudanças genéticas que ocorrem em larga escala, durante um longo período de tempo. Segundo a teoria, todas as formas de vida atuais se desenvolveram durante milhares de anos a partir de um ancestral comum. [...] *Microevolução* ou *Teoria Especial da Evolução,* descreve mudanças menores, limitadas, dentro de uma mesma espécie ou tipo, vegetal ou animal. É o que se percebe nos cães, por exemplo, cujas diferentes características distinguem uma raça da outra.[3]

1. Adaptação, base da evolução biológica[4]

Segundo os postulados científicos, entre os critérios que justificam a **macroevolução** (evolução geral ou especial), a **adaptação** de uma espécie ao meio ambiente é um dos mecanismos mais importantes da evolução. Ainda que a adaptação seja fato incontestável, a sua origem e forma de ocorrência na natureza não estão bem elucidadas, havendo inúmeras discussões a respeito. Entretanto, é possível delinear as suas características fundamentais:

1. Para os filósofos da Antiguidade havia a suposição de que o processo adaptativo das espécies acontecia em decorrência de uma criação especial, obra do Criador ou da natureza. Com o advento do Cristianismo desenvolveu-se o pensamento de que as espécies adaptadas seriam **fixas** e **imutáveis** (Teoria do Fixismo ou Imutabilidade das Espécies). Os defensores dessa teoria eram chamados *fixistas* ou *criacionistas,* acreditando que a destruição de uma espécie fixa e imutável só aconteceria por meio de grandes catástrofes. (Confira, em anexo, ideias mais recentes sobre a evolução, suas dúvidas e propostas).

2. A teoria do Fixismo ou Criacionismo perdurou por muito tempo, mas foi substituída por outra, a partir do século XIX, conhecida como **Transformismo**. Para o Transformismo a adaptação só acontece porque há mudanças, pois, à medida que o meio ambiente muda, cada espécie deve também modificar-se, para manter-se integrada ao ecossistema. Somente as espécies bem adaptadas ao meio ambiente oferecem chances de sobrevivência às intempéries e, se o meio lhes é favorável, disseminam-se. Foram essas ideias que originaram o **Evolucionismo** ou **Teoria da Evolução das Espécies** de Charles Darwin.

3. A adaptação ao meio ambiente nem sempre implica aperfeiçoamento/melhoramento de uma espécie, que pode manter-se num mesmo nível evolutivo por tempo indeterminado. É o que se observa, por exemplo, com as baratas. Esses insetos encontram-se na Terra desde períodos antiquíssimos, sem que apresentem, aparentemente, mudanças significativas. As samambaias e fetos, outro exemplo, são plantas vasculares, sem sementes, que surgiram nos primórdios da formação do Planeta, no período carbonífero (Era Paleozoica), entre 359 milhões a 299 milhões de anos atrás, aproximadamente.

4. A adaptação das espécies ocorre: no *meio externo*, isto é, na natureza, e no *interior* ou na *superfície* do corpo de animais e do homem. Há, por exemplo, micróbios inofensivos que colonizam a superfície corporal ou que vivem no interior do corpo humano, em perfeito processo de equilíbrio, alguns fornecendo, inclusive, elementos úteis ao hospedeiro. Assim a destruição, total ou parcial desses microrganismos, por antibióticos, por exemplo, afetaria a saúde do hóspede. Por outro lado, há adaptações que não são benéficas, caracterizadas como parasitismo, tal como acontece com alguns vermes de corpo achatado (tênias) que, por não possuírem sistema digestivo, adaptam-se no tubo digestivo do homem e de muitos vertebrados, produzindo doenças.

5. A adaptação produz, em geral, **resistência** às intempéries ou às agressões ambientais. O exemplo mais conhecido é a resistência de insetos aos inseticidas, ou de certas bactérias aos antibióticos.

2. Evidências da evolução biológica

2.1. Os Fósseis[5]

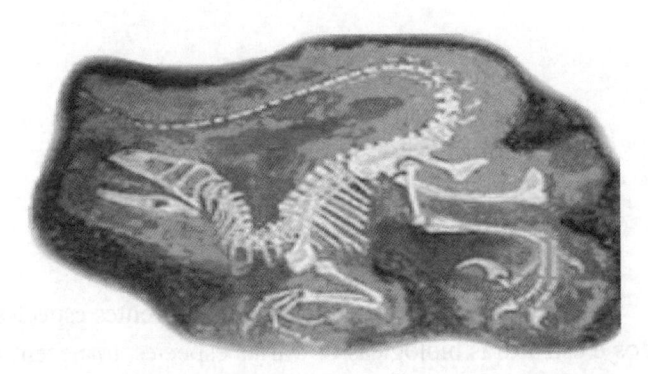

http://3.bp.blogspot.com/_9Xlu1srvmdw/SiW2i5awSGI/AAAAAAAAf4/1afAijkQlo/s400/o_registro_fossil.jpg

Evidências mais significativas da evolução são fornecidas pelos fósseis, conceituados como "restos e vestígios de seres vivos que viveram em épocas remotas." Pelo estudo dos fósseis sabe-se que existiram organismos completamente diferentes dos atuais — argumento poderoso usado pelos defensores do transformismo/evolucionismo —, sendo possível, inclusive, deduzir o tamanho e a forma que originalmente os organismos possuíam, por meio de boas e confiáveis reconstruções da imagem que esses seres tinham quando se encontravam vivos.

As melhores condições de fossilização ocorrem quando o corpo de um animal ou planta é sepultado no fundo de um lago e, rapidamente, é coberto por sedimentos. Nestas circunstâncias, é mais fácil retratar imagens.

A idade de um fóssil pode ser estimada pela medição de determinados elementos radioativos nele presentes ou na rocha onde o fóssil está incrustado. Se o fóssil ainda apresenta substâncias orgânicas na sua constituição, a sua idade pode ser calculada com razoável precisão pelo *método do carbono-14*. O carbono-14 ($14C$) é um isótopo* radioativo do carbono, cuja fórmula é $12C$.

---

* **Isótopos** são átomos de um elemento químico cujos núcleos têm o mesmo número atômico, ou seja, os isótopos de um certo elemento contêm o mesmo número de prótons designado por "Z", mas que contém diferentes números de massas atómicas, designadas por "A". A palavra *isótopo*, que significa "*no mesmo lugar*", vem do fato de que os isótopos se situam no mesmo local na tabela periódica. A diferença nos pesos atômicos resulta de diferenças no número de nêutrons nos núcleos atômicos, ou seja, os isótopos são átomos que possuem a mesma

2.2. Anatomia Comparada[6]

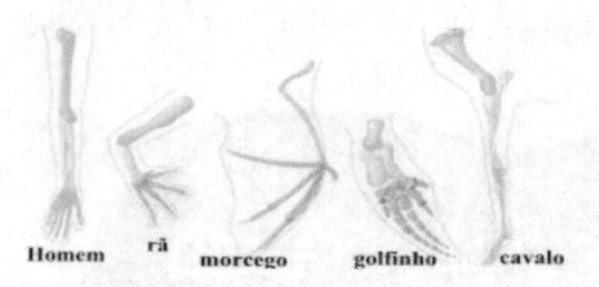

Homem   rã   morcego   golfinho   cavalo

http://www.scribd.com/doc/3204804/Biologia-PPT-Evolucao-I-e-II

As semelhanças entre embriões de diferentes espécies, ou entre órgãos e estruturas biológicas de várias espécies, fornecem bases para identificar o parentesco evolutivo de grupos de seres vivos. Por exemplo, a asa de uma ave, a nadadeira anterior de um golfinho e o braço do homem são diferentes na aparência, porém possuem estrutura óssea e muscular semelhante entre si. Tal similitude indica a existência de ancestral comum, que forneceu um plano corporal básico. As semelhanças entre os embriões de diferentes grupos e espécies são maiores que as encontradas na fase adulta. Assim, conforme a idade do embrião, é difícil distinguir entre si embriões de peixes, sapos, tartarugas, pássaros e até humanos.

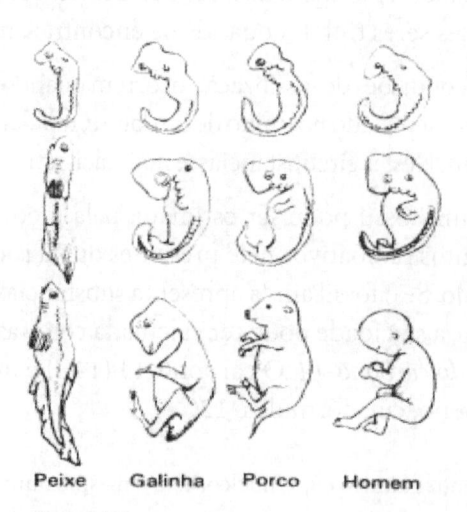

Peixe   Galinha   Porco   Homem

http://www.vestibularseriado.com.br/biologia/apostilas/item/252-evolucao

quantidade de prótons, mas não a mesma de nêutrons. Ex.: O átomo de Hidrogênio possui três formas de isótopos: o *Prótio* (1 próton sem nêutron) o *Deutério* (1 próton e 1 nêutron) e o *Trítio* (1 próton e 2 nêutrons). http://pt.wikipedia.org/wiki/Is%C3%B3topo

Se órgãos e estruturas anatômicas possuem desenvolvimento embrionário semelhante, com funções iguais ou diferentes, são denominados **homólogos**. Exemplo: o braço humano e a asa das aves seguiram traçado evolutivo semelhante, mas diferem quanto a função. Veja as ilustrações que se seguem. Observe a semelhança do processo evolutivo que há entre as espécies. Tal fato leva à conclusão de que entre os seres vivos há um plano básico de evolução, estruturalmente preciso e bem elaborado para a formação de corpos e órgãos.

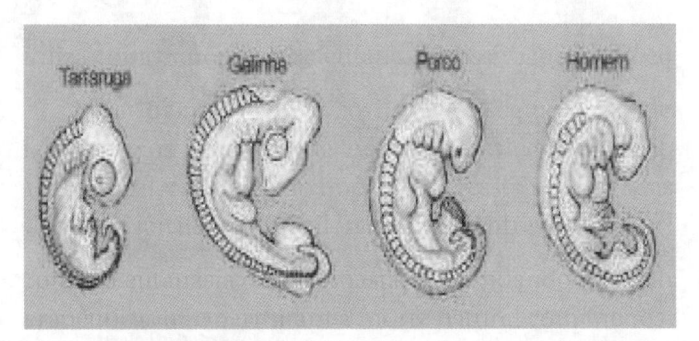

AMABIS, José Mariano e MARTHO, Gilberto Rodrigues. Biologia das populações: genética, evolução e ecologia. Volume 3. 1. ed. São Paulo: Moderna, 1994. Parte II, cap. 12, item 12.5,
http:// www.portalsaofrancisco.com.br/alfa/evolucao-dos-seres-vivos/teorias-da-evolucao-2.php

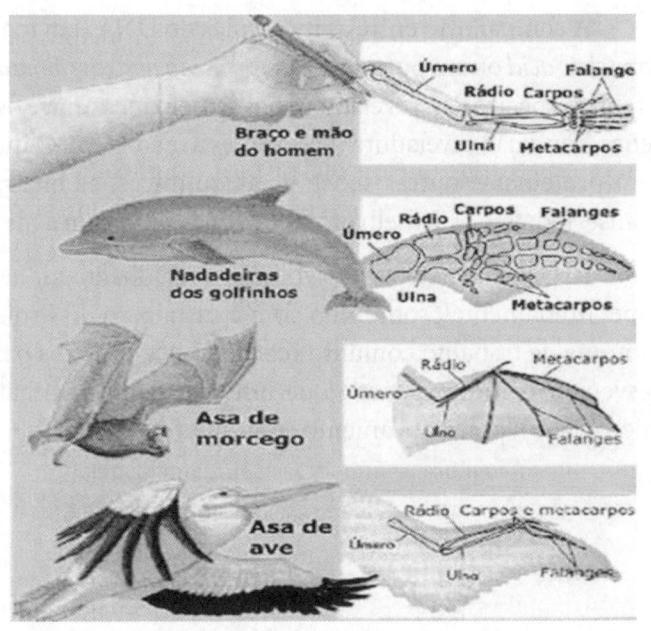

AMABIS, José Mariano e MARTHO, Gilberto Rodrigues. *Biologia das populações: genética, evolução e ecologia.* Volume 3. 1. ed. São Paulo: Moderna, 1994. Parte II, cap. 12, item 12.5,
http:// www.portalsaofrancisco.com.br/alfa/evolucao-dos-seres-vivos/teorias-da-evolucao-2.php

2.3. Evolução Humana - Crânio

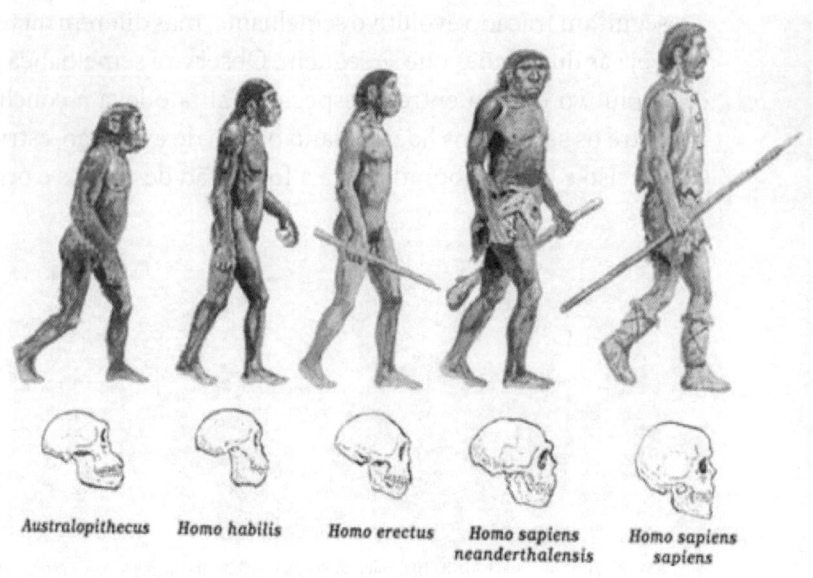

Australopithecus   Homo habilis   Homo erectus   Homo sapiens neanderthalensis   Homo sapiens sapiens

TTP://www.google.com.br/imgres? OU TTP://www.interney.net

2.4. Evidências Moleculares da Evolução[7]

A comparação entre as moléculas do DNA (em inglês: *deoxyribonucleic acid* ou em português ADN: *ácido desoxirribonucleico*) de diferentes espécies tem revelado várias semelhanças entre os respectivos genes, condição reveladora de parentesco evolutivo. O mesmo ocorre com proteínas e outras substâncias químicas, as quais, em última análise, refletem as semelhanças genéticas e indicam a mesma origem.

As bases genéticas da evolução desempenham, na atualidade, papel fundamental, sobretudo com a instalação do Projeto Genoma — nome de trabalho conjunto realizado por diversos países visando desvendar o código genético de um organismo (animal, vegetal ou microbiano), por mapeamento molecular dos genes.

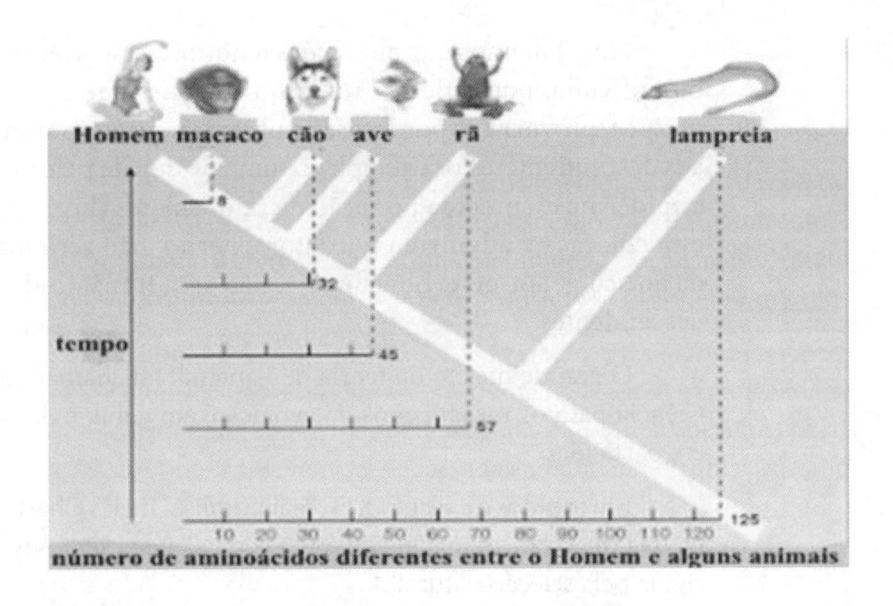

número de aminoácidos diferentes entre o Homem e alguns animais

3. Evolução das espécies[8, 9]

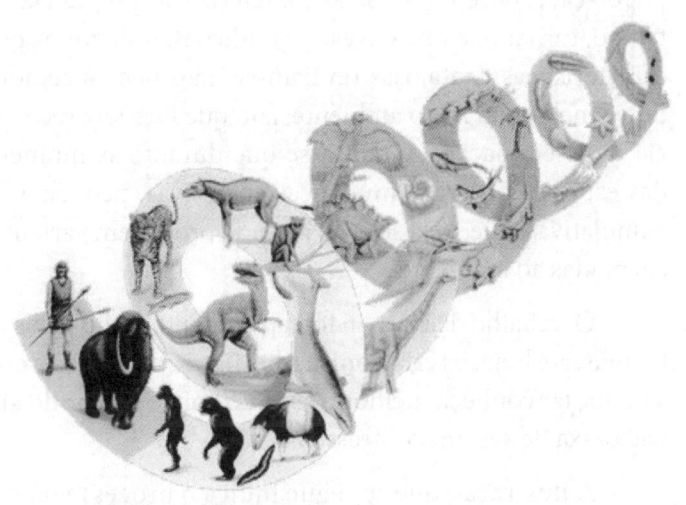

http://www.mikewood.com.br/c10-15.htm

O cientista francês Jean-Batiste Lamarck (1744–1829) foi um dos primeiros a propor uma hipótese que explicasse o processo evolutivo. A hipótese lamarckista, ou **lamarckismo**, consistia de duas premissas:

   a. As características de um ser vivo podem modificar-se no decorrer da existência, como consequência do uso ou do desuso.

   b. As características adquiridas durante a existência são transmitidas aos descendentes.

Hoje sabemos que alterações fenotípicas (aparência externa do indivíduo que reflete o conjunto de genes que possui, ou genótipo), provocadas por fatores ambientais, não são transmitidas aos descendentes. Por exemplo, se uma pessoa de pele branca tem a epiderme escurecida por ação de raios solares (bronzeamento), esta coloração, adquirida por fator externo, não será incorporada ao seu genótipo e, obviamente, não será transmitida aos seus descendentes.

O grande mérito da teoria de Lamarck foi chamar atenção da Ciência para os mecanismos da evolução, em geral, e da adaptação em particular.

Em meados do século XIX, "o naturalista inglês Charles Darwin (1809-1882) lançou a ideia de que a evolução dos seres vivos era dirigida pela seleção natural".[9]

A seleção natural indica que mecanismos hereditários envolvidos na sobrevivência e reprodução se tornam mais comuns numa população, sobrepondo-se às características prejudiciais que, com o tempo, tornam-se raras. Nestas condições, indivíduos portadores de características vantajosas revelam-se mais bem sucedidos, adaptando-se melhor ao meio ambiente, fato que lhes favorece a sobrevivência e disseminação. Acredita-se que durante as inúmeras gerações das espécies ocorram mudanças sucessivas, pequenas, aleatórias e cumulativas, que, pela seleção natural, produzem variantes mais bem adaptadas ao ambiente.

O trabalho de Darwin foi rapidamente aceito pelos transformistas mas, até hoje, os criacionistas lhe impõem reservas, ou se recusam a aceitá-la (conheça melhor o assunto com a leitura do anexo), o que não deixa de ser um contrassenso.

A ilustração que se segue indica o processo da evolução das espécies com base na teoria da seleção natural. Observe que as bolinhas menores, que passam pelo funil da evolução, são as que apresentam melhores condições de se adaptarem ao meio ambiente, oferecendo condições genéticas favoráveis à perpetuação das espécies.

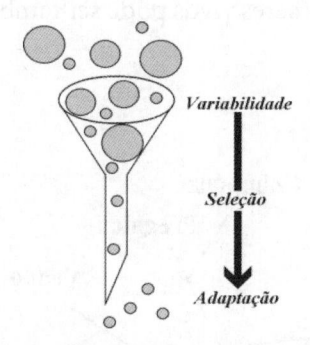

UZUNIAN Armênio; PINSETA, Dan; SASSON, Edésio e Sezar. Biologia. Livro 1. São Paulo, Editora Anglo, 1991.

A principal crítica à Evolução das Espécies de Darwin foi a de que o cientista não soube explicar as diferenças individuais existentes entre os membros de uma mesma espécie, ou nos representantes das raças. Tais explicações só foram respondidas mais tarde, a partir da década de 1930, com o conhecimento dos genes, empiricamente estudado no século anterior por Mendel, monge austríaco. Com o estudo dos genes ficou mais fácil entender o mecanismo das mutações (naturais e as produzidas em laboratório – base da biotecnologia atual) e da recombinação gênica. Nasciam, então, os estudos sobre a microevolução.

A Teoria da Evolução de Darwin foi remodelada e rebatizada ao longo do tempo, e, atualmente é denominada **Neodarwinismo**, **Teoria Sintética da Evolução** ou **Microevolução**, assim resumida:

Mutações genéticas => **Variabilidade** <= *Recombinação gênica*

||

Seleção natural => || <= *Seleção natural*

||

Adaptação

UZUNIAN Armênio; PINSETA, Dan; SASSON, Edésio e Sezar. *Biologia*. Livro 1. São Paulo, Editora Anglo, 1991.

O processo evolutivo dos seres vivos pode ser também visualizado nos seguintes esquemas:

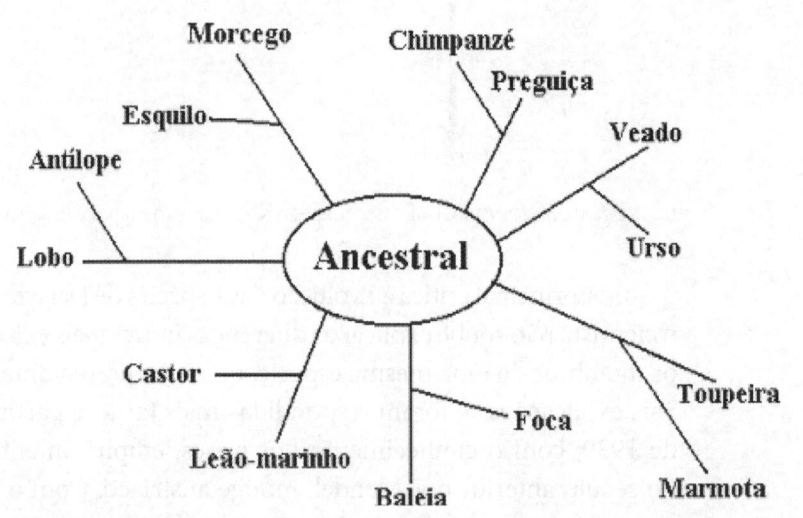

UZUNIAN Armênio; PINSETA, Dan; SASSON, Edésio e Sezar. Biologia. Livro 1. São Paulo, Editora Anglo, 1991.
logia. Livro 1. São Paulo, Editora Anglo, 1991.

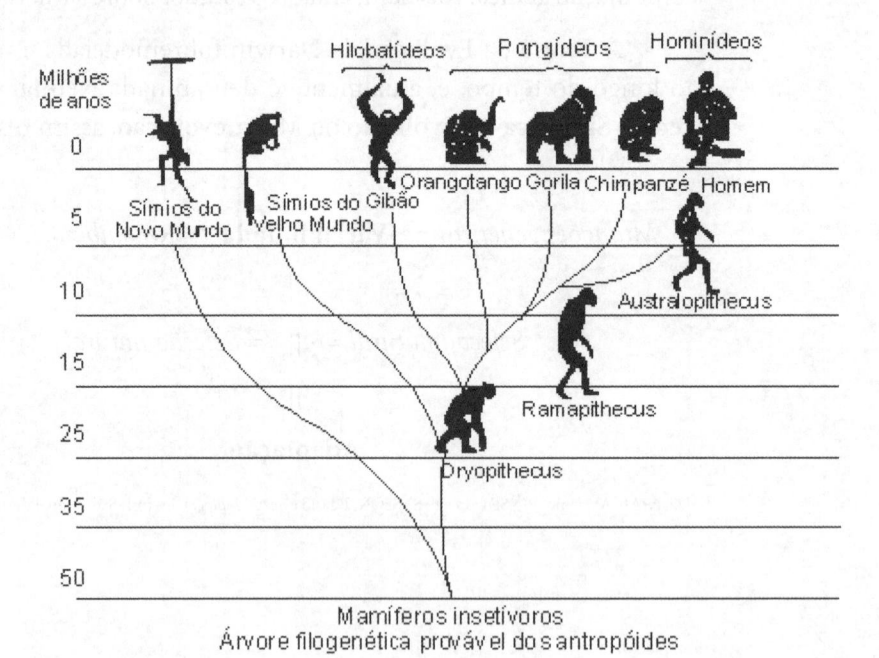

Árvore filogenética provável dos antropóides

http://www.direitosocial.com.br/Imagens/arvore_filogenetica.gif

3.1. Elos Perdidos da Evolução

A **Paleontologia** (ciência que estuda os fósseis) denomina **Elo Perdido** o ser que representa a forma de transição na cadeia evolutiva, isto é, o ponto de ligação entre uma espécie imediatamente anterior e outra nova, recém-surgida.

Tendo em conta que a evolução das espécies é um processo contínuo, é possível supor que todos os organismos vivos, em dado momento, tiveram formas de transição entre os tipos menos e mais evoluídos. A rigor, contudo, só se considera elos perdidos aquelas espécies que chegaram ao topo do processo evolutivo, e que, a partir daí, sofrem transformações que conduzem ao nascimento de outros seres.

Ao observar a figura anterior (Árvore Filogenética Provável dos Antropóides), percebe-se que o mamífero **Dryopithecus** deu origem aos símios do velho mundo, ao gibão, ao orangotango, ao gorila, ao chimpanzé e aos hominídeos. Entretanto, cada um desses tipos deve conter os seus respectivos elos perdidos.

Como foi referido antes, o entendimento da seleção natural proposta por Charles Darwin foi enriquecida com as contribuições do monge austríaco Gregor Johann Mendel (1822-1884), conhecidas como **hereditariedade mendeliana.** Descriminadas em três leis básicas, a partir de estudos com ervilhas, as leis de Mendel definem os fundamentos da transmissão genética. A teoria principal de Mendel é a de que características presentes nas plantas (cores, por exemplo) estão relacionadas a elementos hereditários, atualmente conhecidos como genes. Com suas pesquisas, Mendel passou a ser conhecido como Pai da Genética.

> Do resultado de suas observações foi originado o trabalho publicado em 1866, intitulado *"Experimentos com Plantas Híbridas"*, em que Mendel formulou três teorias básicas, estabelecendo o que hoje conhecemos por Leis de Mendel. A primeira Lei de Mendel é também conhecida por princípio da segregação dos caracteres, em que as células sexuais, masculinas ou femininas, devem conter apenas um fator para cada característica a ser transmitida. A segunda lei trata do princípio da independência dos caracteres, ou seja, cada característica hereditária é transmitida independentemente das demais. Na terceira lei Mendel formulou os conceitos da dominância, em que os seres híbridos apresentam um caráter dominante que encobre, segundo determinadas proporções, o chamado caráter recessivo, ou seja, os seres híbridos,

resultado do cruzamento entre seres portadores de caracteres dominantes e recessivos, apresentam as características de dominância.[10]

Seres híbridos são os que possuem genes diferentes para um fator específico, oriundos dos genitores. Por exemplo, se em um casal o pai tem olho castanho (**A**) e a mãe olho azul (**a**), os seus filhos serão, obrigatoriamente, híbridos (**Aa**), pois herdaram um gene de cada genitor. No caso da cor dos olhos, o gene dominante é o castanho (**A**), recessivo o azul (**a**). No exemplo, 100% dos descendentes são considerados híbridos (**Aa**) e terão olhos castanhos. Entretanto, se um desses filhos (**Aa**) unirem-se a uma mulher de olhos azuis (**a**), 50% dos seus filhos terão olhos azuis (a) e 50% serão híbridos (Aa) com olhos castanhos. É a hibridização que produz a variação genética.

4. A evolução explicada pelo Espiritismo

Para a Doutrina Espírita a evolução dos seres vivos, inclusive a humana, ocorre nos dois planos da vida: no físico e no espiritual. Os caracteres biológicos, visíveis e invisíveis, decorrem de alterações no perispírito de cada ser.

Dessa forma, para o princípio inteligente se transformar em Espírito foi preciso percorrer longa jornada evolutiva nos reinos inferiores da natureza, e em ambos os planos da vida, até obter condições para a humanização, transformando-se em um ser dotado de razão e de livre-arbítrio.

Uma pequena observação se faz necessária, à altura deste estudo: todas as vezes que Allan Kardec faz referência ao princípio inteligente, escreve a palavra em letra minúscula: **espírito**. Quando se refere ao homem, representante da espécie humana, escreve em maiúscula: **Espírito**. Neste sentido, esclarecem os orientadores da Codificação Espírita: "[...] Os Espíritos são a individualização do princípio inteligente, como os corpos são a individualização do princípio material. A época e o modo dessa formação é que são desconhecidos."[11]

4.1. Evolução do Princípio Inteligente

Os Espíritos Superiores ensinam que o princípio inteligente, ou espiritual, é "semeado" pelos Espíritos Crísticos no momento de formação dos mundos. André Luiz nomeia de **mônada** o princípio espiritual, analisando que nos primórdios da formação da Terra, "[...]

os Ministros Angélicos da Sabedoria Divina, com a supervisão do Cristo de Deus, lançaram os fundamentos da vida no corpo ciclópico do planeta."[12] Para tanto, uniram o princípio inteligente ao princípio material, preexistente.

Os dois princípios, o inteligente e o material, achavam-se, "[...] por assim dizer, em estado de fluido no Espaço, no meio dos Espíritos, ou em outros planetas, esperando a criação da Terra para começarem uma nova existência em novo globo [planeta]."[13]

Assim, o início da formação do nosso Planeta caracteriza-se pela presença e desenvolvimento, posterior, do princípio material, necessário para promover a constituição e organização da matéria, propriamente dita, que integraria a natureza da Terra e a formação dos corpos dos seres vivos. Com o surgimento da Terra, esses dois elementos, o princípio inteligente e o princípio material, foram unidos pelos Ministros Angélicos, encontrando, nessa união, condições propícias para se desenvolverem. Este é o processo básico de formação dos mundos e dos seres, segundo a Doutrina Espírita.

A partir daí foi dada a largada para que se estabelecesse o processo evolutivo contínuo. André Luiz explica como aconteceu a progressão do princípio inteligente, nos reinos da natureza, em ambos os planos da vida, até a sua individualização como Espírito.

> A matéria elementar, [...] ao sopro criador da Eterna Inteligência, dera nascimento à província terrestre, no Estado Solar a que pertencemos [...]. A imensa fornalha atômica estava habilitada a receber as sementes da vida e, sob o impulso dos Gênios Construtores, que operavam no orbe nascituro, vemos o seio da Terra recoberto de mares mornos, invadido por gigantesca massa viscosa a espraiar-se no colo da paisagem primitiva. Dessa geleia cósmica, verte o princípio inteligente, em suas primeiras manifestações... Trabalhadas, no transcurso de milênios, pelos operários espirituais que lhes magnetizam os valores, permutando-os entre si, sob a ação do calor interno e do frio exterior, as mônadas celestes [princípio inteligente] exprimem-se no mundo através da rede filamentosa do protoplasma de que se lhes derivaria a existência organizada no Globo constituído. Séculos de atividade silenciosa perpassam, sucessivos.[14]

Ao longo da incessante jornada evolutiva, o princípio inteligente aperfeiçoa-se durante sucessivos estágios no plano espiritual — sempre sob a ação dos Orientadores da Vida Maior —, imprimindo, em consequência, mudanças nos corpos que se manifestavam no plano físico. O princípio inteligente faz surgir, então, as cristalizações atômicas, presentes nos seres inertes; ganha vitalidade, unindo-se ao princípio vital, e desencadeia a formação dos seres vivos primitivos — como vírus, bactérias e protozoários —; revela maior experiência nos vegetais, onde a sensibilidade é percebida; modifica-se mais profundamente e imprimindo transformações decisivas nos animais, a partir de certos répteis, faz surgir os mamíferos, com aperfeiçoamento do sistema nervoso e vascular.[15]

> Alcançando [...] os pitecantropoides da era quaternária, que antecederam as embrionárias civilizações paleolíticas, a mônada vertida do Plano Espiritual sobre o Plano Físico atravessou os mais rudes crivos da adaptação e seleção, assimilando os valores múltiplos da organização, da reprodução, da memória, do instinto, da sensibilidade, da percepção e da preservação própria, penetrando, assim, pelas vias da inteligência mais completa e laboriosamente adquirida, nas faixas inaugurais da razão.[16]

É interessante observar que o princípio espiritual, em sua laboriosa viagem, "adquire entre os dromatérios* [um tipo de lagarto] e nos anfitérios** [mamíferos sem placenta, ancestrais dos placentários] os rudimentos das reações psicológicas superiores, incorporando as conquistas do instinto e da inteligência."[15]

Trata-se de informação especialmente importante, transmitida por André Luiz, pois demonstra que o progresso evolutivo não se revela apenas no nível biológico, mas também nos planos da mente.

De qualquer forma, as modificações estruturais são indeléveis, promovidas com a colaboração dos Espíritos orientadores (cocriadores em plano menor) ou por conta das reações naturais

---

* **Dromatérios:** réptil que melhor floresceu no triássico, período que se caracteriza pela presença de grandes sáurios (lagartos) aquáticos e terrestres; esse réptil desapareceu com o advento dos dinossauros carnívoros, e pode ser o último ancestral da maioria dos grupos mamíferos In: MESQUITA, José Marques. *Elucidário de evolução em dois mundos.* 3. ed. Rio de Janeiro: Euricio de Mário, 1984, p.36.

** **Anfitérios:** designação de mamíferos sem placenta, primitivos, cuja importância no terreno da evolução é enorme, sendo considerados a possível origem dos marsupiais, cujas fêmeas possuem bolsa formada pela pele do abdomen, e dos placentários (mamíferos com placentas). Op. Cit, p.33

(mutações, por exemplo). Foi assim que surgiram famílias, gêneros e espécies no Planeta. Entretanto, à medida que um grupo ou espécie se aprimora, por absorver novas mudanças, estabelece distâncias evolutivas entre os seres que os originaram, criando hiatos evolutivos, denominados *elos perdidos da evolução*, como foi anteriormente assinalado.

Em síntese, esclarece André Luiz que a mônada, ou princípio inteligente,

> [...] através do nascimento e morte da forma, sofre constantes modificações nos dois planos em que se manifesta, razão pela qual variados elos da evolução fogem à pesquisa dos naturalistas, por representarem estágios da consciência fragmentária fora do campo carnal propriamente dito, nas regiões extrafísicas, em que essa mesma consciência incompleta prossegue elaborando o seu veículo sutil, então classificado como protoforma humana, correspondente ao grau evolutivo em que se encontra.[17]

Com o passar dos milênios, o princípio inteligente permanece em sua marcha ascendente, chegando ao estágio de humanização: "O elemento espiritual individualizado constitui os seres chamados *Espíritos*, como o elemento material individualizado constitui os diferentes corpos da natureza, orgânicos e inorgânicos."[18]

Todo esse processo evolutivo, percorrido pelo princípio inteligente nos reinos inferiores, indica que o "[...] princípio inteligente se elabora, se individualiza pouco a pouco e se ensaia para a vida. É, de certo modo, um trabalho preparatório, como o da germinação, por efeito do qual o princípio inteligente sofre uma transformação e se torna *Espírito*."[19]

> É assim que dos organismos monocelulares aos organismos complexos, em que a inteligência disciplina as células, colocando-as a seu serviço, o ser viaja no rumo da elevada destinação que lhe foi traçada do Plano Superior [...]. Contudo, para alcançar a idade da razão, com o título de homem, dotado de raciocínio e discernimento, o ser, automatizado em seus impulsos, na romagem para o reino angélico, despendeu para chegar aos primórdios da época quaternária, em que a civilização elementar do sílex denuncia algum primor de técnica, nada menos de um bilhão e meio de anos.[20]

Vemos assim, afirmam os Espíritos orientadores da Codificação, que antes da individualização e consequente humanização do princípio inteligente, o Espírito cumpre a primeira fase evolutiva, em uma "[...] série de existências que precedem o período que chamais de humanidade."[21]

As primeiras encarnações do Espírito podem ocorrer na Terra, mas, em geral, acontecem em mundos apropriados:

A Terra não é o ponto de partida da primeira encarnação humana. Geralmente, o período da humanização começa em mundos ainda mais inferiores. Isto, entretanto, não é regra absoluta, pois pode acontecer que um Espírito, desde o seu início humano, esteja apto a viver na Terra. Esse caso não é frequente; seria antes uma exceção.[22]

Referências

1. MOURA, Marta Antunes. Evolução e hereditariedade. In: *Reformador*. Rio de Janeiro: FEB, setembro de 2009. Ano 127. Nº 2.166, p. 25.
2. AMABIS, José Mariano e MARTHO, Gilberto Rodrigues. *Biologia das populações: genética, evolução e ecologia*. Volume 3. 1. ed. São Paulo: Moderna, 1994. Parte II, cap. 12, item 12.1, p. 218.
3. MOURA, Marta Antunes. Evolução e hereditariedade. Op. Cit., p. 25-26.
4. UZUNIAN Armênio; PINSETA, Dan; SASSON, Edésio e Sezar. *Biologia*. Livro 1. São Paulo, Editora Anglo, 1991, p. 78-95.
5. AMABIS, José Mariano e MARTHO, Gilberto Rodrigues. Op. Cit. Item 12.5, p. 226-227.
6. _____. p. 228-230.
7. _____. p. 230-231.
8. _____. Cap. 12, item 12.2, p. 218.
9. _____. Item 12.3, p. 219-220.
10. http://www.portalsaofrancisco.com.br/alfa/gregor-mendel/gregor-mendel-3.php
11. KARDEC, Allan. *O livro dos espíritos*. Tradução de Evandro Noleto Bezerra. 2. ed. Rio de Janeiro: FEB, 2007. Questão 79, p. 118.
12. XAVIER, Francisco Cândido e VIEIRA, Waldo. *Evolução em dois mundos*. Pelo Espírito André Luiz. 25. ed. Rio de Janeiro: FEB, 2008. Primeira parte. Cap. 3 (Evolução e corpo espiritual), item: Primórdios da vida, p. 37.
13. KARDEC, Allan. *O livro dos espíritos*. Op. Cit. Questão 45, p. 97.
14. XAVIER, Francisco Cândido e VIEIRA, Waldo. *Evolução em dois mundos*. Op. Cit. p. 37-38.
15. _____. Item: Dos artrópodos aos dromatérios e anfitérios, p. 40.

16. _____. Item: Faixas inaugurais da razão, p. 41.

17. _____. Item: Elos desconhecidos da evolução, p. 42.

18. KARDEC, Allan. *A gênese*. Tradução de Evandro Noleto Bezerra. 1. ed. Rio de Janeiro: FEB, 2009. Cap. 11, item 6, p. 265.

19. _____. *O livro dos espíritos*. Op. Cit., questão 607-a, p. 389-390.

20. XAVIER, Francisco Cândido e VIEIRA, Waldo. *Evolução em dois mundos*. Pelo Espírito André Luiz. 25. ed. Rio de Janeiro: FEB, 2008. Item: Evolução no tempo, p. 42-43.

21. KARDEC, Allan. *O livro dos espíritos*. Op. Cit., questão 607, p. 389.

22. _____. Questão 607-b, p. 390

Orientações ao monitor

1. Sugerimos que o estudo seja realizado em duas ou três reuniões devido a extensão dos conteúdos desenvolvidos no Roteiro. Recomendamos também que os participantes façam, necessariamente, leitura do texto, a fim de facilitar o entendimento do assunto.

2. Cada reunião de estudo deve ser iniciada com breve exposição dos pontos mais significativos desenvolvidos no Roteiro. Sugerimos a seguinte ordenação:

» Primeira aula: estudar o item 1 (Adaptação, base da evolução biológica) e Anexo (teoria da formação da Terra e dos seres vivos).

» Segunda aula: estudar os itens 2 (Evidências da evolução biológica) e 3 (Evolução das espécies) .

» Terceira aula: estudar o item 4 (A evolução explicada pelo Espiritismo)

» Após cada exposição, propor atividades grupais que envolvam intensa participação dos integrantes da reunião.

3. Ficar atento à emissão de conceitos não-espíritas, que devem ser devidamente compreendidos. Se necessário, convidar alguém que tenha boa compreensão do assunto, um profissional da área, para explicar os conceitos científicos que integram os conteúdos do Roteiro.

4. Garantir que os princípios espíritas sejam destacados nas reuniões de estudo.

Anexo – Teorias da formação da terra e dos seres vivos

Fonte: Revista época. Edição especial, Nº 346, de 03/01/2005. Editora Globo.

1. SOBRE AS ORIGENS

Há diversos modos de se debruçar sobre o mistério da criação do mundo e do homem. Confira as principais teorias religiosas do tronco judaico-cristão que ora se opõem, ora se entrelaçam com o darwinismo.

CRIACIONISMO

1.1. Criacionistas da Terra Jovem

Em comum, os integrantes desta linha criacionista acreditam que o planeta tenha sido criado por Deus há apenas 6 mil ou, no máximo, 10 mil anos. Subdividem-se em três grupos principais:

» **Terra Plana:** para esse grupo, que faz interpretação literal da Bíblia, a Terra é chata, coberta por um firmamento, e as águas suspensas seriam as causadoras do Dilúvio. Embora seja um grupo cada vez menos expressivo, essa visão que remete à Antiguidade e à Idade Média persiste em pleno século XXI. Ex.: Charles K. Johnson (*International Flat Earth Society*).

» **Geocêntricos:** aceitam que a Terra é redonda, mas negam todas as evidências científicas que, desde Copérnico (1473–1543) e Galileu (1564–1642), provam que é a Terra que gira ao redor do Sol e de seu próprio eixo — e não o contrário. Ex.: Gerardus Bouw (*Biblical Astronomer Organization*) e Tom Willis (*Creation Science Association for Mid-America*).

» **Heliocêntricos:** aceitam as modernas concepções da Mecânica Celeste, embora não concordem com a idade estimada pela Ciência do universo (15 bilhões de anos) e da Terra (4,5 bilhões de anos). Ajudaram a popularizar a Teoria do Dilúvio e o criacionismo científico de George McCready Price. Ex.: Henry Morris e Duane Gish (*Institute for Creation Research*).

1.2. Criacionistas da Terra Antiga

Aceitam as evidências da antiguidade do planeta, mas ainda as encaixam na lógica das escrituras bíblicas. Subdividem-se em quatro grupos principais:

» **Teoria do Intervalo:** estabelece que houve um longo intervalo temporal entre os versículos 1:1 e 1:2 do Gênesis, após o qual Deus teria criado o mundo em seis dias. Busca assim conjugar evidências geológicas e cosmológicas mais remotas sem abrir mão da criação divina literal registrada na Bíblia. Ex.: Herbert Armstrong (autor de *Mistery of the Ages*).

» **Teoria do Dia-Era:** estabelece que o conceito de "dia" nas Escrituras representa, de forma figurada, períodos muito mais longos que 24 horas, compreendendo até mesmo intervalos de milhões de anos. Ex.: Testemunhas de Jeová (*Watchtower Bible and Tract Society of New York*).

» **Teoria Progressiva:** aceita o *big bang* e a maioria das teorias da Física Moderna como reforços do poder criativo de Deus. Mas acredita que todos os seres vivos foram criados de modo progressivo e sequencial por Deus, sem relação de parentesco ou ancestralidade. Ex.: Hugh Ross (autor de *Reasons to Believe*).

» **Design Inteligente:** versão criacionista mais sofisticada e de maior repercussão nos círculos acadêmicos e de poder do mundo atual. Como estratégia de marketing, seus adeptos não gostam de ser classificados como criacionistas. Afirmam que a complexidade do mundo natural prova uma intencionalidade. Seus argumentos se organizam de forma cada vez mais técnica para combater a teoria darwinista, em campos como Genética e Microbiologia. Ex.: Phillip Johnson, Michael Behe, William Dembski e George Gilder (*Discovery Institute*).

EVOLUCIONISMO

1.3. Evolucionismo teísta

Corrente que aceita completamente a Teoria da Evolução, mas não abre mão de seu caráter divino original. Crê que a descrição do Gênesis é simbólica, levando em conta o estilo literário hebraico da Antiguidade. Acredita que o processo criativo de Deus se expressa através dos postulados da Evolução, não vendo oposição entre Ciência e Fé. É a visão oficial do Vaticano e do papa, assim como da maioria das confissões protestantes, especialmente as denominadas "históricas". Ex.: Teilhard de Chardin (autor de *The Phenomenon of Man*).

2. Evolucionismo metodológico materialista

Acredita que Deus não interfere no processo evolutivo. Pode ser subdividido em dois grupos principais:

» **Linha Metodológica:** limita-se a descrever o mundo natural por meio de métodos científicos de investigação, excluindo o componente sobrenatural da equação. Adota uma postura agnóstica, nem defendendo nem negando sua existência. Ex.: Stephen Jay Gould (autor de *Rock of Ages: Science and Religion in the Fullness of Life*).

» **Linha Filosófica:** mais próxima de uma atitude proclamada como "ateísta positiva". Entende que o sobrenatural não existe. Mas prefere não discutir sobre isso. Cabe a quem tem fé o ônus da prova. Todos os processos, incluindo aí a Evolução, são naturais e assim devem ser estudados e analisados. Ex.: Richard Dawkings (autor de *The Blind Watchmaker*).

3. Criacionismo evolucionário

Grupo que conjuga influências tanto do ideário criacionista quanto do evolucionista. Considera que Adão não foi o primeiro ser humano criado, mas sim o primeiro dotado de alma por Deus. É muito semelhante ao Evolucionismo Teísta, diferindo apenas em alguns postulados teológicos, sendo mais próximo do Judaísmo que do Cristianismo. Ex.: Susan Schneider (autora de *Evolutionary Creationism: Torah Solves the Problem of Missing Links*).

O TABULEIRO DA DISCÓRDIA

Conheça os argumentos dos criacionistas na tentativa de desacreditar a Teoria da Evolução. E confira o que a Ciência diz.

CRIACIONISMO	EVOLUCIONISMO
Deus criou o homem e os demais seres vivos já na forma atual há menos de 10 mil anos.	O homem e os demais seres vivos são resultado de uma lenta e gradual transformação que remonta há milhões de anos.
Os fósseis (inclusive de dinossauros) são animais que não conseguiram embarcar na Arca de Noé a tempo de salvarem-se do dilúvio.	Os fósseis e sua datação remota confirmam que a extinção de espécies também faz parte do processo evolutivo.

CRIACIONISMO	EVOLUCIONISMO
Deus teria criado todos os seres vivos seguindo um propósito e uma intenção.	As transformações evolutivas são resultado de mutações genéticas aleatórias expostas à seleção natural pelo ambiente.
O homem foi feito à imagem e semelhança de Deus e, portanto, não descende de primatas.	O homem não é descendente dos primatas atuais, mas tem uma relação de parentesco. Ambos descendem de um ancestral comum já extinto.
Não há como comprovar a hipótese evolutiva em laboratório e, portanto, ela não é científica.	Seres vivos com ciclo de vida mais curto comprovam a evolução por seleção e adaptação, como no caso de populações de bactérias resistentes a determinados antibióticos.
Desde Darwin, vários aspectos de sua teoria já foram revistos, o que prova sua inconsistência.	Apenas detalhes científicos que ainda não estavam claros no tempo em que Darwin viveu, como os avanços na área da Genética e da Biologia Molecular, foram revistos. No essencial, a teoria é válida há 145 anos.
A Segunda Lei da Termodinâmica demonstra que os sistemas tendem naturalmente à entropia (desorganização).	A Segunda Lei da Termodinâmica não se aplica a sistemas abertos, como os seres vivos.
A perfeição dos seres vivos comprova a existência de um Criador inteligente.	Os seres vivos são complexos, mas longe de serem perfeitos. O apêndice humano é um exemplo de estrutura residual sem função.
Mesmo admitindo a Evolução, ela só poderia ser de origem divina por caminhar sempre no sentido da maior complexidade e do aperfeiçoamento biológico.	A evolução não caminha sempre para a maior complexidade. Insetos atuais são mais simples que seus ancestrais já extintos. Nem sempre evolução significa melhoria, apenas maior adaptação ao meio ambiente.
A origem da vida ainda não é explicada de modo satisfatório pelos evolucionistas.	Aspectos fundamentais envolvendo a origem da vida ainda precisam ser mais bem esclarecidos, mas o método científico e não dogmático é o caminho mais adequado.

FILOSOFIA E CIÊNCIA ESPÍRITAS

Roteiro 19

PLANO FÍSICO

Objetivos

» Descrever as principais características do plano físico, segundo o conhecimento científico e espírita.
» Esclarecer o significado de consciência ecológica.

Ideias principais

» Os estudos científicos sobre a natureza física do Planeta são desenvolvidos por diferentes áreas do conhecimento: Física, Química, Biologia, Matemática, Geologia, etc., genericamente denominadas *Ciências da Terra*.
» Considerando a forma estrutural do Planeta, os estudos científicos se concentram nas organizações existentes nos quatro ambientes terrestres: litosfera, atmosfera, hidrosfera e biosfera.
» Para o Espiritismo, a Terra é apenas uma das inúmeras moradas existentes no universo e que oferecem, [...] *aos Espíritos que neles encarnam, estações apropriadas ao seu adiantamento*. Allan Kardec: *O evangelho segundo o espiritismo*. Cap. III, item, 2.
» A consciência ecológica é processo educativo que propõe desenvolver mentalidade de saber utilizar os benefícios oferecidos pelo Planeta a todas as manifestações da vida, sem depredar ou destruir a natureza.

Subsídios

No planeta Terra sabemos da existência de dois planos: o físico e o espiritual. O primeiro tem sido objeto de estudo da Ciência, o segundo da Doutrina Espírita.

O plano físico é local onde se coloca em prática os planos reencarnatórios do Espírito, sendo que a natureza planetária é estudada pelas ciências da Terra, ou geociências, cujos conhecimentos abrangem áreas distintas — Física, Química, Biologia, Matemática — que usualmente se interrelacionam. Por meio do conhecimento oferecido por essas áreas, cientistas e estudiosos analisam a estrutura material do Planeta e as diferentes manifestações da vida: microbiana, vegetal, animal e humana. Contudo, as atividades científicas enfocam mais a superfície terrestre, local onde a vida se manifesta plenamente.

Considerando a forma do Planeta, uma esfera achatada nos polos, e a sua natureza, a moradia terrestre está dividida em quatro ambientes ou geosferas:

» **Litosfera** (ou crosta terrestre) – camada sólida mais externa da Terra, é formada por rochas e minerais, compreendendo a crosta continental e oceânica. Nessas localidades predominam a vida microbiana, vegetal, animal e a humana.

» **Atmosfera** – trata-se de uma camada gasosa que envolve a Terra, de aproximadamente 800 quilômetros de extensão, contados na vertical, a partir da superfície do Planeta. É formada de gases, principalmente nitrogênio e oxigênio, mas há outros, em proporções menores. Encontra-se também nesse espaço o vapor de água e o dióxido de enxofre.

» **Hidrosfera** – esfera composta por toda água que existe no Planeta: águas glaciais, águas dos oceanos e mares, dos rios, das fontes, dos lagos e também as dos lençóis subterrâneos. As águas marinhas e salobras correspondem a 97,4% e, apenas 2,6% são água doce, fato que demonstra a importância da água salgada para a vida planetária.

» **Biosfera** – comumente denominada "esfera da vida", é um ambiente que abrange as porções de terra, mar e águas continentais habitadas pelos seres vivos. O homem encontra-se totalmente integrado à biosfera há milhares de anos, de forma que não é possível imaginar a sobrevivência da espécie humana terráquea fora desse ambiente.

Acredita-se que a Terra tenha mais de 4,4 bilhões de anos, mas há locais na superfície planetária que são relativamente recentes: cerca de 100 milhões de anos.

As informações que se seguem1, retiradas da internet, fornecem esclarecimentos básicos sobre a origem e a formação da Terra.

> A **Terra** é o terceiro planeta a partir do Sol. É o quinto maior e mais massivo dos oito planetas do Sistema Solar, sendo o maior e o mais massivo dos quatro planetas rochosos. Além disso, é também o corpo celeste mais denso do Sistema Solar. A Terra também é chamada de *Mundo* ou *Planeta Azul*. Abrigo de milhões de espécies de seres vivos, que incluem os humanos, a Terra é o único lugar no universo onde a existência de vida é conhecida. O planeta formou-se 4,54 bilhões (mil milhões) de anos atrás, e as primeiras evidências de vida surgiram um bilhão de anos depois. Desde então, a biosfera terrestre alterou significantemente a atmosfera do planeta, permitindo a proliferação de organismos aeróbicos, bem como a formação de uma camada de ozônio. Esta, em conjunto com o campo magnético terrestre, absorve as ondas do espectro eletromagnético perigosos à vida (raios gama, X e a maior parte da radiação ultravioleta), permitindo a vida no Planeta. As propriedades físicas do planeta, bem como sua história geológica e sua órbita, permitiram que a vida persistisse durante este período. Acredita-se que a Terra poderá suportar vida por outros 1,5 bilhão (mil milhão) de anos. Após este período, o brilho do Sol terá aumentado, aumentando a temperatura no planeta, tornando o suporte da biosfera insuportável.[1]

Muito mais que estrutura física ou geológica, o planeta Terra é plano divino para o aprimoramento de um grupo de Espíritos, conhecido como humanidade Terrestre. Segundo Emmanuel,[2] a Terra

> é um magneto enorme, gigantesco aparelho cósmico em que fazemos, a pleno céu, nossa viagem evolutiva. Comboio imenso, a deslocar-se sobre si mesmo e girando em torno do Sol, podemos comparar as classes sociais que o habitam a grandes vagões de categorias diversas. [...] Temos aí o símbolo das reencarnações. De corpo em corpo, como quem se utiliza de variadas vestiduras, peregrina o Espírito de existência em existência, buscando aquisições novas para o tesouro de amor e sabedoria que lhe constituirá divina garantia no campo da eternidade. De quando em quando, permutamos lugar com os nossos vizinhos e companheiros.[2]

Esclarece também o benfeitor espiritual que no plano físico, local onde transcorre a existência carnal, é que o Espírito "[...] encontra multiplicados meios de exercício e luta para a aquisição e fixação dos dons de que se necessita para respirar em mais altos climas."[3]

Sendo assim, o ser humano deve aprender a preservar a moradia que lhe serve de processo evolutivo, educando-se, desde a mais tenra infância, como desfrutar dos seus benefícios sem provocar-lhe qualquer tipo de agressão. A consciência ecológica é meta que todo Espírito esclarecido almeja, a fim de que o Planeta ofereça boas condições de vida aos seus habitantes. Neste sentido, ensinam os orientadores[4] da Codificação Espírita:

> Deus não podia dar ao homem a necessidade de viver sem lhe conceder os meios indispensáveis. É por essa razão que faz a Terra produzir de modo a fornecer o necessário a todos os seus habitantes, visto que só o necessário é útil; o supérfluo nunca o é.[4]

Entretanto, assinala Allan Kardec: "A Terra produzirá o suficiente para alimentar a todos os seus habitantes, quando os homens souberem administrar os bens que ela dá, segundo as leis de justiça, de caridade e amor ao próximo."[5]

O consumo passa a ser questão primordial quando se analisa o equilíbrio planetário, porque, em razão da compulsiva necessidade de consumo, ou consumo abusivo, o homem desenvolveu mentalidade predadora contra a natureza, capaz de pôr em risco a vida no Planeta.

Importa considerar que a exploração sistemática e predatória dos recursos naturais, ao longo dos milênios, está provocando o esgotamento, a extinção de muitos elementos, produzindo uma série de modificações ambientais como, por exemplo, o fim de certos tipos de combustível (petróleo), escassez de água, aumento do aquecimento global e a poluição generalizada da natureza.

O confrade André Trigueiro, em seu livro *Espiritismo e ecologia* aponta: "Enquanto os ecologistas usam ferramentas cada vez mais sofisticadas para medir os impactos do consumo sobre os recursos naturais, os espíritas denunciam os problemas éticos decorrentes do consumismo."[6] Considera, porém, que

> em linhas gerais, ecologistas e ambientalistas apregoam valores que soam bastante ameaçadores a quem se acostumou a enxergar a

natureza como um gigantesco supermercado do qual basta retirar o que se deseja das prateleiras sem nenhuma preocupação com os limites do estoque.[7]

Sendo assim, é necessário que a nova geração de Espíritos receba, no lar e na escola, uma educação que tenha como base a construção da consciência ecológica, pertinente, madura, distante tanto das manifestações ingênuas da fé — segundo as quais Deus sempre suprirá a humanidade de recursos ilimitados de sobrevivência física, mesmo que o homem não se esforce para manter o equilíbrio planetário — ou de posicionamentos ideológicos radicais que estipulam ser a natureza intocável. É preciso, na verdade, estabelecer um ponto de equilíbrio entre essas duas posições.

A expressão "consciência ecológica" implica, sobretudo, garantia da sustentabilidade da vida no Planeta. Neste aspecto, ensinam os Espíritos da Codificação que é preciso desenvolver entendimento das leis de destruição e de preservação, usando os recursos da natureza sem abuso.

A palavra sustentabilidade é atualmente muito empregada quando se refere à consciêcia ecológica: traduz-se como "[...] conceito sistêmico, relacionado com a continuidade dos aspectos econômicos, sociais, culturais e ambientais da sociedade humana".

A principal proposta da sustentabilidade é:

> Ser um meio de configurar a civilização e atividade humana, de tal forma que a sociedade, os seus membros e as suas economias possam preencher as suas necessidades e expressar o seu maior potencial no presente, e ao mesmo tempo preservar a biodiversidade e os ecossistemas naturais, planejando e agindo de forma a atingir pró-eficiencia na manutenção indefinida desses Ideiais. A sustentabilidade abrange vários níveis de organização, desde a vizinhança local até o planeta inteiro. Para um empreendimento humano ser sustentável, tem de ter em vista quatro requisitos básicos. Esse empreendimento tem de ser:
>
> » Ecologicamente correto;
>
> » Economicamente viável;
>
> » Socialmente justo; e
>
> » Culturalmente aceito.[8]

Retornando às considerações de André Trigueiro, fazemos nossas as suas palavras:

> Segundo o Espiritismo, a necessidade de destruição não se dá por igual em todos os mundos, e será cada vez menos necessária quanto mais evoluída física e moralmente for o planeta em questão. Importa reconhecer o gênero de destruição sobre o qual estamos falando. Um, de origem natural, conspira em favor da manutenção da vida; o outro, de origem antrópica, determina impactos negativos sobre os ciclos da natureza, precipitando cenário de desconforto ambiental crescente. Há uma questão moral embutida nessa situação. Se entendermos que as práticas sustentáveis, em seus diferentes aspectos, significam fazer o bem, não ser sustentável — ou a inação num cenário de crise global — ajuda a desequilibrar a balança para o outro lado. Se não existe neutralidade no universo, e cada ação ou inação reverbera de maneira distinta na forma como interagimos constantemente com o cosmos, é importante que a tomada de consciência se desdobre na direção de novas ações, novas rotinas, novas escolhas em favor da vida.[9]

Referências

1. http://pt.wikipedia.org/wiki/Terra
2. XAVIER, Francisco Cândido. *Roteiro*. Pelo Espírito Emmanuel. 11. ed. Rio de Janeiro: FEB, 2004. Cap.8 (A Terra), p. 39-40.
3. _____. Cap. 2 (No plano carnal), p. 16.
4. KARDEC, Allan. *O livro dos espíritos*. 2. ed. Rio de Janeiro: FEB, 2009, questão 704, p. 440.
5. _____. *O evangelho segundo o espiritismo*. Tradução de Evandro Noleto Bezerra. 1. ed. Rio de Janeiro: FEB, 2008. Cap. 25, item 8, p. 444.
6. TRIGUEIRO, André. *Espiritismo e ecologia*. 1. ed. Rio de Janeiro: FEB, 2009. Cap. O consumo segundo o espiritismo, p. 68.
7. _____. p. 70.
8. http://pt.wikipedia.org/wiki/Sustentabilidade
9. TRIGUEIRO, André. *Espiritismo e ecologia*. Op. Cit. Capítulo: Lei de destruição, p. 49.

Orientações ao monitor

1. Como motivação inicial ao estudo, pedir aos participantes que leiam, atenta e silenciosamente, o texto de André luiz, inserido em anexo.
2. Em seguida, analisar, em plenário, as principais ideias desenvolvidas pelo Espírito.
3. Realizar breve exposição sobre o conhecimento científico relacionado à constituição da terra, desenvolvido neste Roteiro de estudo.
4. Pedir aos participantes que localizem no Roteiro as ideias espíritas sobre o assunto, esclarecendo-as.
5. Fechar o estudo com análise do conceito de consciência ecológica, seu significado e importância.

OBSERVAÇÃO: informar à turma que o assunto da próxima reunião (A desencarnação) será desenvolvido por meio da dinâmica Foro de debates. Assim, convidar três pessoas para debater o assunto, após a realização de breve exposição (veja descrição da dinâmica no anexo do próximo Roteiro de estudo).

Anexo – TEXTO PARA LEITURA E REFLEXÃO

Ouvindo a natureza*

André Luiz

Em todos os ângulos da Vida Universal, encontramos patentes, os recursos infinitos da Sabedoria Divina.

A interdependência e a função, a disciplina e o valor são alguns aspectos simples da vida dos seres e das cousas.

Interdependência – a vida vegetal vibra em regime de reciprocidade com a vida animal. A laranjeira fornece oxigênio ao cavalo e o cavalo cede gás carbônico à laranjeira.

---

* XAVIER, Francisco Cândido e Vieira Waldo. *Ideial espírita*. 11. ed. Uberaba[MG]: CEC, 1991. Por diversos Espíritos. cap. 44 (Ouvindo a natureza, mensagem do Espírito André Luiz), p. 112-113.

Função – o fruto é o resultado principal da existência da planta. A laranjeira, conquanto possua aplicações diversas, tem na laranja a finalidade maior da própria vida.

Disciplina – cada vegetal produz um só fruto específico. Existem infinitas qualidades de frutos, todavia a laranjeira somente distribui laranjas.

Valor – cada fruto varia quanto às próprias qualidades. A laranja pode ser doce ou azeda, volumosa ou diminuta, seca ou suculenta.

Antes de o homem surgir na superfície do Planeta, o vegetal, há muito, seguia as leis existentes.

Como usufrutuários do universo, saibamos, assim, que toda ação humana contrária à natureza constitui caminho a sofrimento.

Retiremos dos cenários naturais as lições indispensáveis à nossa vida. Somos interdependentes.

Não vivemos em paz sem construir a paz dos outros. Temos funções específicas.

Existimos para colaborar no progresso da Criação, edificando o bem para todas as criaturas.

Carecemos de disciplina.

Sem método em nossos atos, não demandaremos a luz da frente. Somos valorizados pelas leis divinas.

Valemos o preço das nossas ações, em qualquer atividade, onde estivermos.

FILOSOFIA E CIÊNCIA ESPÍRITAS

Roteiro 20

A DESENCARNAÇÃO

Objetivos

» Analisar ideias espíritas e não espíritas a respeito da morte ou desencarnação.

Ideias principais

» A [...] *morte constitui ainda acontecimento medonho, pavoroso, um medo universal, mesmo sabendo que podemos dominá-lo em todos os níveis. O que mudou foi nosso modo de conviver e lidar com a morte, com o morrer e com os pacientes moribundos.* Elisabeth Kübler-Ross: *Sobre a morte e o morrer*, cap. 1.

» *Só o ser humano tem consciência da própria morte. Por se perceber finito, pergunta-se sobre o que poderá ocorrer após a morte. A crença na imortalidade, na vida depois da morte, simboliza bem a recusa da sua destruição e o anseio da eternidade.* Maria Lúcia de Arruda Aranha e Maria Helena Pires Martins: *Filosofando*, unidade IV, quarta parte: A morte.

» Com a desencarnação, o Espírito [...] *retorna ao mundo dos Espíritos, que havia deixado momentaneamente.* Allan Kardec: *O livro dos espíritos*, questão 149–comentário.

» Na desencarnação, [...] *o perispírito se desprende molécula a molécula* [do corpo], *conforme se unira, e o Espírito é restituído à liberdade.*

Assim, não é a partida do Espírito que causa a morte do corpo; esta é que determina a partida do Espírito. Allan Kardec: *A gênese* cap.11,item18.

Subsídios

1. O que é morrer ou desencarnar

A morte, ou desencarnação segundo a terminologia espírita, é o fenômeno biológico por meio do qual ocorre a cessação da vida orgânica no corpo físico. A desencarnação se dá, exatamente, quando o Espírito se separa do corpo ao qual estava ligado, caracterizando o momento em que "[...] retorna ao mundo dos Espíritos, que havia deixado momentaneamente."[1] A sua individualidade mantém-se preservada no além-túmulo, e, graças ao seu perispírito conserva, quase sempre, os traços fisionômicos que possuía na última encarnação.[2] No plano espiritual, o desencarnado aprende, aos poucos, a se relacionar com outros desencarnados, iniciando nova etapa de sua existência.

> Desencarnar é mudar de plano, como alguém que se transferisse de uma cidade para outra [...], sem que o fato lhe altere as enfermidades ou as virtudes com a simples modificação dos aspectos exteriores. Importa observar apenas a ampliação desses aspectos, comparando-se o plano terrestre com a esfera de ação dos desencarnados. [...].[3]

Em geral, as pessoas temem a morte, e, mesmo entre os espíritas, percebe-se que esse medo não está totalmente ausente. Analisando a questão, esclarece a doutora Elisabeth Kübler-Ross (1926-2004), renomada psiquiatra de fama mundial, em razão dos profundos conhecimentos adquiridos sobre a morte em sua prática médica junto a pacientes que se encontravam nas fases finais da existência:

> Morrer é parte integrante da vida, tão natural e previsível quanto nascer. Mas ao passo que o nascimento é motivo de comemoração, a morte se tornou um temido e inexprimível assunto, evitado de todas as maneiras na sociedade moderna. Talvez porque nos chame atenção para nossa vulnerabilidade humana, apesar de todos os avanços tecnológicos. Podemos retardá-la, mas não podemos escapar a ela. [...]
> E a morte ataca indiscriminadamente — ela não se importa com o

status ou posição daqueles a quem escolhe; todos devem morrer, ricos ou pobres, famosos e desconhecidos. Até as boas ações não livram da morte seus praticantes; os bons morrem tão frequentemente quanto os maus. Talvez seja essa imprevisível e inevitável qualidade que faça a morte tão apavorante para muitas pessoas. Em especial, os que dão grande valor ao fato de controlar sua própria existência são os que mais se abalam com a ideia de que também estão sujeitos às forças da morte.[4]

2. Concepções filosóficas sobre a morte

As interpretações filosóficas sobre o assunto indicam que a morte pode ser analisada em três níveis:

a. **Início de um ciclo de vida:** "entendida assim por muitas doutrinas que admitem a imortalidade da alma. Para elas, a morte é o que Platão chamava de *separação entre a alma e o corpo*."[5]

> Com essa separação de fato, inicia-se o novo ciclo de vida da alma: seja ele entendido como reencarnação da alma em novo corpo, seja uma vida incorpórea. Plotino expressava essa concepção dizendo: "Se a vida e a alma existem depois da morte, a morte é um bem para a alma porque esta exerce melhor sua atividade sem o corpo."[5]

Em decorrência, afirmava o filósofo prussiano, Schopenhauer (1788–1860), "a morte é comparável ao pôr-do-sol, que representa, ao mesmo tempo, o nascer do sol em outro lugar".[6]

b. **Fim de um ciclo de vida:** assim compreendido por vários filósofos do passado e do presente. "Marco Aurélio considerava-a como repouso ou cessação das preocupações da vida; conceito que ocorre frequentemente nas considerações da sabedoria popular [...]."[6]

> A morte como o término de um ciclo de vida é, da mesma forma, um conceito religioso enquanto associado ao pecado original. Para Moisés, a morte representa o fim das tribulações humanas impostas à humanidade, em razão do pecado de Adão e Eva: " Mas da árvore do conhecimento do bem e do mal não comerás, porque no dia que em que dela comeres, morrerás" (*Gênesis*, 2:17). Interpretando o caráter legalista do judaísmo, o apóstolo Paulo afirmava: "Eis por que, como por meio de um só homem [Adão] o pecado entrou no mundo e, pelo

pecado, a morte; assim, a morte passou a todos os homens, porque todos pecaram" (*Epístola aos Romanos*, 5:12).[7]

c. **Possibilidade existencial:** "implica que a morte não é um acontecimento particular, situável no início ou no término de um ciclo de vida do homem, mas uma possibilidade sempre presente na vida humana, capaz de determinar as características fundamentais desta".[6]

Qualquer uma dessas possibilidades é condizente com o pensamento espírita de que a vida no mundo corpóreo é transitória e que todas as criaturas vivas que aí se encontram estão de passagem. A vida verdadeira ocorre no plano espiritual. E não se trata de pensamento recente, ao contrário, é advogado por inúmeros filósofos, desde a mais remota Antiguidade.

No diálogo *Fédon*, Platão descreve os momentos finais da vida de Sócrates antes de sua execução, quando discute com os discípulos sobre a ligação do corpo e alma. Sendo o corpo um estorvo da alma, a serenidade do sábio diante da morte é reconhecimento de que a separação significa liberação do espírito.[7]

Mais recentemente, mas mantendo-se dentro dessa linha de raciocínio, assinala Martin Heidegger (1889–1976), o erudito filósofo alemão, que a morte é "[...] aquilo que confere significado à vida."[7] De fato, segundo a Doutrina Espírita só morre bem quem viveu bem, quem deu significado à sua existência.

> [...] Para o homem cuja alma se desmaterializou e cujos pensamentos se elevam acima das coisas terrenas, o desprendimento quase se completa antes da morte real, isto é, enquanto o corpo ainda tem vida orgânica, o Espírito já penetra na vida espiritual, apenas ligado por elo frágil que se rompe com a última pancada do coração. [...].[8]

3. Concepções científicas e legais sobre a morte

3.1. Conceito científico de morte

Do ponto de vista da Medicina, a morte é a cessação de todas as funções vitais; a perda dos reflexos do tronco cerebral e medula espinhal, situação comprovada pelos gráficos lineares de eletroencefalogramas (EEG) realizados no período de 24 horas.

O estudo da morte pela Ciência é denominado *Tanatologia* (do grego *tanathos* (morte) + *logia* (estudo). Por se tratar de matéria complexa, a morte para ser atestada deve estar associada ao critério mínimo de cessação total e irreversível da função cerebral, da função espontânea dos sistemas respiratório e circulatório.

Com o surgimento da prática médica de transplantes de órgãos, contudo, novos critérios para a determinação da morte foram impostos, justamente porque há necessidade de que os órgãos a serem transplantados estejam íntegros e viáveis. Passou-se, então, a valorizar o critério de *morte encefálica*.

Partindo-se do princípio de que a morte é um processo lento e gradual, é necessário fazer algumas distinções: *morte clínica* ou paralisação da função cardíaca e da respiratória; *morte biológica* ou destruição celular; e *morte encefálica* a qual resulta na paralisação das funções encefálicas (não só as do cérebro).

Recordamos que o encéfalo é o centro do sistema nervoso dos vertebrados, inclusive do homem. Está localizado na cabeça, protegido pelo crânio, e possui os seguintes órgãos: cérebro, cerebelo, ponte ou protuberância e bulbo. Em continuação ao encéfalo, temos a medula nervosa ou espinhal. O conjunto, encéfalo e medula cérebro-espinhal, constitui o Sistema Nervoso Central.

A morte clinica é pouco valorizada nos dias atuais, em razão dos avanços tecnológicos da medicina que, conjugados aos processos de reanimação, permitem manter a vida vegetativa do enfermo, mesmo que já exista morte encefálica.

A manutenção do estado vegetativo do paciente, por meio de medicamentos e equipamentos, conduz a outros tipos de discussão, sobretudo a relacionada à eutanásia.

3.2. Eutanásia

É a forma de apressar a morte da pessoa portadora de doença incurável, por meio de procedimentos que não produzam sofrimento. Trata-se de um ato médico com o consentimento do doente, ou da família deste. A eutanásia é um assunto muito discutido nos planos éticos e da ciência jurídica.

Nessa questão, é relevante distinguir eutanásia de "suicídio assistido", na medida em que na primeira, é uma terceira pessoa que executa (o médico), e no segundo é o próprio doente que provoca a sua morte, ainda que para isso disponha da ajuda de terceiros.

Do ponto de vista religioso é tida como uma usurpação do direito à vida humana, que é concedida por Deus. No sentido ético, a eutanásia contraria o juramento de Hipócrates — que é o de preservar a vida por todos os meios ao alcance do medico —, partindo-se do fundamento de que a vida é um dom sagrado. Pela perspectiva jurídica, no nosso pais e em outros que não aprovam a eutanásia, esta é considerada homicídio.

A **distanásia** é conceito oposto ao de eutanásia, pois defende a ideia de que todas as possibilidades devem ser utilizadas para prolongar a vida do ser humano, ainda que a cura não seja uma possibilidade e o sofrimento do enfermo se prolongue.

3.3. Tipos de eutanásia

A eutanásia pode ser classificar, basicamente, em duas formas, assim expressas:

Como tipo de ação

» Eutanásia ativa: o ato deliberado de provocar a morte sem sofrimento do paciente, [considerado] por fins misericordiosos.

» Eutanásia passiva ou indireta: a morte do paciente ocorre, dentro de uma situação de terminalidade, ou porque não se inicia uma ação médica ou pela interrupção de uma medida extraordinária,com o objetivo de minorar o sofrimento [não se aplica medicamentos, não se utiliza aparelhos, encaminha-se o doente terminal à família para que a morte ocorra naturalmente].

» Eutanásia de duplo efeito: quando a morte é acelerada como uma consequência indireta das ações médicas que são executadas visando o alívio do sofrimento de um paciente terminal.

Como um consentimento do paciente

» Eutanásia voluntária: quando a morte é provocada atendendo a uma vontade prévia do paciente.

» Eutanásia involuntária: quando a morte é contra a vontade do paciente.

» Eutanásia não voluntária: quando a morte é provocada sem que o paciente tenha manifestado sua posição em relação a ela, mas, em geral, há aprovação familiar. (Informações disponíveis em: www.bioetica.ufrgs.br/eutanasi.ltm)

3.4. Ortotanásia

O termo ortotanásia, em linguagem médica, significa morte no tempo correto ou morte natural, e é um procedimento que visa à humanização da morte, sem a utilização de meios para abreviá-la e também sem tomar atitudes desproporcionais para mantê-la. O termo para a Medicina tem sido diferente do usado na área jurídica, que o utiliza como sinônimo de eutanásia passiva, gerando equívocos.

O Movimento Médico-Espírita, segundo o Adendo à Carta de Princípios Bioéticos da Associação Médico-Espírita do Brasil - AME-Brasil, estabelecido no VI Congresso Nacional das Associações Médico-Espíritas do Brasil, reafirma, dentre outros, ser:

a. Contra a eutanásia e a distanásia, referendando a escolha de atitudes terapêuticas que permitam a morte natural com menos sofrimento e total apoio para o paciente e a família.

b. Contra quaisquer formas de violação do direito à vida, que se inicia, do ponto de vista físico, com a fecundação e cessa na desencarnação.

(Informações disponíveis em: www.amebrasil.org.br/html/adendo.htm. Consulta realizada em 10/08/2011).

3.5. Procedimentos legais relativos à morte

A comprovação do falecimento é especificada em legislação própria, muito semelhante na maioria dos países, inclusive na brasileira.

> As normas vigentes na sociedade moderna determinam que a morte seja atestada por meio de procedimentos técnicos e legais, uma vez que a morte pode ter consequências para outras pessoas ou para a natureza. No caso do ser humano, faz-se a confirmação por meio do "Atestado de Falecimento", assinado por um médico. Procedimentos semelhantes, de base científica, são igualmente utilizados para comprovar a morte de seres não humanos.[9]

Se a pessoa falecida recebia atendimento médico, o profissional de medicina responsável pelo doente emite o *atestado de óbito* que, após o registro no cartório civil, dá inicio à cerimônia fúnebre, esta sim, variável em diferentes culturas. Contudo, caso o falecimento tenha acontecido na ausência de acompanhamento médico, deve-se fazer ocorrência na delegacia policial, mais próxima da residência do falecido. A delegacia fará o recolhimento do corpo e providenciará o atestado de óbito.

Na morte registrada no hospital, antes que se completem 24 horas de internação do paciente, o médico responsável pelo doente encaminha o corpo à necropsia, após assinar o atestado de óbito. Caso o falecimento tenha ocorrido depois das 24 horas de hospitalização, o médico responsável assina o atestado de óbito, no próprio hospital, sem necessidade de necropsia.

Nos casos de morte violenta (homicídio ou suicídio), é necessário fazer boletim de ocorrência policial, independentemente do acompanhamento médico.

As *cerimônias fúnebres* são caracterizadas *pelos* procedimentos comuns, de velório e sepultamento ou cremação do corpo. No caso específico da cremação, a lei exige *declaração de intenção*, previamente assinada pela pessoa que morreu, ou autorização de parente mais próximo, sendo que ambas declarações, *atestado de óbito* e *declaração de intenção*, devem ser registradas em cartório.

O cerimonial fúnebre faz parte das tradições religiosas, expressando diferentes ritos. Neste sentido, os serviços de saúde, sobretudo os hospitalares, não devem impedir ou dificultar a manifestação de fé do enfermo terminal, ou dos familiares próximos, considerando que

> independentemente das diferentes interpretações das diversas correntes religiosas, todas elas consideram bastante valioso o apoio espiritual dado ao paciente em processo de morrer. Para reforçar essa dimensão do cuidado a Associação Médica Mundial na Declaração sobre os Direitos dos Pacientes revisada na 56ª Assembleia, realizada em outubro de 2005, em Santiago, Chile, diz textualmente: *o paciente tem o direito de receber ou recusar o conforto espiritual incluindo a ajuda de um ministro de religião da sua escolha.*[10]

Atualmente, a maioria das mortes ocorre no hospital. A despeito dos cuidados e recursos tecnológicos oferecidos ao enfermo e ao agonizante, contraditoriamente, esta "[...] é uma das razões fundamentais que tornam a morte tão dura",[11] assinala Elisabeth Kübler-Ross, pois o hospital é um ambiente impessoal, por natureza, "[...] uma instituição despersonalizaste que não é, por definição, estabelecido para suprir as necessidades de pessoas cujas condições psicológicas estão além da capacidade hospitalar de socorro; [...] não há nada neste sistema que supra a carência do espírito humano quando o corpo necessita de cuidados."[11]

Em consequência, dá-se muita ênfase à humanização da prestação dos serviços de saúde nos dias atuais que, no caso do agonizante, é encaminhado à convivência familiar, a fim de receber carinho e afeto nos seus últimos momentos no corpo físico, se já foram esgotados todos os recursos médico-hospitalares.

As informações sobre a continuidade da vida, a imortalidade do Espírito e as possibilidades de reencontrar entes queridos, já falecidos, podem e devem ser repassadas ao doente terminal, mesmo sendo ele materialista. Entretanto, é preciso usar de muito tato e saber identificar o momento mais propício, evitando sobrecargas de preocupações ao moribundo.

> O trabalho com o paciente moribundo requer certa maturidade que só vem com a experiência. Temos de examinar detalhadamente nossa posição diante da morte e do morrer, antes de nos sentarmos tranquilos e sem ansiedade ao lado de um paciente em fase terminal. [...] O terapeuta — médico, capelão ou quem quer que assuma este papel — tentará, através de palavras ou ações, fazer com que o paciente sinta que não vai sair correndo se forem mencionados os termos câncer ou morrer. O paciente entenderá essa dica e se abrirá, ou fará com que o entrevistador perceba que a mensagem o agrada, embora não seja o momento certo. O paciente deixará que essa pessoa perceba quando ele estiver disposto a transmitir seus anseios, e o terapeuta o assegurará de que voltará no momento oportuno. [...].[12]

4. A transição entre a vida corporal e a espiritual

A morte é um fenômeno natural, experimentado pelos Espíritos vezes sem conta, e resultante da falência dos órgãos. Entretanto, conforme o gênero de morte, o desligamento da alma do corpo pode ser mais ou menos lento, situação que provoca, em muitos casos, sofrimento ou desconforto.

> Por ser exclusivamente material, o corpo sofre as vicissitudes da matéria. Depois de funcionar por algum tempo, ele se desorganiza e se decompõe. O princípio vital [que animava o corpo], não mais

encontrando elemento para a sua atividade, se extingue e o corpo morre. O Espírito, para quem o corpo privado de vida se torna inútil, deixa-o, como se deixa uma casa em ruínas ou uma roupa imprestável.[13]

O fenômeno da desencarnação é oposto ao da encarnação. Nesta, o perispírito está "enraizado", molécula a molécula, no corpo físico, semelhante às raízes de uma planta na terra.[14] Na desencarnação, "[...] o perispírito se desprende, *molécula a molécula*, conforme se unira, e o Espírito é restituído à liberdade. Assim, *não é a partida do Espírito que causa a morte do corpo; esta é que determina a partida do Espírito.* [...]".[15]

O desligamento perispiritual não ocorre de forma abrupta, mesmo em se tratando do suicídio, mas nem sempre é possível demarcar, com precisão, o momento exato da separação do Espírito do corpo. Segundo os Espíritos orientadores, "[...] a alma se desprende gradualmente e não escapa como um pássaro cativo a que se restituiu subitamente a liberdade. Aqueles dois estados [desencarnação e desligamento do corpo] se tocam e se confundem, de modo que o Espírito se desprende pouco a pouco dos laços que o prendiam: *eles se desatam, não se quebram*."[16]

> [...] A observação comprova que, no instante da morte, o desprendimento do perispírito não se completa subitamente; que se opera gradualmente e com uma lentidão muito variável conforme os indivíduos. Em uns é bastante rápido, podendo-se dizer que o momento da morte é também o da libertação; em outros, sobretudo naqueles cuja vida foi *toda material e sensual*, o desprendimento é muito menos rápido, durando algumas vezes dias, semanas e até meses, o que não implica a existência, no corpo, da menor vitalidade, nem a possibilidade de um retorno à vida, mas simples afinidade entre o corpo e o Espírito, afinidade que sempre guarda relação direta com a preponderância que, durante a vida, o Espírito deu à matéria. [...].[17]

Segundo Elisabeth Kübler-Ross, já citada, quando a pessoa sabe que sofre de uma doença incurável, e que se encontra muito próxima da desencarnação, é comum ela passar por cinco fases: a) **negação e isolamento** (invocando erro de diagnóstico, faz mudança de médico, apela à religião); b) **raiva ou irritação** (sentimento de frustração e injustiça, revolta ou rebeldia contra a situação); c) **barganha ou negociação** (a Deus ou a outra força superior); d) **depressão** e, finalmente, e) **aceitação** (adquirindo paz interior pela resignação).[18]

Tais condições foram observadas na maioria dos pacientes, entretanto há uma minoria que não segue todas as fases citadas. Os indivíduos esclarecidos sobre a continuidade da vida, eliminam algumas fases, aceitando a morte iminente com certa facilidade. Os materialistas ou os que trazem a consciência presa a remorsos nem sempre aceitam resignadamente o fim da existência.

Nos momentos finais da desencarnação, o Espírito não tem, em geral, consciência de si mesmo, mas, entra no estado de agonia porque ainda existem resquícios da vida orgânica. Conforme a vida que levou, e o gênero de morte, a agonia pode prolongar-se ou retardar-se, produzindo, ou não, sofrimento.

Ensinam os orientadores espirituais que a separação da alma, no exato instante da morte, não é, comumente, dolorosa, porque o Espírito encontra-se no estado de inconsciência, como se estivesse dormindo ou em coma.

> O último suspiro quase nunca é doloroso, porque, ordinariamente, ocorre em momento de inconsciência, mas a alma sofre antes dele a desagregação da matéria, durante as convulsões da agonia e, depois, as angústias da perturbação. É bom destacar logo que esse estado não é geral, porquanto, como já dissemos, a intensidade e duração do sofrimento estão na razão direta da afinidade existente entre corpo e perispírito. Assim, quanto maior for essa afinidade, tanto mais penosos e prolongados serão os esforços da alma para desprender-se. Há pessoas nas quais a coesão é tão fraca que o desprendimento se opera por si mesmo, com a maior naturalidade. O Espírito se separa do corpo como um fruto maduro que se desprende do seu caule. É o caso das mortes calmas e de despertar pacífico.[19]

» Caracteriza-se como **perturbação espiritual** o momento de transição que ocorre entre a vida corporal e a espiritual, durante a desencarnação. Allan Kardec apresenta o significado desse estado, nas explicações que se seguem.

> [...] Nesse instante a alma experimenta um torpor que paralisa momentaneamente as suas faculdades, neutralizando, ao menos em parte, as sensações. É como se estivesse num estado de catalepsia, de modo que a alma quase nunca testemunha conscientemente o derradeiro suspiro. Dizemos *quase nunca* porque há casos em que a alma pode contemplar conscientemente o desprendimento [...]. A perturbação pode, pois, ser considerada o estado normal no instante da morte; sua

duração é indeterminada, variando de algumas horas a alguns anos. À proporção que se liberta, a alma encontra-se numa situação comparável à de um homem que desperta de profundo sono; as ideias são confusas, vagas, incertas; vê como que através de um nevoeiro, aclarando-se a vista pouco a pouco e lhe despertando a memória e o conhecimento de si mesma. Esse despertar, contudo, é bem diverso, conforme os indivíduos; nuns é calmo e cheio de sensações deliciosas; noutros é repleto de terrores e de ansiedades, qual se fora horrível pesadelo.[20]

O estado de perturbação varia de Espírito para Espírito: "[...] Para aqueles cuja alma está depurada, a situação dura pouco, porque neles já havia um desprendimento antecipado, cujo termo a morte mais súbita não fez mais que apressar. Em outros, a situação se prolonga por anos inteiros. [...]".[21]

De qualquer forma, independentemente da causa geradora da desencarnação, das condições morais e intelectuais do desencarnante, das suas convicções e ações praticadas, a

> alma desencarnada procura naturalmente as atividades que lhe eram prediletas nos círculos da vida material, obedecendo aos laços afins, tal qual se verifica nas sociedades do vosso mundo. As vossas cidades não se encontram repletas de associações, de grêmios, de classes inteiras que se reúnem e se sindicalizam para determinados fins, conjugando idênticos interesses de vários indivíduos? Aí, não se abraçam os agiotas, os políticos, os comerciantes, os sacerdotes, objetivando cada grupo a defesa dos seus interesses próprios? [...] Daí a necessidade de encararmos todas as nossas atividades no mundo como a tarefa de preparação para a vida espiritual, sendo indispensável à nossa felicidade, além do sepulcro, que tenhamos um coração sempre puro.[22]

Referências

1. KARDEC, Allan. *O livro dos espíritos*. Tradução de Evandro Noleto Bezerra. 2. ed. Rio de Janeiro: FEB, 2010. Questão 149, p. 157.

2. _____. Questões 150 e 150-a, p. 158.

3. XAVIER, Francisco Cândido. *O consolador*. Pelo Espírito Emmanuel. 28. ed. Rio de Janeiro: FEB, 2008, questão 147, p. 118.

4. KÜBLER-ROSS, Elisabeth. *Morte: estágio final da evolução*. Tradução de Ana Maria Coelho. 2. ed. Rio de Janeiro: Record, 1996. Cap. 2, p. 32.

5. ABBAGNANO, Nicola. *Dicionário de filosofia*. Tradução de Alfredo Bosi e Ivone Castilho Benedetti. 1. ed. São Paulo: Martins Fontes, 2003, p. 683.

6. _____. p.684.

7. ARANHA, Maria Lúcia Arruda e MARTINS, Maria Helena Pires. *Filosofando. Introdução à filosofia*. 3. ed. revista, São Paulo: Moderna, 2003. Unidade V (Ética), quarta parte: A morte, p. 347.

8. KARDEC, Allan. *O céu e o inferno*. Tradução de Evandro Noleto Bezerra. 1. ed. Rio de Janeiro: FEB, 2009. Segunda Parte, cap. 1, item 9, p. 224.

9. MOURA, Marta Antunes. *O que é morte?* Reformador. Rio de Janeiro: FEB, março de 2006. Ano 124. Nº 2.124, p. 34.

10. GUTIERREZ, Beatriz Aparecida Ozello e CIAMPONE, Maria Helena Trench. *O processo de morrer e a morte no enfoque dos profissionais de enfermagem de UTIs*. Revista da Escola de Enfermagem da USP. vol. 41 no. 4 São Paulo Dec. 2007. Disponível em: (http://www.scielo.br/scielo.php?pid=S008062342007000400017&script=s ci_arttext)

11. KÜBLER-ROSS, Elisabeth. *Morte: estágio final da evolução*. Op. Cit., p. 33-34.

12. _____. *Sobre a morte e o morrer: o que os doentes terminais têm para ensinar a médicos, enfermeiras, religiosos e aos seus parentes*. Tradução Paulo Menezes. 9 ed. São Paulo: WMF-Martins Fontes, 2008. Cap. XII (Terapia com doentes em fase terminal), p. 275-276.

13. KARDEC, Allan. *A gênese*. Tradução de Evandro Noleto Bezerra. 1. ed. Rio de Janeiro: FEB, 2009. Cap. 11, item 13, p. 268.

14. _____. Item 18, p. 271.

15. _____. p. 272.

16. . *O livro dos espíritos*. Tradução de Evandro Noleto Bezerra. 2. ed. Rio de Janeiro: FEB, 2010. Questão155, p. 160.

17. _____. Questão 155–comentário, p. 161.

18. _____. KÜBLER-ROSS, Elisabeth. *Sobre a morte e o morrer: o que os doentes terminais têm para ensinar a médicos, enfermeiras, religiosos e aos seus parentes*. Op. Cit. Capítulos III a VIII, p. 43-162.

19. KARDEC, Allan. *O céu e o inferno*. Op. Cit. Segunda Parte, cap. 1, item 7, p. 223.

20. _____. Item 18, p. 271.

21. _____. Item 12, p. 226.

22. _____. XAVIER, Francisco Cândido. *O consolador*. Op. Cit. Questão 148, p. 119-120..

Orientações ao monitor

1. Utilizando a dinâmica do Foro de debates (veja anexo), o coordenador do foro (monitor) apresenta os convidados à turma, indicando o assunto que cada um irá expor, no prazo máximo de 45 minutos (cerca de 10-15 minutos por convidado).

2. O secretário do foro é também apresentado, tendo a função de receber dos demais colegas dúvidas, perguntas e observações, fazendo pré-seleção e repassando-as ao coordenador do foro.

3. Após as explanações, o coordenador do foro encaminha aos convidados as indagações e considerações dos participantes, para serem respondidas ou comentadas.

4. Ao final, o monitor faz uma síntese do assunto estudado no foro, destacando os ensinamentos espíritas.

OBSERVAÇÃO: informar à turma que o assunto da próxima reunião (sobrevivência e imortalidade da alma) será desenvolvido por um convidado que, após a exposição, estará à disposição dos participantes para responder perguntas. Solicitar ao grupo leitura atenta do Roteiro, a fim de que ocorram indagações mais consistentes.

Anexo – Foro de debates

Para facilitar o desenvolvimento do assunto, a dinâmica do Foro de Debates deve ser executada adequadamente; para tanto sugerimos o seguinte:

» Coordenação do foro: monitor ou alguém com experiência neste gênero de atividade.

» Secretário do foro: um dos participantes é indicado para ser o auxiliar do coordenador. O secretário registra as principais ideias debatidas (faz uma síntese), que é lida em voz alta após cada exposição; recebe as perguntas/contribuições dos demais participantes do foro, encaminhando-as ao coordenador, após prévia seleção.

» Expositores do foro: pessoas que têm domínio do assunto, podem ser convidados de fora do grupo, um especialista, monitores da casa espírita ou mesmo integrantes do grupo de estudo. Cada expositor explana um tema específico, por, no máximo, 15 minutos, responde as perguntas do coordenador, que foram formuladas pelo auditório, no momento apropriado.

» Participantes do foro (ou auditório): são os membros usuais do grupo de estudo que encaminham perguntas/considerações ao secretário do foro, para serem respondidas pelos expositores, após seleção prévia (evita repetições e assuntos não relacionados ao estudo).

» No final, o coordenador faz a integração do assunto, destacando pontos essenciais do estudo.

FILOSOFIA E CIÊNCIA ESPÍRITAS

Roteiro 21

SOBREVIVÊNCIA E IMORTALIDADE DA ALMA

Objetivos

» Identificar argumentos que dificultam a aceitação da sobrevivência imortalidade do Espírito.

» Analisar ideias filosóficas, religiosas e espíritas sobre o assunto.

Ideias principais

» A principal dificuldade para aceitação da imortalidade e sobrevivência está relacionada à incapacidade humana de perceber, pelos sentidos físicos, o plano espiritual, os seus habitantes e a vida que ali ocorre.

» Historicamente, contudo, a ideia de imortalidade e sobrevivência do Espírito faz parte da cultura e religião de diferentes povos.

» Para o Espiritismo o ser humano é imortal, o que não morre, de acordo com o sentido etimológico, sendo que a sua sobrevivência é consequência inerente à criação do Espírito, naturalmente comprovada pelos fatos mediúnicos e pelos fenômenos de emancipação da alma.

Subsídios

As duas maiores dificuldades para admitir a ideia de sobrevivência do Espírito estão relacionadas aos fatores invisibilidade do plano extrafísico e à escassez de leituras a respeito do assunto.

Uma coisa é não poder perceber algo por limitação dos órgãos corporais, outra, bem diferente, é manter-se desinformado. Assim, o fato de não conseguirmos perceber o infinitamente pequeno, os micróbios, por exemplo, que são invisíveis a olho nu, não impede que eles existam e sejam identificados como agentes envolvidos em processos de saúde e de enfermidades.

Na verdade, com o aperfeiçoamento de equipamentos, métodos e técnicas tem sido possível ampliar as limitações físicas e psíquicas da percepção. Vemos, então, que alguns equipamentos e aparelhagens, acionados por computadores, ampliam os sentidos da visão, audição, olfato, paladar e tato. Da mesma forma, por meio de metodologias apropriadas é possível aprimorar determinadas habilidades: percepção extrassensorial, atenção, meditação, etc.

Importa considerar, também, que o fato de não visualizarmos o plano espiritual ou mesmo outros estados da matéria, propriamente dita (o gasoso, por exemplo), sem o auxílio de equipamentos, não quer dizer que eles não existam. Logo, é importante não aceitarmos como real, ou verdadeiro, apenas o que pode ser visto, ouvido, medido, pesado, apalpado, provado etc.

A realidade espiritual pode ser percebida sem que, necessariamente, sejamos portadores de mediunidade de efeito patente. A intuição e a inspiração são exemplos de faculdades psíquicas que podem ser ampliadas, corriqueiramente.

Um ponto fundamental, muito considerado pela Ciência, em especial na investigação/análise de enfermidades realizada por médicos e psicólogos, diz respeito ao desenvolvimento da capacidade de perceber além das aparências ou dos relatos/comportamentos dos pacientes.

A observação atenta da realidade objetiva que nos cerca permite o aperfeiçoamento de habilidades, como a empatia, a interpretação correta de gestos e expressões corporais, ou o sentido verdadeiro das palavras proferidas e dos silêncios.

Partindo-se, pois, do conhecido, do visível e audível, pode-se conhecer o invisível ou o que escapa aos sentidos. Por este motivo, James Hillman (1926 –), psicólogo estadunidense, analista junguiano e conferencista de fama mundial afirma e indaga, ao mesmo tempo:

> Grandes questões filosóficas giram em torno das relações entre o visível e o invisível. Nossas crenças religiosas separam os céus e a terra, esta vida e a vida após a morte, e nossa mentalidade filosófica dicotomiza mente e matéria, o que força o abismo entre o visível e o invisível. Como fazer uma ponte entre ambos? Como se pode transportar o invisível para o visível? Ou o visível para o invisível?[1]

Para esse autor, há três pontes que permitem ou facilitam a travessia do visível para o invisível: **a matemática, a música** e **o mito**. Considera, também, que é possível pensar em uma quarta ponte: **o misticismo**, porque "[...] o misticismo iguala o visível ao invisível, tudo é transparente e proclama sua base invisível. Portanto, para o místico, não há abismo nem problema."[1]

Destacamos que a palavra "misticismo", citada por James Hillman não é considerada algo secreto, escondido ou fantástico, como divulgam as teologias religiosas. Está relacionada ao sentido etimológico do vocábulo (misticismo, do grego *mystica*, de *myo* = "eu fecho" os olhos, para me ensimesmar, para ver no meu íntimo), que se traduz como reflexão, experiência psicológica e/ ou psíquica — ou, ainda, mediúnica e de emancipação da alma, segundo a terminologia espírita.

Hillman pondera também que as

> equações matemáticas, as notações musicais e as personificações do mito atravessam a área indistinta entre dois mundos. Oferecem uma face sedutora que parece apresentar o outro lado desconhecido [...] Achamos que a verdadeira explicação do mundo invisível é matemática e pode ser expressa pela equação do campo unificado, ou que é uma harmonia musical das esferas, ou que consiste em seres e poderes míticos, com nomes e formas, que puxam cordéis e determinam o visível.[1]

Como o indivíduo comum nem sempre revela condições para enveredar pelos abstratos caminhos da matemática e da música, o misticismo surge, então, como o caminho mais viável. A intuição, por exemplo, é uma via de acesso que todos podem trilhar. O mesmo se diz da inspiração, da análise racional e comparativa (reflexiva).

São faculdades e habilidades humanas que podem ser desenvolvidas pelo exercício.

1. Imortalidade e sobrevivência do espírito

A sobrevivência da alma é ponto resolvido pelos espiritualistas e religiosos, sobretudo pelos espíritas, ainda que cada corrente de pensamento tenha interpretação particular. A própria Ciência que tradicionalmente tem como foco o homem corpóreo e a natureza física, já começa a admitir que há algo além do mundo das formas, e que o homem não se restringe a um amontoado de ossos, músculos, nervos e células. A existência e a imortalidade da alma representam um desafio que, cedo ou tarde, a Ciência terá que enfrentar, como comenta a confreira Hebe Laghi de Souza:

> Não importa que a ciência nos defina como simplesmente matéria, altamente especializada, mas ... matéria; complexamente organizada, mas ainda matéria, encontrando nos fluxos hormonais e bioquímicos toda a estrutura mental da consciência e da individualidade e onde a personalidade se estende, espalhando ali, nas fontes mentais, a sua marca. Não importa o que digam os céticos e não importam todas as explicações aparentemente razoáveis dos materialistas, nada muda a verdade do que somos e nem altera a oportunidade de nela nos encontrarmos como seres espirituais.[2]

2. Evolução histórica da ideia da imortalidade

Do ponto de vista histórico, a ideia da imortalidade do Espírito sempre esteve presente na cultura de diferentes sociedades. Como esclarece Gabriel Delanne: "Verifica-se, com efeito, que os homens da época pré-histórica, a que se deu o nome de megalítica, sepultavam os mortos, colocando-lhes nos túmulos armas e adornos. É, pois, de supor-se que essas populações primitivas tinham a intuição de uma existência segunda, sucessiva à existência terrena."[3]

Os cânticos védicos, fundamento milenar da formação religiosa hindu, falam da morada dos "deuses" no mundo espiritual, para onde se dirige a alma purificada: "Depois da morte, essa alma, revestida de um novo corpo, luminosa névoa resplandecente, de forma brilhante, *cujo brilho furta à fraca visão dos vivos* [encarnados], é transportada à morada divina."[4]

Da mesma forma, analisa Delanne, tão "longe quanto possamos chegar interrogando os egípcios, ouvi-los-emos afirmar a sua fé numa segunda vida do homem [...], onde habitam os antepassados."[5]

Essa ideia de sobrevivência da alma é encontrada nos demais povos da Antiguidade, entre eles destacamos: os *persas*[6] que seguiam a religião chamada *zoroastrismo* (ou masdeísmo, mitraísmo ou parsismo), organizada a partir dos ensinamentos do profeta Zoroastro ou Zarastutra, e aceitavam a crença no paraíso, na ressurreição, no juízo final, na vinda de um messias — fato que influenciou as demais religiões monoteístas, constituídas posteriormente.

Os gregos[6] com os ensinamentos dos filósofos, principalmente Sócrates e Platão, pregavam: "O homem é uma *alma encarnada*. Antes da sua encarnação, unida aos tipos primordiais, às ideias do verdadeiro, do bem e do belo; separa-se deles, encarnando e, recordando o seu passado, é mais ou menos atormentada pelo desejo de voltar a ele.

Alguns escritores, filósofos e teólogos antigos admitiam a imortalidade do espírito.

Dessa forma, é importante lembrar o pensamento de Orígenes (185-254 d.c.), exegeta e teólogo nascido em Alexandria, e as lucubrações dos pais da igreja, alexandrinos [...]. Eles tinham apenas uma dúvida, que afinal foi resolvida: qual seria o corpo que ressuscitaria no juízo final, o físico que baixou à sepultura ou o espiritual, de que nos falou São Paulo e posteriormente santo Agostinho, prevalecendo o segundo, o Ser Etéreo, que seria incorruptível, fino, tênue e imensamente ágil.

O italiano Dante Alighieri (1265-1321), notável escritor medieval, relata em sua monumental obra **Divina comédia** a peregrinação da alma na diferentes regiões do plano espiritual, vulgarmente conhecidas, respectivamente, como inferno, purgatório e céu (ou Paraíso).

Outro escritor e dramaturgo universalmente famoso, William Shakespeare (1564-1616), exprime em várias obras de sua autoria a convicção da imortalidade do espírito, por exemplo: em **Hamlet** o personagem Hamlet vê e ouve o espírito do pai, morto por assassinato, e com ele dialoga; em **Rei Lear** há interferências de espíritos no cotidiano das pessoas envolvidas no drama; em **MacBeth** a trama gira em torno de premonições anunciadas por três médiuns, denominadas "bruxas", aparição de espíritos, manifestações de espíritos, fenômenos de sonambulismo, etc.

Nos séculos XIX e XX vários estudiosos e cientistas confirmaram a existência e a sobrevivência da alma por meio de pesquisas e investigações. Na Inglaterra, um dos mais importantes foi Frederick William Henry Myers (1843–1901), fundador da sociedade de pesquisa psíquica, considerado "pai" de pesquisa psíquica.

A respeito de Myers e do seu trabalho, afirmou Theodore Flournoy (1854–1920), renomado medico suíço professor de psicologia e filosofia da universidade de genebra:

> [Considero] Myers uma das personalidades mais notáveis de nosso tempo no reino de ciência mental. Mais ainda, observou: se descobertas futuras confirmam sua tese da intervenção dos desencarnados,na trama de nosso mundo mental e físico,então seu nome será gravado no livro dourado do iniciado, e, unido aos de Copérnico e Darwin, ele completará a tríade dos gênios que mais profundamente revolucionaram o pensamento científico, na ordem, cosmológica, biológica e psicológica.

Na Inglaterra vamos encontrar outros cientistas de renome, quais sejam: o físico e químico William crookes (1872–1919), cujos experimentos a respeito da imortalidade do Espírito foram amplamente divulgados na época em que viveu e que se encontram descritos no livro *Fatos espíritas*, editado pela FEB.

O matemático e físico Oliver Lodge (1851–1940) escreveu mais de 40 livros sobre a vida após a morte.

O biólogo Alfred Russell Wallace (1823–1913), investigou os fenômenos das mesas girantes e se revelou incansável na pesquisa da vida no além túmulo, a ponto de escrever para um familiar, em 1861: "Mas quanto a haver um Deus e qual seja a Sua natureza; quanto a termos ou não uma alma imortal ou quanto ao nosso estado após a morte, não posso ter medo algum de ter que sofrer pelo estudo da natureza e pela busca da verdade".[10] Mais tarde, ciente da veracidade das manifestações dos Espíritos afirmou: "são inteiramente comprovadas tão bem como quaisquer fatos que são provados em outras ciências".[10]

Na França, além de Allan Kardec, vemos que o respeitado astrônomo Camille Flammarion (1842–1925), abraçou a causa espírita e publicou várias obras sobre os desencarnados e suas influências espirituais.

Na Itália, destaca-se o médico criminalista Cesare Lombroso (1835–1909), considerado o "pai" da medicina forense. Durante muitos anos negou os fenômenos psíquicos e espirituais, rotulando-os de charlatanice e credulidade simplória. Porém, após participar de algumas sessões mediúnicas, realizadas pela médium italiana Eusápia Paladino, e verificando a veracidade e autenticidade da produção dos fenômenos de manifestação dos Espíritos, Lombroso iniciou as próprias investigações. Em 15 de julho de 1891 fez publicar uma carta, na qual declarava a sua rendição aos fatos espíritas, afirmando: "[...] estou muito envergonhado e desgostoso por haver combatido com tanta persistência a possibilidade dos fatos chamados espiríticos; digo fatos, porque continuo ainda contrário à teoria. Mas os fatos existem, e deles me orgulho de ser escravo."[11]

Na Alemanha, encontramos no astrofísico Karl Friedrich Zöllner (1834–1882) e no médico Albert von Schrenck-Notzing (1862–1929) dois grandes estudiosos do mundo espiritual e das influências dos Espíritos. Para Zöllner o universo teria, além das três dimensões ensinadas pela geometria euclidiana, uma quarta, pela qual se explicariam os fenômenos de ordem mediúnica. Essa dimensão suplementar seria uma extensão da própria matéria, invisível e imperceptível aos sentidos físicos humanos. Com isso, os fenômenos espíritas perderiam a sua característica mística e ingressariam no campo da Física. Em seu livro *Provas científicas da sobrevivência*, editora EDICEL, constam inúmeras experiências realizadas pelo autor, e merecem ser conhecidas. Outro livro de sua autoria que trata do assunto, infelizmente edição esgotada (pode ser encontrada em boas bibliotecas), é *Física transcendental*.

No século XX, notadamente depois da segunda guerra mundial, surge um campo fértil de pesquisas científicas relacionadas aos fenômenos produzidos pelos desencarnados e condições de vida em outra dimensão, a espiritual. Na área espírita, não podemos esquecer a imensa contribuição do Espírito André Luiz que, em suas obras, desvendou o mundo espiritual.

Como tais estudos tiveram significativa projeção, alguns cientistas passaram a se interessar por eles. Sob vestimenta acadêmica, surge a **Parapsicologia**, também conhecida como **Pesquisa Psi.**

A Parapsicologia teve início efetivo em 1930, com os trabalhos do Professor Joseph Banks Rhine, que dirigiu o primeiro laboratório de parapsicologia do mundo, na Duke University, Carolina do Norte-USA.

A proposta da Parapsicologia é estudar fatos supostamente catalogados como sobrenaturais, mas associados às ações humanas: a) fenômenos psicocinéticos (PK); b) percepções extrassensoriais (PES).

Os fenômenos psicocinéticos, identificados por PK (*psychokinesis*), são caracterizados pela ação mental sobre o meio ambiente. Os principais fatos, analisados são assim nomeados: **telepatia** (transmissão do pensamento e emoções/sentimentos); **clarividência** (visualização de coisas e acontecimentos do mundo físico, através de um corpo opaco ou à distância); **clariaudiência** (percepções de sons, ruídos, frases, músicas, aparentemente não provenientes do plano físico); **precognição** (conhecimento de fatos que ainda não aconteceram); **retrocognição** (relatos de acontecimentos ocorridos no passado, por meio da PES), **psicocinesia** (ação anímica sobre a matéria por meio da mente).

Os fenômenos extrassensoriais (PES) são classificados em dois tipos: **Psi-Gama** (telepatia, clarividência, clariaudiência, xenoglossia etc.) e **Psi-Kapa** (levitação, transportes, desvios de pequenos corpos etc.).

Parapsicólogos modernos utilizam uma terceira categoria de fenômenos paranormais: os **Psi-Teta** que são os fenômenos mediúnicos, propriamente ditos.

Na atualidade, há grande impulso para o estudo da **parapsicologia forense**. Diz respeito ao trabalho mediúnico que envolve a solução de crimes, viabilizado por médiuns então denominados **investigadores psíquicos** (do inglês *Psychic Witness*). Nos Estados Unidos esse tipo de prática é relativamente comum, permitindo que médiuns trabalhem em conjunto com a polícia na investigação de crimes de difícil solução (inexistência de testemunhas, escassez de provas, excesso de suspeitos etc.).

A abrangência dos fatos espíritas teve novo impulso quando alguns estudiosos verificaram ser possível a comunicação dos Espíritos por meio de instrumentos e máquinas, quais sejam: gravadores de vozes, rádio, televisão, telefone, computador, entre outros. Esse tipo de comunicação foi cunhado com o nome **Transcomunicação Instrumental** (TCI).

A origem da moderna TCI está situada no início do século XX, quando alguns cientistas, como Thomas Alva Edison e Atila Von Szalay, entre outros, começaram suas experiências de TCI com aparelhos pouco sofisticados.

Acredita-se que a primeira obra sobre o assunto foi *Vozes do além pelo telefone*, do brasileiro Oscar D'Argonnel, publicada no Rio de Janeiro, em 1925.

Em 1959 Friedrich Jüergenson, russo naturalizado sueco, obteve gravações de vozes dos Espíritos com uma surpreendente regularidade. Com a publicação de suas pesquisas, em 1964, a TCI tornou-se mundialmente conhecida.

Os resultados do trabalho de Jüergenson estimularam o psicólogo e literato lituano *Konstantin Raudive* (1909-1974) a iniciar pesquisas sobre o tema, em 1965. Raudive é considerado um dos maiores estudiosos do assunto, em todo o Planeta. Este pesquisador realizou a proeza de gravar 72 mil frases dos Espíritos, que estão publicadas em sua obra *O inaudível torna-se audível*. Quem pretender obter maiores informações sobre TCI, não deve deixar de ler o livro *Ponte entre o aqui e o além*, de Hidelgard Schäfer, editora Pensamento.

A **Experiência de Quase Morte** (EQM) é outra linha de pesquisa, especialmente desenvolvida pela médica suíça, naturalizada americana, Elisabeth Kübler-Ross. A pesquisa EQM faz referência a um conjunto de sensações e percepções associadas a situações de morte iminente, em razão da hipóxia cerebral, sendo que as mais divulgadas são o efeito túnel e a "experiência fora do corpo" (EFC), também denominada autoscopia. O termo foi cunhado por Raymond Moody, em seu livro *Vida depois da vida*, escrito em 1975.

As pessoas que vivenciaram o fenômeno de EQM relatam que flutuam acima do corpo físico; têm consciência nítida das duas realidades, a física e a espiritual; viajam por um túnel luminoso e informam que os seus sentidos ficam muito ampliados, sendo possível ter visão de 360 graus. Há encontros com parentes ou amigos desencarnados e, também, com "seres de luz" que lhes proporcionam paz interior. Em alguns relatos há encontros não muito felizes com desencarnados.

Por último, gostaríamos de deixar registrada uma breve referência sobre um plano investigatório da vida após a morte, descrito no livro: *O experimento scole, evidências científicas sobre a vida após a morte*, de autoria de Grant e Jane Solomon.[12]

Trata-se de uma obra, não espírita, que apresenta resultados de cinco anos de investigação sobre a vida no plano espiritual, conduzidos pelo Grupo Experimental Scole da cidade de Norfolk, Inglaterra. A pesquisa foi iniciada, em 1993, por quatro pesquisadores e médiuns curandeiros. Mais tarde, o grupo foi ampliado e, desde então, tem recebido apoio de pesquisadores da prestigiada *Sociedade de Pesquisa Psíquica do Reino Unido*. Todos os acontecimentos que caracterizam a ação dos Espíritos desencarnados foram gravados e/ou fotografados, formando um protocolo que, posteriormente, passa por minucioso estudo científico. Os resultados são considerados surpreendentes pela comunidade científica.

A Doutrina Espírita ensina que, além de sermos Espíritos imortais, conservamos a nossa individualidade no mundo espiritual, para onde retornaremos após a morte do corpo físico.[13] Neste sentido, afirma Emmanuel que

> embalde os corifeus do ateísmo propagarão as suas amargas teorias, cujo objetivo é o aniquilamento da ideia da imortalidade entre os homens; embalde o ensino de novos sistemas de educação, dentro das inovações dos códigos políticos, tentará sufocá-la, porque todas as criaturas nascem na Terra com ela gravada nos corações, inclusive os pretensos incrédulos, cuja mentalidade, não conseguindo solucionar os problemas complexos da vida, se revolta, imprecando contra a sabedoria suprema, como se os seus gritos blasfematórios pudessem obscurecer a luz do amor divino, estacando os sublimes mananciais da vida. Pode a política obstar à sua manifestação, antepondo-lhe forças coercitivas: a ideia da imortalidade viverá sempre nas almas, como a aspiração latente do Belo e o do Perfeito. Acima do poder temporal dos governantes e da moral duvidosa dos pregadores das religiões, ela continuamente prosseguirá dulcificando os corações e exaltando as esperanças, porque significa em si mesma o luminoso patrimônio da alma encarnada, como recordação perene da sua vida no Além, simbolizando o laço indestrutível que une a existência terrena à Vida Eterna, vislumbrada, assim, pela sua memória temporariamente amortecida.[14]

Como reflexão final, inserimos os lúcidos esclarecimentos transmitidos pelo apóstolo Paulo, que nos fala da existência do corpo espiritual, imponderável e incorruptível, que acompanha o Espírito em sua jornada reencarnatória e no além túmulo:

Semeia-se corpo natural, ressuscita corpo espiritual. Se há corpo natural, há também corpo espiritual. [...] Eis que vos digo um mistério: nem todos dormiremos, mas transformados seremos todos, num momento, num abrir e fechar de olhos, ao ressoar da última trombeta. A trombeta soará, os mortos ressuscitarão incorruptíveis, e nós seremos transformados. Porque é necessário que este corpo corruptível se revista da incorruptibilidade, e que o corpo mortal se revista da imortalidade. E, quando este corpo corruptível se revestir de incorruptibilidade, e o que é mortal se revestir de imortalidade, então, se cumprirá a palavra que está escrita: Tragada foi a morte pela vitória. Onde está, ó morte, a tua vitória? Onde está, ó morte, o teu aguilhão? (I Coríntios, 15:44; 51-55. *Bíblia de Jerusalém*).[9]

Referências

1. HILLMAN, James. *O código do ser*. Tradução de Adalgisa Campos da Silva. Rio de Janeiro: Objetiva, 1997. Cap. 4 (Voltando aos invisíveis), p.106.

2. SOUZA, Hebe Laghi. *Darwin e Kardec – um diálogo possível*. Campinas: Centro Espírita Allan Kardec, 2002.Cap. 1 (Novos conhecimentos), p. 26.

3. DELANNE, Gabriel. *A alma é imortal*.4. edição revista. Tradução de Guillon Ribeiro. 8. ed. Rio de Janeiro: FEB, 2003. Primeira parte, cap. 1 (Golpe de vista histórico), p. 18.

4. _____. A Índia, p. 20.

5. _____. O Egito, p. 21.

6. _____. A Pérsia. A Grécia, p. 25-28.

7. KARDEC, Allan. *O evangelho segundo o espiritismo*. Tradução de Evandro Noleto Bezerra. 1. ed. Rio de Janeiro: FEB, 2008. Introdução IV, item I (Resumo da doutrina de Sócrates e Platão), p.44.

8. BUENO, Taciano. *O espiritismo confirmado pela ciência*. 1. ed. São Paulo: J.R. Editora, 2006. Cap,3 (O espírito é imortal), item 76, p.102.

9. http://parapsi.blogspot.com/2008/09/frederic-william-henry-myers-1843-1901.html

10. http://pt.wikipedia.org/wiki/Alfred_Russel_Wallace

11. http://pt.wikipedia.org/wiki/Cesare_Lombroso

12. SOLOMON, Grant e Jane. *O experimento scole, evidências sobre a vida após a morte*. Tradução de Henrique Amat Rego Monteiro. 1. ed. São Paulo: Madras, 2002.

13. KARDEC, Allan.*O livro dos espíritos*. 2. ed. Rio de Janeiro: FEB, 2009, questões 149 e 150, p. 159-160.

14. XAVIER, Francisco Cândido. *Emmanuel*. Pelo Espírito Emmanuel. 27. ed. Rio de Janeiro: FEB, 2008. Cap.15 (A ideia da imortalidade), p.107-108.

EADE - Livro V – Roteiro 21

Orientações ao monitor

1. Apresentar à turma o convidado que irá realizar a exposição, esclarecendo que, após a explanação de aproximadamente 30 minutos, os participantes disporão de tempo para dirigirem perguntas ao expositor.

2. Transcorridas as atividades, agradecer as contribuições de todos, especialmente a do expositor convidado.

3. Em seguida, fazer o fechamento do estudo com breve comentário da citação de Paulo de Tarso (I Coríntios, 15:44; 51-55), inserida no final do Roteiro.

FILOSOFIA E CIÊNCIA ESPÍRITAS

Roteiro 22

O MUNDO ESPIRITUAL

Objetivos

» Identificar as principais características da vida no plano espiritual.

Ideias principais

» O mundo espiritual, que [...] é o mundo normal, primitivo, eterno, preexistente e sobrevivente a tudo. Allan Kardec: *O livro dos espíritos*. Introdução VI.

» Os mundos espiritual e físico são independentes, [...] não obstante, a correlação entre ambos é incessante, porque reagem incessantemente um sobre o outro. Allan Kardec: *O livro dos espíritos*, questão 86.

» [...] Liberto do corpo, o Espírito pode sofrer, mas esse sofrimento não é corporal, embora não seja exclusivamente moral, como o remorso, já que ele se queixa de frio e calor. [...].Allan Kardec: *O livro dos espíritos*, questão 257.

» No mundo espiritual há [...] verdadeiras cidades e vilarejos, com estilos variados como acontece aos burgos terrestres, característicos da metrópole ou do campo, edificando largos empreendimentos de educação e progresso, em favor de si mesmas e a benefício dos outros. Espírito André Luiz. *Evolução em dois mundos*. Segunda parte, capítulo 7, item: Vida social dos desencarnados.

Subsídios

Após a desencarnação, ensina a Doutrina Espírita, o Espírito passa a viver associado às mentes que lhes são afins, em outra dimensão da vida conhecida como **mundo ou plano espiritual**, que "[...] é o mundo normal, primitivo, eterno, preexistente e sobrevivente a tudo."1 Esclarece igualmente que o plano espiritual é o "[...] dos Espíritos, ou das inteligências incorpóreas",[2] enquanto o mundo visível ou corporal é habitado pelos seres materiais, que possuem um corpo físico.[1]

Os dois mundos, espiritual e o físico são, de certa forma, independentes, "[...] não obstante, a correlação entre ambos é incessante, porque reagem incessantemente um sobre o outro."[3]

Outra orientação espírita importante é a que, a despeito de o plano espiritual ser considerado a moradia de origem dos Espíritos e o local onde viverão definitivamente, após a conclusão dos ciclos reencarnatórios, os Espíritos não estão, a priori, condenados a viver circunscritos em regiões especificas (céu, inferno, purgatório), como ensinam algumas orientações religiosas. Os orientadores da Codificação Espírita[4] afirmam que

> os Espíritos estão por toda parte. Povoam infinitamente os espaços infinitos. Há os que estão sem cessar ao vosso lado, observando-vos e atuando sobre vós, sem que o saibais, já que os Espíritos são uma das forças da natureza e os instrumentos de que Deus se serve para a execução de seus desígnios providenciais. Nem todos, porém, vão a toda parte, pois há regiões interditas aos menos adiantados.[4]

Com a desencarnação, o Espírito reinicia a fase de reintegração no plano espiritual, de onde viera. Para alguns indivíduos essa reintegração é rápida e sem maiores obstáculos porque, desde a encarnação anterior, já se prepararam para o retorno à pátria definitiva. Contudo, para os Espíritos que se revelam prisioneiros da vida material e que não se esforçaram para desenvolver faculdades morais ou virtudes, os processos de adaptação se revelam desafiantes, quando não dolorosos.

De qualquer forma, estando o perispírito livre do jugo da matéria pela morte do corpo físico, passa a revelar propriedades mais sutis, de acordo com as aquisições intelectuais e morais do Espírito.

De qualquer forma, a adaptação no plano espiritual é assinalada por importante processo educativo, mesmo para os Espíritos que apresentam melhores condições evolutivas. Condicionamentos, hábitos, características outras que marcaram a vivência no plano físico, e também a forma como ocorreu a desencarnação, exercem poderoso efeito na mente e nos atos do desencarnado. Daí a necessidade, urgente, de se preparar para a morte do corpo físico que, cedo ou tarde chegará.

1. A vida no plano espiritual

É equívoco supor que os desencarnados não possuem sensações e percepções. Primeiro, porque o perispírito é de natureza semimaterial, sendo que em alguns Espíritos é tão denso que se assemelha ao veículo somático. Segundo, o perispírito possui os tecidos e órgãos que existiam no corpo físico, caso contrário este não poderia ser elaborado na reencarnação.

De acordo com o Espírito André Luiz, a desencarnação produz algumas modificações, mais ou menos significativas. As mais marcantes estão relacionadas às "[...] alterações da massa muscular e no sistema digestivo, mas sem maiores inovações na constituição geral [...]".[5]

A forma ou expressão fisionômica "[...] em si obedece ao reflexo mental predominante, notadamente no que se reporta ao sexo, mantendo-se a criatura com os distintivos psicossomáticos de homem ou de mulher [...]."[6]

Em geral, os Espíritos se comunicam pela fala, como é usual no plano físico, mas, com a ampliação das faculdades, a comunicação telepática torna-se mais eficiente. Mas há outras formas de comunicação:

> Círculos espirituais existem, em planos de grande sublimação, nos quais os desencarnados, sustentando consigo mais elevados recursos de riqueza interior, pela cultura e pela grandeza moral, conseguem plasmar, com as próprias ideias, quadros vivos que lhes confirmem a mensagem ou o ensinamento, seja em silêncio, seja com a despesa mínima de suprimento verbal, em livres circuitos mentais de arte e beleza, tanto quanto muitas Inteligências infelizes, treinadas na ciência da reflexão, conseguem formar telas aflitivas em circuitos mentais fechados e obsessivos, sobre as mentes que magneticamente subjugam.[7]

As vestimentas e acessórios utilizados são plasmados mentalmente pelos próprios Espíritos, "[...] mesmo os de classe inferior, guardam a faculdade de exteriorizar os fluidos plasticizantes que lhes são peculiares [...]".[8]

A alimentação parece ser um dos pontos mais desafiantes que o desencarnado vai enfrentar no além-túmulo. O homem encarnado está acostumado à ingestão sistemática de alimentos que lhe garantem a nutrição, pelo processo digestivo. Entretanto, não é incomum a ocorrência de excessos alimentares entre nós. Com a desencarnação, porém, a alimentação passa a ser mais fluídica, em razão da menor densidade dos elementos químicos que entram na constituição dos alimentos, por se encontrar o Espírito em outra dimensão da matéria.

André Luiz esclarece que os desencarnados que apresentam dificuldades na mudança de hábitos nutritivos "[...] são conduzidos pelos agentes da Bondade Divina aos centros de reeducação do Plano Espiritual, onde encontram alimentação semelhante à da Terra, porém fluídica, recebendo-a em porções adequadas, até que se adaptem aos sistemas de sustentação da Esfera Superior [...]".[9]

Esclarece também que a absorção nutritiva pode ocorrer por difusão cutânea no perispírito, conhecida como *alimentação psíquica*, comum dos Espíritos mais elevados:[10]

> [...] a tomada de substância é tanto menor e tanto mais leve quanto maior se evidencie o enobrecimento da alma, porquanto, pela difusão cutânea, o corpo espiritual, através de sua extrema porosidade, nutre-se de produtos sutilizados ou sínteses quimo eletro magnéticas, hauridas no reservatório da natureza e no intercâmbio de raios vitalizantes e reconstituintes do amor com que os seres se sustentam entre si. Essa alimentação psíquica, por intermédio das projeções magnéticas trocadas entre aqueles que se amam, é muito mais importante que o nutricionista do mundo possa imaginar, de vez que, por ela, se origina a Ideial euforia orgânica e mental da personalidade.

A desarmonia espiritual pode provocar fortes impressões no mundo íntimo do desencarnado, produzindo ações reflexas e somatizações penosas:

> O corpo é o instrumento da dor. Se não é a causa primeira desta é, pelo menos, a causa imediata. A alma tem a percepção da dor: essa

percepção é o efeito. A lembrança que dela conserva pode ser muito penosa, mas não pode ter ação física. De fato, nem o frio, nem o calor são capazes de desorganizar os tecidos da alma; a alma não pode congelar-se, nem se queimar. [...] Liberto do corpo, o Espírito pode sofrer, mas esse sofrimento não é corporal, embora não seja exclusivamente moral, como o remorso, já que ele se queixa de frio e calor. Também não sofre mais no inverno do que no verão [...]. Logo, a dor que sentem não é uma dor física, propriamente dita: é um vago sentimento íntimo, que o próprio Espírito nem sempre compreende bem. [...].[11]

Enquanto o Espírito não completa o ciclo de reencarnações que lhe está destinado em determinado Planeta, decorrente de sua necessidade de progresso, ele é considerado "errante", e se encontra no estado de "erraticidade". Assim, no período existente entre uma encarnação e outra, o Espírito pode viver diferentes locais, a fim de desenvolver novos aprendizados e experiências.

A palavra "errante" — utilizada por Kardec designa a situação do Espírito que ainda precisa reencarnar, podendo causar, às vezes, algumas dúvidas. Assim,

Importa considerar errante, do francês *errant*, significa, neste contexto, o que não é fixo, o que é vagueia. Indica, pois, um estado transitório. Diz-se do espírito "[...] que aspira novo destino, que espera."[12]

O estado de erraticidade cessa quando o espírito atinge o grau de perfeição moral, tornando-se espírito puro.[13] Nesta situação, ele não é mais considerado errante, pois não precisa reencarnar, a não ser que queira, visto que chegou à perfeição.

A duração da erraticidade é extremamente variável, sendo mais ou menos prolongada conforme o nível evolutivo de cada espírito. Sabe-se, porém, que quanto mais imperfeito é o espírito mais vezes ele retorna à vida corporal."[...] não há, propriamente falando, um limite extremo estabelecido para o estado errante, que pode prolongar-se por muito tempo, mas que nunca é perpetuo. Cedo ou tarde, o espírito encontra sempre oportunidade de recomeçar uma existência que sirva à purificação das suas existência anteriores."[14]

Vemos, então, que a desencarnação não opera mudanças bruscas, razão porque, informa Emmanuel, nas "[...] esferas mais próximas do planeta, as almas desencarnadas conservam as características que lhes eram mais agradáveis nas atividades da existencia material[...]."[15]

2. Organização Social dos desencarnados

As relações de simpatia representam a base da organização social no além-túmulo. "A simpatia que atrai um espírito para outro resulta da perfeita concordância de seus pendores e instintos.[...]"[16] os espíritos desencarnados

> [...] se evitam ou se aproximam, segundo a analogia ou a antipatia de seus sentimentos, tal como cresce em vós. *É todo um mundo, do qual o vosso é pálido reflexo*. Os da mesma categoria se reúnem por uma espécie de afinidade e formam grupos ou famílias de Espíritos, unidos pelos laços da simpatia e pelos fins a que visam: os bons, pelo desejo de fazerem o bem; os maus ,pelo de fazerem o mal, pela vergonha de suas faltas e pela necessidade de se acharem entre seres semelhantes a eles.[17]

Importa considerar que, em razão das próprias condições evolutivas,sobre tudo as de ordem moral, os Espíritos não tem acesso livre às diferentes regiões do plano espiritual: "os bons vão a toda parte e assim deve ser, para que possam exercer influência sobre os maus. Mas as regiões habitadas pelos bons são interditadas aos espíritos imperfeitos, a fim de não as perturbarem com suas paixões inferiores".[18]

Para se ter uma ideia mais ampla a respeito da sociedade no plano espiritual, é importante fazer leitura dos treze livros que compõem a coleção *A vida no mundo espiritual*, transmitidos pelo Espírito André Luiz, psicografia de Francisco Cândido Xavier, e publicados pela editora FEB.

Uma das informações mais interessantes é a de que a sociedade espiritual está organizada em *níveis evolutivos*, à semelhança de "[...] mundos sutis, dentro dos mundos grosseiros, maravilhosas esferas que se interpenetram. [...]".[19] Nestas esferas aglutinam-se

> verdadeiras cidades e vilarejos, com estilos variados como acontece aos burgos terrestres, característicos da metrópole ou do campo, edificando largos empreendimentos de educação e progresso, em favor de si mesmas e a benefício dos outros.[20]

Como as organizações sociais refletem o nível evolutivo dos seus habitantes, há núcleos populacionais de maior e menor elevação espiritual. Existem locais de purgação e de grande sofrimento. Mas em todas essas regiões, os Espíritos superiores amparam os que se debatem nos sofrimentos e,

> na esfera seguinte à condição humana [plano físico], temos o *espaço das nações*, com as suas comunidades, idiomas, experiências e inclinações, inclusive organizações religiosas típicas, junto das quais funcionam missionários da libertação mental, operando com caridade e discrição para que as ideias renovadoras se expandam sem dilaceração e sem choque.[20]

Informa André Luiz que cerca de dois terços da população existente no plano espiritual permanecem ligados, "[...] desse ou daquele modo, aos núcleos terrenos [...]"[21]

Assim, encontramos comunidades sociais localizadas muito próximas à crosta terrestre, abaixo desta, nas depressões, gargantas, despenhadeiros, vales, cavernas e seus arredores, genericamente denominadas **regiões abismais, abismos** ou de **trevas**. "Chamamos Trevas às regiões mais inferiores que conhecemos",[22] opina André Luiz. São Espíritos que preferindo "[...] caminhar às escuras, pela preocupação egoística que os absorve, costumam cair em precipícios, estacionando no fundo do abismo por tempo indeterminado [...]."[22]

A aparência desses Espíritos causa consternação e medo, pois apresentam expressões desagradáveis estampadas em suas fisionomias, que lhes deformam as feições.[23]

Muitos se assemelham a "[...] perigosos gênios da sombra e do mal, personificando figuras diabólicas e assediando, indistintamente, as obras edificantes dos mensageiros do Pai. [...]."[23]

A partir da superfície terrestre localiza-se o **Umbral**, uma vasta e heterogênea região. Os habitantes do Umbral mantêm-se fortemente vinculados aos encarnados, acompanham-nos de perto, imiscuindo-se nas suas vidas e atividades: "[...] O Umbral funciona, portanto, como região destinada a esgotamento de resíduos mentais; uma espécie de zona purgatorial, onde se queima a prestações o material deteriorado das ilusões que a criatura adquiriu por atacado, menosprezando o sublime ensejo de uma existência terrena."[24]

> [...] O Umbral é região de profundo interesse para quem esteja na Terra. Concentra-se, aí, tudo o que não tem finalidade para a vida superior. [...] Há legiões compactas de almas irresolutas

e ignorantes, que não são suficientemente perversas para serem conduzidas a colônias de reparação mais dolorosa, nem bastante nobres para serem enviadas a planos de elevação. Representam fileiras de habitantes do Umbral, companheiros imediatos dos homens encarnados, separados deles apenas por leis vibratórias. Não é de estranhar, portanto, que semelhantes lugares se caracterizem por grandes perturbações. Lá vivem, agrupam-se, os revoltados de toda espécie. Formam, igualmente, núcleos invisíveis de notável poder, pela concentração das tendências e desejos gerais. [...] É zona de verdugos e vítimas, de exploradores e explorados. [...] A zona inferior a que nos referimos é qual a casa onde não há pão: todos gritam e ninguém tem razão. [...].[25]

Acima do Umbral, situada em uma região fronteiriça, de transição para os planos superiores, encontram-se **Cidades** ou **Colônias de Transição**, como Nosso Lar, comunidade onde o Espírito André Luiz passou a viver, após a sua última encarnação. Outra colônia de transição conhecida é Alvorada Nova. Nessas comunidades o sofrimento ainda se faz presente, mas os seus habitantes, de evolução mediana, são mais esclarecidos. Essas cidades desenvolvem atividades gerais, comuns às demais que se lhes assemelham, e específicas, de acordo com a necessidade ou interesse dos seus dirigentes.

Acima das colônias de transição, localizam-se as **Comunidades Superiores**, habitadas por Espíritos muito mais esclarecidos, totalmente devotados ao bem e ao progresso humano. Para nós, Espíritos imperfeitos, tais localidades representam o próprio Paraíso. Exprimem "[...] diferentes graus de purificação e, por conseguinte, de felicidade. [...]."[26]

Como exemplo de colônias superiores, citamos a denominada **Plano dos Imortais**, citada no livro *Obreiros da vida eterna*, de André Luiz, psicografia de Chico Xavier, capítulo 3 (Sublime visitante).

O habitante das esferas superiores vive "[...] muito acima de nossas noções de forma, em condições inapreciáveis à nossa atual conceituação da vida. Já perdeu todo o contato direto com a Crosta Terrestre e só poderia fazer-se sentir, por lá, através de enviados e missionários de grande poder."[27]

As esferas ou regiões espirituais ainda permanecem invisíveis à maioria dos encarnados, a despeito de ambos os planos, o físico e o espiritual, se interpenetrarem.

Segundo Emmanuel, "[...] se a criatura humana é incapaz de perceber o plano da vida imaterial, é que o seu sensório está habilitado somente a certas percepções, sem que lhe seja possível, por enquanto, ultrapassar a janela estreita dos cinco sentidos."[28]

Referências

1. KARDEC, Allan. *O livro dos espíritos*. Tradução de Evandro Noleto Bezerra. 2. ed. Rio de Janeiro: FEB, 2010. Introdução VI, p.36.

2. _____. Questão 84, p. 122.

3. _____. Questão 86, p. 123.

4. _____. Questão 87, p. 123.

5. XAVIER, Francisco Cândido e VIEIRA, Waldo. *Evolução em dois mundos*. Pelo Espírito André Luiz. 25. ed. Rio de Janeiro: FEB, 2010. Segunda parte, capítulo 3 (Corpo espiritual e volitação), p. 215.

6. _____. Cap. 4 (Linhas morfológicas dos desencarnados), p. 219.

7. _____. Cap. 2 (Linguagem dos desencarnados), p. 213.

8. _____. Cap. 5 (Apresentação dos desencarnados), p. 223-224.

9. _____. Cap. 1 (Alimentação dos desencarnados), p. 211.

10. _____. p. 211-212.

11. KARDEC, Allan. *O livro dos espíritos*. Op. Cit. Questão 257, p. 224-226.

12. _____. Questão 224, p. 212.

13. _____. Questão 226, p. 213.

14. _____. Questão 224-a, p. 212.

15. XAVIER, Francisco Cândido. *O consolador*. Pelo Espírito Emmanuel. 28. ed. Rio de Janeiro: FEB, 2010, questão 160, p.128.

16. KARDEC, Allan. *O livro dos espíritos*. Op. Cit. Questão 301, p. 248.

17. _____. Questão 278, p. 241-242.

18. _____. Questão 279, p. 242.

19. XAVIER, Francisco Cândido. *Os mensageiros*. Pelo Espírito André Luiz. 45. ed. Rio de Janeiro: FEB, 2010. Cap. 15 (A viagem), p. 100.

20. XAVIER, Francisco Cândido e VIEIRA, Waldo. *Evolução em dois mundos*. Op. Cit. Segunda parte, capítulo 7 (Vida social dos desencarnados), p. 228.

21. _____. p. 229.

22. XAVIER, Francisco Cândido. *Nosso lar*. Pelo Espírito André Luiz. 60. ed. Rio de Janeiro: FEB, 2010. Cap. 44 (As trevas), p. 291.

23. _____. *Obreiros da vida eterna*. Pelo Espírito André Luiz. 33. ed. Rio de Janeiro: FEB, 2010. Cap. 8 (Treva e sofrimento), p. 149.

24. _____. *Nosso Lar*. Op. Cit. Cap. 12 (O umbral), p. 81.

25. _____. p. 81-82.

26. KARDEC, Allan. *O livro dos espíritos*. Op. Cit. Questão 1017, p. 619.

27. XAVIER, Francisco Cândido. *Obreiros da vida eterna*. Op. Cit. Cap. 3 (Sublime visitante), p. 60.

28. _____. *O consolador*. Op. Cit. Questão 147, p.119.

Orientações ao monitor

1. Realizar palestra introdutória do assunto, apresentando em linhas gerais, as características do plano espiritual.

2. Em seguida, pedir aos participantes que façam leitura silenciosa do Roteiro de estudo, assinalando pontos considerados fundamentais.

3. Concluída a leitura, dirigir aos participantes perguntas ordenadas de acordo com o desenvolvimento das ideias expressas no Roteiro. é importante verificar se ocorreu assimilação dos conteúdos.

4. Projetar, ao final, a seguinte frase de Jesus, comentando-a brevemente:

Não se turbe o vosso coração; credes em Deus, crede também em mim. Na casa de meu Pai há muitas moradas. Se assim não fora, eu vo-lo teria dito. (João, 14:1-2. *Bíblia de Jerusalém*).

EADE - LIVRO V

FILOSOFIA E CIÊNCIA ESPÍRITAS

Roteiro 23

INFLUÊNCIA DOS ESPÍRITOS NO PLANO FÍSICO

Objetivos

» Esclarecer por que a aceitação da influência espiritual comprova a continuidade da vida no plano espiritual.
» Assinalar características das influências espirituais.

Ideias principais

» Allan Kardec indaga em *O livro dos espíritos*: Os espíritos influem em nossos pensamentos e em nossos atos?". A resposta dos Espíritos Orientadores foi: *Muito mais do que imaginais, pois frequentemente são eles que vos dirigem.* Allan Kardec: *O livro dos espíritos*, questão 459.

» O homem pode eximir-se da má influência dos Espíritos, [...] *visto que tais Espíritos só se apegam aos que os chamam por seus desejos, ou os atraem por seus pensamentos.* Allan Kardec: *O livro dos espíritos*, questão 467.

» *Praticando o bem e pondo toda a vossa confiança em Deus, repelireis a influência dos Espíritos inferiores e destruireis o império que queiram ter sobre vós.* [...]. Allan Kardec: *O livro dos espíritos*, questão 469.

Subsídios

A admissão da influência dos Espíritos no plano físico passa pela aceitação de que há Espíritos e que estes sobrevivem à morte do corpo físico. "A dúvida relativa à existência dos Espíritos tem como causa principal a ignorância acerca da sua verdadeira natureza. [...] Seja qual for a ideia que se faça dos Espíritos, a crença neles necessariamente se baseia na existência de um princípio inteligente fora da matéria."[1]

> Desde que se admite a existência da alma e sua individualidade após a morte, é preciso que se admita, também: 1º) que a sua natureza é diferente da do corpo, visto que, separada deste, deixa de ter as propriedades peculiares ao corpo; 2º) que goza da consciência de si mesma, pois é passível de alegria ou sofrimento, sem o que seria um ser inerte e de nada nos valeria possuí-la. Admitido isto, tem-se que admitir que essa alma vai para alguma parte. Que vem a ser feito dela e para onde vai? Segundo a crença vulgar, a alma vai para o céu, ou para o inferno. Mas, onde ficam o céu e o inferno? Antigamente se dizia que o céu era em cima e o inferno embaixo. Porém, o que são o alto e o baixo no universo, uma vez que se conhece a redondeza da Terra e o movimento dos astros, movimento que faz com que em dado instante o que está no alto esteja, doze horas depois, embaixo, e o infinito do espaço, através do qual o olhar penetra, indo a distâncias consideráveis? É verdade que por lugares inferiores também se designam as profundezas da Terra. Mas, que vêm a ser essas profundezas, desde que a Geologia as investigou? [...] Não podendo a doutrina da localização das almas harmonizar-se com os dados da Ciência, outra doutrina mais lógica lhes deve marcar o domínio, não um lugar determinado e circunscrito, mas o espaço universal: é todo um mundo invisível, no meio do qual vivemos, que nos cerca e nos acotovela incessantemente. Haverá nisso alguma impossibilidade, alguma coisa que repugne à razão? De modo nenhum; tudo, ao contrário, nos diz que não pode ser de outra maneira.[2]

Assim sendo, ensina a Doutrina Espírita que, após a morte do corpo físico, o Espírito sobrevive à morte deste, mantém sua individualidade e passa a viver em outra dimensão, no mundo espiritual; desta forma os "[...] os Espíritos são apenas as almas dos homens, despojadas do invólucro corpóreo."[3]

1. A existência dos espíritos

Trata-se, na verdade, de antiga discussão filosófica, evidenciada ao longo dos séculos. O significado predominante na Filosofia moderna e contemporânea é o de que Espírito é *alma racional ou intelecto*:[4] "Penso logo existo", no dizer de Renée Descartes (1596-1650). Nestas condições, não se cogita analisar se há sobrevivência do Espírito após a morte. Da mesma forma, procedem os estoicos* ao afirmarem que Espírito é "*Pneuma* ou sopro animador, também conhecido como "aquilo que vivifica".[4]

A ideia foi defendida por Immanuel Kant (1724-1804) e por Charles de Montesquieu (1689-1755), respectivamente, em suas obras *Crítica do juízo* e *o Espírito das leis*[4]

Kant e John Locke (1632-1704) admitiam que o Espírito é o ser dotado de razão, mas se revelaram céticos em relação à possibilidade de sobrevivência do Espírito, por acreditarem ser impossível demonstrá-la.[4]

Algumas correntes filosóficas pregam que Espírito é "matéria sutil ou impalpável, força animadora das coisas."[4] Este significado, derivado do estoicismo, foi resgatado durante a Renascença, sobretudo por Agrippa (Da *occulta philosophia*) e Paracelso[4]

> Nos poemas órficos do século VI a.C., criados e declamados pelos adeptos do orfismo, encontra-se a concepção da psique que entra no homem, ao nascer, trazida pelo sopro do vento. O orfismo era culto religioso filosófico difundido na Grécia, a partir dos séculos VII e VI a. C., ligado ao culto de Dionísio e que se acreditava instituído por Orfeu. Caracterizava-se principalmente pela crença na imortalidade, conquistável por meio de cerimônia, ritos purificadores e regras de conduta moral que propiciavam a libertação da alma das sucessivas transmigrações (passagem da alma de um corpo a outro).[5]

---

* O **estoicismo** é uma doutrina filosófica fundada por Zenão de Cítio, que afirma que todo o universo é corpóreo e governado por um Logos divino (noção que os estoicos tomam de Heráclito e desenvolvem). A alma está identificada com este princípio divino, como parte de um todo ao qual pertence. Este logos (ou razão universal) ordena todas as coisas: tudo surge a partir dele e de acordo com ele, graças a ele o mundo é um *kosmos* (termo que em grego significa "harmonia").

O Espiritualismo, manifestado em diferentes interpretações, aceita a existência e a sobrevivência do Espírito. As ideias espiritualistas nem sempre são concordantes com os ensinamentos espíritas, sendo que algumas fazem oposição. Por exemplo, o conceito panteísta de que, após a morte do corpo físico, a alma se integra ao grande todo divino. Nesse sentido, o Espírito perderia a sua individualidade, representando uma partícula de Deus que, com a morte, retorna à fonte criadora, assim como as gotas de água se integram no oceano.

Para a Doutrina Espírita, o Espírito sobrevive à morte do corpo físico, mantendo a sua individualidade e as aquisições evolutivas.

As concepções **materialistas** não aceitam a alma, ou entendem que o que se atribui a ela não passa de propriedades do organismo humano. Os autores contemporâneos que adotam esta posição podem admitir muitas variações em torno do tema. Uns insistem que as faculdades humanas são produtos do organismo e de sua hereditariedade, outros valorizam mais a influência das experiências culturais na constituição do espírito humano e outros admitem a construção da subjetividade na vida social, mas todos eles entendem que as faculdades do indivíduo se extinguem com a morte do corpo.[6]

2. A influência dos espíritos

Segundo *O livro dos espíritos*, há grande influência dos Espíritos nos acontecimentos da vida. Esta ação não ocorre de forma extraordinária, miraculosa, nem aleatória, mas em perfeita consonância com os princípios que regem as leis da natureza.

Imaginamos erroneamente que a ação dos Espíritos só se deva manifestar por fenômenos extraordinários. Gostaríamos que nos viessem ajudar por meio de milagres e sempre os representamos armados de uma varinha mágica. Mas não é assim, razão por que nos parece oculta a sua intervenção e muito natural o que se faz com o concurso deles. Assim, por exemplo, eles provocarão o encontro de duas pessoas, que julgarão encontrar-se por acaso; inspirarão a alguém a ideia de passar por tal lugar; chamarão sua atenção para determinado ponto, se isso levar ao resultado que desejam, de tal modo que o homem, acreditando seguir apenas o próprio impulso, conserva sempre o seu livre-arbítrio.[7]

A ação dos Espíritos nos acontecimentos cotidianos apresenta limites, não havendo interferência no que foi determinado pelo planejamento reencarnatório. Ou seja, os Espíritos influenciam, e muito, mas dentro de uma faixa considerada permissível, que não atente contra as manifestações da lei de causa e efeito.

Estamos falando, obviamente, dos processos de influenciação comuns, não ao que se relacione ao domínio obsessivo, que apresenta outras características, fundamentadas no domínio de uma mente sobre a outra.

A influência dos Espíritos pode ser **oculta**, ou sutil, **evidente**, ou declarada. Pode ser **boa** ou **má**, **fugaz** ou **duradoura**. Mas como ocorreria a influenciação, indagamo!

> Sabemos que os Espíritos se comunicam pela onda do pensamento, de natureza mento-eletromagnética, que se propaga pelo espaço transportando imagens, movimentos, sons, cores, etc., cuja frequência de irradiação depende do grau de evolução intelectual e moral de cada um. As mensagens codificadas são armazenadas e transportadas em pacotes de energia ou **quanta**. O Espírito que detecta uma onda pensamento e decodifica-a na faculdade mediúnica, assim age porque possui a mesma faixa de frequência vibratória daquele que a emitiu, tem a mesma afinidade de pensamento em relação àquele tema específico e conhece o mecanismo da decodificação.[8]

Tais informações nos conduzem ao processo de influência e de sintonia.

Tais informações nos conduzem ao prcesso de influencia e de sintonia espirituais. No primeiro caso(**fluência espiritual**), diz respeito à existência da faculdade mediúnica. Médium é a pessoa que tem mediunidade (e todo ser humano a possui) daí Allan Kardec ter afirmado:[9]

> Médium é toda pessoa que sente, num grau qualquer, a influência dos Espíritos. Essa faculdade é inerente ao homem e, por conseguinte, não constitui um privilégio exclusivo. Por isso mesmo, raras são as pessoas que não possuam alguns rudimentos dessa faculdade. Pode-se, pois, dizer que todos são mais ou menos médiuns. Usualmente, porém, essa qualificações só se aplica aqueles em quem a faculdade se mostra bem caracterizada e se traduz por efeitos patentes, de certa intensidade,

o que depende de uma organização mais ou menos sensitiva. É de notar-se, além disso, que essa faculdade não se revela da mesma maneira em todos os sensitivos. Geralmente, os médiuns têm uma aptidão especial para os fenômenos desta ou daquela ordem, de modo que há tantas variedades quantas são as espécies de manifestações.

O segundo tipo de ideia envolve o conceito de **sintonia**. Isto é, não basta ter mediunidade para captar pensamentos e sentimentos de outras mentes, é preciso entrar na faixa de suas vibrações mentais, estabelecendo um ponto de união entre o emissor e o receptor. Eis o que Emmanuel tem a dizer, a respeito do assunto:

> As bases de todos os serviços de intercâmbio, entre os desencarnados e encarnados, repousam na mente [...]. De qualquer modo, porém, é no mundo mental que se processa a gênese de todos os trabalhos da comunhão de Espírito a Espírito. [...] A fim de atingirmos tão alto objetivo é indispensável traçar um roteiro para a nossa organização mental, no Infinito Bem, e segui-lo sem recuar. Precisamos compreender — repetimos — que os nossos pensamentos são forças, imagens, coisas e criações visíveis e tangíveis no campo Espiritual. Atraímos companheiros e recursos, de conformidade com a natureza de nossas ideias, aspirações, invocações e apelos. Energia viva, o pensamento desloca, em torno de nós, forças sutis, construindo paisagens ou formas e criando centros magnéticos ou ondas, com os quais emitimos a nossa atuação ou recebemos a atuação dos outros. [...] semelhante lei de reciprocidade impera em todos os acontecimentos da vida. Comunicar-nos-emos com as entidades e núcleos de pensamentos, com os quais no colocamos em sitonia.[...] mentes enferminadas e perturbadas assimilam as correntes desordenadas do desequilibrio, enquanto que a boa vontade e a boa intenção acumulam os valores do bem. Ninguém está só. Cada criatura recebe de acordo com aquilo que dá. Cada alma vive no clima espiritual que elegeu, procurando o tipo de experiência em que situa a própria felicidade.[10]

É oportuno lembrar que, antes de se estabelecer a sintonia, propriamente dita, com outra mente entram em ação os mecanismos da afinidade intelectual ou moral, ou ambas. Assim, também esclarece Emmanuel:[11]

> O homem permanece envolto em largo oceano de pensamentos, nutrindo-se de substância mental, em grande proporção. Toda criatura

absorve, sem perceber, a influência alheia nos recursos imponderáveis que lhe equilibram a existência. Em forma de impulsos e estímulos, a alma recolhe, nos pensamentos que atrai, as forças de sustentação que lhe garantem as tarefas no lugar em que se coloca. [...] A mente, em qualquer plano, emite e recebe, dá e recolhe, renovando-se constantemente para o alto destino que lhe compete atingir. Estamos assimilando correntes mentais, de maneira permanente. De modo imperceptível, "ingerimos pensamentos", a cada instante, projetando, em torno de nossa individualidade, as forças que acalentamos em nós mesmos. [...] Somos afetados pelas vibrações de paisagens, pessoas e coisas que nos cercam. Se nos confiamos às impressões alheias de enfermidade e amargura, apressadamente se nos altera o "tônus mental", inclinando-nos à franca receptividade de moléstias indefiníveis. Se nos devotamos ao convívio com pessoas operosas e dinâmicas, encontramos valioso sustentáculo aos nossos propósitos de trabalho e realização. Princípios idênticos regem as nossas relações uns com os outros, encarnados e desencarnados. Conversações alimentam conversações. Pensamentos ampliam pensamentos.

É importante, pois, saber lidar com as influências espirituais, acatando as boas e rejeitando as ruins, pois os "Espíritos inferiores irradiam ondas pensamento na faixa de frequência mais baixa do espectro eletromagnético, onde se enquadram."[8]

Os Espíritos que ocupam a parte média da escala hierárquica espiritual emitem ondas pensamento que se enquadram na região mediana do espectro eletromagnético pertinente, enquanto os Espíritos mais elevados ocupam a faixa de frequência que corresponde ao extremo superior do espectro eletromagnético conhecido. A baixa frequência das ondas do pensamento dos Espíritos inferiores não impede que eles se comuniquem com Espíritos superiores, mas dificulta esse intercâmbio de informações.[12]

Assim, os Espíritos imperfeitos e de mediana evolução não conseguem se manter, por ora, em permanente sintonia com os Espíritos superiores, mas é necessário ouvir os seus conselhos e ser por eles inspirados, é preciso aprender entrar em sintonia mental com eles. A prece é o recurso por excelência mais fácil de ser executado e aconselhado pelos benfeitores. Mas há outros recursos que devem ser associados ao hábito da oração, e assim ensinados pelos orientadores da Codificação Espírita:[13]

Praticando o bem e pondo toda a vossa confiança em Deus, repelireis a influência dos Espíritos inferiores e destruireis o império que queiram ter sobre vós. Evitai escutar as sugestões dos Espíritos que vos suscitam maus pensamentos, que sopram a discórdia entre vós e excitam todas as paixões más. Desconfiai sobretudo dos que exaltam o vosso orgulho, porque eles vos atacam na vossa fraqueza. Essa a razão por que Jesus vos ensinou a dizer, na oração dominical: *Senhor! Não nos deixeis cair em tentação, mas livrai-nos do mal.*

Em síntese, o estudo sobre a influência exercida pelos desencarnados não pode ignorar os seguintes pontos fundamentais:

1. [...] Os Espíritos exercem sobre o mundo moral, e mesmo sobre o mundo físico, uma ação incessante. [...].[14]

2. [...] Agem sobre a matéria e sobre o pensamento e constituem uma das forças da natureza, causa eficiente de uma multidão de fenômenos até agora inexplicados ou mal explicados e que não encontram solução racional senão no Espiritismo. [...][14]

3. [...] As relações dos Espíritos com os homens são constantes. Os bons Espíritos nos incitam ao bem, nos sustentam nas provas da vida e nos ajudam a suportá-las com coragem e resignação. Os maus nos impelem para o mal: é para eles um prazer ver-nos sucumbir e nos identificar com eles. [...].[15]

4. A simpatia que atrai um Espírito para outro resulta da perfeita concordância de seus pendores e instintos. [...].[16]

Referências

1. KARDEC, Allan. *O livro dos médiuns.* Tradução de Evandro Noleto Bezerra. 1. ed. Rio de Janeiro: FEB, 2009. Primeira parte, cap. I, item 1, p. 21-22.

2. _____. Item 2, p. 22-23.

3. _____. p. 24-25.

4. ABBAGNANO, Nicola. *Dicionário de filosofia.* Tradução de Alfredo Bosi e Ivone Castilho Benedetti. 4. ed. São Paulo: Martins Fontes, 2003, p. 354.

5. SANCHEZ, Wladimyr. *A influência dos espíritos no nosso dia a dia.* 1. ed. São Paulo: USE, 2000. Cap. 1, p.18.

6. SAMPAIO, Jáder. http://www.espirito.org.br/portal/artigos/geae/sobre-o-conceito.html

7. KARDEC, Allan. *O livro dos espíritos.* Tradução de Evandro Noleto Bezerra. 2. ed. Rio de Janeiro: FEB, 2009, questão 525-a- comentário, p. 350-351.

8. SANCHEZ, Wladimyr. *A influência dos espíritos no nosso dia a dia*. Op. Cit. Cap. 5, p. 131.

9. KARDEC, Allan. *O livro dos médiuns*. Op. Cit. Cap. XIV, item 159, p. 257.

10. XAVIER, Francisco Cândido. *Roteiro*. 11. ed. Rio de Janeiro: FEB, 2004. Cap. 28, p. 119-120.

11. _____. Cap. 26, p. 111-112.

12. SANCHEZ, Wladimyr. *A influência dos espíritos no nosso dia a dia*. Op. Cit. Cap. 5, p. 131-132.

13. KARDEC, Allan. *O livro dos espíritos*. Op. Cit. Questão 469, p. 326.

14. _____. Introdução VI, p. 39.

15. _____. p. 40.

16. _____. Questão 301, p. 248.

Orientações ao monitor

1. Realizar explanação sobre o conteúdo do item 1 do Roteiro (Existência dos Espíritos), utilizando ilustrações e, se possível, relatos de evidências.

2. Em seguida, dividir a turma em pequenos grupos para leitura e síntese das principais ideias contidas no item 2 (Influência dos Espíritos).

3. Após a leitura, fazer perguntas aos participantes, avaliando se ocorreu bom entendimento do assunto. É importante verificar se conceitos fundamentais (sintonia, condições de realização da influência, por que ocorre a influência espiritual, etc.) foram devidamente assimilados.

    OBSERVAÇÃO: convidar seis a oito alunos para realizarem o estudo da próxima reunião (Comunicabilidade dos Espíritos), entregando-lhes o seguinte roteiro para a execução do trabalho, fundamentado na técnica didática seminário de grupos diferentes.

Roteiro para realização do Seminário de Grupos Diferentes

4. Formação de 3 grupos, contendo cada um de 2 a 3 participantes.

5. Grupo nº 1: ler atentamente o Roteiro, elaborando um esquema do que foi lido, que será apresentado, em plenária, aos demais colegas por até 10 minutos.

6. Grupo nº 2: ler e apresentar as principais características das influências dos Espíritos (item dois do Roteiro de estudo), que deverão ser apresentadas à turma durante 15 minutos, no máximo.

7. Grupo nº 3: Relacionar as considerações científicas/filosóficas, desenvolvidas no Roteiro, ao pensamento espírita, apresentando-as aos demais colegas, em plenário. o tempo destinado à exposição é de 20 minutos.

8. Concluídas as exposições, o monitor provoca amplo debate, procurando envolver todos os integrantes da turma.

9. Apresentar, ao final, um julgamento e uma síntese do que foi estudado.

EADE - LIVRO V

FILOSOFIA E CIÊNCIA ESPÍRITAS

Roteiro 24

COMUNICABILIDADE DOS ESPÍRITOS

Objetivos

» Identificar os principais critérios da prática mediúnica na casa espírita.
» Analisar alguns estudos científicos relacionados à prática mediúnica.

Ideias principais

» *As comunicações dos Espíritos com os homens são ocultas ou ostensivas.* Allan Kardec: *O livro dos espíritos.* Introdução VI.

» A manifestação dos Espíritos se dá [...] *sob a influência de certas pessoas, dotadas, para isso, de um poder especial, as quais se designam pelo nome de médiuns, isto é, meios ou intermediários entre os Espíritos e os homens [encarnados].* Allan Kardec: *O livro dos espíritos.* Introdução IV.

» *As vivências tidas como mediúnicas são descritas na maioria das civilizações e têm um grande impacto sobre a sociedade. Apesar de ser um tema pouco estudado atualmente, já foi objeto de intensas investigações por alguns dos fundadores da moderna psicologia e psiquiatria. [...] Esses pesquisadores chegaram a três conclusões distintas. Janet e Freud associaram mediunidade com psicopatologia e a uma origem exclusiva no inconsciente pessoal. Jung e James aceitavam a possibilidade de um caráter não patológico e uma origem no inconsciente pessoal, mas sem excluírem em definitivo a real atuação de um espírito desencarnado. Por fim, Myers associou a mediunidade a um desenvolvimento superior da personalidade e tendo como causa um misto entre o inconsciente, a telepatia e ação de espíritos desencarnados.* Alexander Almeida e Francisco Neto Lotufo: *A mediunidade vista por alguns pioneiros da área mental.* Tese de doutorado em psiquiatria. Universidade de São Paulo, 2004.

Subsídios

A comunicabilidade dos desencarnados com os encarnados ocorre como consequência natural da influência exercida por eles. Segundo a Doutrina Espírita, essa comunicação acontece, basicamente, em duas situações:

a) quando a pessoa está dormindo, sendo que as lembranças das atividades realizadas no mundo espiritual, inclusive o encontro com Espíritos, encarnados e desencarnados, são registradas na forma de sonho; b) por meio de um médium, indivíduo que serve de intermediário entre os dois planos da vida, sendo capaz de transmitir mensagens dos desencarnados. Ambas as possibilidades são bem conhecidas no meio espírita, mas a prática mediúnica é mais corriqueira nas casas espíritas.

Assim, é possível identificar alguns princípios que governam as leis de intercâmbio espiritual, que não devem ser ignoradas pelo estudioso espírita.

» [...] As comunicações dos Espíritos com os homens são ocultas ou ostensivas. As ocultas ocorrem pela influência boa ou má que exercem sobre nós, à nossa revelia. Cabe ao nosso julgamento discernir as boas das más inspirações. [...].[1]

» [...] As comunicações ostensivas se dão por meio da escrita, da palavra ou de outras manifestações materiais, na maioria das vezes pelos médiuns que lhes servem de instrumento. [...].[1]

» A manifestação dos Espíritos ocorre "[...] sob a influência de certas pessoas, dotadas, para isso, de um poder especial, as quais se designam pelo nome de *médiuns*, isto é, meios ou intermediários entre os Espíritos e os homens [encarnados]". [...].[2]

> Há [...] médiuns de todas as idades, de ambos os sexos e em todos os graus de desenvolvimento intelectual. Essa faculdade, entretanto, se desenvolve pelo exercício.[2]

> Os Espíritos se manifestam espontaneamente ou por evocação. [...].[1]

> [...] Podemos evocar todos os Espíritos: os que animaram homens obscuros, como os das personagens mais ilustres, seja qual for a época em que tenham vivido; os de nossos parentes, de nossos amigos ou inimigos, e deles obter, por meio de comunicações escritas ou verbais, conselhos, informações sobre a sua situação no além-túmulo, seus pensamentos a nosso respeito, assim como as revelações que lhes sejam permitidas fazer-nos. [...].[1]

> Os Espíritos são atraídos em razão de sua simpatia pela natureza moral do meio que os evoca. [...].[1]

> [...] Os Espíritos Superiores se comprazem nas reuniões sérias, onde predominam o amor do bem e o desejo sincero de instruir-se e melhorar-se. A presença deles afasta os Espíritos inferiores que, ao contrário, encontram livre acesso e podem agir com toda liberdade entre pessoas frívolas ou guiadas apenas pela curiosidade, e por toda parte onde encontrem maus instintos. Longe de se obterem bons conselhos, ou informações úteis, deles só se devem esperar futilidades, mentiras, gracejos de mau gosto, ou mistificações, pois muitas vezes tomam nomes venerados, a fim de melhor induzirem ao erro. [...].[1]

No século XIX, à época de Kardec, e no início do século XX era comum a manifestação dos Espíritos por evocação. Passado esse período, com a sistematização da prática mediúnica e melhor conhecimento dos postulados espíritas, praticamente não há mais evocação de Espíritos nas reuniões mediúnicas, permitindo-se que os Espíritos se manifestem de forma espontânea, segundo planificação elaborada e desenvolvida pelos orientadores espirituais.

Importa destacar também que, atualmente, a mediunidade predominante é a de efeitos inteligentes, em vez de efeitos físicos, usual no passado. Da mesma forma, com o estabelecimento do intercâmbio mediúnico de forma regular nas casas espíritas, sobretudo com as orientações fornecidas pelo Espírito André Luiz, a mediunidade é exercitada de forma simples e sem misticismos, entendida como mais um instrumento de melhoria espiritual disponibilizado por Deus.

1. Considerações científicas relacionadas à comunicabilidade dos espíritos.

Há poucos estudos científicos atuais sobre a mediunidade. Contudo, o assunto já começa a despertar atenção, sobretudo na área da psiquiatria, onde ainda é estudado em comum com as psicopatias relacionadas às dissociações mentais, mesmo que o médium se revele pessoa equilibrada.

Em psiquiatria, *dissociação mental* significa "ruptura dos processos normais do raciocínio com relação à consciência [...]."[3] Entretanto, a alteração do estado de consciência pelo transe mediúnico, ou pela percepção extrassensorial de Espíritos ou da realidade extrafísica é entendida, ainda, como anomalia psíquica. Esta visão distorcida, de a mediunidade ser sinônimo de perturbação mental, está se modificando com o surgimento de pesquisas e estudos científicos sérios, publicados em revistas especializadas.

No âmbito deste Roteiro destacamos dois estudos sérios, excelentes publicações realizadas por psiquiatras brasileiros: um é a tese de doutorado do médico Alexander Moreira de Almeida, denominada *Fenomenologia das experiências mediúnicas, perfil e psicopatologia de médiuns espíritas*, apresentada no Departamento de Psiquiatria da Faculdade de Medicina da Universidade de São Paulo-USP. Outro é um artigo de revisão, intitulado *A mediunidade vista por alguns pioneiros da área mental*, de autoria conjunta deste psiquiatra (Alexander Almeida) e do professor de psiquiatria da Faculdade de Medicina da USP, Francisco Latufo Neto.

Em sua tese de doutorado Alexander destaca os objetivos do seu trabalho: "Definir o perfil sociodemográfico e a saúde mental em médiuns espíritas, bem como a fenomenologia e o histórico de suas experiências mediúnicas."[4] Assim, foram analisados 115 médiuns, selecionados aleatoriamente nos centros espíritas em São Paulo, capital. Os resultados da pesquisa podem ser assim resumidos:[4]

» 76,5% dos médiuns eram mulheres, espíritas em média há 16 anos, sendo que entre estas a maioria possuía formação escolar superior. A mediunidade predominante foi a psicofonia (entre 72%), seguida da vidência (63%).

» Os médiuns diferiam das características usualmente encontradas nos portadores de transtornos de identidade dissociativa ou distúrbios classificáveis como desordens mentais.

» Os principais sinais do surgimento da mediunidade foram relatados como sintomas isolados, ocorridos na infância ou no início da vida adulta, marcados por quadros de oscilação do humor admitidos, sobretudo, durante o curso de formação de médiuns (cursos de estudo da mediunidade).

» Os pródromos da mediunidade de psicofonia foram identificados como: sensação de presença de alguém junto ao médium, sintomas físicos diversos, sentimentos e sensações estranhas, reconhecidos como não sendo de outra pessoa, mas manifestados nos médiuns. Posteriormente, numa fase mais adiantada da percepção, os médiuns estudados revelaram sentir uma pressão na garganta, e, espontaneamente, começaram a verbalizar um discurso não planejado.

» A intuição foi caracterizada pelo surgimento repentino de pensamentos ou imagens na mente não reconhecidos como próprios.

» A vidência e a audiência se caracterizaram, respectivamente, pela percepção de imagens ou vozes no espaço psíquico interno (na mente), ou externamente, com o surgimento abrupto de imagens e vozes.

» A psicofonia só acontecia, em geral, no centro espírita, mas as demais modalidades mediúnicas ocorriam tanto dentro como fora dos centros espíritas.

A conclusão do trabalho revela que os

[...] médiuns estudados evidenciaram alto nível sócio educacional, baixa prevalência de transtornos psiquiátricos menores e razoável adequação social. A mediunidade provavelmente se constitui numa vivência diferente do transtorno de identidade dissociativa. A Maioria teve o inicio de suas manifestações mediúnicas na infância, e estas, atualmente,se caracterizam por vivencias de influência ou alucinatórias, que não necessariamente implicam num diagnótico de esquizofrenia.[4]

Esse tipo de estudo representa um avanço científico, pois, além de permitir que a Medicina e a Ciência relacionadas conheçam melhor a mediunidade e os médiuns, evita a ocorrência de diagnósticos precipitados e equivocados, uma vez que, ao contrário do que se pensava no passado, sabe-se hoje que as boas práticas religiosas ou espirituais são favorecedoras da saúde mental. Dessa forma podemos dizer que está ocorrendo uma união entre a Religião e a Ciência,"[...]as duas alavancas da inteligência humana [...]",[5] nas palavras de Allan kardec, que complementa, o seu pensamento:

Uma revela as leis do mudo material e a outra as do mundo moral. *Ambas*, porém, *tendo* o mesmo pricipio, que é Deus, não podem contradizer-se. [...] A incompatibilidade que se jugou existir entre essas duas ordens de ideias provém apenas de uma observação defeituosa e de um excesso de exclusivismo de um lado e de outro. Daí um conflito que deu origem à incredulidade e à tolerância.[5]

Entedemos, porém,"[...]que e ainda há um longo caminho a ser percorrido,afim de que se estabeleça a defiitiva união entre as duas partes. Entretanto, vemos com redobrado otimismo as inúmeras publicações científicas relacionadas à temática saúde e espiritualidade, surgidas em diferentes partes do mundo,e desevolvidas por competentes autoridades, nas academias e institutos de ciência espalhados no Planeta."[6]

> Jeff levin, professor e epidemiologista estadunidense, é uma referência no assunto, não só pela importância e confiabilidade de suas pesquisas, mas pela repercussão obtida nas comunidades leigas e cientificas, a ponto de seus trabalhos científicos serem objeto de matéria de capa de revistas de abrangência mundial (*Time, Reader's Digest* e *Macclean's*), ou transformados em destacados artigos, publicados em periódicos de renome como *Newsweek, USA Today* e *the New York Times*. Em seu livro *Deus, fé e saúde*, publicado entre nós pela editora Pensamento-Cultrix, ele explora com segurança e sensibilidade a conexão espiritualidade-cura.[6]

O outro artigo cientifico (a mediunidade vista por alguns pioneiros da área mental) apresenta relatos históricos sobre o conceito de dissociação mental relacionadas à comunicabilidade dos Espíritos.

Os autores artigo científico, assim se expressam:[7]

> As vivências tidas como mediúnicas são descritas na maioria das civilizações e têm um grande impacto sobre a sociedade. Apesar de ser um tema pouco estudado atualmente,já foi objeto de intensas investigações por alguns dos fundadores da moderna psicologia e psiquiatria. Foi revisados o material produzido por Janet, James, Myers, Freud e Jung a respeito da mediunidade, com ênfase em dois aspectos: suas causas e relações com psicopatologia. Esses pesquisadores chegaram a três conclusões distintas. Janet e Freud associaram mediunidade com psicopatologia e a uma origem exclusiva no inconsciente pessoal. Jung e James aceitavam a possibilidade de um caráter não patológico e uma origem

no inconsciente pessoal, mas sem excluírem em definitivo a real atuação de um espírito desencarnado. Por fim, Myers associou a mediunidade a um desenvolvimento superior da personalidade e tendo como causa um misto entre o inconsciente, a telepatia e ação de espíritos desencarnados. Como conclusão, é apontada a necessidade de se conhecer os estudos já realizados para dar continuidade nessas investigações em busca de um paradigma realmente científico sobre a mediunidade.

Os estudiosos do passado, citados no referido artigo, trouxeram contribuições médicas e/ou psicológicas referentes à comunicabilidade dos Espíritos, ainda que tal possibilidade tenha sido rotulada de doença ou psicopatia. Entretanto, mesmo considerando este enfoque, o da enfermidade mental, parece-nos proveitoso destacar algumas ideias dos pesquisadores citados no artigo de Almeida e Lotufo para que se tenha uma visão abrangente do desenvolvimento do assunto, desde o século XIX até o atual.

Pierre Janet (1859-1947), em trabalho apresentado na Universidade de Sorbonne, na França, fornece informações sobre as dissociações mentais ou do inconsciente.

> Janet, que teve formação em psicologia e psiquiatria, apesar de pouco conhecido atualmente, é amplamente reconhecido como o fundador das modernas visões sobre dissociação. [...] Seu trabalho mais importante intitula-se *L' Automatisme Psychologique*, uma tese defendida em 1889 na Sorbonne (Janet, 1889). [...] É de se notar a relevância que a investigação de diversos tipos de experiências mediúnicas teve nesses esforços iniciais de se entender o inconsciente e a dissociação. O estudo da mediunidade e do Espiritismo ocupa quase todo o capítulo destinado ao estudo das "desagregações psicológicas", pois buscou perscrutá-las a partir de sujeitos que as apresentavam em seu mais alto grau (médiuns). Apesar de considerar o Espiritismo "uma das mais curiosas superstições de nossa época", afirmou ser este o precursor da psicologia experimental, assim como a astronomia e a química começaram através da astrologia e da alquimia. Janet defendia a importância de se estudar a mediunidade, pois nos permite "observações psicológicas muito interessantes e refinadas que são longe de inúteis para os observadores de nossos dias."[8]

O equívoco de Janet foi generalizar como "desagregação psíquica", ou doenças mentais, casos de alucinações (por drogas, doenças ou obsessões espirituais), de sonambulismo, de outras manifestações mediúnicas e subjugações espirituais. Para ele o "[...] médium seria quase sempre um nevropata, quando não francamente um histérico, e a faculdade mediúnica dependeria de um estado mórbido particular que poderia originar a histeria e a alienação."[8]

William James (1842-1910) "além de ter sido um eminente filósofo pragmático, fundou, na Universidade de Harvard, o primeiro laboratório americano de psicologia. [...]."[9] É considerado um dos cinco psicólogos mais importantesde todos os tempos.[9] Como estudioso, não negava a comunicabilidade dos Espíritos, traçando diferença entre doença mental e manifestação mediúnica.

> Entre as diversas áreas de investigação a que se dedicou está a religião (que resultou em seu famoso livro *As variedades da experiência religiosa*) e a então chamada *psychical research* (pesquisa psíquica). [...] Defendeu um "empirismo radical", em que um verdadeiro pesquisador, mesmo perante fenômenos considerados absurdos e inabordáveis, precisa enfrentá-los, pensá-los e correlacioná-los. [...] A investigação da mediunidade recebeu especial destaque, tendo realizado, por mais de duas décadas, pesquisas com uma das mais renomadas médiuns do século XIX, Leondra Piper (James, 1886, p. 95; 1890, p. 102). Em 1909, publicou um substancioso relato da suposta manifestação mediúnica de um falecido pesquisador psíquico (Richard Hodgson) através da médium. [...] Considerava a possessão mediúnica uma forma natural e especial de personalidade alternativa em pessoas muitas vezes sem nenhum outro sinal óbvio de problemas mentais. Também dizia que a predisposição para tais vivências não seria algo incomum [...]. O autor asseverava que a investigação do transe mediúnico é uma tarefa árdua, pois seria um fenômeno excessivamente complexo em que muitos fatores concomitantes estariam envolvidos [...]. Entre as possíveis explicações para os fenômenos mediúnicos estariam a fraude, a dissociação com uma tendência a personificar uma outra personalidade e a influência de um espírito desencarnado. [...].[9]

Frederic W. H. Myers (1843-1901) não teve formação médica ou psicológica. Era professor de literatura clássica na Universidade de Cambridge, Reino Unido. Entretanto apresentou diferentes contribuições à psicologia, sobretudo no que diz respeito ao estudo do inconsciente, por ele denominado de *self* subliminal. É considerado o primeiro autor a introduzir os trabalhos de Freud ao público britânico, em 1893.[9] A despeito de considerar que a maior parte das manifestações mediúnicas provinham do próprio médium, vindas do seu *self* subliminal, admitiu que certos conhecimentos revelados pelo sensitivo extrapolavam as ideias que defendia.

Em 1882 Myers afirmava que o "*Self* consciente" (ou o *Self* supraliminal, como ele preferia) não representava toda a mente. Existiria "uma consciência mais abrangente, mais profunda, cujo potencial permanece em sua maior parte latente". Utilizou a palavra subliminal para designar "tudo que ocorre sob o limiar ordinário, fora da consciência habitual". Haveria continuamente toda uma vida psíquica com pensamentos, sensações e emoções que "raramente emerge na corrente supraliminal da consciência, com a qual nós habitualmente nos identificamos. [...]" Os conteúdos subliminais que atingem a consciência supraliminal frequentemente são qualitativamente diferentes de qualquer elemento de nossa vida supraliminal, inclusive faculdades das quais não há conhecimento prévio. Tais habilidades envolveriam uma grande ampliação de nossas faculdades mentais, incluindo as inspirações dos gênios, telepatia, clarividência e mesmo a comunicação com os mortos.[10]

Sigmund Freud (1856-1939), médico austríaco, considerado o pai da psicanálise, desenvolveu especial interesse pela feitiçaria, possessões e fenômenos afins.[11] A interpretação que deu para tais fenômenos reflete a influência dasideias de **Jean-Martin Charcot** (1825-1893), cientista e psiquiatra francês, que podem ser assim resumidas:

"Diversos autores, e dentre eles Charcot é o principal, identificaram, como sabemos, manifestações de histeria nos retratos de possessão e êxtase [...]. Os estados de possessão correspondem às nossas neuroses, para cuja explicação mais uma vez recorremos aos poderes psíquicos. Aos nossos olhos, os demônios são desejos maus e repreensíveis, derivados de impulsos instintuais que foram repudiados e reprimidos. Nós simplesmente eliminamos a projeção dessas entidades mentais para o mundo externo, projeção esta que a Idade Média fazia; em vez disso, encaramo-las como tendo surgido na vida interna do paciente, onde têm sua morada"[11]

Para Freud as manifestações mediúnicas eram produto da mente dos chamados médiuns. Não haveria manifestação de Espíritos desencarnados, propriamente ditos.

Carl Gustav Jung (1875-1961) revelou interesse pela mediunidade em sua dissertação, publicada em 1902, para obtenção do diploma de medicina, assim intitulada: *Sobre a psicologia e a patologia dos fenômenos chamados ocultos*. "Para realizá-la, Jung investigou entre 1899 e 1900, S.W., uma prima de 15 anos que era tida como médium, mas que ele concluiu tratar-se de uma histérica, um caso de "sonambulismo com carga hereditária".[12]

> Seguindo a linha de Janet (com quem Jung estudou por um semestre em 1902), considerou que o suposto espírito comunicante era, na realidade, uma personalidade subconsciente que se manifestaria através de uma série de automatismos como a escrita automática (que atualmente chamaríamos de psicografia) e as alucinações. [...] Haveria uma desagregação de complexos psíquicos que se manifestariam como individualidades, cuja existência depende de sugestões do ambiente e de certa predisposição do médium. A individualização da subconsciência teria enorme influência sugestiva sobre a formação de novos e posteriores automatismos. Como afirma o autor: "É desse modo que podemos considerar, em nosso caso, o surgimento das personalidades inconscientes."[13]

O estudo realizado pelos cientistas do passado, cujas repercussões são francamente visíveis no presente, revela um fator primordial: "[...] o tema mediunidade já recebeu séria atenção de alguns dos principais autores da área mental, que não chegaram a uma posição comum. Podemos, didaticamente, separar suas conclusões em três grupos:"[14]

» Janet e Freud: as experiências mediúnicas são patologias e fruto exclusivo da atividade do inconsciente do médium; não há a participação de qualquer faculdade paranormal.

» James e Jung: a mediunidade não é necessariamente uma patologia, teria origem no inconsciente do médium, mas não excluíram a possibilidade de uma origem paranormal, inclusive com a efetiva comunicação de um Espírito desencarnado. Reforçam a necessidade de maiores estudos.

» Myers: a mediunidade pode ser evidência de um desenvolvimento superior da personalidade, e suas manifestações teriam origem em um misto de fontes (inconsciente pessoal, telepatia e comunicação de Espíritos desencarnados).

A despeito de a comunicabilidade dos Espíritos desencarnados ocorrer desde a mais remota Antiguidade e fazer parte de relatos de diferentes fontes bibliográficas, filosófica, científica, religiosa e laica, deve-se oferecer um tempo à Ciência para que ocorra a compreensão de que a mediunidade e a comunicabilidade dos Espíritos sejam vistas como mecanismos naturais das leis da vida.

Não resta dúvida que a situação atual é bem melhor do que a do passado, sobretudo quando lembramos o sofrimento a que inúmeros médiuns foram submetidos, perecendo nas fogueiras inquisitoriais ou mantidos em manicômios. A psiquiatria moderna já conta com a disciplina "estudos de problemas espirituais e religiosos", que procura diferenciar patologia mental, propriamente dita, das chamadas faculdades de percepção extrassensorial. A obsessão espiritual, inclusive passou recentemente a ser oficialmente aceita pela Medicina como *possessão e estado de transe*, que é um item do *CID-Código Internacional de Doenças*.

O CID 10, item F.44.3 define o estado de transe e possessão como: perda transitória da identidade com manutenção de consciência. Assim, o transe mediúnico já não é considerado doença mental, propriamente dita. Neste aspecto, a alucinação é sintoma que pode surgir tanto nos transtornos mentais como na interferência de um obsessor.

Os médiuns do presente, pelo menos em termos da Medicina, já não são classificados como endemoniados, feiticeiros ou bruxos. Tal fato, por si só, já representa um avanço, fazendo-nos vislumbrar um futuro mais feliz em que os desencarnados possam comunicar-se livremente com os encarnados, tal como acontece hoje o intercâmbio entre indivíduos de diferentes partes do Planeta, no mesmo plano de vida, via *internet*.

Referências

1. KARDEC, Allan. *O livro dos espíritos*. Tradução de Evandro Noleto Bezerra. 2. ed. Rio de Janeiro: FEB, 2009. Introdução VI, p. 40.

2. _____. Introdução IV, p. 33.

3. THOMAS, Clayton (coordenador). *Dicionário médico enciclopédico Taber*. Tradução Fernando Gomes do Nascimento. 1 ed. São Paulo: Manole, 2000, p.520.

4. ALMEIDA, Alexander M. *Fenomenologia das experiências mediúnicas, perfil e psicopatologia de médiuns espíritas*. Tese apresentada ao Departamento de Psiquiatria da Faculdade de Medicina da Universidade de São Paulo para obtenção do título de Doutor em Ciências. São Paulo: USP, 2004, p. X. Este artigo encontra-se disponível no site:http://www.espiritualidades.com.br/Artigos_A_C/almeida_alexander_fenomelogia_mediuns.pdf

5. KARDEC, Allan. *Evangelho segundo o espiritismo*. Tradução de Evandro Noleto Bezerra. 1. ed. Rio de Janeiro: FEB, 2010. Cap.1, item 8, p. 60.

6. MOURA, Marta Antunes. *Saúde e espiritualidade*. *Reformador*. Rio de Janeiro: FEB, fevereiro de 2010. Ano 128. N.º 2.171, p. 26.

7. ALMEIDA, Alexander M. e LOTUFO, Francisco Neto. *A mediunidade vista por alguns pioneiros da área mental*. (*Mediumship Seen by Some Pioneers of Mental Health*). Rev. Psiq. Clin. 31 (3); 132-141, 2004, p. 132. Este artigo encontra-se disponível no site: http://www.hcnet.usp.br/ipq/revista/vol31/ n3/pdf/132.pdf

8. _____. p. 133-134.

9. _____. p. 135.

10. _____. p. 136.

11. _____. p. 137.

12. _____. p. 137-138.

13. _____. p. 138.

14. _____. p. 139.

Orientações ao monitor

1. Com base nas orientações prestadas na reunião anterior, apresentar à turma os participantes dos três grupos que irão desenvolver o estudo do Roteiro, utilizando a técnica de seminário de grupos diferentes, assim especificada:

» Primeiro grupo: apresenta, em até dez minutos, um esquema dos conteúdos desenvolvidos no Roteiro, fazendo breves explicações.

» Segundo grupo: destaca as ideias gerais das duas pesquisas realizadas pelos psiquiatras brasileiros, citados no Roteiro, cujos conteúdos completos foram baixados da internet (veja referências quatro e oito). Utiliza-se 20 minutos para o relato sintético dos dois artigos (10 minutos para cada expositor)

» Terceiro grupo: correlaciona as ideias dos expositores dos dois grupos anteriores com o pensamento espírita, citado no Roteiro e/ ou pesquisado em outras fontes. O tempo destinado à realização desta atividade é de 15 minutos.

2. Concluída a apresentação dos grupos, promover um amplo debate do assunto, envolvendo todos os integrantes da reunião.

3. Apresentar, ao final, um julgamento e uma síntese do que foi estudado e discutido.

FILOSOFIA E CIÊNCIA ESPÍRITAS

Roteiro 25

METODOLOGIA DE ANÁLISE DOS FATOS ESPÍRITAS

Objetivos

» Analisar os critérios que definiram a metodologia kardequiana de investigação dos fatos espíritas.

Ideias principais

» Allan Kardec analisou racionalmente os fatos espíritas, transmitidos por mais de mil médiuns, residentes na França e no exterior, seguindo a metodologia utilizada pelas ciências experimentais. Contudo, não desprezou a própria intuição e, muitas vezes, realizou profundas reflexões antes de opinar a respeito de um assunto transmitido pelos Espíritos orientadores. Tais condições o fizeram concluir: *O Espiritismo é a ciência nova que vem revelar aos homens, por meio de provas irrecusáveis, a existência e a natureza do mundo espiritual e as suas relações com o mundo corpóreo. Ele no-lo mostra não mais como coisa sobrenatural, mas, ao contrário, como uma das forças vivas e sem cessar atuantes da natureza.* Allan Kardec: *O evangelho segundo o espiritismo.* Cap. 1, item 5.

» Diante das evidências dos fatos espíritas, compreendeu que: *Assim como a Ciência propriamente dita tem por objeto o estudo das leis do princípio material, o objeto especial do Espiritismo é o conhecimento das leis do princípio espiritual.* Allan Kardec: *A gênese.* Cap. 1, item 16.

Subsídios

Doutrina Espírita surgiu no século XIX com a publicação de *O livro dos espíritos*, em 18 de abril de 1857, na França. Foi materializada no mundo pelo esforço do eminente educador francês Hippolyte Léon Denizard Rivail que, ao transmitir os princípios espíritas em cinco obras básicas — *O livro dos espíritos, O livro dos médiuns, O evangelho segundo o espiritismo, O céu e o inferno* e *A gênese* —, adotou o pseudônimo de Allan Kardec.

O professor Rivail gozava de destacado prestígio na sociedade francesa da época, não só pelo reconhecido valor de educador emérito, que contribuiu para a reestruturação do ensino na França, mas por ter livre trânsito entre os intelectuais, os oficiais militares e a nobreza, inclusive junto ao imperador Luiz Napoleão, o qual, em diferentes oportunidades, revelou simpatia e interesse pelos fatos espíritas.

Os conteúdos doutrinários espíritas não foram produto da concepção pessoal do professor Rivail, a despeito das inúmeras contribuições por ele fornecidas na correta interpretação dos fatos espíritas, mas transmitidos por Espíritos Superiores, em conhecimento e moralidade, utilizando a desenvolvida sensibilidade psíquica de pessoas denominadas *médiuns*.

É relevante informar o significado de Doutrina Espírita, transmitido pelos Espíritos Superiores, nas seguintes palavras do Codificador:

» O Espiritismo é a ciência nova que vem revelar aos homens, por meio de provas irrecusáveis, a existência e a natureza do mundo espiritual e as suas relações com o mundo corpóreo. Ele no-lo mostra não mais como coisa sobrenatural, mas, ao contrário, como uma das forças vivas e sem cessar atuantes da natureza, como a fonte de uma multidão de fenômenos até hoje incompreendidos e, por isso mesmo, relegados para o domínio do fantástico e do maravilhoso. É a essas relações que o Cristo faz alusão em muitas circunstâncias, e é por isso que muitas coisas que Ele disse permaneceram ininteligíveis ou foram falsamente interpretadas. O Espiritismo é a chave com o auxílio da qual tudo se explica com facilidade.[1]

» O Espiritismo é, ao mesmo tempo, uma ciência de observação e uma doutrina filosófica. Como ciência prática ele consiste nas relações que se estabelecem entre nós e os Espíritos; como filosofia, compreende todas as consequências morais que dimanam dessas mesmas relações. Podemos defini-lo assim: O Espiritismo é uma ciência que trata da natureza, origem e destino dos Espíritos, bem como de suas relações com o mundo corporal.²

Tais conceitos nos conduzem, em consequência, ao objeto do Espiritismo:

> Assim como a Ciência propriamente dita tem por objeto o estudo das leis do princípio material, o objeto especial do Espiritismo é o conhecimento das leis do princípio espiritual. Ora, como este último princípio é uma das forças da natureza, a reagir incessantemente sobre o princípio material e reciprocamente, segue-se que o conhecimento de um não pode estar completo sem o conhecimento do outro. [...].³

Allan Kardec analisou racionalmente os fatos espíritas, transmitidos por mais de mil médiuns, residentes na França, na Europa e em outras partes do mundo. Aplicou na análise dos fatos espíritas a metodologia utilizada pelas ciências experimentais, antes de organizar um corpo de Doutrina e publicá-los na forma de um Código. Por este motivo, Allan Kardec é cognominado Codificador da Doutrina Espírita.

O Espiritismo é uma doutrina espiritualista que apresenta abrangência tríplice, sustentada em três colunas ou aspectos: científico, filosófico e religioso (ou moral). Desta forma, o Espiritismo revela a existência do mundo espiritual, a influência deste sobre as criaturas humanas que possuem corpo físico (encarnadas), e as consequências, intelectuais e morais, que resultam do intercâmbio entre os dois planos de vida. Sendo assim, a Doutrina Espírita, ou o Espiritismo

> » [...] apoiando-se em fatos, tem que ser, e não pode deixar de ser, essencialmente progressiva, como todas as ciências de observação. Por sua essência, ela contrai aliança com a Ciência que, sendo a exposição das leis da natureza, com relação a certa ordem de fatos, não pode ser contrária à vontade de Deus, autor daquelas leis. [...].4

> [...] O *Espiritismo e a Ciência se completam reciprocamente;* a Ciência, sem o Espiritismo, se acha na impossibilidade de explicar certos fenômenos só pelas leis da matéria; ao Espiritismo, sem a Ciência, faltariam apoio e comprovação. [...].³

1. Acontecimentos que marcaram o surgimento da Doutrina Espírita

Os fatos ou fenômenos espíritas acompanham a humanidade, desde que encarnou o primeiro homem no Planeta. O intercâmbio entre os chamados mortos (desencarnados) e os vivos (encarnados) faz parte da natureza humana, do seu psiquismo. Mas nos tempos passados esse intercâmbio era cercado de misticismo, adquirindo características sobrenaturais.

Com o advento do Espiritismo, tais aspectos perderam força, uma vez que passaram a ser explicados racionalmente. Mas, ao longo da história da civilização humana, sempre existiram filósofos, cientistas e religiosos, iniciados ou não nas verdades espirituais, que estiveram envolvidos com esses fatos, denominados *mediúnicos* pela Doutrina Espírita. Em determinados momentos da História as manifestações mediúnicas foram vistas como um privilégio, produzindo respeito e distinção aos médiuns. Em outras épocas, porém, serviram de palco para perseguições, torturas e morte.

No século XIX os fatos espíritas ocorreram de forma notável em diferentes nações do Planeta, especialmente nos Estados Unidos da América e na França, adquirindo feição de uma invasão organizada pelos Espíritos. Nos EUA, em 31 de março de 1848, teve início uma série de ocorrências mediúnicas, na forma de ruídos, barulhos, pancadas etc., manifestadas na casa da família Fox, que vivia na pequena cidade de Hydesville, no estado de Nova Iorque. O autor dos acontecimentos foi o Espírito Charles Rosna, que, mais tarde, relatou ter sido assassinado e sepultado na residência, em época passada. Os médiuns diretamente envolvidos nos fatos eram duas adolescentes: as irmãs Katherine e Margareth Fox, de 11 e 14 anos de idade, respectivamente. Tais fatos passaram à posteridade com o nome de *Fenômenos de Hydesville*.

A partir de 1850 o impacto da manifestação dos Espíritos é transferido para o continente europeu e, em especial, a França, onde recebeu o nome de *mesas girantes*. Em geral, as pessoas utilizavam uma pequena mesa redonda de três pés, à volta da qual se sentavam, mantendo as mãos sobre a sua superfície. À medida que as perguntas eram pronunciadas pelos circunstantes, a mesa produzia movimentos, girava, firmava-se sobre um dos pés, ou emitia sons, como que vindos do interior da madeira, marcando letras do alfabeto ou as palavras "sim" e "não". A conversa com os Espíritos era, em geral, frívola, transformando-se em modismo, presente nas reuniões sociais que se estendiam pela noite, nas festas, saraus e recitais. Entretanto, constatou-se que entre aquelas respostas frívolas surgiam, ocasionalmente, outras sérias, de nível intelectual e moral elevados, conforme a natureza da pergunta que era dirigida ao comunicante espiritual.

Em 1854 Kardec ouviu falar, pela primeira vez, dos fatos espíritas. Em 1855 presenciou o fenômeno das mesas girantes na casa das senhoras Roger e Plainemaison. Foi, porém, nas reuniões da residência da família Boudin que teve contato mais direto e profundo com os Espíritos, percebendo a seriedade de que os acontecimentos se revestiam. Esclareceu a respeito:

» Um dos primeiros resultados que colhi das minhas observações foi que os Espíritos, nada mais sedo do que as almas dos homens, não possuíam nem a plena sabedoria, de que dispunham se limitava ao grau de adiantamento, a que haviam alcançado, e que a opinião deles só tinha o valor de uma opinião pessoal. Recohecida desde o principio esta verdade me preservou do grave escolho de crer na infalibidade dos espíritos e me impediu de formular teorias prematuras, tendo por base o que fora dito por ou alguns deles.[5]

» O simples fato da comuicação com os Espíritos, dissessem eles o que dissessem, provava a existência do mundo invisível ambiente. Já era um ponto essencial, um imenso campo aberto às nosss explorações, a chave de inúmeros fenômenos até então sem explicação. O segundo ponto, não menos importante, era que aquela comunicação nos permitia conecer o estado desse mundo, seus costumes, se assim nos podemos exprimir. Logo vi que a cada Espírito, em virtude da sua posição pessoal e dos seus conhecimentos, me desvendava uma face daquele mundo, do mesmo modo como se chega a conhecer os estado de um país, interrogando habitantes de todas as classes e de todas as condições[...].[6]

2. Análise dos fatos espíritas

A formação científica de Allan Kardec lhe permitiu encarar os fatos espíritas com lucidez, sem negá-los ou aceitá-los, de imediato, só opinando a respeito após criteriosa análise racional. Aplicou a combinação de quatro critérios na tentativa de julgá-los com acerto, mantendo cuidadosa postura antes de emitir. Os critérios foram:

» Humanismo: pensava sempre os valores éticos e as consequências morais das novas ideias.

» Racionalismo: utilizou, com sabedoria, os seguintes instrumentos do métodos experimental, que lhe forneciam a visão do todo e das partes: observação; análise critica e criteriosa dos fenômenos; conclusões lógicas.

» Intuição: agiu com om senso, equilíbrio intelectual e sem fanatismo, sempre que não encontrava resposta racional para um fato.

» Universalismo: impôs controle universal dos ensinos dos Espíritos, pela aplicação da metodologia científica. Conjugou então, razão e sentimento, bom senso e lógica, só aceitando como verdade aquilo que fora submetido à análise racional, pela consulta a outros Espíritos, cujas respostas vinham de diferentes médiuns,da frança e de outros países.

Podemos afirmar que a análise dos fatos seguiu a sequência de sete passos,assim especificados:

» **Observação** apurada dos fatos.
» **Registro** das observações.
» **Comparação de dados**, consultando Espíritos e médiuns quantas vezes fossem necessárias.
» **Análise racional e criteriosa dos resultados.**
» **Sistematização dos dados.**
» **Conclusões finais.**
» **Publicação** parcial na *Revista Espírita*, e final, nos livros da Codificação. A utilização desse roteiro teve, por sua vez, fundamentação nos seguintes princípios, publicados pelo Codificador na Introdução de *O evangelho segundo o espiritismo*:[7]

1. "O Espiritismo não tem nacionalidade, não faz parte de nenhum culto particular, nem é imposto por nenhuma classe social, visto que qualquer pessoa pode receber instruções de seus parentes e amigos de além-túmulo."

2. A "[...] universalidade no ensino dos Espíritos faz a força do Espiritismo; aí reside também a causa de sua tão rápida propagação."

3. "[...] Daí resulta que, com relação a tudo o que esteja fora do âmbito do ensino exclusivamente moral, as revelações que cada um possa receber terão caráter individual, sem cunho de autenticidade; que devem ser consideradas como opiniões pessoais de tal ou qual Espírito e que seria imprudente aceitá-las e propagá-las levianamente como verdade absoluta."

4. "O primeiro controle é, incontestavelmente, o da razão, ao qual é preciso submeter, sem exceção, tudo o que venha dos Espíritos. Toda teoria em notória contradição com o bom senso, com uma lógica rigorosa e com os dados positivos que se possui, deve ser rejeitada, por mais respeitável que seja o nome que traz como assinatura."

5. "Mas, em muitos casos, esse controle ficará incompleto em razão da insuficiência de conhecimentos de certas pessoas e da tendência de muitos a tomar a própria opinião como juízes únicos da verdade. Em semelhante caso, o que fazem os homens que não depositam absoluta confiança em si mesmos? Vão buscar o parecer da maioria e tomar por guia a opinião desta. [...]."

6. "A concordância no que ensinam os Espíritos é, pois, o melhor controle [...]. Prova a experiência que, quando um princípio novo deve ser revelado, ele é ensinado *espontaneamente* em diversos pontos ao mesmo tempo e de modo idêntico, se não quanto à forma, pelo menos quanto ao fundo."

7. "Esse controle universal é uma garantia para a unidade futura do Espiritismo e anulará todas as teorias contraditórias."

8. "O princípio da concordância é também uma garantia contra as alterações que, em proveito próprio, pretendessem introduzir no Espiritismo as seitas que dele quisessem apoderar-se, acomodando-o à sua vontade".

Referências

1. KARDEC, Allan. *O evangelho segundo o espiritismo*. Tradução de Evandro Noleto Bezerra. 1. ed. Rio de Janeiro: FEB, 2010. Cap. 1, item 5, p. 59.

2. _____. *O que é o espiritismo*. 54. ed. Rio de Janeiro: FEB, 2006. Preâmbulo, p. 54-55.

3. _____. *A gênese: os milagres e as predições*. Tradução de Evandro Noleto Bezerra. 1. ed. Rio de Janeiro: FEB, 2009. Cap. 1, item 16, p. 31.

4. _____. Item 55, p. 58.

5. _____. *Obras póstumas*. Evandro Noleto Bezerra 1. ed. Rio de Janeiro: FEB, 2009. Segunda parte, item: A minha primeira iniciação no espiritismo, p. 350.

6. _____. p. 350-351.

7. _____. *O evangelho segundo o espiritismo*. Op. Cit. Introdução, item II: Controle universal do ensino dos Espíritos, p. 25-35.

Orientações ao monitor

1. Fazer breve exposição introdutória do assunto, fornecendo visão panorâmica dos conteúdos desenvolvidos neste Roteiro.

2. Dividir a turma em dois grupos, cabendo a um deles a leitura, a troca de ideias e a síntese do item *Acontecimentos que marcaram o surgimento do Espiritismo*. O outro grupo realiza as mesmas atividades, porém, em relação ao item *Análise dos fatos espíritas*.

3. Sugerir aos grupos a indicação de relator para apresentar, em plenária, a síntese do texto lido.

4. Esclarecer possíveis dúvidas, destacando pontos importantes do que foi estudado.

EADE - LIVRO V

FILOSOFIA E CIÊNCIA ESPÍRITAS

Roteiro 26

ESTUDO CIENTÍFICO DOS FATOS ESPÍRITAS

Objetivos

» Analisar as contribuições científicas à investigação dos fatos espíritas.

Ideias principais

» A manifestação maciça dos Espíritos, ocorrida de forma organizada em partes do mundo, no século XIX, caracterizou os fatos espíritas e sua amplitude. Tais fatos despertaram a atenção de todos os segmentos da sociedade, inclusive dos representantes da Ciência, muitos dos quais decidiram investigar a fundo os fenômenos intermediados pelos médiuns.

» A pesquisa científica, realizada por personalidades conhecidas, nos séculos XIX e XX, resultou na produção de análises consistentes que vieram comprovar, não só a existência e sobrevivência do Espírito, após a morte do corpo físico, mas também o intercâmbio entre os dois planos da vida, o físico e o espiritual.

» São citadas neste Roteiro de Estudo as contribuições de alguns estudiosos e cientistas na elucidação dos fatos espíritas.

EADE - Livro V — Roteiro 26

Subsídios

Desde o século XIX, época do surgimento da Doutrina Espírita até os dias atuais, os fatos espíritas despertam a atenção de alguns cientistas e estudiosos, para estudá-los ou criticá-los. Tais fatos, porém, jamais lhes permaneceram indiferentes. Sem a pretensão de ter esgotado o assunto apresentamos, em seguida, breve revisão do trabalho realizado por alguns pesquisadores, citados em ordem alfabética.

1. Estudiosos e cientistas que investigaram os fatos espíritas

» **Alexandre Aksakof** (1832-1903) - professor pesquisador da Academia de Leipizig, diplomata e conselheiro do czar russo, Alexandre III, doutor em Filosofia, notabilizou-se na investigação e na análise dos fenômenos espíritas durante o século XIX. Realizou diversas pesquisas com alguns dos mais conhecidos sensitivos da época, publicando os resultados em livros, como *Um caso de desmaterialização,* e *Animismo e espiritismo* (ambos pela Editora FEB).

» **Alfred Russel Wallace** (1823-1913) - famoso naturalista inglês, geógrafo, antropólogo e biólogo evolucionista, íntimo colaborador de Charles Darwin. Em 1865 Wallace investigou os fenômenos das *mesas girantes,* ainda tão em voga na Europa, e a mediunidade dos senhores Marshall e Cuppy, entre outros, afirmando, mais tarde, que as comunicações com os Espíritos "estavam inteiramente comprovadas pela Ciência, tão bem, como quaisquer fatos, provados por outras ciências."

» **Carl Gustav Jung** (1875-1961) - nascido na Suiça, foi um dos maiores psiquiatras do século XIX. Discípulo de Freud, fundou a escola analítica da Psicologia, que trouxe novas e significativas contribuições ao estudo da mente e das doenças a ela associadas. Em suas pesquisas mostrou interesse pela mediunidade, uma vez que sua vida sempre esteve marcada por experiências que envolviam fenômenos de clarividência, sonhos premonitórios e psicocinesia. Em 1977 afirmou: "Não hesito em declarar que tenho observado um número suficiente de tais fenômenos [os mediúnicos] para estar completamente convencido de sua realidade". Em 1902, a dissertação para obter o título de médico tinha este título: *Sobre a psicologia e a patologia dos fenômenos chamados ocultos.* Neste trabalho, que durou cerca de um ano para realizar, contou com a ação mediúnica de sua prima, uma jovem de 15 anos.

» **Charles Richet** (1850-1935) – médico e fisiologista francês de renome internacional. Prêmio Nobel de Medicina, em 1913. Estudou, com muita dedicação, os fatos espíritas relacionados à obsessão, descritos em sua obra *Tratado de metapsíquica*. Tal obra é, sem dúvida, um verdadeiro arcabouço de experiências psíquicas, analisadas junto a pacientes portadores de demência e outros distúrbios mentais.

» **Cesare Lombroso** (1835-1909) – médico e cientista italiano, considerado pai da moderna criminalística pelas contribuições fornecidas nos campos da antropologia, da sociologia e da psicologia criminais. Seu livro *Hipnotismo e mediunidade* (editora FEB) é notável estudo de comprovação dos fatos espíritas, intermediados, em especial, pela médium napolitana Eusápia Palladino.

» **Elisabeth Kübler-Ross** (1926-2004) – médica suíça, naturalizada americana, foi figura de destaque no meio acadêmico e médico do século XX. Dedicou toda a sua vida aos pacientes portadores de doenças terminais, ou com enfermidades graves, internados no CTI (Centro de Terapia Intensiva) dos hospitais por onde trabalhou. Conheceu o fenômeno da morte de perto, vindo a publicar livros sobre o assunto e, também, sobre a Experiência de Quase Morte, tendo como base os casos clínicos que acompanhou. Seus livros são referências em ambos os assuntos e entre eles citamos: *Sobre a morte e o morrer*. Martins Fontes, 1969; *Morte – estágio final da evolução*. Record, 1975; *Perguntas e respostas sobre a morte e o morrer*. Martins Fontes, 1979; *A morte: um amanhecer*. Pensamento, 1991; *A roda da vida: memórias do viver e do morrer*. GMT, 1998.

» **Ernesto Bozzano** (1862-1943) – conhecido filósofo italiano do século XX, professor de filosofia científica da Universidade de Turim. Estudou, em profundidade, a metapsíquica e os fatos espíritas, publicando inúmeras obras que refletem não só o pesquisador profícuo que foi, mas também o produto de suas experiências e investigações. Citamos, em seguida, as principais obras, seguidas do ano em que se dedicou à pesquisa: *Hipótese espírita e teoria científica*, 1903; *Dos casos de identificação espírita*, 1909; *A crise da morte*, 1930-52; *Investigação sobre as manifestações supranormais*, 1931-40; *Xenoglossia*, 1933; *Dos fenômenos de bilocação*, 1934; *Dos fenômenos de possessão*, 1936; *Animismo ou Espiritismo?*, 1938; *Povos primitivos e manifestações paranormais*,

1941-46; *Dos fenômenos de telestesia*, 1942; *Música transcendental*, 1944; *Os mortos voltam*, 1947; *Literatura de além-túmulo*, 1947; *As visões dos moribundos*, 1947; *A psique domina a matéria*, 1948; *Os animais têm alma?*, 1950; *Pensamento e vontade*, 1967; e *Os fenômenos de transfiguração*, 1967.

» **Frederic W. H. Myers** (1843-1901) – poeta inglês e professor de cultura clássica da Universidade de Cambridge-Inglaterra, considerado gênio em razão de suas ideias e inteligência. Fundou, junto com outros pesquisadores, a *Sociedade de Pesquisas Psíquicas de Cambridge* com o objetivo de investigar fatos espíritas, como telepatia, hipnotismo, assombrações e alucinações, contando, para isso, com o auxílio de vários médiuns. Os resultados de suas pesquisas foram publicados nas edições da *Sociedade Psíquica*, mas dois dos seus livros são bastante conhecidos: *A personalidade humana* e *Os fantasmas vivem*. O estudioso defendia a teoria de que, se o mundo espiritual alguma vez se manifestasse aos seres humanos encarnados, uma investigação séria deveria ser feita para descobrir sinais inconfundíveis ou reveladores. Acrescentou, também: "se todas as tentativas para se verificar cientificamente a intervenção de um outro mundo fossem definitivamente mostradas fúteis, isso seria um golpe terrível, um golpe mortal, em todas as nossas esperanças de uma outra vida, assim como na religião tradicional".

» **Gustave Geley** (1868-1924) – médico francês, com doutorado em Medicina e filósofo de grande envergadura intelectual do século XX. Notável pesquisador dos fatos espíritas, sobretudo os relacionados aos fenômenos de materialização. É referência obrigatória quando se deseja estudar este tema. No Brasil, dois livros seus são bastante conhecidos: *O ser subconsciente* (editora FEB); e *Resumo da doutrina espírita* (editora LAKE). Dedicou-se com tamanho afinco ao estudo dos fatos espíritas que, aos 42 anos de idade, abandonou a prática médica para dedicar-se, exclusivamente, às pesquisas desse gênero. Em uma de suas obras, publicada na Espanha, afirmou: "A Doutrina Espírita é muito grandiosa para não impor aos pensadores uma discussão profunda. Bom número deles concluiu, seguramente, considerando que uma doutrina baseada sobre fatos experimentais tão numerosos e tão precisos, e acordes com todos os conhecimentos científicos nos diversos ramos de atividade humana, dando solução muito clara e muito satisfatória aos grandes problemas psicológicos e metafísicos, é verossímil; muito mais verdadeira; é muito provavelmente verdadeira." (*Del Inconsciente al* Consciente, p. 9, Casa Editorial Maucci-Barcelona).

» **Hernani Guimarães Andrade** (1913-2003) – pesquisador brasileiro, engenheiro, fundador do Instituto Brasileiro de Pesquisas Psicobiofísicas (IBPP), procurou comprovar cientificamente a existência da reencarnação. Desenvolveu notáveis investigações sobre a obsessão e a transcomunicação instrumental.

Além disso, realizou pesquisas laboratoriais para detectar o que denominou campo biomagnético (CBM) ou Modelo organizador biológico (MOB), que é o perispírito, da terminologia espírita usual. As obras publicadas por ele são consideradas de referência, pela seriedade e lucidez das ideias desenvolvidas: *Espírito, perispírito e alma* (Editora Pensamento); *Matéria psi* (Editora Pensamento); *Morte - uma luz no fim do túnel* (Editora FE); *Morte, renascimento e evolução* (Editora FE); *Parapscologia experimental* (Editora Pensamento); *Parapsicologia - uma visão panorâmica* (Editora FE); *Poltergeist: algumas ocorrências no Brasil* (Editora Pensamento); *Psi quântico* (Editora Didier); *Reencarnação por amor* (Editora O Clarim); *Reencarnação e você* (Editora CEAC); *Renasceu por amor* (Editora FE); *Transcomunicação através dos tempos* (Editora FE); *Teoria corpuscular do espírito* (Editora Didier).

» **Hemendra Nath Banerjee** (1929-1985) – indiano, psicólogo, parapsicólogo pesquisador científico, diretor do Departamento de Parapsicologia da universidade de Rajasthan-India. Iniciou uma série de investigações a respeito de diversos casos de crianças que recordavam existências anteriores, chegando a catalogar três mil casos. Tais casos, disse ele, são numerosos na Índia, bem como em diversos países do oriente. Em seu livro *Vida pretérita e futura*, publicado em 1979, relata 25 anos de estudos sobre a reencarnação. Esta afirmação, contida no referido livro, delineia a abrangência do seu trabalho:

> Durante anos, os pesquisadores parapsicólogos que estudam os casos de reencarnação tem sido considerados charlatões, e seus estudos classificados como de efêmero valor. Mas, depois de mais de vinte e cinco anos de pesquisas neste campo, em que estudei mais de 1.100 casos de reencarnação em todo o mundo, e publiquei vários trabalhos sobre o assunto, a crítica diminuiu e surgiu maior interesse. Os fatos que cada vez mais chegam ao nosso conhecimento são tão impressionantes, que agora a comunidade científica passou a considerá-los como dignos de pesquisa. Desde o começo, decidi formar um centro de estudos internacional sobre a reencarnação. Seu objetivo seria estudar cientificamente casos de vidas anteriores

em todo mundo e coligir dados relativos aos mesmos. Minhas pesquisas de um quarto de século convenceram-me de que há muitas pessoas, nos Estados Unidos e em outras partes do mundo, dotadas de memórias diferentes, o que não se pode obter por vias normais. Chamo esse tipo de memória de "memória extracerebral", porque as afirmações dos sujeitos de possuírem lembranças de vidas anteriores parecem ser independentes do cérebro, principal repositório da memória. É fato científico que ninguém é capaz de lembrar o que não aprendeu anteriormente. Os casos descritos neste livro não se baseiam no ouvir dizer nem em estórias de jornais; baseiam-se em pesquisas dos científicos. Meu estudo sobre a reencarnação foi concebido à luz de várias hipóteses, tais como, a fraude, a captação de lembranças através de meios normais ,e a percepção extrassensorial. (BANERJEE, 1987, p. 13-14).

» **Ian Stevenson**(1918–2007) – médico canadense radicado nos Estados Unidos, onde desencarnou, foi pesquisador do Departamento de Medicina Psiquiátrica da Universidade de Virgínia-EUA. Referência obrigatória quando o assunto é reencarnação, pois estudou 2.600 casos, a maioria em crianças que, em dado momento de suas vidas, sem uma razão muito clara para isso, passaram a dizer que tinham sido outra pessoa em vida diferente, lembrando-se com impressionante nitidez de fatos e situações vividas, assim como o nome de pessoas e de cidades. No Brasil, seu livro mais conhecido é *20 casos sugestivos de reencarnação*. Mas o professor Stenvenson publicou centenas de artigos na imprensa especializada e cerca de dez livros abordando temas relacionados à memória extracerebral. A sua obra, *Reencarnação e biologia,* publicada em dois volumes, em 1997, merece destaque, especialmente o estudo da etiologia das marcas e defeitos de nascimento. No primeiro volume ele descreve marcas de nascimento na pele de bebês recém-nascidos que não podiam ser explicadas pela herança genética. No segundo volume ele se concentra em deformidades e outras anomalias com as quais as crianças nasciam, mas que não podiam ser explicadas pela herança genética, nem por ocorrências pré-natalinas ou perinatalinas (durante o nascimento). Este trabalho contém centenas de fotos que documentam as evidências.

A editora brasileira Centro de Estudo Vida e Consciência publicou, em 2010, dois livros de Ian Stevenson: *Reencarnação, Vinte Casos* e *Reencarnação na Europa*.

» **Johann Karl Friedrich Zöllner** (1834-1882) – astrônomo e físico alemão, professor de grande prestígio da Universidade de Leipzig pelos seus trabalhos no campo da física (foi o criador da *ilusão ótica*) e nas dimensões da matéria. Segundo o cientista, a matéria apresenta, além das três dimensões conhecidas, especificadas pela geometria euclidiana, uma quarta, de natureza extrafísica, acessada pelos médiuns. Esta dimensão suplementar seria, na verdade, uma extensão da matéria, propriamente dita, sendo, porém, invisível e nem sempre perceptível pelos sentidos humanos. Realizou vários estudos práticos, apresentando evidências concretas para corroborar a sua tese, que se encontram descritas no livro: *Provas científicas da sobrevivência*, publicado pela EDICEL.

» **Oliver Joseph Lodge** (1851-1940) – físico e escritor inglês de renome, sobretudo pelos trabalhos relacionados à telegrafia, às velas de ignição, ao éter, aos relâmpagos, à eletrólise e à eletricidade. Foi o inventor do telégrafo sem fio. O cientista é também lembrado pelos estudos sobre a vida após a morte, a telepatia, e manifestações mediúnicas dos Espíritos. Seu livro *Raymond, a vida e a morte* relata fatos comprobatórios da sobrevivência do seu filho, Raymond, morto na primeira guerra mundial, tornando-se, à época, *best-seller*. Mas ele publicou muitas outras obras espíritas, além das não espíritas, todas relacionadas às suas pesquisas. Eis algumas: *Sobrevivência do homem*, 1909; *Vida e matéria*, 1912; *Porque creio na imortalidade da alma*, 1928; *Paredes fantasmas*, 1929; *A realidade do mundo espiritual*, 1930; *Convicção da sobrevivência*, 1930.

» **Raymond Moody** (1944 –) – parapsicólogo, filósofo e médico, natural dos Estados Unidos. É amplamente conhecido como autor de livros sobre a vida depois da morte e experiências de quase morte, um termo criado pelo próprio em 1975. Seu título mais vendido é *Vida depois da vida*. Moody estudou Filosofia na Universidade da Virgínia, onde obteve bacharelado (1962), mestrado (1967) e doutorado (1969) em Filosofia. Obteve também outro doutorado, em psicologia, pela Universidade da Georgia Ocidental, onde se tornou professor, nesta área. Em 1976, foi premiado com mais um doutoramento, em Medicina, pela Faculdade de Medicina da Georgia. Em 1998, obteve a titulação de Mestre em Estudos da Consciência pela Universidade de Nevada, Las Vegas. Em seguida, obteve o doutorado. Moody trabalhou como psiquiatra forense num hospital de máxima segurança do estado da Georgia. Todas as suas pesquisas sobre a sobrevivência do Espírito são, exclusivamente, de fundamentação científica.

» **Semyon Davidovich Kirlian** (1898–1978) e, sua esposa, Valentina Khrisanovna Kirliana (? – 1972) – ele, cientista, pesquisador e inventor russo; ela, professora e jornalista, também de nacionalidade russa. Ambos obtiveram a primeira fotografia da aura humana, em 1939, após dez anos de intensas pesquisas. Utilizou uma máquina fotográfica especial, denominada bioeletrografia ou kirliangrafia.

» **Willian Jackson Crawford** (1881–1920) – professor do Instituto Técnico e da Universidade de Belfast-Irlanda, estudou, em profundidade, a levitação de objetos. Graças aos componentes do "Círculo Goligher" — grupo de médiuns do qual se destacava a senhorita Kathlen Goligher —, pôde comprovar a formação de uma alavanca (*cantilever*), construída com ectoplasma, de que se valiam os Espíritos para levitarem objetos pesados, como mesas, como consta no livro de sua autoria: *Mecânica psíquica*, editora LAKE.

» **William Crookes** (1832–1919) – químico e físico inglês, descobridor do elemento químico tálio, inventor do radiômetro, desenvolveu reconhecidas pesquisas no campo da espectrometria. Estudou intensamente, por cinco anos, a materialização de Espíritos, cujos detalhes estão reproduzidos no livro *Fatos espíritas* (editora FEB). O relatório de Crookes sobre a sua pesquisa, em 1874, conclui que os fenômenos mediúnicos de materialização não podiam ser explicados como prestidigitação. Crookes não estava só nessa opinião, pois companheiros cientistas também passaram a confirmar a veracidade da comunicação de Espíritos.

» **William James** (1842–1910) – filósofo e psicólogo estadunidense, reconhecido como um dos cinco psicólogos mais importantes da história da Psicologia, foi considerado, ao lado de Charles Sanders Peirce, um dos fundadores do pragmatismo. Ele escreveu livros influentes sobre Psicologia, variedades da experiência religiosa e do misticismo, e sobre a filosofia do pragmatismo (ou psicologismo behaviorista). Foi também grande pesquisador de fenômenos parapsíquicos, estudando por mais de duas décadas os fatos mediúnicos intermediados pela médium Leonora Piper. Em conhecido artigo publicado na *Revista de Pesquisas Psíquicas* dos Estados Unidos, edição 1889–1890, analisa o fenômeno do transe e do transe mediúnico, assinalando: "Minha impressão é que a Sra. Piper é portadora de poderes supranormais".

2. Pesquisas científicas relacionadas aos fatos espíritas

2.1. Fenômenos Psicocinéticos e Fenômenos Extrassensoriais

No século XX surge a **Parapsicologia**, também conhecida como **Pesquisa Psi** — na verdade, é a Metapsíquica de Richet sob nova roupagem —, que foi considerada disciplina científica do currículo de inúmeras universidades do Mundo, sobretudo nos Estados Unidos. A Parapsicologia propõe estudar fatos supostamente catalogados como sobrenaturais, mas associados às ações humanas — são os fenômenos psicocinéticos —assim como as percepções extrassensoriais (PES).

A Parapsicologia surgiu em 1930 com o Professor Joseph Banks Rhine, que dirigiu o primeiro laboratório de Parapsicologia do mundo, na Duke University, Carolina do Norte-EUA. O Professor Rhine é considerado o pai da Parapsicologia Moderna. Em l940, após dez anos de estudos sérios, afirmou: "O Homem pode perceber por outra via que não a dos sentidos físicos. Esta percepção extrassensorial é extrafísica, e pode ser estudada em laboratório."

Os fenômenos psicocinéticos, identificados por **PK** (*psychokinesis*), são caracterizados por ações diretas no meio ambiente. Quando estas ações produzem efeitos maiores, e são claramente observáveis, diz-se **macro-PK**. Se ações têm pouco impacto chamam-se **micro-PK**.

Os principais fatos analisados pela Parapsicologia são: **telepatia** (transmissão do pensamento e emoções), **clarividência** (visualização de coisas e acontecimentos do mundo físico, através de um corpo opaco ou à distância), **clariaudiência** (percepções de sons, ruídos, frases, músicas, provenientes do plano físico e extrafísico, não escutados por pessoas comuns), **precognição** (conhecimento fatos que ainda não aconteceram), **retrocognição** (relatos de acontecimentos ocorridos no passado, por meio da PES), **psicocinesia** (ação anímica sobre a matéria por meio da mente),

Os fenômenos extrassensoriais, identificados pela sigla **PES** (percepção extrassensorial) estão divididos em dois tipos: **PSI-GAMA** (telepatia, clarividência, clariaudiência, xenoglosia etc.) e **PSI-KAPA** (levitação, transportes, desvios de pequenos corpos etc.). Alguns parapsicólogos modernos utilizam uma terceira categoria de fenômenos paranormais: os **PSI-TETA**, que são os fenômenos mediúnicos, propriamente ditos.

A Doutrina Espírita considera os fenômenos paranormais, ou extrassensoriais, como de dois tipos: **anímicos e mediúnicos**. Os primeiros, assim denominados por Alexandre Aksakof, ao se apropriar da expressão latina "anima" (alma), designam os fenômenos paranormais produzidos pela própria alma humana. O Codificador preferiu chamá-los de **fenômenos de emancipação da alma**. Os segundos, originalmente designados por Allan Kardec, indicam a faculdade inerente às pessoas de se comunicarem com seres extracorpóreos. Para o Espiritismo, os fenômenos mediúnicos podem apresentar duas formas de manifestação: **de efeitos físicos** — se revela ação no meio ambiente —, e **de efeitos intelectuais** — se a ação está relacionada ao conhecimento ou ao intelecto.

> Vemos, então, que os fenômenos mediúnicos e de emancipação da alma são os mesmos fenômenos paranormais ou PES, da Parapsicologia. Mas, enquanto o foco principal da Parapsicologia são os fenômenos anímicos ou psicocinéticos, o Espiritismo se concentra mais nos mediúnicos.

2.2. Parapsicologia Forense

Na atualidade, há grande impulso para o estudo das ações dos chamados *parapsicólogos forenses*, ou médiuns, segundo a terminologia espírita. São conhecidos como *investigadores psíquicos* (do inglês *Psychic Witness*), em especial nos Estados Unidos. Trata-se de médiuns que trabalham em conjunto com a polícia na investigação de crimes de difícil solução (inexistência de testemunhas, escassez de provas, excesso de suspeitos etc.). A Lei americana obriga a polícia a ouvir todos os que dizem saber algo sobre a investigação, incluindo aqueles que se intitulam médiuns ou sensitivos, desde que se apresentem voluntariamente para auxiliar, pois não faz parte do procedimento policial ir em busca de médiuns para a solução de crimes.

Lembramos que no Brasil certos textos psicografados por Francisco Cândido Xavier já foram incorporados a processos criminais na forma de provas documentais.

2.3. Psicotrônica

Na década de 70 surge uma vertente da Parapsicologia na República Tcheca (antiga Tchecoslováquia): a Psicotrônica. A finalidade da Psicotrônica é estudar fenômenos psiconeurológicos do homem e dos outros seres vivos, e os fenômenos bioenergéticos, envolvidos na produção de efeitos físicos e processo de cura de enfermidades. A Psicotrônica não considera a ação dos Espíritos: tudo é provocado pelo cérebro.

2.4. Transcomunicação Instrumental-TCI

A abrangência dos fatos espíritas teve novo impulso quando estudiosos verificaram ser possível aos Espíritos comunicarem-se, também, por meio de instrumentos e máquinas, quais sejam: gravadores de vozes, de rádio, televisão, telefone, computador, entre outros. Esse tipo de comunicação foi cunhado como *Transcomunicação Instrumental* (TCI).

A origem da moderna TCI está situada no início do século XX, quando alguns cientistas, como Thomas Alva Edison e Atila Von Szalay, entre outros, começaram suas experiências em TCI, utilizando aparelhos pouco sofisticados. Em termos históricos, acredita-se que a primeira obra sobre o assunto foi *Vozes do além pelo telefone*, de Oscar D'Argonnel, publicada, no Rio de Janeiro, em 1925. O autor foi conhecido pesquisador espírita brasileiro do começo do século XX.

Em 1959 *Friedrich Jüergenson*, russo naturalizado sueco, começou a obter gravações de vozes dos Espíritos com regularidade, culminando na publicação de um livro sobre o assunto, em 1964. Foi quando a transcomunicação tornou-se mundialmente conhecida. Os resultados de Jüergenson estimularam o psicólogo e literato lituano *Konstantin Raudive* (1909–1974) a iniciar pesquisas sobre o tema, em 1965, transformando-se em um dos maiores estudiosos do assunto, em todo o Planeta. Raudive realizou a proeza de gravar 72 mil frases dos Espíritos, que estão publicadas em sua obra *O inaudível torna-se audível*, antes de dedicar-se à TCI.

2.5. Bioenergia Humana

A palavra *bioenergia*, integrante do vocabulário dos parapsicólogos, é conhecida pelos espíritas como fluido ou energia vital. Esta energia pode ser transmitida por meio da imposição das mãos (passe espírita), pela prece e por irradiações mentais, estando o beneficiário presente ou ausente.

Estudos acadêmicos sérios, que tratam dos efeitos da bioenergia, estão sendo desenvolvidos por pesquisadores, no Brasil e no exterior.

Atualmente, há uma série de pesquisas que abrangem interação da bioenergia humana com diferentes materiais e situações, quais sejam: modificações da molécula de água; crescimento e tratamento de plantas doentes; tratamento de pessoas hipertensas, com câncer e com infecções; processos de cicatrização; cultivo de tecidos embrionários etc.

A pesquisa, muito atual, relacionada à bioenergia, envolve "o poder da oração". Uma das grandes autoridades mundiais nesse campo é Jeff Levin, médico epidemiologista social, formado em religião, sociologia, saúde pública, medicina preventiva e gerontologia na Universidade Duke, Carolina do Norte- EUA. É também pesquisador do *National Institute for Healthcare Research*, e seus estudos podem ser definidos como *epidemiologia da religião* — o estudo científico de como fatores espirituais previnem a incidência de enfermidades em determinadas regiões e a mortalidade, e como promovem a saúde e o bem-estar — estabelecendo, assim, o relacionamento existente entre ciência, medicina e espiritualidade. Recomendamos a leitura do seu livro: *Deus, fé e saúde*, publicado no Brasil pela Editora Cultrix.

2.6. Ação Espiritual em Doentes

No Brasil e fora do país, alguns pesquisadores estão desenvolvendo estudos relacionados à ação dos bons Espíritos na recuperação de doentes. Neste sentido, é relevante citar a pesquisa realizada pelos médicos psiquiatras Frederico Leão e Francisco Lotufo, ambos da Faculdade de Medicina da Universidade de São Paulo, que constataram significativas melhoras clínicas e comportamentais em 650 *pacientes portadores de deficiências mentais e múltiplas*, depois de submetê-los ao auxílio espiritual de Espíritos benfeitores, durante reuniões mediúnicas. Como resultado do estudo, os autores sugerem a "aplicação do modelo de prática das comunicações mediúnicas como terapia complementar."

A propósito, o livro *Psiquiatria e espiritismo*, publicado pela FEB, fornece amplos esclarecimentos sobre a mente e as doenças mentais.

Os brasileiros Jorge Andréa, psiquiatra, e Nubor Orlando Facure, neurocientista, fundador do Instituto do Cérebro, da Universidade de Campinas-UNICAMP, São Paulo, são exemplos de estudiosos que pesquisam e publicam trabalhos envolvendo os benefícios da mediunidade. O Professor Facure procura compreender, nos estudos que realiza, a relação entre os núcleos de base dos automatismos psicomotores e aqueles que geram o fenômeno da mediunidade. Em entrevista concedida à revista *universo Espírita* (N°35, Ano 3), aponta que há um tipo de neurônio, o neurônio espelho, que pode ser responsável pela "sintonia mediúnica", a qual permite "sentirmos no lugar do outro", como ocorre durante os transes mediúnicos.

Recomendamos a leitura destes livros de Nubor Facure: *Muito além dos neurônios; Interação mente e cérebro;* e As *bases neurológicas das atividades espirituais*. De Jorge Andréa: *Limites entre processo obsessivo; Doenças mentais; Forças sexuais da alma*.

Outra estudiosa do assunto, no Brasil, é a médica Marlene Rossi Severino Nobre, presidente da Associação Médico-Espírita do Brasil. Recomendamos a leitura destes livros de sua autoria: *Epífise: Glândula da vida mental; A obsessão e as suas máscaras*.

2.7. Reencarnação

As lembranças de vidas passadas ocorrem de duas formas: **espontâneas** — foco das pesquisas de Banerjeee, Stevenson e Hernani —, e **provocadas**. Nesta situação, a pessoa é submetida à hipnose ou sugestão hipnótica, usuais na Terapia de Vidas Passadas – TVP. Este tipo de recordação induzida é mais um instrumento terapêutico, de auxílio a pessoas que revelam distonias mentais e/ ou comportamentais, devendo, portanto, ser conduzida de forma segura, com moral e ética, por médicos ou psicólogos.

A indicação da terapia de vidas passadas deve ser sempre submetida à análise prudente dos terapeutas. Os trabalhos do médico e psiquiatra estadunidense, Brian Weiss, representam pioneirismo, em relação ao tema. Brian Weiss, diplomado pela Universidade de Yale, com especialização em Psiquiatria na Universidade de Columbia, foi professor de Medicina em várias faculdades americanas, antes de se dedicar a TVP. Publicou mais de 40 ensaios científicos nas áreas de psicofarmacologia, química cerebral, distúrbios do sono, depressão, ansiedade, distúrbios causados pelo abuso de drogas e sobre o Mal de Alzheimer.

Atualmente, é diretor emérito do Departamento de Psiquiatria do Hospital Mount Sinai, em Miami. O Dr. Weiss viaja constantemente para promover palestras e *workshops* sobre seu trabalho e contribui para diversas publicações acadêmicas, jornais e revistas, como *The Boston Globe, The Miami Herald, The Chicago Tribune* e *The Philadelphia*

Inquirer, entre outros. Os livros de sua autoria mais conhecidos são: *Muitos mestres, muitas vidas*; *A divina sabedoria dos mestres*; *Só o amor é real*; *Meditando com Brian Weiss*.

2.8. Experiência de Quase Morte (EQM)

Refere-se a um conjunto de sensações frequentemente associadas a situações de morte iminente, associadas a hipóxia cerebral (baixo teor de oxigênio no cérebro), sendo que as mais divulgadas são "o efeito túnel" e a "experiência fora-do-corpo" (EFC), também denominada *autoscopia*. O termo foi cunhado por Raymond Moody, em seu livro *Vida depois da vida*, escrito em 1975.

A experiência de quase morte, segundo a maior parte dos pacientes, modifica-lhes para melhor a visão que têm do mundo e das pessoas. As mudanças comportamentais são significativamente positivas, sendo a principal, a perda do medo da morte (tanatofobia). Passam a valorizar mais a própria existência e a dos outros. Comumente, reavaliam os seus valores éticos e morais. Com o passar do tempo tornam-se indivíduos mais serenos e confiantes.

2.9. Telepatia

Além das pesquisas realizadas pelos parapsicólogos em inúmeras universidades, voltadas para fins exclusivamente acadêmicos e éticos, que tratam do conhecimento das potencialidades psíquicas do ser humano, é impossível ignorar investigações de natureza militar sobre a telepatia.

Neste sentido, destacam-se trabalhos realizados pelo médico russo Leonid Vasiliev (1891-1966) catedrático de fisiologia da Universidade de Leningrado, membro da Academia Soviética de Medicina. Desde a década de 1920 esse cientista soviético testava os efeitos das sugestões mentais a distância, bem como a ideia de que a irradiação eletromagnética serviria como veículo para a telepatia, ideia que foi logo descartada.

No começo da década de 1950, o Departamento de Estado Americano realizava em seus funcionários exercícios que aumentavam a capacidade intuitiva. Memorandos internos, inclusive da CIA, recomendavam que se direcionassem pesquisas "para aplicações confiáveis aos problemas práticos de segurança". São questões que servem de alerta e que merecem detida reflexão sobre a utilização dos poderes da mente, os quais, a rigor, existem para tornar o homem melhor, especialmente em termos morais.

Referências

ATENÇÃO: Todas as referências estão citadas no corpo do Roteiro.

Orientações ao monitor

1. Sugerimos que o conteúdo deste Roteiro seja desenvolvido em duas reuniões.

2. Na primeira, o monitor, em conjunto com a turma, elabora uma linha do tempo que contenha: nome do estudioso/cientista, época e local em que viveu, principais contribuições na investigação dos fatos espíritas, obras publicadas.

3. Na segunda reunião, a turma se organizará em grupos para estudar as pesquisas científicas relacionadas aos fatos espíritas (item 2 deste Roteiro).

4. Em ambas as reuniões, faz-se: a) breve exposição introdutória para fornecer visão panorâmica do assunto; b) exposição conclusiva na forma de síntese dos conteúdos estudados.

FILOSOFIA E CIÊNCIA ESPÍRITAS

Roteiro 27

AÇÃO DOS ESPÍRITOS NA NATUREZA

Objetivos

» Relacionar as principais tradições culturais que fazem referência à ação dos espíritos na natureza.

» Analisar as ideias espíritas que tratam dos espíritos protetores da natureza.

Ideias principais

» Segundo a tradição cultural de muitos povos existem seres singulares, chamados elementares, presentes em todas as atividades da natureza. *Na cultura religiosa do passado e do presente, encontraremos esses seres sob a denominação de devas, elementais, fadas, gênios, silfos, elfos, djins, faunos...* Manoel Philomeno de Miranda: *Loucura e obsessão.* Cap.9.

» Pergunta: *Os Espíritos que presidem aos fenômenos da natureza formam categoria à parte no mundo espiritual? Serão seres especiais ou Espíritos que foram encarnados como nós?*

    Resposta: *Que serão, ou que foram.* Allan Kardec: *O livro dos espíritos*, questão 538.

» *Esses Espíritos pertencem às ordens superiores ou inferiores da hierarquia espiritual?*

Resposta: *Depende do papel mais ou menos material ou mais ou menos inteligente que desempenhem. Uns comandam, outros executam. Os que executam coisas materiais são sempre de ordem inferior, tanto entre os Espíritos como entre os homens.* Allan Kardec: O livro dos espíritos, questão 538-a.

Subsídios

A ação dos Espíritos na natureza pode ser estudada sob dois enfoques: o que envolve tradições mitológicas e o que se relaciona às ideias espíritas. No primeiro, se destacam as tradições culturais que descrevem a existência de seres denominados **elementais**, encontradas na sociedade anglo-saxônica, ou as descritas pela mitologia greco-romana quando se referem aos "deuses" protetores da natureza. No segundo enfoque, *O livro dos espíritos* e demais obras da Codificação apresentam nítidas considerações a respeito do assunto.

1. Fontes mitológicas e mitos

Por definição, **mitologia** é o estudo dos mitos, história e lendas de uma civilização ou cultura particular, condições que definem seu sistema de crenças. **Mito**, por sua vez, é considerado um relato fantástico (às vezes misterioso) da tradição oral de um povo, em geral protagonizado por seres que caracterizam as forças da natureza e os aspectos gerais da condição humana.

Os *mitos* são, portanto, histórias baseadas em tradições e lendas feitas para explicar o universo, a criação do mundo, os fenômenos naturais, entre outros. São narrações ou relatos simbólicos que explicam a origem de fatos e a existência de personagens amplificados pelo imaginário popular ou literário de um povo. Ainda que nem em todos os mitos tenham propósito explicativo, há algo comum entre eles: envolvem forças sobrenaturais ou divindades.

Os principais temas do mito são: a criação; deuses e deusas; figuras heroicas, monstros e demônios; animais; o mundo subterrâneo; jornadas, buscas e provações; o pós-vida; e os mundos destruídos.

Os mitos da criação fornecem subsídios, históricos e antropológicos que

> [...] sustentam as estruturas sociais, a relação dos seres humanos com o mundo natural e as questões da vida e da morte. Algumas vezes, uma deidade criadora faz existir o Sol, a Lua e as estrelas, os mares e as montanhas, assim por diante, junto com as deidades que os personificam, e em seguida a vida vegetal, os animais e os seres humanos que povoam o mundo.[2]

O **mito dos deuses e deusas** integra as tradições culturais e/ou religiosas de todos os povos do Planeta: "Essas deidades possuem características humanas: têm pais e filhos e pertencem a algum grupo familiar. Um dos papéis importantes da mitologia é o de reforçar e também justificar as relações de poder e liderança."[2]

Dessa forma um deus pode personificar força da natureza, assim como um rei ou sacerdote, ou ambos. Distinguem-se, porém, dos seres humanos comuns por possuírem qualidades excepcionais, inimagináveis para a espécie humana. Fato curioso é que as tradições mitológicas aceitam que nem todos os deuses "[...] são imortais, mas, se morrerem, poderão renascer."[2]

O mito das figuras heroicas refere-se aos semideuses que, "[...] em muitas mitologias possuem poderes sobre-humanos por causa da ascendência divina; ou podem ter adquirido divindade [...] com ajuda de uma deidade, pelo uso de armas mágicas, ou pela aquisição de poderes mágicos por meio de engenhosidade ou trapaça."[3]

O mito dos monstros e demônios é tradição comum das fontes mitológicas. São vistos como seres que uma figura heroica luta, enfrenta e derrota. São seres que representam o mal, mas nem sempre revelam aparência deformada ou hedionda como comumente são configurados. Podem ter aparência humana comum, mas os seus atos revelam oposição ao bem, daí serem considerados inimigos sistemáticos dos deuses.[3]

O mito dos animais é também corriqueiro na mitologia de todos os povos. Os animais podem ser figurados "[...] como criaturas selvagens — bestas predatórias, ou a ardilosa presa de caçadores; ou seres úteis domesticados por humanos [...]; ou possuidores de poder, como o voo dos pássaros, que iludem os humanos."[4]

É importante considerar que os animais raramente são qualificados como deuses, propriamente ditos, mas divindades que podem adquirir a fisionomia, total ou parcial, de um animal. "Inúmeras mitologias falam de uma época áurea quando os seres humanos, os animais e os deuses não só viviam juntos de forma pacífica como falavam uma língua comum."[5]

O mito do mundo subterrâneo é relatado por quase todas as mitologias conhecidas, contendo, às vezes, descrições de detalhes.

> Associações com sepultamento forçosamente provocam narrativas de trevas e terror do desconhecido não obstante inevitável. [...] A Terra engole os mortos, é verdade, mas também produz alimentos e abriga a riqueza mineral. Daí a associação de deidades da fertilidade e de artefatos com o mundo subterrâneo e os vínculos com os mistérios e a adivinhação.[5]

O mito das jornadas, buscas e provações está presente em todas as mitologias. Serve para apresentar figuras mitológicas, deidades e semideuses, em diferentes situações em que são testados. Enquadra-se no conceito a história de Hércules e os seus desafiantes trabalhos. Ou as perambulações de Odisseu. São exemplos de aventuras que revelam o poder sobre-humano diante dos desafios existenciais, a engenhosidade, inclusive a trapaça, que o heroi utiliza para vencer as lutas da vida.[5]

O mito do pós-vida tenta explicar, de alguma forma, a existência após a morte do corpo físico. Talvez seja o mito que mais apresenta variedade de narrações.

> [...] Algumas falam de diversas formas de paraíso onde os sofrimentos da vida na Terra são deixados para trás. Entretanto, nem todos podem esperar tal recompensa. Após a morte vem o julgamento: efetua-se uma rigorosa provação, por exemplo, nas crenças egípcia, persa e chinesa. As práticas funerárias refinadas dos antigos egípcios foram planejadas para conduzir a alma a salvo ao longo do processo. [...] Tanto no pensamento hindu quanto no budista a ideia da renovação cíclica por meio da reencarnação sustenta que a morte não é o fim.[6]

Merecem destaque duas ideias, consideradas as mais expressivas do mito da crença da sobrevivência do Espírito: a) o renascimento está necessariamente vinculado ao mérito das ações executadas pela pessoa em vida anterior; b) a questão da liberdade, considerada como a maior recompensa recebida pelo Espírito através das reencarnações sucessivas, pois chegando o momento em que o indivíduo não precisará mais reencarnar, liberta-se, definitivamente, da escravidão imposta pela vida no plano físico. Para a mitologia hindu e budista, somente os avatares gozam da prerrogativa de não renascerem mais, só o fazendo por livre vontade.[6]

O mito dos mundos destruídos indica que, como os planetas e demais astros da Criação se transformam, deixarão de existir no futuro. Os fatores da destruição dos mundos podem ser resumidos em três, segundo a mitologia de diferentes povos: "[...] por vontade divina, como consequência do ataque de forças do mal ou castigo pelos delitos humanos".[7]

Realizadas essas considerações gerais, passamos ao estudo específico dos seres mitológicos que integram a natureza, produzindo fenômenos aleatórios ou intencionais.

2. Elementares: seres envolvidos nos fenômenos da natureza

A tradição informa a existência de seres genericamente denominados **elementais** que, a rigor, não existem corporificados no plano físico, mas que podem se tornar visíveis aos encarnados: "São seres singulares, multiformes, invisíveis, sempre presentes em todas as atividades da natureza, além do plano físico. São veículos da vontade criadora, potenciadores das forças, leis e processos naturais."[8]

Os elementais não são considerados membros da espécie humana, propriamente dita, mas muito próxima a esta. Em termos evolutivos, representariam, possivelmente, um elo imediatamente anterior, por apresentar certas características que estão presentes no homem.

São "[...] encontrados por toda parte: na superfície da Terra, na atmosfera, nas águas, nas profundidades da subcrosta, junto ao elemento ígneo. Invisíveis aos olhos humanos, executam infatigável e obscuramente um trabalho imenso, nos mais variados aspectos, nos reinos da natureza, junto aos minerais, aos vegetais, aos animais e aos homens".[8]

Como são seres intermediários entre os homens e os animais, possuem estruturas corporais semelhantes às que são vistas nestes últimos: asas, aspectos anatômicos da cabeça, orelhas, olhos, pés e mãos, entre outros.

Inspirado pelo Espírito Vianna de Carvalho, Divaldo Franco apresenta as seguintes considerações sobre os elementais:

> Naturalmente, essas entidades,que são orientadas pelos Espíritos Superiores, como ainda não dispõem de discernimento, porque não adquiriram a faculdade de pensar, são encaminhadas a outras experiências evolutivas, de forma que não se lhes interrompa o processo de desenvolvimento.[9]

Também assinala Manoel Philomeno de Miranda, em outro momento:

> Na cultura religiosa do passado e do presente encontraremos esses seres sob a denominação de *devas, elementais*, fadas, *gênios, silfos, elfos, djins, faunos*.... A senhora Helena Blavatsky* fez uma exaustiva pesquisa a tal respeito e os classificou largamente. Os cabalistas também classificaram os elementais mais evoluídos, encarregados do Ar, da Terra, do fogo e da água, respectivamente de Gnomos, Sílfides, Salamandras e Ondinas [...].[10]

Apresentamos, em seguida, outras informações sobre os elementais, extraídas de trechos de uma entrevista que Divaldo Franco concedeu ao *Mensageiro, Revista Espírita-Cristã do Terceiro Milênio*.[11]

» **P: Existem os chamados espíritos elementais ou Espíritos da natureza?**

» R: Sim, existem os espíritos que contribuem em favor do desenvolvimento dos recursos da natureza. Em todas as épocas eles foram conhecidos, identificando-se através de nomenclatura variada, fazendo parte mitológica dos povos e tornando-se alguns deles 'deuses', que se faziam temer ou amar.

» **P: Qual é o estágio evolutivo desses Espíritos?**

» R: Alguns são de elevada categoria e comandam os menos evoluídos, que se lhes submetem docilmente, elaborando em favor do progresso

---

* Helena Blasvatsky Hahn Fadéef nasceu em Ekaterinoslav, Rússia, em 30 de julho de 1831, e desencarnou em 8 de maio de 1891, em Londres. Foi um dos principais ícones da ciência e do ocultistismo do século XIX, fudadora da teosofia. Seus Mestres a chamavam de Upasika. Na Rússia era conhecida pelo seu pseudônimo literário, Radha Bai, e considerada a reencarnação de Paracelso.

pessoal e geral, na condição de auxiliares daqueles que presidem aos fenômenos da natureza.

» **P: Então eles são submetidos hierarquicamente a outra ordem mais elevada de Espíritos?**

» R: De acordo com o papel que desempenham, de maior ou menor inteligência, tornam-se responsáveis por inúmeros fenômenos ou contribuem para que os mesmos aconteçam. Os que se fixam nas ocorrências inferiores, mais materiais, são, portanto, pela própria atividade que desempenham, mais atrasados, submetidos aos de grande elevação, que os comandam e orientam.

» **P: Estes Espíritos se apresentam com formas definidas, como por exemplo fadas, duendes, gnomos, silfos, elfos, sátiros etc.?**

» R: Alguns deles, senão a grande maioria dos menos evoluídos, que ainda não tiveram reencarnações na Terra, apresentam-se, não raro, com formas especiais, pequena dimensão, o que deu origem aos diversos nomes nas sociedades mitológicas do passado. Acreditamos pessoalmente, por experiências mediúnicas, que alguns vivem o Período Intermediário entre as formas primitivas e hominais, preparando-se para futuras reencarnações humanas.

» **P: Os elementais são autóctones ou vieram de outros planetas?**

» R: Pessoalmente acreditamos que um número imenso teve sua origem na Terra e outros vieram de diferentes mundos, a fim de contribuírem com o progresso do nosso planeta.

» **P: Que tarefas executam?**

» R: Inumeráveis. Protegem os vegetais, os animais, os homens. Contribuem para acontecimentos diversos: tempestades, chuvas, maremotos, terremotos... interferindo nos fenômenos "normais" da natureza sob o comando dos Engenheiros Espirituais que operam em nome de Deus, que "não exerce ação direta sobre a matéria. Ele encontra agentes dedicados em todos os graus da escala dos mundos", como responderam os Venerandos Guias a Kardec, na questão 536-b de "*O livro dos espíritos*".

» **P: Todos eles sabem manipular conscientemente os fluidos da natureza?**

» R: Nem todos. Somente os condutores sabem o que fazem e para o que fazem, quando atuam nos elementos da natureza. Os mais atrasados "oferecem utilidade ao conjunto" não suspeitando sequer que são "Instrumentos de Deus".

Como vimos, os cabalistas e os teosofistas classificam os elementais em grupos, de acordo com as características comuns que apresentam. Temos, dessa forma,

» **Gnomos:**[12] seriam espíritos de pequena estatura, amplamente conhecidos e descritos como seres elementais da Terra. A origem das lendas dos gnomos nasceram, provavelmente, no Oriente que influenciou, de forma decisiva, a cultura antiga da Escandinávia. Com a evolução dos contos, o gnomo tornou-se na imaginação popular um anão, senão um ser muito pequeno com poucos centímetros de altura. É comum serem representados como seres mágicos, não só protetores da natureza e dos seus segredos, como dos jardins. Usam barretes vermelhos e barbas brancas, trajando por vezes túnicas azuis ou de cores suaves.

» **Duendes:**[13] são personagens da mitologia europeia semelhantes a *Fadas* e *Goblins*. Embora suas características variem um pouco pela Espanha e América Latina, são análogos aos *Brownies* escoceses, aos *Nisse* dinamarqueses-noruegueses, ao francês *Nain Rouge*, aos irlandeses *Clurichaun, Leprechauns* e *Far Darrig*, aos *Manx Fenodyree* e *Mooinjer Veggey*, ao galês *Tylwyth Teg*, ao sueco *Tomte* e aos *Trasgos* galego-portugueses.

Federico García Lorca analisa que tais figuras estariam mais próximos da categoria das fadas. Alguns mitos dizem que Duendes tomam conta de um pote de ouro no final do arco-íris. Entretanto, se for capturado, o duende pode comprar sua liberdade com esse ouro. Outras lendas dizem que, para enganar os homens, ele fabrica uma substância parecida com ouro, que desaparece algum tempo depois. Neste caso são chamados *Leprechauns*. Na mitologia irlandesa os Leprechauns têm mais ou menos 30 cm e atendem aos desejos humanos. Na mitologia portuguesa, o *Fradinho da mão furada*, e o *Zanganito* são seres encantados, uma espécie de duendes caseiros.

» **Silfos** ou **Sílfides:**[14] são seres mitológicos da tradição ocidental. O termo provém de Paracelso,* que os descreve como elementais que reinam

---

* **Paracelso:** pseudônimo de Phillipus Aureolus Theophrastus Bombastus von Hohenheim, (1493–1541) famoso médico, alquimista, físico e astrólogo suíço. Seu pseudônimo significa "superior a Celso" (famoso médico romano).

no ar, nos ventos, tanto que são fadas, fadas do vento, assemelhando-se às vezes a anjos.

Têm capacidade intelectual sensível, chegando a favorecer o homem na sua imaginação. As lendas contam que são os silfos que modelam as nuvens com as suas brincadeiras, para embelezar o dia a dia do homem na Terra. São reconhecidamente belos, assumindo vários tons, de violeta e rosa. Além de tudo, podem ser nocivos, pois se o ser humano for conhecedor da natureza e usá-la para o mal, esses seres poderão puni-lo. Raramente se enganam por possuírem grande conhecimento.

» **Ondinas ou ondim:**[15] é um espírito da natureza que vive em rios, lagos e mares. São elementais da água. É uma espécie de sereia ou tágide, um gênio do amor, uma figura da imaginação poética. As ondinas aparecem em obras literárias, como *A ondina do lago*, de Teófilo Braga [escritor e ensaísta português] ou nas poesias de Luis de Camões [o maior poeta épico da língua portuguesa].

» **Salamandras ou espíritos do fogo:**[16] vivem no éter atenuado e espiritual, que é o invisível elemento do fogo. Sem elas, o fogo material não pode existir. Elas reinam no fogo com o poder de transformar e desencadear emoções positivas e negativas. As Salamandras, segundo os especialistas, parecem bolas de fogo e podem atingir até seis metros de altura. Suas expressões, quando percebidas, são rígidas e severas. Dentro de todas as formas energéticas conhecidas, estes seres adquirem formas capazes de suscitar pensamentos e emoções nas pessoas. Esta capacidade derivou do contato direto com o homem e da presença deles em seu cotidiano. Por tal motivo, as Salamandras desenvolveram forças positivas, capazes de bloquear vibrações negativas ou não produtivas, permitindo um clima de bem estar ao homem. O homem é incapaz de se comunicar adequadamente com as Salamandras, pois elas reduzem a cinzas tudo aquilo de que se aproximem.

Muitos místicos antigos, preparavam incensos especiais de ervas e perfumes que, quando queimados, pudessem provocar um vapor especial e assim formar nos rolos de fumaça a figura de uma Salamandra, sentindo, dessa forma, a sua presença.

» **Devas:**[17] são espíritos intimamente ligados e integrados à natureza, trabalhando nela sem questionar. Não são bons nem maus, mas podem ser manipulados pelos humanos para finalidades boas ou ruins. Em um certo ponto de evolução, eles se individualizam, e podem ser confundidos com anjos, ou fadas.

» **Fadas:**[18] é um ser mitológico, característico dos mitos célticos, anglosaxões, germânicos e nórdicos. O primeiro autor que mencionou as fadas foi Pompônio Mela, um geógrafo que viveu durante o século I d.C. As fadas também são conhecidas como sendo as fêmeas dos elfos. O termo incorporou-se a cultura ocidental a partir dos assim chamados "contos de fadas". Nesse tipo de história, a fada é representada de forma semelhante a versão clássica dos elfos de J.R.R. Tolkien, porém apresentando "asas de libélula" nas costas e utilizando-se de uma "varinha de condão" para realizar encantamentos. Dependendo da obra em que aparece, a fada pode ser retratada em estatura de uma mulher normal ou diminuta. No primeiro caso, temos a fada de *Cinderela*. Como exemplo da segunda representação podemos citar "Sininho", do clássico infantil *Peter Pan*, de J. M. Barrie.

» **Elfo:**[19] é uma criatura mística da Mitologia Nórdica, que aparece com frequência na literatura medieval europeia. Nesta mitologia os elfos chamam-se *Alfs* ou *Alfr*, também chamados de *"elfos da luz"* — *Ljosalfr*. São descritos como seres belos e luminosos, ou ainda seres semidivinos, mágicos, semelhantes à imagem literária das fadas ou das ninfas. De fato, a palavra "Sol" na língua nórdica era *Alfrothul*, ou seja: *o Raio Élfico*; dizia-se que por isso seus raios seriam fatais a elfos e anões. Eram divindades menores da natureza e da fertilidade. Os elfos são geralmente mostrados como jovens de grande beleza vivendo entre as florestas, sob a Terra, em fontes e outros lugares naturais. Foram retratados como seres sensíveis, de longa vida ou imortalidade, com poderes mágicos, estreita ligação com a natureza e geralmente acompanhados de ótimos arqueiros.

» **Gênio:**[20] é a tradução usual em português do termo árabe *jinn*, mas não é a forma aportuguesada da palavra árabe, como geralmente se pensa. A palavra em português vem do latim *genius*, que significa uma espécie de espírito guardião ou tutelar, designado para proteger uma pessoa desde o seu nascimento. O gênio, em grego *daimon* é concebido como um ente espiritual ou imaterial, Espírito, propriamente dito, que vive muito próximo ao ser humano encarnado, e que sobre ele exerce uma forte, cotidiana e decisiva influência.

» **Djins:**[21] é um espírito capaz de assumir a forma de um homem ou animal e exercer influências sobrenaturais sobre pessoas, para o mal ou para o bem. Eram populares na literatura do Oriente Médio, como nas histórias das *Mil e Uma Noites*. Os djins aparecem várias vezes no *Corão*.

» **Faunos:**[22] é nome exclusivo na mitologia romana, de onde o mito originou-se, como um rei do Lácio que foi transmutado em deus e, a seguir, sofreu diversas modificações. Para compreender a figura de Fauno, é preciso saber que o nome era usado para denominar, essencialmente, as seguintes figuras: *Fauno*, rei mítico do Lácio, deificado pelos romanos, muitas vezes confundido com *Pã* (deus dos bosques, rebanhos e pastores, da mitologia grega), com *Silvano* (antigo deus romano das florestas) e com com *Lupércio* (deus protetor dos lobos, na mitologia romana). Os Faunos eram semideuses, criaturas que, tal como os *sátiros* gregos, possuíam um corpo meio humano, meio bode, e que seriam descendentes do rei Fauno.

São informações que revelam as nossas raízes culturais, a história da construção do pensamento humano ao longo das eras. Devemos, todavia, desenvolver o bom senso para sabermos extrair conhecimentos reais, efetivos, do símbolo. De qualquer forma, verificamos que os mitos, as histórias mitológicas e as fábulas servem para demonstrar o mundo espiritual, ainda que cercado de fantasias e simbolismo.

3. A ação dos espíritos na natureza

Em *O livro dos espíritos* verificamos que os fenômenos da natureza ocorrem por e sem a ação dos Espíritos, como esclarecem os orientadores da Codificação: "Algumas vezes eles têm o homem como razão imediata de ser. Mas também é frequente terem por único objetivo o restabelecimento do equilíbrio e da harmonia das forças físicas da natureza."[23]

É importante considerar que, em geral, todos os fenômenos são produzidos por ação dos Espíritos, os mediúnicos (psíquicos) ou físicos, propriamente ditos, como os que ocorrem na natureza. Mesmo diante da possibilidade de acomodação ou transformação dos elementos geológicos, pode-se pensar na presença de Espíritos. Por exemplo, supomos que uma região do Planeta foi atingida por um furação desencadeado pelas forças da natureza. Entendemos que, mesmo nessas condições, há Espíritos presentes, controlando o fenômeno natural, atentos à sua manifestação, tendo em vista os ditames da vontade divina. Por este motivo afirmam os Espíritos Superiores: "[...] Deus não exerce ação direta sobre a matéria. Ele tem agentes dedicados em todos os graus da escala dos mundos."[24]

Merecem atenta reflexão os conteúdos de O livro dos espíritos, questões 537 a 540, em seguida registradas, pois elucidam a respeito da ação dos Espíritos nos fenômenos da natureza.[25]

Questão 537: *A mitologia dos Antigos se fundava inteiramente sobre as ideias espíritas, com a única diferença de que consideravam os Espíritos como divindades. Representavam esses deuses ou esses Espíritos com atribuições especiais. Assim, uns eram encarregados dos ventos, outros do raio, outros de presidir à vegetação etc. Essa crença é destituída de fundamento?*

Resposta:

"Tão pouco destituída de fundamento que ainda está muito aquém da verdade."

Questão 537-a: *Pela mesma razão poderia então haver Espíritos que habitem o interior da Terra e que presidam aos fenômenos geológicos?*

Resposta:

"Esses Espíritos não habitam realmente a Terra, mas regulam os fenômenos e os dirigem, conforme suas atribuições. Um dia tereis a explicação de todos esses fatos e os compreendereis melhor."

Questão 538: *Os Espíritos que presidem aos fenômenos da natureza formam categoria à parte no mundo espiritual? Serão seres especiais ou Espíritos que foram encarnados como nós?*

Resposta:

"Que o serão, ou que o foram."

Questão 538-a: *Esses Espíritos pertencem às ordens superiores ou inferiores da hierarquia espiritual?*

Resposta:

"Depende do papel mais ou menos material ou mais ou menos inteligente que desempenhem. Uns comandam, outros executam. Os que executam coisas materiais são sempre de ordem inferior, tanto entre os Espíritos como entre os homens."

Questão 539: *Na produção de certos fenômenos, das tempestades, por exemplo, é apenas um Espírito que age, ou eles se reúnem em massa, para produzi-lo?*

Resposta:

"Reúnem-se em massas inumeráveis."

Questão 540: *Os Espíritos que exercem ação nos fenômenos da natureza agem com conhecimento de causa, em virtude do livre-arbítrio, ou por impulso instintivo e irrefletido?*

Resposta:

"Uns sim, outros não. Façamos uma comparação. Figurai essas miríades de animais que, pouco a pouco, fazem emergir do mar ilhas e arquipélagos. Acreditais que não haja aí um fim providencial e que essa transformação da superfície do globo não seja necessária à harmonia geral? Entretanto, são animais do último grau que realizam essas coisas, provendo às suas necessidades e sem suspeitarem de que são instrumentos de Deus. Pois bem! Do mesmo modo, os Espíritos mais atrasados são úteis ao conjunto. Enquanto se ensaiam para a vida, antes que tenham plena consciência de seus atos e estejam no gozo do livre-arbítrio, atuam em certos fenômenos, dos quais são agentes, mesmo de forma inconsciente. Primeiramente, executam; mais tarde, quando suas inteligências estiverem mais desenvolvidas, comandarão e dirigirão as coisas do mundo material; mais tarde ainda, poderão dirigir as do mundo moral. É assim que tudo serve, tudo se encadeia na natureza, desde o átomo primitivo até o arcanjo, que também começou pelo átomo. Admirável lei de harmonia, da qual o vosso Espírito limitado ainda não pode abranger o conjunto."

Tais esclarecimentos nos permitem concluir que há uma diferença fundamental entre as crenças teosóficas (e outras tradições espiritualistas semelhantes) e a Doutrina Espírita: para aquelas, os seres elementais, e outras entidades, que regem ou têm ação sobre os fenômenos da natureza, nem sempre são considerados humanos, mas em processo de humanização. São semi-humanos, em sua maioria. Para o Espiritismo, contudo, esses seres são Espíritos, alguns se acham no estágio primitivo, das primeiras encarnações, mas há também os mais evoluídos, que coordenam os seres que estão *ensaiando para a vida*, como consta da questão 540.

Assim, voltamos a repetir: ao estudarmos o assunto devemos ter a cautela de separar o que procede do imaginário popular, dos mitos, da mitologia, das tradições populares — que sempre estão revestidos de simbolismo — e do que ensina o Espiritismo, como pondera Kardec:[26]

Sob uma imagem pueril e às vezes ridícula, se nos ativermos à forma, a alegoria oculta frequentemente grandes verdades. À primeira vista, haverá fábula mais absurda do que a de Saturno, o deus que devorava pedras, tomando-as por seus filhos? Entretanto, quanta filosofia e quanta verdade nessa figura, se lhe buscarmos o sentido moral! Saturno é a personificação do tempo; como todas as coisas são obra do tempo, ele é o pai de tudo o que existe; mas, também, tudo se destrói com o tempo. Saturno a devorar pedras é o símbolo da destruição, pelo tempo, dos mais duros corpos, seus filhos, visto que se formaram com o tempo. E quem, segundo essa mesma alegoria, escapa a semelhante destruição? Somente Júpiter, símbolo da inteligência superior, do princípio espiritual que é indestrutível. É mesmo tão natural essa imagem que, na linguagem moderna, sem alusão à fábula antiga, se diz, de uma coisa que afinal se deteriorou, ter sido devorada pelo tempo, carcomida, devastada pelo tempo. Toda a mitologia pagã, aliás, não é mais, na realidade, do que um vasto quadro alegórico das diversas faces, boas e más, da humanidade. Para quem lhe busca o espírito, é um curso completo da mais alta filosofia, como acontece com as fábulas da atualidade. O absurdo estava em tomarem a forma pelo fundo.

Referências

1. IONS, Veronica. *História ilustrada da mitologia.* Tradução de Paulo Donizete Siepierki. 1. ed. São Paulo: Manole, 1999. Introdução, p. 7-10.
2. _____. p. 7.
3. _____. p. 8.
4. _____. p. 8-9.
5. _____. p. 9.
6. _____. p. 9-10.
7. _____. p. 10.
8. CASAS ANDRÉ LUIZ. *Os elementais.* Disponível em http://www.nossolar.org.br/n_tema31.php
9. FRANCO, Divaldo P. *Atualidade do pensamento espírita.* Pelo Espírito Vianna de Carvalho. Salvador [BA]: Leal, 1999. Item 2.4 (Ecologia), pergunta 63, p. 67-68.
10. _____. *Loucura e obsessão.* Pelo Espírito Manoel Philomeno de Miranda. 1. ed. Rio de Janeiro: FEB, 1990. Cap.9, p. 115.
11. O MENSAGEIRO. Revista Espírita-Cristã do Terceiro Milênio. Entrevista com Divaldo Franco. Disponível em: http://www.omensageiro.com.br/entrevistas/entrevista-42.htm
12. DUENDE. Disponível em http://pt.wikipedia.org/wiki/Duende

13. SILFOS. Disponível em http://pt.wikipedia.org/wiki/Silfo
14. ONDINAS. Disponível em http://pt.wikipedia.org/wiki/Ondina_(mitologia)
15. SALAMANDRAS. Disponível em http://pt.wikipedia.org/wiki/Salamandra_(elemental)
16. GNOMO. Disponível em http://pt.wikipedia.org/wiki/Gnomo
17. DEVA. Disponível em http://pt.wikipedia.org/wiki/Deva
18. FADA. Disponível em http://pt.wikipedia.org/wiki/Fada
19. ELFO. Disponível em http://pt.wikipedia.org/wiki/Elfo
20. GENIO. Disponível em http://pt.wikipedia.org/wiki/G%C3%AAnio
21. DJINS. Disponível em http://www.skepdic.com/brazil/djins.html
22. FAUNO. Disponível em http://pt.wikipedia.org/wiki/Fauno
23. KARDEC, Allan. *O livro dos espíritos*. Tradução Evandro Noleto Bezerra. 2. ed. Rio de Janeiro: FEB, 2010, questão 536-a, p. 358.
24. _____. Questão 536-b, p. 358.
25. _____. Questões 537 a 540, p. 358-360.
26. _____. *A gênese*. Tradução Evandro Noleto Bezerra. 1. ed. Rio de Janeiro: FEB, 2009. Cap.12, item 15, p. 315-316.

Orientações ao monitor

1. Sugerimos que o estudo do Roteiro seja desenvolvido em duas reuniões, em razão da quantidade de informações presentes.

2. Em cada encontro, o estudo pode ser iniciado com uma breve explanação, seguida de trabalho em grupo ou individual, mas que favoreçam, não só o bom entendimento do assunto, mas também a participação ativa dos integrantes da reunião.

3. Ao final, como fechamento do estudo, é importante fazer a integração dos assuntos estudados, apresentando uma síntese dos conteúdos, analisados à luz do entendimento espírita.

FILOSOFIA E CIÊNCIA ESPÍRITAS

Roteiro 28

PLURALIDADE DOS MUNDOS HABITADOS: ORIGEM DO UNIVERSO

Objetivos

» Analisar a citação de Jesus de que "há muitas moradas na casa do Pai", à luz da doutrina espírita.

» Informar-se a respeito das principais teorias científicas referentes à origem do universo, correlacionando-as aos ensinos espíritas.

Ideias principais

» *Na casa do Pai há muitas moradas. Se não fosse assim não teria dito que vou preparar um lugar para vós.* Jesus (João, 14:2 - *Novo Testamento*, p. 446 - tradução de Haroldo Dutra Dias. EDICEI).

» *A casa do Pai é o universo. As diferentes moradas são os mundos que circulam no espaço infinito e oferecem, aos Espíritos que neles encarnam, estações apropriadas ao seu adiantamento.* Allan Kardec: *O evangelho segundo o espiritismo.* Cap. III, item 2.

» Os principais modelos cosmogênicos desenvolvidos pela Ciência são: *Teoria do geocentrismo, Teoria do heliocentrismo, Hipótese nebular, Teoria do Big Bang e Big Bang inflacionário.*

» Para o Espiritismo, o universo nasceu de uma substância primitiva: o *fluido cósmico universal* ou *matéria cósmica primitiva*: *A matéria cósmica primitiva continha os elementos materiais, fluídicos e vitais de todos os universos que desdobram suas magnificências diante da eternidade*. Allan Kardec: *A gênese*. Cap. 6, item 17.

Subsídios

A questão 172 de *O livro dos espíritos* informa que as reencarnações sucessivas do Espírito não ocorrem exclusivamente na Terra, mas também em outros mundos habitados do universo: "As [existências corporais] que passamos na Terra não são as primeiras, nem as últimas, embora sejam das mais materiais e das mais distantes da perfeição."[1] A questão seguinte, a 173, complementa que só ocorrem inúmeras existências em um mesmo planeta quando o Espírito"[...] não avançou bastante para passar a um mundo superior."[2]

A pluralidade dos mundos habitados é princípio básico da Doutrina Espírita, anunciado anteriormente por Jesus: *Não se turbe o vosso coração. Credes em Deus, crede também em mim. Na casa do Pai há muitas moradas. Se [não fosse assim] não teria dito que vou preparar um lugar para vós.* (João, 14:1-2).[3] Para a Doutrina Espírita, tais ensinamentos de Jesus são assim interpretados:

» *A casa do Pai é o universo. As diferentes moradas são os mundos que circulam no espaço infinito e oferecem, aos Espíritos que neles encarnam, estações apropriadas ao seu adiantamento.* (*O evangelho segundo o espiritismo*. Cap. III, item 2).

» *Deus povoou os mundos de seres vivos, e todos concorrem para o objetivo final da Providência. [...]. Ele [Deus] deve ter dado a cada um desses mundos uma destinação mais séria do que a de nos recrearem a vista. Nada, aliás, nem no volume, nem na constituição física da Terra pode levar-nos à suposição de que só ela goze do privilégio de ser habitada, com exclusão de tantos milhares de mundos semelhantes.* (*O livro dos espíritos*, questão 55-comentário).

A respeito do assunto há outras importantes orientações em *O livro dos espíritos*, primeira parte, capítulo três, e em *O evangelho segundo o espiritismo*, capítulo três, que devem ser relidas, sobretudo no que se refere às diversas categorias dos mundos habitados.

A História nos relata que há mais de cinco mil anos os sumérios, povo que vivia na Mesopotâmia (atual Iraque), reverenciavam os astros como divindades e, já naquela época, sabiam diferenciar dois tipos de corpos celestes: os que se moviam no céu e os que permaneciam parados; perceberam, também, que alguns corpos cintilavam (as estrelas, como sabemos hoje). Mais tarde, com o advento da mitologia greco-romana, cada astro foi batizado com o nome de uma divindade, cujas características foram associadas aos deuses que representavam. Nasciam, desta forma, a astronomia e a astrologia, que iriam caminhar juntas por muitos séculos.

A partir dos estudos teóricos e das observações do polonês Nicolau Copérnico (1473-1543), do italiano Galilei Galileu (1564-1642) e do alemão Johannes Kepler (1571-1630), a astronomia adquiriu feição científica, separando-se definitivamente da astrologia. O século XVII inicia uma era de notável progresso no campo da astronomia, assinalada por descobertas e invenções sucessivas, culminadas com a viagem do homem à Lua, em 1969, no século XX.

A Ciência, contudo, ainda não encontrou comprovações efetivas da existência de vida extraterrestre, a despeito do atual avanço científico e tecnológico. Há teorias bem elaboradas e têm surgido evidências plausíveis a partir dos elementos fornecidos pelos telescópios, radiotelescópios, sondas espaciais e pelas equações científicas.

É preciso considerar, porém, que antes de o homem lançar um olhar reflexivo para as estrelas, e pensar na possibilidade de vida fora da Terra, foi necessário primeiro desenvolver entendimento sobre as origens do universo, do Sistema Solar e da Terra, em particular.

1. Teorias sobre a origem do universo

A origem dos seres vivos (vegetais e animais), dos planetas e dos demais astros sempre foi objeto da preocupação humana. "[...] Talvez por essa razão, a existência do universo como um todo, sua natureza e origem foram assuntos de explicação em quase todas as civilizações e culturas",[4] afirma João Steiner, diretor e professor do Instituto de Estudos Avançados da USP (Universidade de São Paulo). Em seu artigo *A origem do universo:*

> [...] os vários modelos cosmológicos ao longo da história são brevemente descritos. A evolução das ideias pode ser entendida

como uma sucessão de modelos, como o da Terra plana, o dos modelos geocêntricos, o do heliocêntrico e o do galactocêntrico. Nos últimos cem anos foi desenvolvida uma teoria, a do *Big Bang*, que descreve as observações mais sofisticadas de que dispomos hoje e que mostra que o universo teve uma origem que pode ser pesquisada cientificamente. Em décadas recentes, esse modelo foi aperfeiçoado para um novo conceito, o do *Big Bang* inflacionário. Na virada do milênio, novas descobertas mostraram que toda a matéria conhecida é apenas a ponta do *iceberg* em um universo dominado pela energia escura e pela matéria escura cujas naturezas permanecem misteriosas.[5]

A teoria da "Terra plana" era defendida pelos povos antigos: egípcios, gregos, chineses, árabes, incas, maias e tupi-guaranis. "Para quase todas as civilizações, sempre foi necessário acomodar não só a face visível da Terra e do Céu, mas também incluir, possivelmente no mesmo espaço, o mundo dos mortos, tanto os abençoados como os condenados, além dos reinos dos deuses e dos demônios."[6]

Assim, os egípcios imaginavam o universo como

[...] uma ilha plana, cortada por um rio, sobre a qual estava suspensa uma abóbada sustentada por quatro colunas. [...] Para os hindus [...] o universo era um ovo redondo coberto por sete cascas concêntricas feitas com distintos elementos. Já os babilônios imaginavam o universo em duas camadas conectadas por uma escada cósmica. [...] No antigo testamento judaico-cristão, a Terra era relatada em conexão ao misterioso firmamento, às águas acima do firmamento, às fontes do abismo, ao limbo e à casa dos ventos.[7]

Antes de fazer breve análise das principais teorias aceitas pela Ciência sobre a formação do universo e do Sistema Solar, importa considerar que em *A gênese*, capítulo oito, Allan Kardec apresenta três hipóteses, as mais aceitas no século XIX: *Teoria da Projeção*, *Teoria da Incrustação* e a *Teoria da Condensação*.

A Teoria da Projeção, elaborada por Georges Louis Leclerc, conde de Buffon (1707-1788), está totalmente superada, uma vez que considera a formação do Sol anterior e independentemente à dos planetas, fato que contraria as evidências científicas dos últimos cem anos. A **Teoria da Incrustação** não tem base científica, como bem assinalou o Codificador, porque supõe que "Deus, segundo a *Bíblia*, criou o mundo em seis dias, 4.000 anos antes da Era Cristã. Esta tese é contestada pelos geólogos, firmados no estudo dos fósseis e dos milhares de caracteres incontestáveis de vetustez que fazem remontar a origem da Terra a milhões de anos. [...].[8] A **Teoria da Condensação** fundamenta-se na agregação (condensação) da matéria cósmica, tendo como base os elementos constitutivos do fluido cósmico universal. Esta teoria foi rebatizada, no século XX, com o nome de *Hipótese Nebular*, como veremos em seguida.

2. Modelos cosmogênicos científicos

2.1. Geocentrismo

Trata-se de um modelo mais sofisticado do que o da "Terra plana", defendido pelos povos da mais remota antiguidade. O geocentrismo foi elaborado há mais de 2.400 anos por alguns filósofos gregos, os quais imaginavam um "[...] universo esférico, a Terra, circundado por objetos celestes, que descreviam Órbitas geométricas e previsíveis, e também pelas estrelas fixas. Uma versão do modelo geocêntrico parece ter sido proposta inicialmente por Eudoxus de Cnidus (400-350 a.C.), matemático e astrônomo grego."[9]

Essa teoria sofreu, ao longo dos tempos, vários aperfeiçoamentos. Um deles foi "[...] proposto por Aristoteles (384-322 a.C.), que demonstrou ser a Terra esférica; ele chegou a essa conclusão a partir da observação da sombra projetada durante um eclipse lunar." [...] O modelo geocêntrico de Aristóteles era composto por 49 esferas concêntricas que procuravam explicar os movimentos de todos os corpos celestes. A esfera mais externa era a das estrelas fixas e que controlava todas as esferas internas. Essa, por sua vez, era controlada por uma agencia (entidade) sobrenatural."[9]

Foi, porém, o matemático e astrônomo grego Claudius Ptolomeu (78-161d.C.)quem, na sua obra *Almageto*, deu a forma final a esta teoria, que se baseia na hipótese de que a terra estaria parada no centro do universo com os corpos celestes, incluseve o sol, girando ao seu redor. Essa visão predominou no pensamento humano até que o astrônomo e matemático polonês Nicolau Copérnico, ou Nicolaus Copernicus,(1473-1543) apresentou a *teoria heliocêntrica* (a Terra girando ao redor do sol), com base nos estudos do astrônomo grego Aristarco de samos (310-230 a.C.).[10]

2.2. Heliocentrismo

Em Astronomia, *heliocentrismo* é a teoria de que o Sol estaria estacionário no centro do universo, rodeado por planetas. A palavra vem do grego (*hélios* = sol e *kentron* = centro). Historicamente, o heliocentrismo era oposto ao geocentrismo que colocava a terra no centro do universo. Entretanto, o modelo matemático de Copernicus se revelou mais lógico, passando a ser aceito pela ciência, sobretudo com os aperfeiçoamentos introduzidos pelo matemático e astrônomo alemão Johannes Kepler (1571–1630).[11]

> Quando o famoso astrônomo Nicolau Copérnico, observou os céus, ele chegou a uma conclusão radical:[...] o Sol era o objeto central. Quando Johannes Kepler apresentou a prova final para a teoria de Copérnico, em 1621, o conceito de sistema solar tornou-se irrefutável. Ainda assim, havia muito que descobrir. No início do século XVII, os astrônomos só tinham sido capazes de reconhecer oito corpos que se moviam pelos céus: Sol, Mercúrio, Vênus, Terra e sua lua, Marte, Júpiter e Saturno. Urano não era conhecido até william herschel localizá-lo em 1871. Netuno foi visto pela primeira vez por Johann Gottfried Galle em 1846, e Plutão por Clyde de Tombaugh em 1930. Durante esse período, vários observadores estavam começando a detectar luas orbitando em muitos dos planetas. Em 1610, Galileu localizou Calisto, Europa, Ganimedes e Io, todos orbitando Júpiter. Foi um feito extraordinário, embora ele não tenha reconhecido os outros 21 corpos que orbitam esse planeta distante.[12]

O Heliocentrismo foi descrito por Copérnico "[...] em 1510, na obra *Commentariolus*, que circulou anonimamente; Copérnico parece ter previsto o impacto que sua teoria provocaria, tanto assim que só permitiu que sua obra chegasse ao público após a sua morte. A teoria foi publicada abertamente em 1543 no livro *De Revolutionibus Orbium Coelesti* e foi dedicada ao papa Paulo III."[13]

Com a publicação da teoria de Copérnico, ocorreram avanços científicos e tecnológicos. Por exemplo, o astrônomo dinamarquês Tycho Brahe (1546–1601)

> [...] teve um papel importante ao avançar as técnicas de fazer medidas precisas com instrumentos a olho nu, pois lunetas e telescópios ainda não haviam sido inventados. Essas medidas eram cerca de dez vezes mais precisas do que as medidas anteriores. Mais tarde, Kepler

[astrônomo e matemático alemão] usou as medidas de Tycho para estabelecer suas leis de movimento dos planetas. Essas leis mostravam que as órbitas que os planetas descrevem são elipses, tendo o Sol em um dos focos. Com isso, cálculos teóricos e medidas passaram a ter uma concordância muito maior do que no sistema antigo. [...] Galileu, ao desenvolver a luneta, criou um instrumento vital para a pesquisa astronômica, pois amplia, de forma extraordinária, a capacidade do olho humano. Apontando para o Sol, descobriu as manchas solares; apontando para Júpiter, descobriu as quatro primeiras luas; e ao olhar para a Via-Láctea, mostrou que ela é composta por miríades de estrelas.[13]

As significativas contribuições de dois famosos astrônomos, o italiano Galileu Galilei (1564-1642) e o alemão Johannes Kepler revolucionaram a ciência astronômica no século XVII. O primeiro pelas conclusões e deduções emitidas após observar o universo, o segundo pela compreensão do movimento dos planetas.

2.3. Hipótese Nebular

Nome que foi dado à antiga **Teoria da Condensação**, hipótese concebida, independentemente, pelo filósofo alemão Immanuel Kant (1724-1804) e pelo matemático e astrônomo francês Pierre-Simon, marquês de Laplace (1749-1827). Em 1755, Kant afirmava que o sistema solar teria sido formado a partir de uma nebula (nebulosa) gasosa, da qual os corpos que originariam o Sol e os planetas se condensaram, girando todos na mesma direção.[14]

> Essa teoria, fundamento das teorias mais modernas sobre a formação do Sistema Solar, hoje é conhecida como a hipótese de Kant-Laplace. Segundo a teoria nebular de Kant e Laplace, inicialmente teria existido, na região onde hoje está o Sistema Solar, uma enorme nuvem difusa formada por gás e poeira. Essa nuvem, que girava lentamente, foi chamada de *nebulosa protossolar*. Devido à sua autogravidade, ou seja, à gravidade que as partículas que formavam a nuvem exerciam umas sobre as outras, a nuvem gasosa teria iniciado um processo gradual de contração. À medida que a nuvem se contraía sua velocidade de rotação foi aumentando gradualmente, como exige uma das leis fundamentais de conservação, a conservação do momento angular. Consequentemente a força centrífuga teria obrigado a nuvem a ejetar anéis de matéria. Posteriormente, esses anéis foram se condensando o que levou, finalmente, à formação dos planetas.[15]

Em face do desenvolvimento tecnológico, em especial no campo da astrofísica que, com análises mais precisas das imagens transmitidas por satélites artificiais e sondas espaciais, a teoria nebular de Kant-Laplace passou por uma série de aperfeiçoamentos, sendo, atualmente, denominada *Hipótese Nebular Reformulada* ou *Modelo padrão*, aceita pela maioria dos membros da comunidade científica do Planeta: "Esta teoria foi sendo refinada ao longo dos anos por eminentes pesquisadores como Safronov (1969), Cameron (1969), Hayashi (1970). Ela passou, então, a ser a mais aceita entre todas as teorias, sendo agora conhecida como "*modelo padrão*".[15]

2.4. Teoria do Big Bang

O desenvolvimento de técnicas ópticas, mecânicas e de imagens fotográficas ampliou o conhecimento sobre os corpos celestes, favorecendo o surgimento de novas teorias sobre a origem do universo, sendo que, na atualidade, a mais conhecida é a da **Grande Explosão** ou **Big Bang**. O Big Bang é a teoria cosmológica dominante que analisa o desenvolvimento inicial do universo.

Os cosmologistas usam o termo *Big Bang* referindo-se à ideia de que o universo estaria, originalmente, muito quente e denso em algum tempo finito no passado, resultando, daí, poderosa explosão, ocorrida possivelmente por volta de 13,3 a 13,9 bilhões de anos atrás. Após essa explosão, iniciou-se o processo de resfriamento e expansão do universo, chegando-se ao estado atual. Esta expansão ainda continua, revelando-se cada vez mais extensa.[16]

Georges-Henri Édouard Lemaître, (1894–1966), padre católico, astrônomo e físico belga foi quem propôs a Teoria do Big Bang, embora tenha chamado sua teoria de "hipótese do *átomo* primordial". A teoria de Lemaître foi, posteriormente, desenvolvida por George Gamow:[16]

> A teoria do Big Bang foi anunciada em 1948 pelo cientista russo naturalizado estadunidense, George Gamow (1904–1968). Segundo ele, o universo teria surgido após uma grande explosão cósmica, entre 10 e 20 bilhões de anos atrás. O termo explosão refere-se a uma grande liberação de energia, criando o espaço-tempo. Até então, havia uma mistura de partículas subatômicas (quarks, elétrons, neutrinos e suas partículas) que se moviam em todos os sentidos com velocidades próximas à da luz. As primeiras partículas pesadas, prótons e nêutrons, associaram-se para formarem os núcleos de átomos leves,

como hidrogênio, hélio e lítio, que estão entre os principais elementos químicos do universo. Ao expandir-se, o universo também se resfriou, passando da cor violeta à amarela, depois laranja e vermelha. Cerca de 1 milhão de anos após o instante inicial, a matéria e a radiação luminosa se separaram e o universo tornou-se transparente: com a união dos elétrons aos núcleos atômicos, a luz pode caminhar livremente. Cerca de 1 bilhão de anos depois do Big Bang, os elementos químicos começaram a se unir dando origem às galáxias.[17]

É a teoria mais aceita pelos cientistas, e se fundamenta na *Teoria da Relatividade Geral,* de Albert Einstein, e na *Teoria da Interação Gravitacional da Matéria* e o *Princípio Cosmológico.* Por tais teorias, o aspecto do universo independe da posição do observador (não há um ponto de observação privilegiado, pois o universo é isotrópico) e da direção em que ele olhe (o universo apresenta o mesmo aspecto não importando a direção em que se o olhe, pois é homogêneo).

2.5. Big Bang Inflacionário

Os cientistas defensores dessa teoria afirmam que o universo está em contínua expansão:

> O universo em que vivemos está em contínua expansão. Essa descoberta, feita em 1929 pelo astrônomo americano Edwin Hubble, nos leva à conclusão de que todas as galáxias, assim como as estrelas e os planetas dentro delas, surgiram, há cerca de 15 bilhões de anos, de uma grande explosão chamada de Big Bang. Hoje, o estudo dessa explosão tornou-se uma investigação emocionante. O foco dessa pesquisa é a ideia de que, no instante zero do Big Bang, a expansão cósmica teve um ritmo excepcional muitíssimo mais veloz do que atualmente. Essa fase, chamada de inflação, foi crucial para a evolução posterior do universo, pois, entre outras coisas, teria levado à formação das galáxias. Embora tenha feito muito sucesso desde a sua criação, nos anos 80, o conceito do Big Bang inflacionário tropeça num ponto decisivo, que é a densidade de matéria no Cosmo. [...] O caso da inflação, os cálculos teóricos bateram com os fatos em diversos aspectos, mas falharam quanto ao valor da *densidade*. Na prática, faz-se a estimativa contando as estrelas, as galáxias e os aglomerados de galáxias dentro de um certo volume do espaço. Mas o número obtido dessa forma é três vezes menor do que o fornecido pelos cálculos teóricos. Diante disso, uma saída seria supor que a teoria da inflação está errada.[18]

É necessário, então, fazer algumas revisões no Modelo Big Bang, que se revela incompleto na atualidade, ainda que seja a teoria mais aceita.[19]

Este breve estudo da origem do universo revela que ainda persistem muitas questões em aberto, aguardando o progresso científico e tecnológico. Entretanto, todas essas teorias e modelos demonstram, de forma patente, que a organização do universo faz parte de uma intenção, admiravelmente direcionada por uma inteligência perfeita. É impossível desconhecer a presença de Deus nos acontecimentos, a"[...] inteligência suprema, causa primária de todas as coisas."[20]

3. A formação do universo segundo o espiritismo

Para o Espiritismo, o universo nasceu de uma substância primitiva: o *fluido cósmico universal* ou *matéria cósmica primitiva*, como esclarece o Espírito Galileu, em mensagem transmitida na Sociedade Espírita de Paris:[21]

> A matéria cósmica primitiva continha os elementos materiais, fluídicos e vitais de todos os universos que desdobram suas magnificências diante da eternidade. Ela é a mãe fecunda de todas as coisas, a primeira avó e, sobretudo, a eterna geratriz. Essa substância, de onde provêm as esferas siderais, não desapareceu de modo algum: essa potência não morreu, pois que ainda gera, sem cessar, novas criações e incessantemente recebe, reconstituídos, os princípios dos mundos que se apagam do livro eterno. A matéria etérea mais ou menos rarefeita que se difunde pelos espaços interplanetários; esse fluido cósmico que enche o mundo, mais ou menos rarefeito, nas regiões imensas, ricas de aglomerações de estrelas; mais ou menos condensado onde o céu astral ainda não brilha; mais ou menos modificado por diversas combinações, de acordo com as localidades da amplidão, nada mais é do que a substância primitiva onde residem as forças universais, a partir da qual a natureza tirou todas as coisas.

Neste contexto, os Espíritos Orientadores ensinam que pela hábil e sábia utilização do fluido cósmico ou elemento primordial — também chamado de plasma divino, hausto do Criador ou força nervosa do Todo-Sábio — é que se constroi impérios estelares, pelo processo denominado cocriação em plano maior. O Espírito André Luiz esclarece a respeito:[22]

Nessa substância original, ao influxo do próprio Senhor Supremo, operam as Inteligências Divinas a Ele agregadas, em processo de comunhão indescritível, os grandes Devas da teologia hindu ou os arcanjos da interpretação de variados templos religiosos, extraindo desse hálito espiritual os celeiros de energia com que constroem os sistemas da Imensidade, em serviço de Cocriação em plano maior, de conformidade com os desígnios do Todo-Misericordioso, que faz deles agentes da Criação Excelsa. Essas Inteligências Gloriosas tomam o plasma divino e convertem-no em habitações cósmicas, de múltiplas expressões, radiantes ou obscuras, gaseificadas ou sólidas, obedecendo a leis predeterminadas, quais moradias que perduram por milênios e milênios, mas que se desgastam e se transformam, por fim, de vez que o Espírito Criado pode formar ou cocriar, mas só Deus ê o Criador de Toda a Eternidade.

Referências

1. Kardec, Allan. *O livro dos espíritos*. Tradução de Evandro Noleto Bezerra. 2. ed. Rio de Janeiro: FEB, 2010, questão 172, p. 172.

2. _____. Questão 173, p. 173.

3. NOVO TESTAMENTO. Tradução de Haroldo Dutra Dias. Revisão de Cleber Varandas de Lima. Brasília: EDICEI, 2010, p.446.

4. STEINER, João E. *A origem do universo*. São Paulo, Revista de Estudos Avançados 20 (58), 2006, p. 233. Disponível em http://www.scielo.br/pdf/ ea/v20n58/20.pdf

5. _____. p. 248.

6. _____. p. 234.

7. _____. p. 234-235.

8. KARDEC, Allan. *A gênese: os milagres e as predições segundo o espiritismo*. Tradução de Evandro Noleto Bezerra. 1. ed. Rio de Janeiro: FEB, 2009, cap. 8, item 4, p. 216.

9. STEINER, João E. *A origem do universo*. Op. Cit., p.235.

10. http://pt.wikipedia.org/wiki/Geocentrismo

11. http://pt.wikipedia.org/wiki/Heliocentrismo

12. MOORE, Peter. *Ciência – pequeno livro das grandes ideias*. Tradução de Tatiana Camolez.. São Paulo: Ciranda Cultural, 2008. Capítulo:O sistema solar, p. 52.

13. STEINER, João E. *A origem do universo*. Op. Cit., p. 236.

14. *Slideshare*: Formação do Sistema Solar. Vídeo disponível em http://www. slideshare.net/treis/formao-do-sistema-solar-presentation

15. MINISTÉRIO DE CIÊNCIA E TECNOLOGIA – OBSERVATÓRIO NACIONAL. A Formação do Sistema Solar. Disponível em: C:\Users\Usuario\ Documents\Observatório Nacional.mht

16. A teoria do Big Bang. Disponível em: http://www.pt.wikipedia.org/wiki/ Big_Bang
17. A teoria do Big Bang. Disponível em: http://www.brasilescola.com/geografia/big-bang.htm
18. A Crise do Big Bang. Disponível em: http://super.abril.com.br/superarquivo/1999/conteudo_117424.shtml
19. Inflação Cósmica Disponível em:http://pt.wikipedia.org/wiki/Infla%C3%A7%C3%A3o_c%C3%B3smica
20. KARDEC, Allan. *O livro dos espíritos*. Tradução de Evandro Noleto Bezerra.2. ed. Rio de Janeiro: FEB, 2010, questão 1, p. 77.
21. _____. *A gênese*. Op. Cit. Cap. 6, item 17, p. 149
22. XAVIER, Francisco Cândido e VIEIRA, Waldo. *Evolução em dois mundos*. Pelo Espírito André Luiz. 25. ed. Rio de Janeiro: FEB, 2010. Primeira parte, cap. 1, p. 21-22.

Orientações ao monitor

1. Fazer exposição inicial, abrangendo as informações gerais contidas na introdução do Roteiro e no item 1 (teorias sobre a origem do universo).

2. Fechar essa apresentação com o vídeo "viagem pelo universo", que projeta belas imagens do nosso Planeta e do sistema solar, e está disponível na internet: http://www.youtube.com/ watch?v=tlvtbyHe_Ms.

3. Organizar pequenos grupos para ler e resumir os seguintes assuntos, inseridos no Roteiro, e que tratam dos modelos cosmogênicos científicos (item 2):

   » *Geocentrismo* (grupo 1)
   » *Heliocentrismo* (grupo 2)
   » *Hipótese Nebular* (grupo 3)
   » *Teoria do Big Bang* (grupo 4)
   » *Big Bang inflacionário* (grupo 5)

4. Pedir aos grupos que apresentem o resumo do texto estudado, esclarecendo possíveis dúvidas.

5. Finalizar o estudo com explanação das ideias espíritas sobre a origem do universo (item 3: A formação do universo segundo o Espiritismo).

6. Projetar um dos seguintes vídeos que tratam da origem do universo, segundo a ciência, disponíveis na internet: http://www. youtube.com/watch?v=R3-ocZF8-Fc&feature=related ou http:// www.youtube.com/watch?v=kfgj789nmb4&feature=related.

OBSERVAÇÃO: A revista *Scientific American Brasil*, editora Duetto, disponibiliza o vídeo *Fronteiras da Física – o universo elegante*, em dois DVDs, fundamentados no *best-seller* de Brian Greene, físico e matemático da Universidade de Columbia - USA. No primeiro DVD há esclarecimentos sobre as teorias que sustentam a origem da matéria e a formação do universo. O segundo DVD revela as dimensões do universo e os mundos paralelos. Trata-se de excelente material, contendo interessantes e elucidativas imagens, além de informações científicas de fácil entendimento pelo público em geral.

FILOSOFIA E CIÊNCIA ESPÍRITAS

Roteiro 29

PLURALIDADE DOS MUNDOS HABITADOS: CIVILIZAÇÕES CÓSMICAS

Objetivos

» Conceituar exobiologia ou astrobiologia.

» Analisar de forma reflexiva as condições de vida de outros planetas, considerando as informações científicas atuais e as ideias espíritas.

Ideias principais

» *Exobiologia* ou *Astrobiologia* é o ramo da Ciência que estuda a origem, a evolução, a distribuição e o futuro da vida no universo.

» Algumas agências aeroespaciais, como a NASA, nos Estados Unidos, e a ESA, na Europa, dirigem suas pesquisas para a possibilidade de vida (microbiana, vegetal, animal e humana) em outros planetas, utilizando metodologia específica, entre elas a radioastronomia.

» *Deus povoou os mundos de seres vivos, e todos concorrem para o objetivo final da Providência.* Allan Kardec: *O livro dos espíritos*, questão 55 – comentário.

» *As condições de existência dos seres que habitam os diferentes mundos devem ser apropriadas ao meio em que são chamados a viver.* Allan Kardec: *O livro dos espíritos*, questão 58 – comentário.

Subsídios

No Roteiro anterior, vimos algumas teorias sobre a formação do universo e dos corpos celestiais, a respeito das quais o Espírito André Luiz assim se expressa:

> Devido à atuação desses Arquitetos Maiores [Espíritos de evolução cósmica], surgem nas galáxias as organizações estelares como vastos continentes do universo em evolução e as nebulosas intragaláticas como imensos domínios do universo, encerrando a evolução em estado potencial, todas gravitando ao redor de pontos atrativos, com admirável uniformidade coordenadora. É aí, no seio dessas formações assombrosas, que se estruturam, interrelacionados, a matéria, o espaço e o tempo, a se renovarem constantes, oferecendo campos gigantescos ao progresso do Espírito. Cada galáxia quanto cada constelação guardam no cerne a força centrífuga própria, controlando a força gravítica, com determinado teor energético, apropriado a certos fins. A Engenharia Celeste equilibra rotação e massa, harmonizando energia e movimento, e mantêm-se, desse modo, na vastidão sideral, magnificentes florestas de estrelas, cada qual transportando consigo os planetas constituídos e em formação, que se lhes vinculam magneticamente ao fulcro central, como os eletrões [elétrons] se conjugam ao núcleo atômico, em trajetos perfeitamente ordenados na órbita que se lhes assinala de início.[1]

Em consequência dos estudos cosmogênicos há, na atualidade, grande interesse científico pelo estudo da vida extraterrestre, denominado de *Exobiologia* ou *Astrobiologia*, ramo da Ciência que estuda a origem, a evolução, a distribuição, e o futuro da vida no universo.

> Este campo interdisciplinar inclui a busca por ambientes habitáveis no nosso Sistema Solar e por planetas habitáveis fora do Sistema Solar, a busca por evidência de química prebiótica, vida em Marte e em outros corpos do Sistema Solar e pesquisas em laboratório e em campo do começo da vida na Terra e em outros possíveis lugares. A astrobiologia é um campo multidisciplinar que se utiliza da física, química, astronomia, biologia, biologia molecular, ecologia, ciência planetária, geografia e geologia para investigar a possibilidade de vida em outros mundos e reconhecer biosferas que podem ser diferentes das da Terra.[2]

A exobiologia é disciplina científica, ensinada nas universidades, distinta da ufologia — que é o estudo de relatos, registros visuais, evidências físicas e demais fenômenos relacionados aos objetos voadores não identificados, ou OVNIs. A ufologia é, em geral, realizada sem metodologia científica.

Em razão dos resultados dos estudos e pesquisas, a astrobiologia transformou-se em foco de um número crescente de missões da NASA (sigla em inglês de *National Aeronautics and Space Administration*; ou, em português, *Administração Nacional do Espaço e da Aeronáutica*, ou Agência Espacial Norte-Americana), e da Agência Espacial Europeia (AEE ou ESA - *European Space Agency*): organização intergovernamental dedicada à exploração espacial, sediada em Paris, e constituída dos seguintes países: Alemanha, Áustria, Bélgica, Dinamarca, Espanha, Finlândia, França, Grécia, Irlanda, Itália, Luxemburgo, Noruega, Portugal, Reino Unido, Suécia e Suíça. A ESA tem ainda acordos de estreita colaboração com o Canadá, a Hungria e a República Checa.[2]

Atualmente, a NASA possui um instituto astrobiológico (*NASA Astrobiology Institute*) e um número crescente de universidades norte-americanas, inglesas, canadenses, irlandesas e australianas oferecem programas de graduação em astrobiologia.[2]

Um foco particular da astrobiologia moderna é a busca pela vida em Marte, em razão de sua proximidade espacial com a Terra e devido a sua história geológica. Existem evidências de que Marte possuía, no passado, quantidade considerável de água em sua superfície. A presença de água, em qualquer estudo realizado na Terra ou fora dela, é considerado indicador essencial para a vida.[2]

Em excelente artigo publicado pela revista Super Interessante, da editora Abril, o jornalista Pedro Burgos fornece uma síntese da atualidade científica a respeito do tema.[3]

» "Pesquisas recentes mostram que boa parte dos planetas de fora do sistema solar é a cara da Terra."

» "Simulações de computador indicam que pode haver um planeta com características da Terra na estrela mais próxima daqui, Alpha Centauri". Este planeta estaria situado a 4,3 anos-luz.

» Há possibilidade de vida, segundo os cientistas, na vizinha galáxia Andrômeda, que possui um trilhão de sóis, e em outras galáxias. Neste sentido afirmou o conhecido astrônomo Carl Sagan, já falecido: "Deve haver bilhões de trilhões de mundos. Então por que nós, jogados aqui num canto esquecido do universo, seríamos os afortunados [com a vida]?"

» O físico e pesquisador de Harvard, Paul Horowitz, ensina: "Vida inteligente no universo? Garantido. Na nossa galáxia? Extremamente provável".

» "As apostas de que, sim, há muita vida lá fora começam com duas certezas.

» Primeiro, a de que não faltam planetas fora do sistema solar. [...] A segunda certeza é mais determinante: a de que dois ingredientes fundamentais para a vida, água e moléculas orgânicas [à base de carbono], são comuns no universo."

» Em "2007 o telescópio Hubble detectou pela primeira vez a existência de água num planeta extrassolar, ainda que na forma de vapor. E neste ano [2008] encontrou água e moléculas orgânicas em outro."

» Afirmação do astrônomo Marc Kuchner, do Laboratório de Exoplanetas da NASA: "Estamos tão, tão perto de encontrar vida em outros planetas que é só uma questão de continuar procurando. Parece que é só uma questão de tempo".

» "Enviar sondas espaciais é o melhor jeito de entender o que acontece fora da Terra. Que o diga a nave Phoenix. Ela chegou em Marte em junho [de 2008] e ainda está coletando e analisando informações do solo marciano [...]; confirmou que existe água em forma de gelo no polo norte de lá."

» "Outro alvo na busca pela vida é Europa, uma lua de Júpiter. Ela tem uma fina atmosfera com oxigênio e, ao que tudo indica, uma surpresa embaixo de sua camada de 200 quilometros de gelo: água líquida."

» "Alguns desses planetas com vida podem ter apenas bactérias e animais — a própria Terra teve só isso por mais de 90,9% do tempo [de sua existência]."

O fato concreto é que a busca pela vida extraterrestre faz parte de vários projetos científicos. Há investimentos financeiros maciços em instituições e em projetos voltados para estudos ou pesquisas exobiólogas, como o Instituto SETI que desenvolve o Projeto Fênix, nos Estados Unidos da América. A palavra SETI é formada pelas iniciais de "Search for ExtraTerrestrial Inteligence" (*Em busca* — ou procura — *de inteligência extraterrestre*, em português).

Os pesquisadores do SETI investem na radioastronomia: captação de ondas sonoras transformadas em eletromagnéticas vindas do espaço. A radioastronomia é o estudo da física dos corpos celestes, utilizando radiação com comprimentos de onda maiores que a da luz visível, a saber, as ondas de rádio. A faixa de frequências se estende desde as ondas em VLF (*Very Low Frequencies* – Frequência Muito Baixa), com quilômetros de comprimento de onda, às microondas, cujo tamanho das ondas estão na faixa de frações do milímetro.

Dessa forma, os estudiosos "[...] jogam as fichas na espera de receber sinais de rádio dos alienígenas. [...] Não é o Ideial para tentar falar com Andrômeda, a galáxia mais próxima, já que o sinal demoraria 2 milhões de anos para fazer a viagem. Mas dá para tentar aqui pela Via Láctea",[4] afirma Pedro Burgos, jornalista anteriormente citado. Entretanto, como o sinal de rádio viaja à velocidade da luz, pode ser detectado pelos radiotelescópios.

Contrastado com um telescópio óptico, que produz imagens a partir da luz visível, um radiotelescópio capta ondas de rádio emitidas por fontes de radio, normalmente através de uma ou um conjunto de antenas parabólicas, de grandes dimeções.

> O objetivo do Instituto SETI, com sede nos Estados Unidos, é a pesquisa e o desenvolvimento de projetos educacionais relacionados ao estudo da vida no universo. O projeto é mantido pela NASA [Agência Espacial Norte-Americana], União Astronomica internacional e várias instituições públicas e privadas. [...] O Instituto SETI realiza pesquisa em diversas áreas do conhecimento — Astronomia, Ciências da Terra, evolução química, origem da Vida, Evolução Biológica, Evolução Cultural.[...] O principal projeto do Instituto SETI é o Fênix (pássaro mitológico do Egito antigo que renasce das cinzas) que se dedica à detecção e análise de ondas de rádio (na faixa de 1.000 a 3.000 MHz) vindas do espaço, procurando identificar algum sinal produzido artificialmente (por algum ser inteligente). Para isso, o projeto Fênix gasta entre quatro e cinco milhões de dolares anualmente e utiliza os maiores radiotelescópios do mundo. Os alvos são estrelas dentro de uma vizinhança relativamente grande do sol. Todas as estrelas observadas até hoje estão a uma distância inferior a 200 anos-luz do sol (um ano-luz é a distância que a luz percorre em um ano e equivale a 9,5 trilhões de km.[...].[5]

Para o astrofísico russo Nicolai Kardashev (1932–), a existência de vida humana fora da terra poderia ser classificada em três tipos: as que se encontram no mesmo grau de adiantamento da humanidade terrestre (tipo I); as que poderiam enviar sinais que percorreriam distâncias cósmicas de milhões de anos-luz e já saberiam utilizar a energia solar (tipo 2); e as terceiras, capazes de fazer viagens interestelares, seriam detentoras de superior conhecimento científicos e tecnológico (tipo 3).

No caderno *Ciência da Folha Online*, de 30 de julho de 2010, foi publicada a seguinte reportagem:[6]

> Pesquisadores indentificaram rochas que podem conter fósseis de vida em Marte. A descoberta, descrita na revista *Earth and Planetary Science Letters*, foi realizada na grande e antiga rocha Nili Fossae. As rochas têm 4 bilhões de anos, cerca de três quartos da história de marte. Em 2008, cientistas descobriram carbonato nessas rochas, evidência de que o planeta vermelho seria habitável. Isso porque muitos organismos acabam virando carbonato quando enterrados. O mineral pode se originar de restos fossilizados de conchas ou ossos, por exemplo. Na nova pesquisa, Adrian Brown, pesquisador do SETI (Instituto para Busca de Inteligência Extraterrestre, na sigla em inglês), na Califórnia, e sua equipe usaram um equipamento de luz infravermelha a bordo da nave Mars Reconnaissance orbiter, da NASA (Agência Espacial Norte-Americana) para estudar a composição mineral da rocha em marte. A equipe também usou a técnica para estudar rochas muito antigas encontradas no noroeste da Austrália que, acredita-se, foram habitadas por colônias de organismos primitivos durante os primórdios da Terra, formando estruturas chamadas de estromatólitos. Os cientistas descobriram que a composição da rocha terrestre, que abrigou vida, e da rocha marciana são muito semelhantes, o que sugere a possibilidade de vida ter existido em algum momento naquela região do planeta vermelho.

Em outra reportagem mais recente, realizada pela Folha Online (www. folha.com.br), de 22 de agosto de 2010, constam estas outras informações:[7]

» "Astrônomos dizem que estão prestes a encontrar planetas como a Terra orbitando outras estrelas, um passo-chave para determinar se nós estamos sozinhos no universo."

» "Um importante oficial da NASA (Agência Espacial Norte-Americana) e outros importantes cientistas dizem que, dentro de quatro ou cinco anos, eles devem descobrir o primeiro planeta similar à Terra, onde a vida poderia se desenvolver, ou já se desenvolveu."

» "Cientistas falam sobre estar em um 'ponto especialmente incrível na História', próximos de responder uma questão que perseguiu a humanidade desde o início da civilização."

» "A pergunta fundamental é: Nós estamos sozinhos? Pela primeira vez, há otimismo de que, em algum momento de nosso tempo de vida, vamos conseguir responder esta questão." É o que diz Simon "Pete" Worden, astrônomo que lidera o Centro de Pesquisas Ames da NASA. "Se eu fosse de apostar, e eu sou, apostaria que nós não estamos sozinhos, que há muita vida [pelo universo]", completa ele."

» Worden disse à Associated Press: "Eu certamente esperaria que, nos próximos quatro ou cinco anos, encontremos um planeta do tamanho da Terra em uma zona habitável."

» "O centro de pesquisas do cientista é responsável pelo telescópio Kepler, que está fazendo um intenso censo planetário de uma pequena parte da galáxia. Diferentemente do telescópio espacial Hubble, que é um instrumento genérico, o Kepler é especializado em busca de planetas."

» "Seu único instrumento é um sensor que verifica a luminosidade de mais de 100 mil estrelas ao mesmo tempo, atento a qualquer coisa que bloqueie essa luz. Isso frequentemente significa um planeta passando em frente à estrela."

» "Qualquer planeta que pudesse suportar vida seria quase com certeza rochoso, ao invés de gasoso. E precisa estar no local certo. Planetas muito próximos de uma estrela serão muito quentes também, e aqueles muito distantes são muito frios. "Em cada lugar que procuramos, encontramos um planeta", diz Scott Gaudi, astrônomo da Universidade de Empire State (USA). "Eles aparecem em todo tipo de ambiente, todo tipo de lugar."

» "Os pesquisadores estão encontrando exoplanetas em uma velocidade muito grande. Nos anos de 1990, eles encontravam cerca de um par de novos planetas por ano. Mas por quase toda a última década, já se chegou a um par desses planetas por mês. E neste ano [2010], os planetas estão sendo encontrados em uma base diária, graças ao telescópio Kepler."

» "O número de exoplanetas descobertos já passou bem dos 400. Mas nenhum deles tem os componentes certos para a vida. Isso está para mudar, dizem os especialistas. "Com o Kepler, nós temos fortes indicações de planetas menores em grande quantidade, mas eles ainda não foram verificados", diz Geoff Marcy, da Universidade da Califórnia, em Berkeley. Ele é um dos "pais" da área de estudos para a caça a planetas e um cientista do telescópio Kepler."

O Espiritismo afirma que há vida em outros mundos, teoria aceita pela maioria dos cientistas, ainda que careça de comprovação. Tal constatação pertence ao futuro, talvez não tão distante.

De qualquer forma, há várias mensagens mediúnicas relacionadas à vida em outros planetas, como as inseridas na *Revista Espírita*, de Allan Kardec. Apenas como ilustração, citamos dois textos publicados na *Revista Espírita* de março de 1858, que merecem ser lidos: *Pluralidade dos mundos* (constam informações sobre a Lua, Mercúrio, Saturno); *Júpiter e alguns outros mundos*.

O capítulo 3 do livro *A caminho da luz*, de Emmanuel, psicografia de Francisco Cândido Xavier, revela como extraterrestres, oriundos de diferentes mundos da Constelação do Cocheiro, chegaram à Terra e se miscigenaram com os habitantes do planeta, impulsionando sua evolução.

Em outra obra, *Cartas de uma morta,* publicada em 1930 pela Editora LAKE, Maria João de Deus, mãe de Chico Xavier, relata as belezas de Saturno (páginas 59-68, 2ª edição, 1936) e fornece informações sobre o planeta Marte (páginas 155-164).

O Espírito Humberto de Campos apresenta esclarecimentos sobre o planeta Marte em seu livro *Novas mensagens*.

Sendo assim, Emmanuel analisa:[8]

Enquanto o homem se encaminha para a Lua, estudando-a de perto, comove-nos pensar que a Doutrina Espírita se referia à pluralidade dos mundos habitados, precisamente há mais de um século. Acresce notar, ainda, que os veneráveis orientadores da Nova Revelação, guiando o pensamento de Allan Kardec, fizeram-no escrever a sábia declaração: "Deus povoou de seres vivos todos os mundos, concorrendo esses seres ao objetivo final da Providência." Sabemos hoje que moramos na Via-Láctea — galáxia comparável a imensa cidade nos domínios universais. Essa cidade possui mais de duzentos milhões de sóis, transportando consigo planetas, asteroides, cometas, meteoros, aluviões de poeira e toda uma infinidade de turbilhões energéticos. [...] Mas os espelhos telescópicos do homem já conseguem assinalar a existência de milhões e milhões de outras galáxias, mais ou menos semelhantes à nossa, a se espraiarem na vastidão do universo. Até agora, neste breve lembrete, nos reportarmos simplesmente ao campo físico observável pelos homens encarnados, atreitos, como é natural, ao raio reduzido da percepção que lhes é própria, sem nos referirmos às esferas espirituais mais complexas que rodeiam cada planeta, quanto cada sistema. Nesse critério, vamos facilmente encontrar, em todos os círculos cósmicos, os seres vivos da asserção de Kardec, embora a instrumentação do homem não os divise a todos. Eles se desenvolvem através de inimagináveis graus evolutivos, cabendo-nos reconhecer que, em aludindo à pluralidade dos mundos habitados, não se deverá olvidar a gama infinita das vibrações e os estados múltiplos da matéria. Temos, assim, no Espaço Incomensurável, mundos-berços e mundos-experiências, mundos-universidades e mundos-templos, mundos-oficinas e mundos-reformatórios, mundos-hospitais e mundos-prisões.

Referências

1. XAVIER, Francisco Cândido e VIEIRA, Waldo. *Evolução em dois mundos.* Pelo Espírito André Luiz. 25. ed. Rio de Janeiro: FEB, 2010. Primeira parte, cap. 1, p.23.

2. Exobiologia. Disponível em: http://pt.wikipedia.org/wiki/Exobiologia

3. BURGOS, Pedro. *Não estamos sozinhos.* Revista Super Interessante. São Paulo: Abril Cultural. Edição 255, agosto de 2008, p. 62-71.

4. _____. p. 69.

5. INSTITUTO SETI. Art. dos professores Renato Las Casas e Divina Mourão. Disponível em http://www.observatorio.ufmg.br/pas/05.htm

6. FOLHA COM. *Composição de rocha sugere vestígio de vida em Marte.* Disponível em http://www1.folha.uol.com.br/ciencia/775137-composicao-de-rocha-sugere-vestigio-
-de-vida-em-marte.shtml

7. FOLHA ONLINE. Caderno Ciência. *Astrônomos dizem que planetas habitáveis devem ser encontrados em até 5 anos.* Disponível em http://www1.folha.uol.com.br/folha/ciencia/ult306u676607.shtml

8. XAVIER, Francisco Cândido. *Religião dos espíritos.* Pelo Espírito Emmanuel. 21. ed. Rio de Janeiro: FEB, 2008. Capítulo: Pluralidade dos mundos habitados, p. 301-304.

Orientações ao monitor

1. Pedir aos participantes que leiam atenta e silenciosamente este Roteiro de estudo.

2. Em seguida, reuni-los em um círculo para analisar os conteúdos lidos. Para tanto, estimular a discussão do assunto por meio de perguntas previamente elaboradas, favorecedoras da troca de opiniões.

3. Terminada a discussão, apresentar uma síntese das ideias desenvolvidas no Roteiro.

4. Fazer o fechamento do estudo com projeção de pequenos trechos retirados das obras espíritas citadas no texto, que trazem informações sobre as condições de vida em outros planetas (veja sugestões, em anexo).

Anexo – Textos indicados para o encerramento da reunião

1. Saturno: *sol azul, mundo sem clorofila, dia de dez horas, habitantes humanos bem mais esclarecidos, que sabem unir a ciência à fé.*

» "Avistei, muito distante, como um novelo de luz, levemente azulada, o sol [...]. A luz se espalhava por todas as coisas, dando-me a impressão de frescura e amenidade."[1]

» "Uma vegetação estranha coalhava o solo branco, às vezes brilhante: a clorofila [...] devia estar substituída por outro elemento, porque todas as folhagens e ramarias eram azuladas [...]."[2]

» "[...] Na superfície de Saturno, o dia compõe-se de dez horas e onde as estações duram mais de sete anos consecutivos [...]."[3]

» Entre eles, a justiça e a verdade não são um mito e, há muito, a ciência está reunida à fé; não amontoam as riquezas que resplandecem do solo em que pisam, as quais somente são retiradas para ornamentação [...]."[3]

2. Marte: *as condições de vida e a natureza são melhores e um tanto diferentes das existentes na Terra.*

» "[...] Havíamos chegado a um belo cômoro atapetado de verdura florida.

» Ante os meus olhos atônitos, rasgavam-se avenidas extensas e amplas [...]."[4]

» "Tive então ensejo de contemplar os habitantes do nosso vizinho, cuja organização física difere um tanto do arcabouço típico com que realizamos nossas experiências terrestres. [...] Uma aura de profunda tranquilidade os envolve. É que os marcianos [...] já solucionaram os problemas do meio [...]. Não conhecem os fenômenos da guerra e qualquer flagelo social seria, entre eles, acontecimento inacreditável."[5]

» "A vegetação de Marte [...] sofria grandes modificações, em comparação com a da Terra. É de um colorido mais interessante e mais belo, apresentando uma expressão de tonalidade avermelhada em suas características gerais. Na atmosfera, ao longe, vagavam nuvens imensas, levemente azuladas [...], que se tratavam de espessas aglomerações de vapor d'água, criadas por máquinas poderosas da ciência marciana, a fim de que sejam supridas as deficiências de líquido nas regiões mais pobres e mais afastadas do sistemas de canais que ali coloca os oceanos polares em contínua comunicação,uns com os outros."[6]

3. Júpiter: é *o planeta mais adiantado do Sistema Solar*.

» "De todos os planetas, o mais adiantado sob todos os aspectos é Júpiter. É o reino exclusivo do bem e da justiça, porquanto só tem *bons Espíritos*. A superioridade de Júpiter não está somente no estado moral dos seus habitantes.; está também na sua constituição física."[7]

» "A conformação do corpo é mais ou menos a mesma daqui, porém é menos material, menos denso e de uma maior leveza específica. [...]. Sendo mais depurada a matéria de que é formado o corpo, dispersa-se após a morte sem ser submetida à decomposição pútrida. Ali não se conhece a maioria das moléstias que nos afligem [...]. A alimentação está em relação com essa organização etérea [...], aliás a maior parte deles [dos habitantes] a haurem no meio ambiente, cujas emanações nutritivas aspiram."[7]

» "A duração da vida é, proporcionalmente, muito maior que na Terra; a média equivale a cerca de cinco dos nossos séculos; o desenvolvimento é também muito rápido e a infância dura apenas alguns meses."[7]

1. (1) XAVIER, Francisco Cândido. *Cartas de uma morta*. Pelo Espírito Maria João de Deus. 14. ed. São Paulo: LAKE, 2002. Cap. 51, p. 79.

2. (2) _____. Cap. 52, p. 80.

3. (3) _____. Cap. 54, p. 82.

4. (4) _____. *Novas mensagens*. Pelo Espírito Humberto de Campos. 13. ed. Rio de Janeiro: FEB, 2009, p. 60.

5. (5) _____. p. 61.

6. (6) _____. p. 62.

7. (7) _____. KARDEC, Allan. *Revista espírita*. Ano primeiro – 1858. Tradução de Evandro Noleto Bezerra. Rio de Janeiro: FEB, 2004. Março, nº 2, p. 117

FILOSOFIA E CIÊNCIA ESPÍRITAS

Roteiro 30

FORMAÇÃO DA HUMANIDADE TERRESTRE

Objetivos

» Explicar, à luz da Doutrina Espírita, como foi formada a humanidade terrestre.

» Identificar sinais reveladores de evolução espiritual.

» Fornecer o significado da expressão "raça adâmica" e qual a sua relação na organização da humanidade terrestre.

Ideias principais

» *Quando a Terra se encontrou em condições climáticas apropriadas à existência da espécie humana, encarnaram nela Espíritos humanos.* Allan Kardec: *A gênese.* Cap. 11, item 29.

» *A Terra se achou povoada de Espíritos de diversas categorias, mais ou menos aptos ou rebeldes ao progresso. Recebendo os corpos a impressão do caráter do Espírito e procriando-se esses corpos na conformidade dos respectivos tipos, resultaram daí diferentes raças, quer quanto ao físico, quer quanto ao moral.* Allan Kardec: *A gênese.* Cap. 11, item 30.

» Raça adâmica é expressão que provém da palavra Adão, considerado pelo Velho Testamento como o homem que deu origens às raças existentes no Planeta. Para a Doutrina Espírita, contudo, o pensamento é outro: *Compreendemos, afinal, que Adão e Eva constituem uma lembrança dos Espíritos degredados na paisagem obscura da Terra, como Caim e Abel são dois símbolos para a personalidade das criaturas.* Emmanuel: *A caminho da luz.* Cap. 2.

» *Segundo o ensino dos Espíritos, foi uma dessas grandes imigrações, ou, se quiserem, uma dessas colônias de Espíritos, vinda de outra esfera, que deu origem à raça simbolizada na pessoa de Adão e, por esse motivo, chamada raça adâmica.* Allan Kardec: *A gênese.* Cap. 11, item 38.

» Os Espíritos que constituem a raça adâmica, também chamados capelinos, são exilados na Terra, oriundos do sistema solar de Capela, situada na constelação do Cocheiro.

Subsídios

No roteiro anterior estudamos que a vida se manifesta em outros mundos do universo e que, por força da lei de progresso, as coisas e os seres, sobretudo os Espíritos, se transformam, aperfeiçoando-se. Daí estas palavras de Allan Kardec:

> O progresso material de um planeta acompanha o progresso moral de seus habitantes. Ora, sendo incessante, como é, a criação dos mundos e dos Espíritos e progredindo estes mais ou menos rapidamente, conforme o uso que façam do livre-arbítrio, segue-se que há mundos mais ou menos antigos, em graus diversos de adiantamento físico e moral, onde é mais ou menos material a encarnação e onde, por conseguinte, o trabalho, para os Espíritos, é mais ou menos rude. Deste ponto de vista a Terra é um dos menos adiantados.[1]

O processo evolutivo pode ocorrer lentamente, de acordo com as mudanças naturais, ou rapidamente, pela interferência de elementos externos. Foi o que aconteceu com a humanidade terrestre em determinado momento de sua caminhada evolutiva, quando Espíritos oriundos de outros mundos renasceram na Terra, miscigenando-se com os seus habitantes. Essa miscigenação favoreceu o desenvolvimento de conhecimentos e habilidades, implementando, inclusive, mudanças na aparência dos corpos, que se revelaram mais embelezados.

Depois que os Espíritos realizam a soma de progresso que o estado desse mundo comporta, deixam-no para encarnar em outro mais adiantado, onde possam adquirir novos conhecimentos e assim por diante, até que, não lhes sendo mais de proveito algum a encarnação em corpos materiais, passam a viver exclusivamente da vida espiritual, na qual continuam a progredir em outro sentido e por outros meios.[2]

Parece ser essa a forma usual de progresso espiritual, na Terra e fora dela, conforme ensinam os Espíritos orientadores. Assim, a partir do instante em que determinado globo apresenta condições de habitabilidade, iniciam-se as primeiras encarnações de Espíritos que passarão a constituir-se sua humanidade.

Quando a Terra se encontrou em condições climáticas apropriadas à existência da espécie humana, encarnaram nela Espíritos humanos. De onde vinham? Quer tenham sido criados naquele momento, quer tenham procedido, completamente formados, do espaço, de outros mundos, ou da própria Terra, a presença deles neste planeta, a partir de certa época, é fato, pois que antes deles só havia animais. Revestiram-se de corpos adequados às suas necessidades especiais, às suas aptidões, e que, fisiologicamente, tinham as características da animalidade. Sob a influência deles e por meio do exercício de suas faculdades, esses corpos se modificaram e aperfeiçoaram: é o que a observação comprova.[3]

1. O progresso espiritual

O progresso espiritual, propriamente dito, é caracterizado por determinados sinais, quando no Espírito começa a manifestar "[...] os germens do livre-arbítrio e do senso moral",[3] lembra Kardec. Dessa forma, as conquistas intelectuais e o aprendizado moral são plano divino de evolução, disponibilizado pela Providência, determinando que o processo evolutivo seja ascensional, sem retroação, manifestado em inúmeras reencarnações e estadias no plano espiritual.

O ambiente físico que serve de moradia do Espírito, encarnado e desencarnado, também evolui, concomitante com o progresso dos seus habitantes.

Esses dois progressos se realizam paralelamente, visto que a perfeição da habitação guarda relação com o do habitante. Fisicamente, o globo terráqueo tem sofrido transformações que a Ciência tem comprovado e que o tornaram sucessivamente habitável por seres cada vez mais aperfeiçoados. Moralmente, a humanidade progride pelo desenvolvimento da inteligência, do senso moral e do abrandamento dos costumes. Ao mesmo tempo que o melhoramento do globo se opera sob a ação das forças materiais, os homens concorrem para isso pelos esforços de sua inteligência. Saneiam as regiões insalubres, tornam mais fáceis as comunicações e mais produtiva a terra.[4]

A humanidade terrestre nunca foi homogênea, desde o início de sua formação, com a chegada dos seus primeiros integrantes, após a humanização do princípio inteligente. A nossa humanidade é e sempre foi constituída pela mescla de Espíritos vindos de outros mundos que, semelhante à enxertia realizada nos vegetais, introduziram modificações, impulsionando o progresso humano.

[...] Assim, a Terra se achou povoada de Espíritos de diversas categorias, mais ou menos aptos ou rebeldes ao progresso. Recebendo os corpos a impressão do caráter do Espírito e procriando-se esses corpos na conformidade dos respectivos tipos, resultaram daí diferentes raças, quer quanto ao físico, quer quanto ao moral. [...] Continuando a encarnar entre os que se lhes assemelhavam, os Espíritos similares perpetuaram o caráter distintivo, físico e moral, das raças e dos povos, caráter que só com o tempo desaparece, mediante a fusão e o progresso deles.[5]

Além do mais, analisa o Codificador:

Podem comparar-se os Espíritos que vieram povoar a Terra a esses bandos de emigrantes de origens diversas, que vão estabelecer-se numa terra virgem. Aí encontram madeira e pedra para erguerem habitações, cada um dando à sua um cunho especial, de acordo com o grau do seu saber e com o seu gênio particular. Grupam-se então por analogia de origens e de gostos, acabando os grupos por formar tribos, depois povos, cada qual com costumes e caracteres próprios.[6]

O progresso de qualquer humanidade, não só a terráquea, "[...] se efetua, pois, em virtude de uma lei. Ora, como todas as leis da natureza são obra da eterna sabedoria e da presciência divina, tudo o que é efeito dessas leis resulta da vontade de Deus. [...]."[7]

> Esse duplo progresso se executa de duas maneiras: uma lenta, gradual e insensível; a outra, por meio de mudanças bruscas, a cada uma das quais corresponde um movimento ascensional mais rápido, que assinala, mediante impressões bem acentuadas, os períodos progressivos da humanidade. Esses movimentos, subordinados, *quanto às particularidades*, ao livre-arbítrio dos homens, são, de certo modo, fatais em seu conjunto, porque estão submetidos a leis, como as que se operam na germinação, no crescimento e na maturidade das plantas. É por isso que o movimento progressivo se efetua, às vezes, de modo parcial, isto é, limitado a uma raça ou a uma nação; de outras vezes é geral.[8]

Chegada a um determinado nível evolutivo a humanidade planetária é impulsionada a progredir de forma mais intensa. Esse impulso progressivo se dá pela reencarnação de Espíritos vindos de planos ou mundos mais adiantados: "[...] Pelas mortes e pelos nascimentos, as duas populações, terrestre e espiritual, desaguam incessantemente uma na outra. Há, pois, diariamente, emigrações do mundo corpóreo para o mundo espiritual e imigrações deste para aquele: é o estado normal".[9]

Entretanto, em "[...] certas épocas, reguladas pela sabedoria divina, essas emigrações e imigrações se operam em massas mais ou menos consideráveis, em virtude das grandes revoluções que lhes acarretam a partida simultânea em quantidades enormes, logo substituídas por quantidades equivalentes de encarnações."[10]

Em planetas nos quais o mal predomina, tal como acontece na Terra, às vezes são necessárias mudanças progressivas rápidas, favoráveis ao renascimento de um número maior de Espíritos incumbidos de promover e executar a renovação das ideias, dos hábitos e dos costumes. Assim, os cataclismos naturais ou os flagelos destruidores servem de instrumentos para a desencarnação e reencarnação em massa.

> Devem-se, portanto, considerar os flagelos destruidores e os cataclismos como ocasiões de chegadas e partidas coletivas, meios providenciais de renovamento da população corporal do globo, de ela se retemperar pela introdução de novos elementos espirituais mais depurados.. [...] É de notar-se que todas as grandes calamidades que

dizimam as populações são sempre seguidas de uma era de progresso de ordem física, intelectual, ou moral e, por conseguinte, no estado social das nações nas quais elas ocorrem. [...].[10]

2. A raça adâmica

A raça adâmica representa, simbolicamente, um conjunto de Espíritos muito mais adiantados que os habitantes da Terra, que aqui renasceram em atendimento ás necessidades de progresso deles e da nossa humanidade.

A expressão "raça adâmica" origina-se de Adão, nome que simboliza a espécie humana criada por deus para dominar a criação, segundo estas palavras do livro bíblico Genesis: *"Deus disse: façamos o homem à nossa imagem, como à nossa semelhança, e que eles* [representantes da espécie humana] *dominem sobre os peixes do mar, as aves do céu, os animais domésticos, todas as feras e todos os répteis que rastejam sobre a terra. Deus os abençoou e lhes disse: "sede fecundos,mutiplicai-vos, enchei a terra e submetei-a." [...] Deus disse: "Eu vos dou todas as ervas que dão semente, que estão sobre a superfície da terra, e todas as árvores que dão frutos, que dão sementes: isso será o vosso alimento".* [...]. (Gênesis, 1: 26-29. Bíblia de Jerusalém) .

"Adão e seus descendentes são apresentados na Gênese como homens essecialmente inteligentes,visto como, desde a segunda geração, constroem cidades, cultivam a terra, trabalham os metais. Seus progressos nas artes e nas ciências são rápidos e duradouros. [...]."[11]

Mas, o nosso raciocínio ansioso procura os legítimos antepassados das criaturas humanas, nessa imensa vastidão do proscênio da evolução anímica. Onde está Adão com a sua queda do paraíso? Debalde nossos olhos procuram, aflitos, essas figuras legendárias, com o propósito de localizá-las no Espaço e no Tempo. Compreendemos, afinal, que Adão e Eva constituem uma lembrança dos Espíritos degredados na paisagem obscura da terra, como Caim e Abel são dois símbolos para a personalidade das criaturas.[12]

A raça adâmica foi, na verdade, constituída por um grupo de Espíritos que reencarnaram na terra, vindo de outros mundos, por meio de grande imigração coletiva ocorrida no planeta. Quando aqui aportou, esse grupo de Espíritos encontrou os primitivos habitantes da humanidade terrestre.

> Segundo o ensino dos espíritos , foi uma dessas grandes imigrações, ou, se quiserem , uma dessas colônias de *espíritos*, vinda de outra esfera, que deu origem à raça simbolizada na pessoa de Adão e, por esse motivo, chamada *raça adâmica*. Quando chegou à terra, o planeta já estava povoado desde tempos imemoriais, como a America, quando chegaram os *europeus*. Mais adiantada do que as que a tinham precedido neste globo, a raça adâmica é, com efeito, a mais inteligente, a que impele ao progresso todas as outras. A Gênese no-la mostra, desde os seus primórdios, industriosa, apta às artes e às ciências, sem haver passado aqui pela infância intelectual, o que não se dá com as raças primitivas, mas concorda com a opinião de que ela se compunha de espíritos que já tinham progredido bastante. Tudo prova que a raça adâmica não é antiga na Terra e nada se opõe a que seja considerada como habitando este globo desde apenas alguns milhares de anos, o que não estaria em contradição nem com os fatos geológicos, nem com as observações antropológicas, antes tenderia a confirmá-las.[13]

3. Os capelinos

Os Espíritos que constituem a raça adâmica são denominados pelos espíritas de *capelinos*, com base nesta informação de Emmanuel:[14]

> Nos mapas zodiacais, que os astrônomos terrestres compulsam em seus estudos, observa-se desenhada uma grande estrela na Constelação do Cocheiro, que recebeu, na Terra, o nome de Cabra ou Capela. Magnífico sol entre os astros que nos são mais vizinhos, ela, na sua trajetória pelo Infinito, faz-se acompanhar, igualmente, da sua família de mundos, cantando as glórias divinas do Ilimitado. A sua luz gasta cerca de 42 anos para chegar à face da Terra, considerando-se, desse modo, a regular distância existente entre a Capela e o nosso planeta, já que a luz percorre o espaço com a velocidade aproximada de 300.000 quilômetros por segundo. Quase todos os mundos que lhe são dependentes já se purificaram física e moralmente, examinadas as condições de atraso moral da Terra, onde o homem se reconforta com as vísceras dos seus irmãos inferiores, como nas eras pré-históricas

de sua existência, marcham uns contra os outros ao som de hinos guerreiros, desconhecendo os mais comezinhos princípios de fraternidade e pouco realizando em favor da extinção do egoísmo, da vaidade, do seu infeliz orgulho.

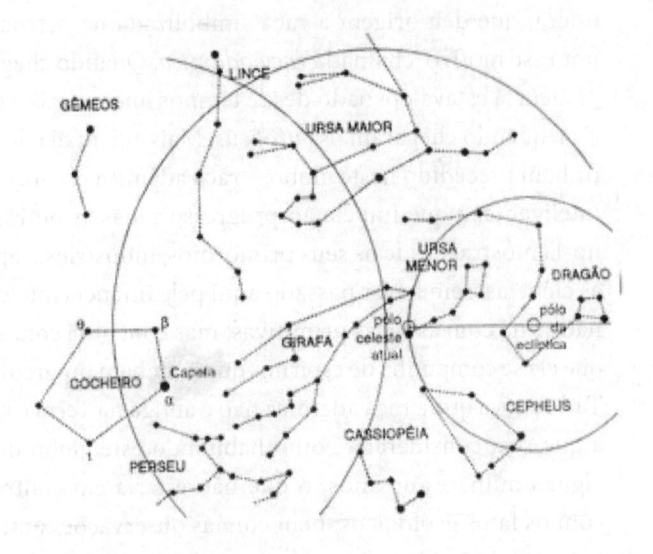

Estas são algumas imagens da Constelação do Cocheiro, (Cabra ou Capela):

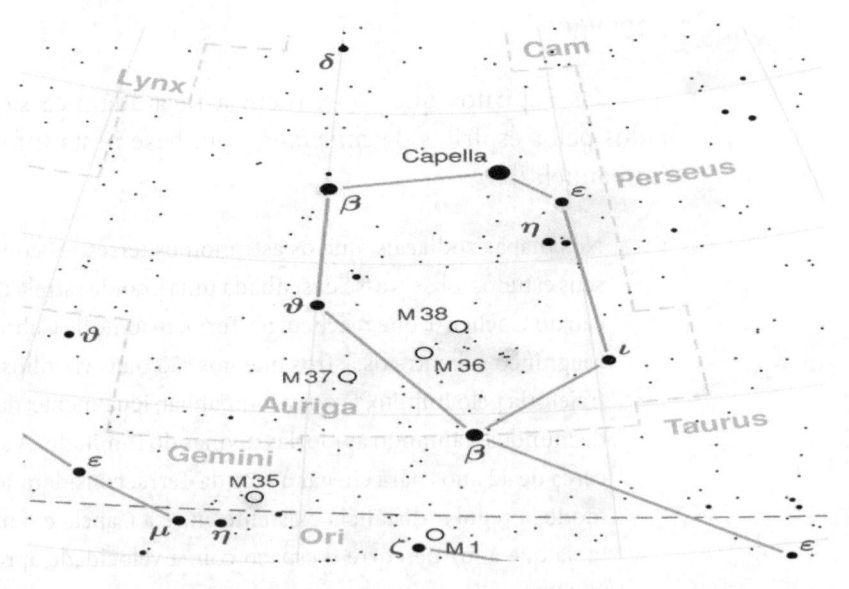

Os seguintes dados, retirados da internet, fornecem uma visão panorâmica de Capela,[15] um dos orbes "que guarda muitas afinidades com o globo terrestre":[16]

» O Cocheiro é uma constelação do hemisfério celestial norte, conhecida desde a Antiguidade. Está situada entre as constelações de Gêmeos e Perseu, ao norte da constelação de Órion, sendo facilmente reconhecível pelo pentágono que forma com as estrelas Alfa de Auriga (Capela), Beta de Auriga, Iota de Auriga, Teta de Auriga e a intrusa Beta do Touro.

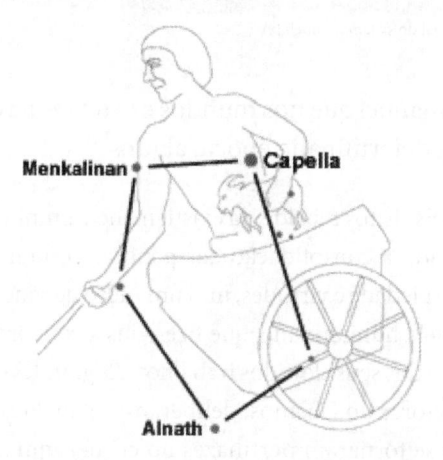

» Capela é a estrela mais brilhante do sistema de Cocheiro. A constelação do Cocheiro representa simbolicamente um homem que tem na mão direita um chicote, enquanto a mão esquerda segura (em algumas ilustrações, sustenta nas costas) uma pequena cabra: é Capela, nome que significa cabrita [pequena cabra].[15]

» Na mitologia greco-romana, Capella é Amaltéa, uma ninfa filha do rei de Creta que cuidou de Júpiter quando ele ainda era bebê e se refugiava da voracidade de seu pai, Saturno, que queria devorá-lo. Segundo outra versão, Capela seria a própria cabra que amamentou Júpiter naquela ocasião.[15]

» A estrela Capela fica a cerca de 42 anos luz de distância da Terra. O Sol fica a 8 minutos-luz de nós, mas Capela é 150 vezes mais brilhante que o Sol. Ela está entre as "dez estrelas mais brilhantes" do céu, figurando na sexta posição no *ranking* das mais brilhantes.[15]

» Facilmente visível a olho nu entre as constelações de Touro e Gêmeos, o pontinho de luz de Capela parece querer dizer que vemos apenas um astro. Mas é apenas um disfarce. Capela integra um sistema formado por duas estrelas gigantes e amarelas, com massas 2,6 e 2,7 vezes a massa do Sol (uma delas é 9 vezes maior que o Sol e a outra é 12 vezes maior). Elas se movem uma em torno da outra, situada a 113 milhões de km (menos que a distância da Terra ao Sol). [15]

Capella (Alfa do Cocheiro)						
Cor	Classe espectral	Dinâmica (anos-luz)	Luminosidade (Sol = 1)	Massa (Sol = 1)	Temperatura superficial	*Diâmetro (Sol = 1)*
Amarela	G1	42	78,5	2,7	5.700K	12

Dados referentes a estrela principal do sistema, Capella A

Esclarece Emmanuel que nos mundos existentes na constelação de Capela havia, em determinada época, alguns

> [...] milhões de Espíritos rebeldes lá existiam, no caminho da evolução geral, dificultando a consolidação das penosas conquistas daqueles povos cheios de piedade e virtudes, mas uma ação de saneamento geral os alijaria daquela humanidade, que fizera jus à concórdia perpétua, para a edificação dos seus elevados trabalhos. As grandes comunidades espirituais, diretoras do Cosmos, deliberam, então, localizar aquelas entidades, que se tornaram pertinazes no crime, aqui na Terra longínqua, onde aprenderiam a realizar, na dor e nos trabalhos penosos do seu ambiente, as grandes conquistas do coração e impulsionando, simultaneamente, o progresso dos seus irmãos inferiores.[16]

Ensina também esse esclarecido orientador espiritual, em sua admirável obra *A caminho da luz*, leitura imprescindível a todo estudioso espírita:

» Com o auxílio desses Espíritos degredados, naquelas eras remotíssimas, as falanges do Cristo operavam ainda as últimas experiências sobre os fluidos renovadores da vida, aperfeiçoando os caracteres biológicos das raças humanas.[...].[17]

» Aquelas almas aflitas e atormentadas reencarnaram, proporcionalmente, nas regiões mais importantes, onde se haviam localizado as tribos e famílias primitivas [...], estabelecendo os fatores definitivos na história etnológica dos seres.[18]

» Grande percentagem daqueles Espíritos rebeldes, com muitas exceções, só puderam voltar ao país da luz e da verdade depois de muitos séculos de sofrimentos expiatórios; outros, porém, infelizes e retrógrados, permanecem ainda na Terra, nos dias que correm, contrariando a regra geral, em virtude do seu elevado passivo de débitos clamorosos.[19]

Referências

1. KARDEC, Allan. *A gênese.* Tradução de Evandro Noleto Bezerra. 1. ed. Rio de Janeiro: FEB, 2008. Cap.11, item 27, 276-277.
2. _____. Item 28, p. 277.
3. _____. Item 29, p. 278.
4. _____. Cap. 18, item 2, p. 514.
5. _____. Cap. 11, item 30, p. 279.
6. _____. Item 31, p. 279-280.
7. _____. Cap. 18, item 2, p. 515.
8. _____. p. 514-515.
9. _____. Cap. 11, item 35, p. 284-285.
10. _____. Item 36, p. 285.
11. _____. Item 40, p. 288.
12. XAVIER, Francisco Cândido. *A caminho da luz.* Pelo Espírito Emmanuel. 37. ed. Rio de Janeiro: FEB, 2008. Cap. 2, item: Os antepassados do homem, p. 32-33.
13. KARDEC, Allan. *A gênese.* Op. Cit. Cap. 11, item 38, p. 286-287.
14. XAVIER, Francisco Cândido. *A caminho da luz.* Op. Cit. Cap. 3, item: O sistema de capela, p. 37-38.
15. Capella e seus segredos. Disponível em: http://www.zenite.nu/
16. XAVIER, Francisco Cândido. *A caminho da luz.* Op. Cit. Cp. 3, item: Um mundo em transições, p. 38.
17. _____. Item: Fixação dos caracteres raciais, p. 40.
18. _____. Item: Origem das raças brancas, p. 41.
19. _____. p. 42.

Orientações ao monitor

1. Realizar exposição introdutória do assunto, discorrendo sobre o progresso evolutivo dos mundos e dos Espíritos (item 1 e texto que o antecede).
2. Em seguida, solicitar a formação de dois grupos de estudo. Um dos grupos deve ler e trocar ideias a respeito dos conteúdos que constam do item 2 deste Roteiro (A raça adâmica). O outro grupo deve proceder da mesma forma, porém estudando o item 3 (Os capelinos).
3. Após a realização do trabalho, projetar o mapa zodiacal da constelação do cocheiro, dirigindo aos participantes indagações sobre a origem e

formação da humanidade terrestre, com base nas leituras realizadas. É importante que o monitor faça uma espécie de arguição à turma, a fim de melhor analisar o tema.

4. Incentivar a participação dos integrantes da reunião, apresentando, ao final, uma síntese do que foi estudado e debatido.

FILOSOFIA E CIÊNCIA ESPÍRITAS

Roteiro 31

MORAL E ÉTICA

Objetivos

» Explicar a abrangência da teoria dos valores e sua evolução histórica.

» Analisar o significado de moral e de ética segundo o pensamento filosófico e o espírita.

» Relacionar os resultados da revolução ética e moral, ora em andamento na humanidade terrestre.

Ideias principais

» A teoria dos valores, ou *axiologia*, indica o quanto vale algo ou alguém. Iniciada por Platão quando investigava as manifestações do Bem, essa Teoria sofreu amplo desenvolvimento ao longo dos séculos.

» Moral, originada da palavra *costumes*, é um valor universal, aplicado a todo ser humano, em qualquer parte: é *o conjunto de valores, individuais e coletivos, considerados universalmente como norteadores das relações sociais e da conduta humana. Dicionário Houaiss da língua portuguesa.*

» Ética é a ciência da moral [...] *responsável pela investigação dos princípios que motivam, disciplinam ou orientam o comportamento humano. Dicionário Houaiss da língua portuguesa.*

» A revolução ética em andamento no Planeta, fundamentada na moral, extrapola os limites territoriais e culturais das nações, permitindo que as sociedades terrestres se organizem em uma só, na forma de aldeia global, porque a [...] *humanidade tornada adulta, tem novas necessidades, aspirações mais vastas e mais elevadas.* [...]. Allan Kardec: *A gênese.* Cap. XVIII, item 14.

» *Somente o progresso moral, poderá assegurar a felicidade na Terra, refreando as paixões más* [...]. Allan Kardec: *A gênese.* Cap. XVIII, item 19.

» *Será ainda o progresso moral, secundado então pelo progresso da inteligência, que confundirá os homens numa mesma crença fundada nas verdades eternas.* Allan Kardec: *A gênese.* Cap. XVIII, item 19.

Subsídios

Moral e a **ética** integram um ramo da Filosofia denominado *Teoria dos Valores,* que tem como objeto estudar a natureza dos valores e os juízos valorativos.

Valor é a importância que se dá a algo ou a alguém.

Diante dos seres (sejam eles coisas inertes, seres vivos ou ideias) somos mobilizados pela *nossa afetividade,* somos *afetados* de alguma forma por eles, porque nos atraem ou provocam nossa repulsa. Portanto, algo possui valor quando não permite que permaneçamos indiferentes. É nesse sentido que García Morente diz: "os valores não são, mas *valem*. Uma coisa é valor e outra coisa é ser. Quando dizemos de algo que vale, não dizemos nada do seu ser, mas dizemos que não é indiferente. A não indiferença constitui esta variedade ontológica que contrapõe o valor ao ser. A não indiferença é a essência do valer."[1]

Assim, a emissão de juízos de valor, favoráveis ou desfavoráveis, indica a importância do que se dá, ou não, a algo ou a alguém.

A Teoria dos Valores é muito antiga, iniciada por Platão (428/427–348/347 a.C.) quando investigava ideias subordinadas à manifestação do Bem. Posteriormente, seu pensamento foi ampliado por Aristóteles (384–322 a.C.), um dos seus discípulos mais famosos, e também pelos filósofos estoicos e pelos epicuristas (veja miniglossário) que analisaram as diferentes expressões do Supremo Bem (*summum bonum*). Na Idade Média, os filósofos escolásticos concordaram que o *Summum Bonum* representa Deus ou as ações divinas. Tal forma de pensar perdurou no período medieval, na Renascença e na Idade

Moderna, quando surgiram outras ideias. Por exemplo, no século XIX a Teoria dos Valores sofre influência da Economia, da Sociologia e da Psicologia, ampliando seu campo conceitual.

No século XX, rebatizada com o nome de *Axiologia* (do grego *axios*, valor ou dignidade), passou a ser considerada, ciência "[...] que não se ocupa dos seres, mas das relações que se estabelecem entre os seres e o sujeito que os aprecia."1

Paradoxalmente,

> [...] raros são aqueles que definem axiologia como "ciência dos valores". Tal definição é descartada por sociólogos e filósofos [...], sendo o termo considerado insustentável, já que tal ciência não existe concretamente e nem foi sistematizada intelectualmente. A definição mais comum de axiologia é que ela é um ramo da Filosofia que tem por objeto o estudo dos valores. [...] Diversos sociólogos dedicaram-se ao estudo dos valores, mas geralmente não utilizaram o termo axiologia, a não ser no sentido de ser sinônimo de "valorativo."2

Há diversos tipos de valores, como os que se seguem, classificados inicialmente pelo filósofo Max Scheler (veja miniglossário), posteriormente reformulados por José Ortega y Gasset (miniglossário):

» **Valores Úteis**. Exemplos: capaz/incapaz; caro/barato; abundante/escasso.
» **Valores Vitais:** são/doente; enérgico/inerte (lento).
» **Valores Espirituais**, subdivididos em: a) *Valores Intelectuais* (conhecimento/ignorância ou erro; provável ou evidente/improvável; b) *Valores Morais*: bom/mau; justo/injusto; leal/desleal.
» **Valores Estéticos:** belo/feio; harmonioso/desarmonioso.
» **Valores Religiosos:** sagrado/profano; divino/demoníaco; milagroso/não milagroso (ou mecânico).

No presente Roteiro vamos focalizar os valores morais e éticos.

1. Moral

É palavra derivada dos termos latinos *mos, mores*, que significam *costumes*. Este, por sua vez, indica "a maneira de se comportar regulada pelo uso."3 Assim, a moral procura explicar que os costumes sociais se expressam através do *caráter* e dos *sentimentos* humanos. Todavia, os conceitos de *moral* e de *ética* são usualmente considerados sinônimos, como veremos ser equívoco.

Para a Filosofia, **moral** é o "conjunto de valores, individuais e coletivos, considerados universalmente como norteadores das relações sociais e da conduta humana."[4]

O pensamento espírita não diverge desse conceito, pois afirma: "Moral é a regra de bem proceder, isto é, a distinção entre o bem e o mal. Funda-se na observância da Lei de Deus. O homem procede bem quando faz tudo pelo bem de todos, porque então cumpre a Lei de Deus."[5]

O famoso filósofo iluminista François-Marie Arouet, mais conhecido pelo pseudônimo Voltaire (1694–1778), amplia o conceito de moral, que extrapola os dogmas religiosos e as superstições:

> A moral não está na superstição, não está nas cerimônias, nada tem de comum com os dogmas. Nunca será demais repetir que todos os dogmas são diferentes e que a moral é a mesma em todos os homens que usam da razão. A moral, portanto, vem de Deus, como a luz. Nossas superstições não passam de trevas. [...].[6]

A moral é, portanto, valor universal, inerente ao homem, independentemente do meio social no qual ele se encontra inserido. A partir deste entendimento, é possível definir, então, regras e prescrições que determinam o comportamento e as condutas, consideradas válidas para um grupo, comunidade social ou para o indivíduo.

À medida que o Espírito evolui, ele aprende a discernir o bem do mal, condição que lhe capacita desenvolver o senso moral. Dessa forma, as orientações morais fornecem subsídios para a construção e aplicação de normas de conduta, coletivas e individuais, subsídios que podem ser utilizados pelo ser humano, independentemente dos seus costumes, religião e tradições.

Por esse motivo, a moral é sempre interpretada como o bem, como tudo que promove a melhoria integral do homem, ajustando-o à realidade da vida. Entretanto, para ser efetivamente bom, o ser humano precisa vivenciar a Lei de Amor, tal como ensina o Espiritismo: "O bem é tudo o que é conforme à Lei de Deus, e o mal é tudo o que dela se afasta. Assim, fazer o bem é proceder de acordo com a Lei de Deus, fazer o mal é infringir essa lei."[7]

Se o sentido integral ou holístico (ou sistêmico) de moral é adequadamente absorvido pelo indivíduo, este lhe propicia plena realização (física, emocional, psíquica, afetiva etc.), integrando-o à realidade de forma harmônica, independentemente das suas condições de vida e da comunidade em que esteja inserido.

1.1. Consciência Moral

A consciência moral decorre da estruturação do mundo moral no íntimo do ser, pois o indivíduo moralizado é alguém que considera o sentido da vida dentro de um contexto maior, que não se resume apenas ao atendimento às necessidades de sobrevivência biológica da espécie.

A Filosofia ensina que a consciência moral se constitui de um conjunto de exigências e prescrições consideradas válidas para orientar qualquer tipo de escolha que o indivíduo faz.[8] É a consciência moral que discerne o valor ou importância dos nossos atos, em última análise.

O homem seriamente empenhado em se transformar em pessoa melhor, admite que é preciso saber distinguir o bem do mal, a fim de agir com acerto. A respeito, há uma regra de conduta, denominada Regra de Ouro, de aceitação universal, e que se encontra no Evangelho, ensinada por Jesus como sendo guia seguro de efetivação moral dos nossos atos: "Tudo aquilo, portanto, que quereis que os homens vos façam, fazei-o vós a eles, pois esta é a Lei e os Profetas". (Mateus, 7:12 – *Bíblia de Jerusalém*).

Complementando essa sábia instrução, há outra ensinada por Jesus: "Não julgueis para não serdes julgados. Pois, com o julgamento com que julgais sereis julgados, e com a medida com que medis sereis medidos. Por que reparas no cisco que está no olho do teu irmão, quando não percebes a trave que está no teu? [...] Hipócrita, tira primeiro a trave do teu olho, e então verás bem para tirar o cisco do olho do teu irmão." (Mateus, 7: 1-3, 5 - *Bíblia de Jerusalém*).

Por outro lado, o ato moral, resultante das imposições da consciência, pode ser classificado em **normativo** e **fatual**.

O *normativo* são as normas ou regras de ação e os imperativos que anunciam o "dever ser". O *fatual* são atos humanos enquanto se realizam efetivamente. Pertencem ao âmbito do normativo regras como: "Cumpra a sua obrigação de estudar"; "Não minta"; "Não mate". O campo do fatual é a efetivação ou não da norma na experiência vivida. Os dois polos são distintos, mas inseparáveis. A norma só tem sentido se orientada para a prática, e o fatual só adquire contorno moral quando se refere à norma.[9]

Enfim, para que um ato seja considerado efetivamente moral, é necessário que seja voluntário, espontâneo, livre, consciente, intencional, jamais imposto. Revestido dessas características, o ato moral apresenta *responsabilidade* e *compromisso*. "Responsável é aquele que responde pelos seus atos, isto é, a pessoa consciente e livre assume a autoria do seu ato, reconhecendo-o como seu e respondendo pelas suas consequências."[10]

> O comportamento moral, por ser consciente, livre e responsável, é também *obrigatório*, cria um *dever*. Mas a natureza da obrigatoriedade moral não está na exterioridade; é moral justamente porque deriva do próprio sujeito que se impõe a necessidade de cumprimento da norma. Pode parecer paradoxal, mas a obediência à lei livremente escolhida não é prisão; ao contrário, é liberdade. A consciência moral, como um juízo interno, avalia a situação, consulta as normas estabelecidas, as interioriza como suas ou não, toma decisões e julga os seus próprios atos.[10]

É preciso analisar, contudo, que o desenvolvimento da consciência moral ocorre ao longo das experiências reencarnatórias e nos estágios que o Espírito passa no plano espiritual. São conquistas graduais, tanto maiores quanto mais esforços forem envidados para fazer o bem, pois a "Lei de Deus é a mesma para todos: mas o mal depende principalmente da vontade que se tenha de o praticar. O bem é sempre bem e o mal é sempre o mal, seja qual for a posição do homem: a diferença está no grau de responsabilidade."[11]

Importa considerar, enfim, que quanto mais esclarecido for o homem, mais possibilidades apresenta de praticar o bem, Contudo, se por algum motivo ele age de forma contrária, as implicações decorrentes dos seus atos serão *mais graves*, pois, sabendo fazer o bem optou pelo mal. Eis como Allan Kardec analisa o assunto:

> As circunstâncias dão relativa gravidade ao bem e ao mal. Muitas vezes o homem comete faltas que, embora decorrentes da posição em que a sociedade o colocou, não são menos repreensíveis. Mas a sua responsabilidade é proporcional aos meios de que ele dispõe para

compreender o bem e o mal. É por isso que o homem esclarecido que comete uma simples injustiça é mais culpado aos olhos de Deus do que o selvagem ignorante que se entrega aos seus instintos.[12]

2. Ética

Segundo o dicionário, "ética é a parte da Filosofia responsável pela investigação dos princípios que motivam, disciplinam ou orientam o comportamento humano [...]."[13] Especifica também que a ética diz respeito ao "conjunto de regras e preceitos de ordem valorativa e moral de um indivíduo, de um grupo social ou de uma sociedade."[13]

Enquanto a moral trata dos valores que devem fundamentar o comportamento coletivo e individual, a ética cuida da sua aplicabilidade, por meio de normas e regras que regulam as relações humanas. Pode-se dizer, então, que se a moral atinge todas as culturas, em qualquer época, por serem princípios universais, e a ética se constitui de regras específicas definidas para uma sociedade ou grupos.

Por exemplo, a moral determina que não se deve matar. Trata-se de norma universalmente aceita. A ética médica regula as condições que garantem a vida do ser humano e evitam a morte. Assim, a ética médica é um sistema de princípios que governam a prática médica. Trata-se da relação do médico com seu paciente, família do paciente, colegas de profissão e com a sociedade em geral.

É comum confundir ética com moral, uma vez que ambas têm origem na palavra costumes (*ethos*= do grego, costumes; *mos, mores*= do latim, costumes). Como a ética especifica o que é moralmente aceito em uma sociedade, por definição, a ética pode ser concebida como a ciência da moral, ou seja: "[...] a reconstrução intelectual, organizada pela mente humana, acerca da moral."[14]

Como a ética normatiza os valores morais, estes dependem do nível de compreensão de cada organização social. Assim, os estudos éticos permitem identificar dificuldades ou benefícios absorvidos por grupos ou comunidades, na resolução de problemas e adoção de condutas.

Tradicionalmente, a Filosofia considera que o comportamento ético é aquele que é considerado bom, e, sobre a bondade, os antigos diziam: *o que é bom para a leoa, não pode ser bom à gazela. E, o que é bom à gazela, fatalmente não será bom à leoa.* Colocado dessa forma, vemos que há um dilema ético, pois, o objeto da ética é justamente determinar o que é bom, para o indivíduo e para a sociedade.

Para evitar, portanto, dilemas semelhantes, a ética procura especificar o que é justo, bom e razoável. Neste contexto, vemos que a ética, inserida no mundo globalizado atual, extrapola os limites dos costumes de um povo ou região, compreendendo que, "[...] por baixo dos comportamentos costumeiros ou culturais, havia algo muito mais importante: moralidade e imoralidade, isto é, bom ou mau agir."15 Dessa forma,

> [...] o fundamento teórico do estudo ético é a natureza humana, pois é dela que jorra a moralidade, como sua fonte, mas não só isso: a própria natureza à qual o homem está preso, ou na qual está imerso, dita muitas normas de caráter ético. O homem não se pode desentender da sua natureza. De fato, os avanços no conhecimento da natureza humana, em seus aspectos biológicos ou biogenéticos, contribuem muito para a ciência humana. [...].[16]

Tradicionalmente, os códigos de ética foram elaborados especificamente para grupos ou coletividades, dentro do contexto de mundo não globalizado, nos quais as fronteiras físicas equivalem às fronteiras culturais. Hoje, contudo, na era da informática e da difusão das redes sociais virtuais, as culturas estão se fundindo e se expandindo além dos limites territoriais. Neste sentido, poderosa revolução ética encontra-se em andamento no Planeta.

Os fundamentos dessa revolução se apoiam na natureza moral do ser humano e na sua capacidade de não viver isolado (o homem é um "animal social"): "O homem é um ser do universo, isto é, do *cosmos*. Pela explicação aristotélica é uma *possibilidade cósmica* ("*matéria-prima*") da Terra. [...]".[17]

Percebe-se claramente que o processo de comunicação humana, que ocorre de forma intensa no Planeta, está superando as barreiras territoriais (espaço da nações) e culturais, viabilizado pelo progresso tecnológico e pelo intercâmbio maciço entre os povos. Neste sentido, a Terra está se transformando em uma grande aldeia global que, na verdade, representa, apenas, mais um estágio da evolução, determinado pela sabedoria divina.

A aproximação de diferentes pessoas, sobretudo via redes virtuais, tem causado significativo impacto nas relações humanas, de forma que uma cultura está influenciando outra, sutilmente, há algumas décadas, porém mais efetiva nos tempos atuais. No futuro, é possível que ocorra intercâmbio de comunidades planetárias, tal como, agora, acontece entre os povos da Terra.

O pensamento espírita não só é concordante com essas ideias, como demonstra a existência de uma única humanidade no universo, como esclarece Allan Kardec:[18]

> Uma mesma família humana foi criada na universalidade dos mundos e os laços de uma fraternidade que ainda não sabeis apreciar foram dados a esses mundos. Se esses astros que se harmonizam em seus vastos sistemas são habitados por inteligências, não o são por seres desconhecidos uns dos outros, mas, ao contrário, por seres que trazem marcados na fronte o mesmo destino, que se hão de encontrar temporariamente, segundo as suas funções de vida, e encontrar de novo, segundo suas mútuas simpatias. É a grande família dos Espíritos que povoam as terras celestes; é a grande irradiação do Espírito divino que abrange a extensão dos céus e que permanece como tipo primitivo e final da perfeição espiritual.

Obviamente, a aparência física dos indivíduos reflete as características dos mundos onde vivem. Eis o que Emmanuel tem a dizer a respeito:[19]

> Nas expressões físicas, semelhante analogia é impossível, em face das substâncias que regem cada plano evolutivo; mas procuremos entender por humanidade a família espiritual de todas as criaturas de Deus que povoam o universo e, examinada a questão sob esse prisma, veremos a comunidade terrestre identificada com a coletividade universal.
>
> Nas origens evolutivas, a humanidade terrestre formava pequenos grupos isolados, depois clãs ou tribos, em seguida, cidades e nações. Com o aceleramento do contato social há intensa miscigenação cultural e racial, cujo processo civilizatório resultará na constituição da família planetária, propriamente dita. Mais tarde, a humanidade terrestre se unirá a outras famílias das comunidades cósmicas para constituir a grande família universal.
>
> É preciso considerar, todavia, que nesse processo ascensional, os valores éticos se ampliam porque o interrelacionamento social só é viabilizado pelas transformações morais, do ser e das coletividades.

Inserimos, em seguida, algumas considerações de Kardec, relativas à transformação moral da humanidade terrestre que ampliará, por certo, os limites atuais dos códigos de ética, abrangendo todas as áreas do saber humano — por exemplo, os do direito, comércio, política e relações internacionais.

» A humanidade, tornada adulta, tem novas necessidades, aspirações mais vastas e mais elevadas [...]. É por isso que se despoja das fraldas da infância e se lança, impelida por uma força irresistível, para margens desconhecidas, em busca de novos horizontes menos limitados.[20]

» É a um desses períodos de transformação, ou, se o preferirem, de *crescimento moral*, que ora chega a humanidade. Da adolescência ela passa à idade viril. O passado já não pode bastar às suas novas aspirações, às suas novas necessidades; ela já não pode ser conduzida pelos mesmos métodos [...].[21]

» A fraternidade deve ser a pedra angular da nova ordem social; mas não há fraternidade real, sólida e efetiva se não se apoiar sobre base inabalável. Essa base é a fé, não a fé em tais ou quais dogmas particulares, que mudam com os tempos e os povos [...] anatematizando-se uns aos outros, alimentam o antagonismo, mas a fé nos princípios fundamentais que todos podem aceitar: *Deus, a alma, o futuro, o progresso individual indefinido, a perpetuidade das relações entre os seres.*[22]

» O progresso intelectual realizado até o presente, nas mais vastas proporções, constitui um grande passo e marca uma primeira fase no avanço geral da humanidade, mas que, sozinho, é impotente para regenerá-la. [...].[23]

» Somente o progresso moral pode assegurar aos homens a felicidade na Terra, refreando as paixões más; somente esse progresso poderá fazer que reinem entre as criaturas a concórdia, a paz e a fraternidade. Será ele que derrubará as barreiras que separam os povos, que fará que caiam os preconceitos de casta e se calem os antagonismos de seitas, ensinando os homens a se considerarem irmãos e a se auxiliarem mutuamente e não destinados a viver uns à custa dos outros.[24]

» Será ainda o progresso moral, secundado então pelo progresso da inteligência, que confundirá os homens numa mesma crença fundada nas verdades eternas, não sujeitas a controvérsias e, por isso mesmo, aceitas por todos.[25]

Referências

1. ARANHA, Maria Lúcia e MARTINS, Maria Helena. *Filosofando – introdução à filosofia*. 3. edição revista. São Paulo; Moderna, 2003. Cap. 23, p. 300.

2. Axiologia. Disponível em: http://pt.wikipedia.org/wiki/Axiologia

3. ARANHA, Maria Lúcia e MARTINS, Maria Helena. *Filosofando – introdução à filosofia*. Op. Cit. Cap. 23, p. 301.

4. HOUAISS, Antônio e VILLAR, Mauro de Salles. *Dicionário Houaiss da língua portuguesa*. 1. ed – com nova ortografia da língua portuguesa . Rio de Janeiro: Objetiva, 2009, p. 1316.

5. KARDEC, Allan. *Livro dos espíritos*. Tradução de Evandro Noleto Bezerra. 2. ed. Rio de Janeiro, FEB, 2010, questão 629, p. 407.

6. VOLTAIRE. *Dicionário filosófico*. Tradução de Ciro Mioranza e Antonio Geraldo da Silva. São Paulo: Editora Escala, 2008, p. 403.

7. KARDEC, Allan. *Livro dos espíritos*. Op. Cit. Questão 630, p. 408.

8. ARANHA, Maria Lúcia e MARTINS, Maria Helena. *Filosofando – introdução* à *filosofia*. Op. Cit. Cap. 23, p. 303.

9. _____. p. 303-304.

10. _____. p. 304.

11. KARDEC, Allan. *Livro dos espíritos*. Op. Cit. Questão 636, p. 409-410.

12. _____. Questão 637, p. 410.

13. HOUAISS, Antônio e VILLAR, Mauro de Salles. *Dicionário Houaiss da língua portuguesa.*Op. Cit., p.847.

14. COIMBRA, José de Ávila (organizador). *Fronteiras da ética*. São Paulo: Editora Senac-São Paulo, 2002, p. 75.

15. _____. p. 76.

16. _____. p. 76-77.

17. _____. p. 78.

18. KARDEC, Allan. *A gênese*. Tradução de Evandro Noleto Bezerra. 1. ed. Rio de Janeiro, FEB, 2009. Cap. VI, item 56, p. 173.

19. XAVIER, Francisco Cândido. *O consolador*. Pelo espírito Emmanuel. 28. ed. Rio de Janeiro: FEB, 2008, questão 73, p. 65.

20. KARDEC, Allan. *A gênese*. Op. Cit. Cap. XVIII, item14, p. 525-526

21. _____. p. 526.

22. _____. Item 17, p. 528.

23. _____. Item 18, p. 529.

24. _____. Item 19, p. 529.

25. _____. p. 529-530.

Orientações ao monitor

1. Realizar, no início da reunião, breve explanação sobre a abrangência da *teoria dos valores* e sua evolução histórica.

2. Em seguida, dividir a turma em dois grupos para leitura atenta, individual e silenciosa, dos textos que integram este Roteiro: um grupo deve ler o item 1 (Moral), e o outro faz leitura do item 2 (Ética).

3. Concluída essa parte da reunião, verificar se ocorreu correta compreensão das ideias.

4. Em seguida, entregar a cada grupo um questionário que deverá ser respondido pelo consenso dos integrantes de cada equipe. (veja Anexos 1 e 2).

5. Projetar, uma a uma, cada questão do questionário e ouvir a resposta elaborada pelo respectivo grupo.

6. Realizar esclarecimentos relativos às apresentações dos grupos.

7. Apresentar, ao final, o significado das seguintes orientações de Jesus, correlacionando-as ao assunto estudado:

» "Tudo aquilo, portanto, que quereis que os homens vos façam, fazei-o vós a eles, pois esta é a lei e os Profetas." (Mateus, 7:12 – *Bíblia de Jerusalém*).

» "Não julgueis para não serdes julgados. Pois, com o julgamento com que julgais sereis julgados, e com a medida com que medis sereis medidos. Por que reparas no cisco que está no olho do teu irmão, quando não percebes a trave que está no teu? [...] Hipócrita, tira primeiro a trave do teu olho, e então verás bem para tirar o cisco do olho do teu irmão." (Mateus, 7: 1-3, 5. *Bíblia de Jerusalém*)

OBSERVAÇÃO: Se necessário, dividir o estudo em duas reuniões.

Miniglossário

(Pela ordem de surgimento no texto)

» **Manuel Garcia Morente** (1886-1942): filósofo e tradutor espanhol, famoso pelos estudos realizados a respeito do pensamento do notável filósofo prussiano Immamuel Kant (1724-1804) e Henri Bergson (1859-1941), admirável fisósofo francês.

» **Filósofos estoicos**: são seguidores do **estoicismo**, que é uma doutrina filosófica fundada por Zenão de Cítio, que afirmava: o universo é corpóreo e governado por um Logos divino (noção que os estoicos tomam de Heráclito e desenvolvem). A alma está identificada com este princípio divino, como parte de um todo ao qual pertence. Esse Logos (ou razão universal) ordena todas as coisas: tudo surge a partir dele e de acordo com ele, graças a ele o mundo é um *cosmos* (termo que em grego significa "harmonia"). O estoicismo propõe viver de acordo com a lei racional da natureza e aconselha a indiferença (*apathea*) em relação a tudo que é externo ao ser. O homem sábio obedece à lei natural, reconhecendo-se como uma peça na grande ordem e propósito do universo, devendo assim manter a serenidade perante as tragédias e coisas boas.

» **Filósofos epicuristas**: são praticantes do **epicurismo**, sistema filosófico ensinado por Epicuro de Samos, filósofo ateniense do século IV a.C. Epicuro acreditava que o maior bem era a procura de prazeres modestos a fim de atingir um estado de tranquilidade (ataraxia) e de libertação do medo, assim como a ausência de sofrimento *corporal* (aponia) através do conhecimento do funcionamento do mundo e da limitação dos desejos. A combinação desses dois estados constituiria a felicidade na sua forma mais elevada. Embora o epicurismo seja doutrina muitas vezes confundida com o hedonismo (já que declara o prazer como o único valor intrínseco), sua concepção da ausência de dor como o maior prazer e sua apologia da vida simples tornam-no diferente do que vulgarmente se chama "hedonismo". A finalidade da filosofia de Epicuro não era teórica, mas sim bastante prática. Buscava, sobretudo, encontrar o sossego necessário para uma vida feliz e aprazível, na qual os temores perante o destino, os deuses ou a morte estavam definitivamente eliminados. Para isso, fundamentava-se em uma teoria do conhecimento empirista, em uma física atomista e na ética.

» **Max Scheler** (1874-1928): filósofo alemão fenomenologista, preocupado especialmente com a filosofia dos valores, exercendo grande influência no pensamento filosófico contemporâneo.

» **Fenomenologia**: estudo descritivo dos fenômenos sem o uso de teorias que os expliquem. Doutrina sistematizada por Edmund Husserl, que se baseia na experiência intuitiva do fenômeno, e tem como premissa que a realidade consiste de objetos e eventos, perceptíveis conscientemente pelos seres humanos.

» **José Ortega y Gasset** (1883-1955): filósofo espanhol, ativista político e jornalista. Autor da famosa frase: "Debaixo de toda vida contemporânea se encontra latente uma injustiça". Viveu exilado na Argentina por muitos anos, por ter-se posicionado contrário à ditadura na Espanha. Para o sociólogo brasileiro Hélio Jaguaribe, Ortega y Gasset foi uma espécie de educador do seu povo, a partir de uma profunda convicção de que o que importa, antes de tudo, é a lucidez e a compreensão do mundo para operar nele.

Anexo 1– Questionários sobre moral

1. O que é moral, segundo a Filosofia e o Espiritismo? Quais são as implicações espíritas e sociais da moral? Como a consciência moral se estrutura?

2. Qual a relação existente entre responsabilidade, dever, liberdade e compromisso e ato moral? Apresentar ideias espíritas e não espíritas.

3. Como reflexão, e considerando o texto lido e a troca de ideias, explique esta frase de Kardec: "As circunstâncias dão relativa gravidade ao bem e ao mal".

Anexo 2– Questionários sobre ética

1. Quais são as ideias espíritas e não espíritas que conceituam ética? Qual a diferença entre ética e moral?

2. O que é revolução ética?

3. Quais são as consequências imediatas da revolução ética?

4. Quais são os pontos principais da transformação moral que marcará a humanidade terrestre, segundo o Espiritismo?

FILOSOFIA E CIÊNCIA ESPÍRITAS

Roteiro 32

CULTURA

Objetivos

- » Caracterizar cultura.
- » Analisar os principais instrumentos do processo cultural.
- » Relacionar as ideias filosóficas que tratam do assunto com o pensamento espírita.

Ideias principais

- » Cultura pode ser entendida como o [...] *o cabedal de conhecimento de um indivíduo ou grupo social. Dicionário Houaiss da língua portuguesa.*

- » *Indica a formação do homem, sua melhoria e seu refinamento.* Nicola Abbagnano: *Dicionário de filosofia.*

- » *Espíritas! Amais-vos, este o primeiro ensinamento; instrui-vos, este o segundo.* [...]. (Frase do Espírito de Verdade). Allan Kardec: O *evangelho segundo o espiritismo.* cap. VI, item 5.

- » *Já se disse que duas asas conduzirão o Espírito humano à presença de Deus. Uma chama-se amor; a outra, sabedoria. Pelo amor, que, acima de tudo, é serviço ao semelhante, a criatura se ilumina e aformoseia por dentro, emitindo em favor dos outros o reflexo de suas virtudes; e pela sabedoria, que começa na aquisição do conhecimento, recolhe a influência dos vanguardeiros do progresso, que lhes comunicam os reflexos da própria grandeza, impelindo-a ao Alto. Através do amor, valorizamo-nos para a vida. Através da sabedoria, somos pela vida valorizados.* Emmanuel: *Pensamento e vida.* Cap. 4.

Subsídios

Etimologicamente, **cultura** (do latim *colere*) quer dizer ação, processo ou efeito de cultivar a terra. Trata-se de um conceito de várias acepções, sendo a mais corrente a definição genérica formulada pelo antropólogo britânico Edward B. Tylor (1832–1917), segundo a qual cultura é "aquele todo complexo que inclui o conhecimento, as crenças, a arte, a moral, a lei, os costumes e todos os outros hábitos e aptidões adquiridos pelo homem como membro da sociedade".[1]

Por ter sido fortemente associada ao conceito de civilização no século XVIII, a cultura muitas vezes se confunde com noções de: desenvolvimento, educação, bons costumes, etiqueta e comportamentos de elite. Essa confusão entre cultura e civilização foi comum, sobretudo, na França e na Inglaterra dos séculos XVIII e XIX, onde cultura se referia a um Ideial de elite. Ela possibilitou o surgimento da dicotomia (e, eventualmente, hierarquização) entre "cultura erudita" e "cultura popular", melhor representada nos textos de Matthew Arnold, ainda fortemente presente no imaginário das sociedades ocidentais.[1]

A cultura representa, necessariamente, todo o acervo de conhecimento e experiências, morais e intelectuais, adquiridos por um povo (ou nação) e pela humanidade.

Todavia, há três ideias que usualmente se vinculam ao conceito de cultura:

a) **contracultura** – mentalidade dos que rejeitam e questionam valores e práticas da cultura dominante da qual fazem parte;[2] b) **cultura de massa** – entendida como formas culturais — música, literatura etc. — selecionadas, interpretadas e popularizadas visando disseminação junto ao maior número de pessoas;[3] c) **cultura popular** ou **folclore** – conjunto de costumes, tradições orais, lendas, manifestações de um grupo social.[4]

Para a filosofia clássica, **cultura** traz o significado de "[...] formação do homem, sua melhoria e seu refinamento."[4] Esta formação corresponde ao sentido grego de *paidéia* (ou *humanitas* dos latinos): educação do homem pelas "boas ou belas artes" próprias da espécie humana, tais como: a poesia, a eloquência (oratória), a Filosofia etc., às quais se atribuíam a capacidade de formar o homem verdadeiro, genuinamente perfeito. Neste sentido, o homem só se realiza pelo conhecimento de si mesmo e pela vivência na comunidade, na *polis*. Trata-se do conceito do homem como "animal social" (ou político), de Aristóteles.[5]

Outro conceito de cultura, utilizada pelos sociólogos e antropólogos, indica ser o conjunto dos meios de vida criados, adquiridos e transmitidos de uma geração para outra, entre os membros de determinada sociedade. Assim, cultura pode designar tanto um modo rústico de cozer um alimento quanto uma sonata de Beethoven.[6]

A Doutrina Espírita oferece visão abrangente da palavra cultura, destacando não simples acúmulo de conhecimento, mas também aprendizado moral. Daí a importância que dá à afirmação do Espírito de Verdade: "Espíritas! Amais-vos, este o primeiro ensinamento; instruí-vos, este o segundo.[...]."[7]

Emmanuel esclarece, a propósito, como os orientadores espirituais consideram o patrimônio cultural adquirido pela humanidade terrestre:

> Todas as expressões da cultura humana são apreciadas, na esfera invisível, como um repositório sagrado de esforços do homem planetário em seu labores contínuos e respeitáveis. Todavia, é preciso encarecer que, neste "outro lado" da vida, a vossa posição cultural é considerada como processo, não como fim, porquanto este reside na perfeita sabedoria, síntese gloriosa da alma que se edificou a si mesma, através de todas as oportunidades de trabalho e de estudo da existência material. Entre a cultura terrestre e a sabedoria do espírito há singular diferença, que é preciso considerar. A primeira se modifica todos os dias e varia de concepção nos indivíduos que se constituem seus expositores, dentro das mais evidentes características de instabilidade; a segunda, porém, é o conhecimento divino, puro e inalienável, que a alma vai armazenando no seu caminho, em marcha para a vida imortal.[8]

Destaca, ainda, esse sábio orientador que o progresso espiritual do ser humano não se resume à aquisição de conhecimentos: "O sentimento humano e a sabedoria são as duas asas com que a alma se elevará para a perfeição infinita."[9]

No círculo acanhado do orbe terrestre, ambos são classificados como adiantamento moral e adiantamento intelectual, mas, como estamos examinando os valores propriamente do mundo, em particular, devemos reconhecer que ambos são imprescindíveis ao progresso, sendo justo, porém, considerar a superioridade do primeiro sobre o segundo, porquanto a parte intelectual sem a moral pode oferecer numerosas perspectivas de queda, na repetição das experiências, enquanto que o avanço moral jamais será excessivo, representando o núcleo mais importante das energias.[9]

Referências

1. Cultura. Disponível em: http://pt.wikipedia.org/wiki/Cultura
2. HOUAISS, Antônio e VILLAR, Mauro Salles. *Dicionário Houaiss da língua portuguesa*. 1. edição – nova ortografia da língua portuguesa. Rio de Janeiro: Objetiva, 2009, p. 537.
3. _____. p. 583.
4. _____. p. 911.
5. ABBRAGNANO, Nicola. *Dicionário de Filosofia*. Tradução de Alfredo Bosi e Ivone Castilho Benedetti. 4. ed., São Paulo: Martins Fontes, 2003, p. 225.
6. _____. p. 228-229.
7. KARDEC, Allan. *O evangelho segundo o espiritismo*. Tradução de Evandro Noleto Bezerra.1 ed. Rio de Janeiro: FEB: 2008. Cap. VI, item 5, p. 153.
8. XAVIER, Francisco Cândido. *O consolador*. Pelo Espírito Emmanuel. 28 ed. Rio de Janeiro, 2008. Questão 197, p.159.
9. _____. Item: Intelectualismo, questão 204, p. 163.

Orientações ao monitor

1. Projetar (ou distribuir cópias) das seguinte afirmação de Emmanuel, que deverá ser analisada em conjunto com a turma:

» *Já se disse que duas asas conduzirão o Espírito humano à presença de Deus. Uma chama-se amor; a outra, sabedoria. Pelo amor, que, acima de tudo, é serviço ao semelhante, a criatura se ilumina e aformoseia por dentro, emitindo em favor dos outros, o reflexo de suas virtudes; e pela sabedoria, que começa na aquisição do conhecimento, recolhe a influencia dos vanguardeiros do progresso, que lhes comunicam os reflexos da própria grandeza, impelindo-a ao Alto. Através do amor valorizamo-nos para a vida. Através da sabedoria somos pela vida valorizados. (Pensamento e vida, cap. 4)*

2. Montar um mural na sala de aula, em local visível a todos, no qual consta o título, CULTURA.

3. Pedir, então, à turma que escreva palavras-chave no cartaz, condizentes com o tema indicado no título.

4. Em seguida, pedir aos participantes que façam leitura atenta do Roteiro de estudo, sublinhando os conceitos de cultura citados no texto.

5. Após a leitura debater com a turma os conceitos, instrumentos, ideias espíritas, filosóficas ou científicas relacionados à cultura...

6. Ao final, correlacionar a seguinte citação do espírito de verdade com o processo cultural da humanidade: "Espíritas! Amais-vos, este o primeiro ensinamento; instruí-vos, este o segundo." (*Evangelho segundo o espiritismo*, cap. VI, item 5).

FILOSOFIA E CIÊNCIA ESPÍRITAS

Roteiro 33

CIVILIZAÇÃO

Objetivos

» Caracterizar civilização.

» Analisar os principais instrumentos do processo civilizatório.

» Relacionar as ideias filosóficas que tratam do assunto com o pensamento espírita.

Ideias principais

» Civilização é o mesmo que progresso social, representado pela aquisição de elementos materiais, intelectuais e espirituais, usufruídos pela sociedade.

» O Espiritismo faz distinção entre civilização parcial (ou incompleta) e civilização completa. A primeira [...] é um estado transitório, que *gera males especiais, desconhecidos do homem no estado primitivo; mas nem por isso deixa de constituir um progresso natural, necessário, que traz consigo o remédio para o mal que causa. À medida que a civilização se aperfeiçoa, faz cessar alguns dos males que gerou, e esses males desaparecerão com o progresso moral.* Allan Kardec: *O livro dos espíritos*, questão 793 – comentário.

» A civilização completa é reconhecida pelo seu pelo desenvolvimento moral. *Credes que estais muito adiantados, porque fizestes grandes descobertas e invenções maravilhosas; porque vos alojais e vos vestis melhor do que os selvagens. Contudo, não tereis verdadeiramente o direito de dizer-vos civilizados, senão quando houverdes banido de vossa sociedade os vícios que a desonram e quando viverdes como irmãos, praticando a caridade cristã. Até então, sereis apenas povos esclarecidos, que só percorreram a primeira fase da civilização.* Allan Kardec: O livro dos espíritos, questão 793.

Subsídios

O conhecimento é a base da civilização. Sem ele não há progresso civilizatório. Entretanto, é importante conhecer um pouco mais do assunto, tendo em vista a necessidade de se informar sobre a sua abrangência e aquisição.

No uso comum, **conhecimento** é o ato ou efeito da capacidade humana de apreender intelectualmente ou por efeito da experiência.[1] Neste sentido, especificamos o ato de conhecer, propriamente dito, que é objeto da razão, ou ao produto do conhecimento, transmitido pela experiência e perpetuado pela tradição.[1]

Assim, através da epistemologia ou teoria do conhecimento, "[...] um aspecto do saber filosófico que se revela através da reflexão pela qual a inteligência toma consciência de si mesma e de seu poder, verifica, de algum modo, seus métodos e seus processos, na medida que avança na constituição do próprio saber.[2]

A reflexão epistemológica nos conduz, contudo, a dois problemas básicos:

a) o problema da natureza ou essência do conhecimento; b) a questão do seu valor ou de suas possibilidades.[3]

Na primeira possibilidade, *a natureza ou essência do conhecimento*, suscita uma série de questionamentos, nem sempre concordantes, cuja questão crucial é: como descrever o ato de conhecer?

Para o filósofo alemão Nicolai Hartmann (1882–1950), a essência do ato de conhecer repousa no seguinte entendimento:[3, 4, 5]

1. Há um conhecedor e um conhecido, isto é, sujeito e objeto, sendo que a relação entre ambos constitui o próprio conhecimento;

2. A função do sujeito é apreender o objeto e, a do objeto de ser apreendido pelo sujeito;

3. Para apreender o objeto, o sujeito tem de sair dos limites de si mesmo, desenvolvendo habilidades e ou conhecimentos;

4. Ao conhecer o objeto, o sujeito se transforma e adquire mais conhecimento.

Esses quatro passos podem ser sintetizados em três tempos distintos: o sujeito sai de si; o sujeito está fora de si; o sujeito reencontra a si mesmo.

Na segunda possibilidade — *valor ou possibilidades do conhecimento* — os filósofos concordam que o ato de conhecer implica atividade, em geral determinada por valores, que relaciona conhecimento e consciência. Neste sentido, os nossos saberes e sentimentos são experimentados diante dos fatos e das pessoas, de acordo com os valores que atribuímos à realidade. Esses valores serão sempre uma atribuição do sujeito (quem é capaz de atribuir valores) e não do objeto.

Para a Doutrina Espírita, o conhecimento resulta dos esforços individuais, favorecidos pela lei de progresso, pela aquisição de experiências vividas nas sucessivas reencarnações e nos estágios no plano espiritual, pois o ser humano foi criado para progredir, afastando-se do estado primitivo (ou de natureza) ao longo da caminhada evolutiva.

> O estado de natureza é o estado primitivo e o ponto de partida do seu desenvolvimento intelectual e moral. Sendo o homem perfectível e trazendo em si o gérmen do seu aperfeiçoamento, não foi destinado a viver perpetuamente no estado de natureza, como não foi destinado a viver eternamente na infância. O estado de natureza é transitório e o homem dele sai em razão do progresso da civilização. [...].[6]

O aprendizado anterior, realizado em outras existências, surge na mente do Espírito encarnado sob a forma de ideias inatas ou tendências instintivas. Neste sentido, nos esclarecem os Espíritos Superiores:

> Os conhecimentos adquiridos em cada existência não se perdem; liberto da matéria, o Espírito sempre se recorda. Durante a encarnação, pode esquecê-los em parte, momentaneamente, mas a intuição que deles guarda lhe auxilia o progresso, sem o que estaria sempre a recomeçar. Em cada nova existência o Espírito toma como ponto de partida aquele em que se encontrava em sua existência anterior.[7]

1. Tipos de conhecimento

O conhecimento pode se classificado em **sensível** e **inteligível**. Conhecimento sensível é o que se realiza por meio dos sentidos. Tradicionalmente, o conhecimento sensível é subdividido em *sensorial e perceptivo*.

A sensação é um conhecimento cognitivo simples e que se concretiza após uma excitação sensorial (visual, auditiva, gustativa, olfativa ou táctil). Na sensação não haveria conhecimentos conscientes do objeto. Esta consciência ou conhecimento real aconteceria pela percepção, já que consegue projetar o objeto no tempo e no espaço. A percepção é entendida, então como conhecimento mais complexo e que envolve todas as experiências vividas pelo sujeito.[8]

O conhecimento inteligível (ou intelectual) é o adquirido por intermédio da razão. É o mundo intelectivo do possível, segundo a lógica e a razão que, pela abstração, o conhecimento é processado.[8]

O conhecimento intelectual está, por sua vez, subdividido em *vulgar* ou senso comum, e *científico*. O primeiro é adquirido sem controle metodológico, de forma que fatos, aceitos como verdadeiros, são mantidos pela tradição ou segundo a interpretação do "acho que", "suponho que". Dessa forma, não são caracterizados como verdades científicas. O segundo se reveste do rigor do método científico, edificando-se por meio do controle empírico que afirma peremptoriamente: "nenhuma sentença (fato, fenômeno) será aceita como expressão científica se não permitir imediata verificação".

O Espiritismo apresenta visão mais ampla do assunto, pois considera a abrangência da vida em planos diferentes: o físico e o espiritual. Assim,

Emmanuel ensina que a inteligência ou

[...] valores intelectivos representam a soma de muitas experiências, em várias vidas do Espírito, no plano material. Uma inteligência profunda significa um imenso acervo de lutas planetárias. Atingida essa posição, se o homem guarda consigo uma expressão idêntica de progresso espiritual, pelo sentimento, então estará apto a elevar-se a novas esferas do Infinito, para a conquista de sua perfeição.[9]

É equívoco supor que apenas o conhecimento intelectual produz civilização. Se fosse assim, a inteligência humana já teria resolvido os problemas do sofrimento, do egoísmo, da maldade, enfim, das paixões inferiores presentes na humanidade.

Há duas espécies de progresso que, embora apoiando-se mutuamente, não marcham lado a lado: o progresso intelectual e o progresso moral. Entre os povos civilizados, o primeiro tem recebido, no correr deste século, todos os estímulos desejáveis. Por isso mesmo atingiu um grau até hoje desconhecido. Muito falta para que o segundo esteja no mesmo nível e, contudo, comparando-se os costumes sociais de alguns séculos atrás, só um cego negaria o progresso realizado. Por que, então, essa marcha ascendente haveria de parar, de preferência com relação ao moral, do que com relação ao intelectual?[10]

Na verdade, sem as aquisições morais, que abrandam os costumes e fazem o homem transformar-se em pessoa de bem, a inteligência pode ser mal dirigida. Neste contexto, diz-se que a civilização é ainda incompleta.

Para a Doutrina Espírita, a

> civilização, como todas as coisas, apresenta gradações. Uma civilização incompleta é um estado transitório, que gera males especiais, desconhecidos do homem no estado primitivo; mas nem por isso deixa de constituir um progresso natural, necessário, que traz consigo o remédio para o mal que causa. À medida que a civilização se aperfeiçoa, faz cessar alguns dos males que gerou, e esses males desaparecerão com o progresso moral.[11]

Neste sentido, é relativamente fácil perceber quais povos são mais civilizados:

> De dois povos que tenham chegado ao mais alto grau da escala social, somente pode considerar-se o mais civilizado, na verdadeira acepção do termo, aquele onde exista menos egoísmo, menos cobiça e menos orgulho; onde os hábitos sejam mais intelectuais e morais do que materiais; onde a inteligência possa desenvolver-se com maior liberdade; onde haja mais bondade, boa-fé, benevolência e generosidade recíprocas; onde os preconceitos de casta e de nascimento sejam menos arraigados, porque tais preconceitos são incompatíveis com o verdadeiro amor ao próximo; onde as leis não consagrem nenhum privilégio e sejam as mesmas para todos, tanto para o último, como para o primeiro; onde a justiça se exerça com menos parcialidade; onde o fraco encontre sempre amparo contra o forte; onde a vida do homem, suas crenças e opiniões sejam mais bem respeitadas; onde haja menos infelizes; enfim, onde todo homem de boa vontade esteja certo de não lhe faltar o necessário.[11]

EADE - Livro V – Roteiro 33

Se existe um povo na face da Terra que age assim, podemos afirmar, com segurança, que ele é civilizado. Caso contrário, o processo de civilização está em vias de acontecer.

Referências

1. ABBRAGNANO, Nicola. *Dicionário de Filosofia*. Tradução de Alfredo Bosi e Ivone Castilho Benedetti. 4. ed., São Paulo: Martins Fontes, 2003, p. 624-630.
2. ENCICLOPÉDIA MIRADOR INTERNACIONAL. São Paulo: Encyclopaedia Britannica do Brasil.Companhia Melhoramentos de São Paulo, 1995, volume 6, p. 2743.
3. _____. p. 2744.
4. *Fenomenologia do conhecimento*. Disponível em: http://www.filoinfo.bem-vindo.net/fenomenologia-do-conhecimento
5. ABBRAGNANO, Nicola. *Dicionário de Filosofia*.Op. Cit. 174-183.
6. KARDEC, Allan. *O livro dos espíritos*. Tradução de Evandro Noleto Bezerra. 2. ed. Rio de Janeiro: FEB, 2010. Questão 776, p. 473-474.
7. _____. Questão 218-a, p.194.
8. ENCICLOPÉDIA MIRADOR INTERNACIONAL. Op. Cit., p. 2746.
9. XAVIER, Francisco Cândido. *O consolador*. Pelo Espírito Emmanuel. 28. ed. Rio de Janeiro: FEB, 2008. Questão 117, p. 98.
10. KARDEC, Allan. *O livro dos espíritos*. Op. Cit. Questão 785 – comentário, p. 478.
11. _____. Questão 793 – comentário, p. 370-371.

Orientações ao monitor

1. Sugerir aos participantes que façam leitura atenta e silenciosa dos subsídios deste Roteiro de estudo, destacando os pontos considerados importantes.

2. Dirigir-lhes, em plenária, as questões que se seguem, avaliando se ocorreu bom entendimento do assunto:

» Utilizando as próprias palavras, explique as ideias de Nicolai Hartmann, relativas à essência do conhecimento.

» O que é estado de natureza? Por que o ser humano não permanece nele?

» O que acontece com o conhecimento adquirido em precedentes reencarnações?

» Apresente a divisão e características do conhecimento.

» Quais são os dois tipos de progresso e como eles se manifestam?

» O que é *civilização, civilização incompleta* e *civilização completa*?

3. Entregar aos participantes cópia da mensagem *Momento da Transição* (veja em anexo), de Bezerra de Menezes, recebida pela psicofonia de Divaldo Pereira Franco no encerramento do III Congresso Espírita Brasileiro e centenário de nascimento de Chico Xavier, em 18 de abril de 2010, em Brasília-DF.

4. Pedir a um participante que leia em voz alta o texto psicografado.

5. Destacar os pontos principais da mensagem, correlacionando-os com o assunto estudado.

» OBSERVAÇÃO: essa mensagem está gravada em vídeo nos seguintes endereços eletrônicos:

» Veja link Videos, Webpage da Feb: www.febnet.org.br e http:// www.febnet.org.br/site/media/?id=29&Pg=0

» Mensagem com imagens e música de fundo. http://www.youtube.com/watch?v=WceAcaeRjn8&feature=fvsr

» Psicofonia da mensagem por Divaldo P. Franco: http://www.youtube.com/watch?v=90cwc0Fmcz8

Anexo

Momento da Gloriosa Transição[*]

Estamos agora em um novo período.

Estes dias assinalam uma data muito especial, a data da mudança do mundo de provas e expiações para mundo de regeneração.

A grande noite que se abatia sobre a terra lentamente cede lugar ao amanhecer de bênçãos. Retroceder não mais é possível.

---

[*] FRANCO, Divaldo Pereira. *Momento da gloriosa transição*. Por Adolfo Bezerra de Menezes. Mensagem psicofônica transmitida em 18 de abril de 2010. In: III Congresso Espírita Brasileiro e Centenário de Nascimento de Chico Xavier. Memórias do Congresso. Coordenação João Pinto Rabelo; organizado por Marta Antunes Moura e Geraldo Campetti. Rio de Janeiro: FEB, 2010. 2ª parte (Mensagens Mediúnicas recebidas durante o Congresso), item 4.1, p. 381-382.

Firmastes, filhas e filhos da alma, um compromisso com Jesus, antes de mergulhardes na indumentária carnal, o de servi-lo com abnegação e devotamento. Prometestes que lhe seríeis fiel, mesmo que vos fosse exigido o sacrifício.

Alargando-se os horizontes deste amanhecer que viaja para a plenitude do dia, exultemos juntos, os Espíritos desencarnados e vós outros que transitais pelo mundo de sombras. Mas, além do júbilo que a todos nos domina, tenhamos em mente as graves responsabilidades que nos exornam a existência do corpo ou fora dele.

Deveremos reviver os dias inolvidáveis da época do martirológio.

Seremos convidados não somente ao aplauso, ao entusiasmo, ao júbilo, mas também ao testemunho, o testemunho silencioso nas paisagens internas da alma, o testemunho por amor àqueles que não nos amam, o testemunho de abnegação no sentido de ajudar àqueles que ainda se comprazem em gerar dificuldades, tentando inutilmente obstaculizar a marcha do progresso.

Iniciada a grande transição, chegaremos ao clímax e, na razão direta em que o planeta experimenta as suas mudanças físicas, geológicas, as mudanças morais são inadiáveis.

Que sejamos nós aqueles Espíritos espíritas que demonstremos a grandeza do amor de Jesus em nossas vidas.

Que outros reclamem, que outros se queixem, que outros deblaterem, que nós outros guardemos, nos refolhos da alma, o compromisso de amar, e amar sempre, trazendo Jesus de volta com toda a pujança daqueles dias que vão longe, e que estão muito perto. Jesus, filhas e filhos queridos, espera por nós.

Que seja o nosso escudo o amor, as nossas ferramentas o amor, e a nossa vida um hino de amor, são os votos que formulamos os Espíritos espíritas aqui presentes e que me sugeriram representá-los diante de vós.

Com muito carinho, o servidor humílimo e paternal de sempre,

Bezerra

Muita paz, filhas e filhos do coração

Codificação
Allan Kardec

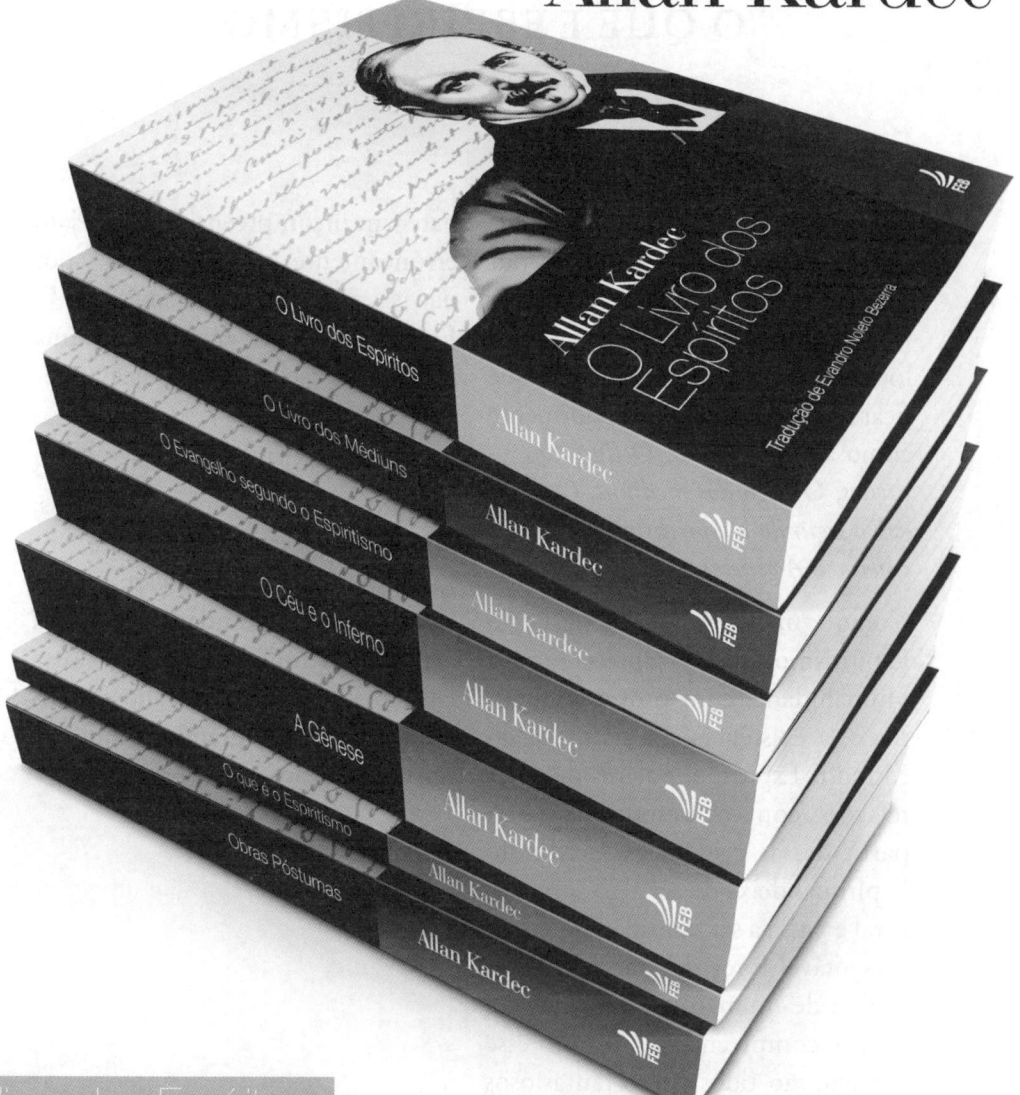

- O livro dos Espíritos
- O livro dos Médiuns
- O Evangelho segundo o Espiritismo
- O Céu e o Inferno
- A Gênese
- O que é o Espiritismo
- Obras Póstumas

O QUE É ESPIRITISMO?

O ESPIRITISMO É UM CONJUNTO DE PRINCÍPIOS E LEIS revelados por Espíritos Superiores ao educador francês Allan Kardec, que compilou o material em cinco obras que ficariam conhecidas posteriormente como a Codificação: *O livro dos espíritos*, *O livro dos médiuns*, *O evangelho segundo o espiritismo*, *O céu e o inferno* e *A gênese*.

Como uma nova ciência, o Espiritismo veio apresentar à Humanidade, com provas indiscutíveis, a existência e a natureza do Mundo Espiritual, além de suas relações com o mundo físico. A partir dessas evidências, o Mundo Espiritual deixa de ser algo sobrenatural e passa a ser considerado como inesgotável força da Natureza, fonte viva de inúmeros fenômenos até hoje incompreendidos e, por esse motivo, são tidos como fantasiosos e extraordinários.

Jesus Cristo ressaltou a relação entre homem e Espírito por várias vezes durante sua jornada na Terra, e talvez alguns de seus ensinamentos pareçam incompreensíveis ou sejam erroneamente interpretados por não se perceber essa associação. O Espiritismo surge então como uma chave, que esclarece e explica as palavras do Mestre.

A Doutrina Espírita revela novos e profundos conceitos sobre Deus, o Universo, a Humanidade, os Espíritos e as leis que regem a vida. Ela merece ser estudada, analisada e praticada todos os dias de nossa existência, pois o seu valioso conteúdo servirá de grande impulso à nossa evolução.

CARIDADE: AMOR EM AÇÃO

Sede bons e caridosos: essa a chave que tendes em vossas mãos. Toda a eterna felicidade se contém nesse preceito: "Amai-vos uns aos outros". KARDEC, Allan. *O evangelho segundo o espiritismo*, cap. 13, it. 12.

A Federação Espírita Brasileira (FEB), em 20 de abril de 1890, iniciou sua *Assistência aos Necessitados* após sugestão de Polidoro Olavo de S. Thiago ao então presidente Francisco Dias da Cruz. Durante oitenta e sete anos, esse atendimento representava o trabalho de auxílio espiritual e material às pessoas que o buscavam na Instituição. Em 1977, esse serviço passou a chamar-se Departamento de Assistência Social (DAS), cujas atividades assistenciais nunca se interromperam.

Desde então, a FEB, por seu DAS, desenvolve ações socioassistenciais de proteção básica às famílias em situação de vulnerabilidade e risco socioeconômico. Fortalece os vínculos familiares por meio de auxílio material e orientação moral-doutrinária com vistas à promoção social e crescimento espiritual de crianças, jovens, adultos e idosos.

Seu trabalho alcança centenas de famílias. Doa enxovais para recém-nascidos, oferece refeições, cestas de alimentos, cursos para jovens, serviços de convivência e fortalecimento de vínculos para idosos e organiza doações de itens que são recebidos na Instituição e repassados a quem necessitar.

Essas atividades são organizadas pelas equipes do DAS e apoiadas com recursos financeiros da Instituição, dos frequentadores da Casa e por meio de doações recebidas, num grande exemplo de união e solidariedade.

Seja sócio-contribuinte da FEB, adquira suas obras e estará colaborando com o seu Departamento de Assistência Social.

O EVANGELHO NO LAR

Quando o ensinamento do Mestre vibra entre quatro paredes de um templo doméstico, os pequeninos sacrifícios tecem a felicidade comum.*

Quando entendemos a importância do estudo do Evangelho de Jesus, como diretriz ao aprimoramento moral, compreendemos que o primeiro local para esse estudo e vivência de seus ensinos é o próprio lar.

É no reduto doméstico, assim como fazia Jesus, no lar que o acolhia, a casa de Pedro, que as primeiras lições do Evangelho devem ser lidas, sentidas e vivenciadas.

O espírita compreende que sua missão no mundo principia no reduto doméstico, em sua casa, por meio do estudo do Evangelho de Jesus no Lar.

Então, como fazer?

Converse com todos que residem com você sobre a importância desse estudo, para que, em família, possam compreender melhor os ensinamentos cristãos, a partir de um momento de união fraterna, que se desenvolverá de maneira harmônica e respeitosa. Explique que as reflexões conjuntas acerca do Evangelho permitirão manter o ambiente da casa espiritualmente saneado, por meio de sentimentos e pensamentos elevados, favorecendo a presença e a influência de Mensageiros do Bem; explique, também, que esse momento facilitará, em sua residência, a recepção do amparo espiritual, já que auxilia na manutenção de elevado padrão vibratório no ambiente e em cada um que ali vive.

Convide sua família, quem mora com você, para participar. Se mora sozinho, defina para você esse momento precioso de estudo e reflexões. Lembre-se de que, espiritualmente, sempre estamos acompanhados.

Escolha, na semana, um dia e horário em que todos possam estar presentes.

O tempo médio para a realização do Evangelho no Lar costuma ser de trinta minutos.

---

* XAVIER, Francisco Cândido. *Luz no lar*. Por Espíritos diversos. 12. ed. 7. imp. Brasília: FEB, 2018. Cap. 1.

As crianças são bem-vindas e, se houver visitantes em casa, eles também podem ser convidados a participar. Se não forem espíritas, apenas explique a eles a finalidade e importância daquele momento.

O seguinte roteiro pode ser utilizado como sugestão:

1. Preparação: leitura de mensagem breve, sem comentários;
2. Início: prece simples e espontânea;
3. Leitura: *O evangelho segundo o espiritismo* (um ou dois itens, por estudo, desde o prefácio);
4. Comentários: breves, com a participação dos presentes, evidenciando o ensino moral aplicado às situações do dia a dia;
5. Vibrações: pela fraternidade, paz e pelo equilíbrio entre os povos; pelos governantes; pela vivência do Evangelho de Jesus em todos os lares; pelo próprio lar...
6. Pedidos: por amigos, parentes, pessoas que estão necessitando de ajuda...
7. Encerramento: prece simples, sincera, agradecendo a Deus, a Jesus, aos amigos espirituais.

As seguintes obras podem ser utilizadas nesse momento tão especial:

- *O evangelho segundo o espiritismo*, como obra básica;
- *Caminho, verdade e vida*; *Pão nosso*; *Vinha de luz*; *Fonte viva*; *Agenda cristã*.

Esse momento no lar não se trata de reunião mediúnica e, portanto, qualquer ideia advinda pela via da intuição deve permanecer como comentário geral, a ser dito de maneira simples, no momento oportuno.

No estudo do Evangelho de Jesus no Lar, a fé e a perseverança são diretrizes ao aprimoramento moral de todos os envolvidos.

LITERATURA ESPÍRITA

Em qualquer parte do mundo, é comum encontrar pessoas que se interessem por assuntos como imortalidade, comunicação com Espíritos, vida após a morte e reencarnação. A crescente popularidade desses temas pode ser avaliada com o sucesso de vários filmes, seriados, novelas e peças teatrais que incluem em seus roteiros conceitos ligados à Espiritualidade e à alma.

Cada vez mais, a imprensa evidencia a literatura espírita, cujas obras impressionam até mesmo grandes veículos de comunicação devido ao seu grande número de vendas. O principal motivo pela busca dos filmes e livros do gênero é simples: o Espiritismo consegue responder, de forma clara, perguntas que pairam sobre a Humanidade desde o princípio dos tempos. Quem somos nós? De onde viemos? Para onde vamos?

A literatura espírita apresenta argumentos fundamentados na razão, que acabam atraindo leitores de todas as idades. Os textos são trabalhados com afinco, apresentam boas histórias e informações coerentes, pois se baseiam em fatos reais.

Os ensinamentos espíritas trazem a mensagem consoladora de que existe vida após a morte, e essa é uma das melhores notícias que podemos receber quando temos entes queridos que já não habitam mais a Terra. As conquistas e os aprendizados adquiridos em vida sempre farão parte do nosso futuro e prosseguirão de forma ininterrupta por toda a jornada pessoal de cada um.

Divulgar o Espiritismo por meio da literatura é a principal missão da FEB, que, há mais de cem anos, seleciona conteúdos doutrinários de qualidade para espalhar a palavra e o ideal do Cristo por todo o mundo, rumo ao caminho da felicidade e plenitude.

O LIVRO ESPÍRITA

Cada livro edificante é porta libertadora.

O livro espírita, entretanto, emancipa a alma nos fundamentos da vida.

O livro científico livra da incultura; o livro espírita livra da crueldade, para que os louros intelectuais não se desregrem na delinquência.

O livro filosófico livra do preconceito; o livro espírita livra da divagação delirante, a fim de que a elucidação não se converta em palavras inúteis.

O livro piedoso livra do desespero; o livro espírita livra da superstição, para que a fé não se abastarde em fanatismo.

O livro jurídico livra da injustiça; o livro espírita livra da parcialidade, a fim de que o direito não se faça instrumento da opressão.

O livro técnico livra da insipiência; o livro espírita livra da vaidade, para que a especialização não seja manejada em prejuízo dos outros.

O livro de agricultura livra do primitivismo; o livro espírita livra da ambição desvairada, a fim de que o trabalho da gleba não se envileça.

O livro de regras sociais livra da rudeza de trato; o livro espírita livra da irresponsabilidade que, muitas vezes, transfigura o lar em atormentado reduto de sofrimento.

O livro de consolo livra da aflição; o livro espírita livra do êxtase inerte, para que o reconforto não se acomode em preguiça.

O livro de informações livra do atraso; o livro espírita livra do tempo perdido, a fim de que a hora vazia não nos arraste à queda em dívidas escabrosas.

Amparemos o livro respeitável, que é luz de hoje; no entanto, auxiliemos e divulguemos, quanto nos seja possível, o livro espírita, que é luz de hoje, amanhã e sempre.

O livro nobre livra da ignorância, mas o livro espírita livra da ignorância e livra do mal.

Emmanuel

---

* Página recebida pelo médium Francisco Cândido Xavier, em reunião de 25 e Comunhão Espírita Cristã, na noite de fevereiro de 1963, em Uberaba (MG), e tratada em *Reformador*, abr. 1963, p. 9.

FEB editora
Livro espírita para um novo mundo
www.febeditora.com.br
@febeditoraoficial
@febeditora

Conselho Editorial:
Carlos Roberto Campetti
Cirne Ferreira de Araújo
Evandro Noleto Bezerra
Geraldo Campetti Sobrinho – Coord. Editorial
Jorge Godinho Barreto Nery – Presidente
Maria de Lourdes Pereira de Oliveira
Miriam Lúcia Herrera Masotti Dusi

Produção Editorial:
Elizabete de Jesus Moreira

Revisão:
Ana Luiza de Jesus Miranda
Elizabete de Jesus Moreira

Capa:
Evelyn Yuri Furuta

Projeto Gráfico:
Luciano Carneiro de Holanda

Diagramação:
João Guilherme Andery Tayer

Foto da Capa:
http://www.istockphoto.com/ kamisoka

Normalização Técnica:
Biblioteca de Obras Raras e Documentos Patrimoniais do Livro

Esta edição foi impressa pela Viena Gráfica e Editora Ltda., Santa Cruz do Rio Pardo, SP, com tiragem de 1 mil exemplares, todos em formato fechado de 170x250 mm e com mancha de 130x205 mm. Os papéis utilizados foram o Offset 63 g/m² para o miolo e o Cartão 250 g/m² para a capa. O texto principal foi composto em fonte Minion Pro 11,5/14,5 e títulos em Zurich Cn BT 14/16,8. Impresso no Brasil. Presita en

O LIVRO ESPÍRITA

Cada livro edificante é porta libertadora.

O livro espírita, entretanto, emancipa a alma nos fundamentos da vida.

O livro científico livra da incultura; o livro espírita livra da crueldade, para que os louros intelectuais não se desregrem na delinquência.

O livro filosófico livra do preconceito; o livro espírita livra da divagação delirante, a fim de que a elucidação não se converta em palavras inúteis.

O livro piedoso livra do desespero; o livro espírita livra da superstição, para que a fé não se abastarde em fanatismo.

O livro jurídico livra da injustiça; o livro espírita livra da parcialidade, a fim de que o direito não se faça instrumento da opressão.

O livro técnico livra da insipiência; o livro espírita livra da vaidade, para que a especialização não seja manejada em prejuízo dos outros.

O livro de agricultura livra do primitivismo; o livro espírita livra da ambição desvairada, a fim de que o trabalho da gleba não se envileça.

O livro de regras sociais livra da rudeza de trato; o livro espírita livra da irresponsabilidade que, muitas vezes, transfigura o lar em atormentado reduto de sofrimento.

O livro de consolo livra da aflição; o livro espírita livra do êxtase inerte, para que o reconforto não se acomode em preguiça.

O livro de informações livra do atraso; o livro espírita livra do tempo perdido, a fim de que a hora vazia não nos arraste à queda em dívidas escabrosas.

Amparemos o livro respeitável, que é luz de hoje; no entanto, auxiliemos e divulguemos, quanto nos seja possível, o livro espírita, que é luz de hoje, amanhã e sempre.

O livro nobre livra da ignorância, mas o livro espírita livra da ignorância e livra do mal.

Emmanuel[*]

---

[*] Página recebida pelo médium Francisco Cândido Xavier, em reunião pública da Comunhão Espírita Cristã, na noite de 25 de fevereiro de 1963, em Uberaba (MG), e transcrita em *Reformador*, abr. 1963, p. 9.

FEB editora
Livro espírita para um novo mundo
www.febeditora.com.br
@febeditoraoficial
@febeditora

Conselho Editorial:
Carlos Roberto Campetti
Cirne Ferreira de Araújo
Evandro Noleto Bezerra
Geraldo Campetti Sobrinho – Coord. Editorial
Jorge Godinho Barreto Nery – Presidente
Maria de Lourdes Pereira de Oliveira
Miriam Lúcia Herrera Masotti Dusi

Produção Editorial:
Elizabete de Jesus Moreira

Revisão:
Ana Luiza de Jesus Miranda
Elizabete de Jesus Moreira

Capa:
Evelyn Yuri Furuta

Projeto Gráfico:
Luciano Carneiro de Holanda

Diagramação:
João Guilherme Andery Tayer

Foto da Capa:
http://www.istockphoto.com/ kamisoka

Normalização Técnica:
Biblioteca de Obras Raras e Documentos Patrimoniais do Livro

Esta edição foi impressa pela Viena Gráfica e Editora Ltda., Santa Cruz do Rio Pardo, SP, com tiragem de 1 mil exemplares, todos em formato fechado de 170x250 mm e com mancha de 130x205 mm. Os papéis utilizados foram o Offset 63 g/m² para o miolo e o Cartão 250 g/m² para a capa. O texto principal foi composto em fonte Minion Pro 11,5/14,5 e os títulos em Zurich Cn BT 14/16,8. Impresso no Brasil. *Presita en Brazilo.*